KB210404

해석의 타락

지은이	제임스 K.A. 스미스
역자	임형권
초판발행	2015년 5월 12일
펴낸이	배용하
책임편집	배용하
본문디자인	윤석일
등록	제364-2008-000013호
펴낸곳	도서출판 대장간
	www.daejanggan.org
등록한곳	대전광역시 동구 우암로 75-21 (삼성동)
편집부	전화 (042) 673-7424
영업부	전화 (042) 673-7424 전송 (042) 623-1424
분류	해석학	성서해석
ISBN	978-89-7071-342-7 03230

이 책의 한국어판 저작권은 **Baker Publishing Group**과 독점계약한 대장간에 있습니다.
기록된 형태의 허락 없이는 무단 전재와 복제를 금합니다.

 값 18,000원

해석의 타락

창조적 해석학을 위한 철학적 기초

제임스 K.A. 스미스 지음

임 형 권 옮김

인간의 삶에 합당한 종류의 분투가 있다. 그렇지만 그 분투의 삶에서 또 다른 삶으로 떠나려고 애쓰는 다른 종류의 분투적 삶이 있다. 이것이 바로 교만의 본질이다. 이는 자신이 어떤 종류의 삶을 실제로 살고 있는가를 이해하지 못하는 것, 그 삶의 한계 내에서 사는 법을 터득하지 못했음을 뜻한다…. 또한 죽을 수밖에 없는 존재이기에 자신의 생각들이 없어질 것이라는 사실을 생각해 보지 못했음을 뜻한다. 엄밀히 말해서 교만을 피하라는 명령은 벌이나 부정이 아니다. 이것은 우리에게 가치 있는 것들을 어디에서 발견해야 하는지에 대한 교훈이다.

Martha Nussbaum, *Love's Knowledge: Essays on Philosophy and Literature* (Oxford: Oxford University Press, 1990), 381.

매순간 나는 여러 가지 것들을 동시에 하고 있었다. 내가 울고 있을 때조차도 나는 내 텐트의 찢겨진 조각을 찾고 있었다. 그리고 내 주머니에서 카메라를 꺼내서 빛과 풍경 속에서 천상의 아름다움을 잡아내려고 했었고, 그저 슬퍼해야만 했던 때에, 이런 행동을 하고 있는 나 자신을 저주하고 있었다. 그리고 나는 스스로에게 말하고 있었다. 그 섬을 찾아갈 수 있는 유일한 길인 라야디토를 보지 못했던 것이 잘된 것이라고, 그리고 유한성과 불완전함을 받아들이고 이제껏 보지 못한 새들을 그냥 남겨둘 수 있는 능력은 내 사랑하는 죽은 친구들이 갖지 못했던 선물이라고 말이다.

Jonathan Franzen, "Father Away: *Robinson Crusoe*, David Foster Wallace, and the Island of Solitude," *The New Yorker*, April 18, 2011, 93.

모든 사람은 점을 치며 산다. 비록 가끔씩, 잘못된 방식으로, 부정직하게, 또는 실망한다 할지라도 말이다. 물론, 대부분은 실망한다. 우리의 목적이 원래 의미를 알아내는 것인지, 아니면 텍스트 속으로 미끄러져 들어가는 것인지 모르겠다. 하나의 텍스트라는 것은 연결되어 있는 체계적인 순서가 아니라, 위험한 그물망이다. 이렇게 볼 때, 한 가지 확실한 사실은 결국 우리가 실망하게 된다는 사실이다. 세계라는 것도 마찬가지라고 때때로 생각해 왔고, 내 생각으로는 그것이 옳았다.… 어떤 경우에도 신비에 대한 의식은 그것을 해석하는 능력과 다른 것이다. 그리고 가장 큰 위안은 해석이 없다면 신비라는 것은 없을 것이라는 사실이다. 분명 대중적 성공은 금물이다. 보고서 알아차리고, 듣고서 깨닫는 것, 설명하는 것 또는 사물에 단순히 접근하는 것과 다르다. 해석자들의 욕구라는 것은 선한 것인데, 만일 그 욕구가 없으면 세계와 텍스트는 사실상 불가능한 것이 되고 말기 때문이다. 아마도 세계는 어떤 방식으로 실재하지만, 우리는 그렇지 않은 것처럼 생각하고 살아야만 할 것이다.

Frank Kermode, *The Genesis of Secrecy: On the Interpretation of Narrative* (Cambridge, MA: Havard University Press, 1979), 126.

차례

초판 서문

여러 면에서 이 책의 뿌리와 목적은 이 책 너머에 있다. 전형적인 오순절파 입장에서, 그리고 어거스틴의 모델을 따라서, 이 책의 기획은 해석적 차이나 더 구체적으로 자신이 하나의 참된 해석을 가지고 있다고 자신하는 사람들의 해석들이들에게는 자신의 해석이 한 가지 해석이 아니라 순전히 하나님이 말씀하신 것이다과 다른 해석을 가진 내 개인적 경험에서 비롯된다. 어거스틴은『고백록』12장에서 이 문제에 대해서 진술하고 있다. 직설적으로 뚜렷이 드러나지는 않지만, 이 책은 교회에 뿌리를 두고, 교회를 향해서 쓰고 있다. 나와 가까운 사람들은 알겠지만, 이것은 공동체 내에서 다양성을 인정해야 한다는 일종의 변호로 읽을 수 있다. 그러면서 나 자신에게 점점 더 분명해진 것은, 이 책이 나의 상처들로 얼룩져 있다는 사실이다. 너무 다르다는 이유로 나 자신이 속한 전통에서 외면되었기 때문에, 우리 공동체 내부에서 차이를 위한 공간을 마련해 주려는 목적으로 이 책을 기획하였다.

소외의 경험이 이 책의 동기였지만, 집필은 그 잉태와 성장, 그리고 산고와 탄생 가운데서 우리가 속해 있는 공동체의 따스함과 치유 덕에 순조롭게 진행되었다. 여기서 나는 찰스 스워트우드 목사Rev. Charles Swart-wood, 패트릭Patrick, 도로시Dorothy St. Pierre 그리고 베델 오순절 장막교회Bethel Pentecostal Tabernacle의 성도들에게 특별한 감사를 드린다. 이들은 성령강림절에 이르기까지 우리를 따스하게 안아 주었다. 또한 론 빌링 목사Rev. Ron Billings, 알 와이즈 목사Rev. Al Wise, 데이빗 그리고 스테파니 버튼David and Stephanie Burton 그리고 호르샴 기독교 협회Horsham Christian Fellowship, 델 에어Del Aire 하나님의 성회에도 감사드리다. 이들은 우리가 일을 즐길 수 있도록 격려해주었다. 이 오순절 교파의 공동체들이 나의 학문적 노력을 끊임없이 지원해주는 근간이었다는 것은 우리뿐 아니라 다른 많은 사람을 놀라게 할 것이다.

또한, 이 책은 여러 학문적 공동체를 지나며 결실을 맺었다. 이 책의 가장 깊은 뿌리는 내가 그리스도인으로서 사고하는 법을 배운 첫 번째 공동체인 토론토 기독교 학문 연구소Institute for Christian Studies에 있다. 특별히 짐 올수이스Jim Olthuis에게 감사드린다. 그는 진정한 멘토로서 내게 창조적으로 연구할 수 있는 자유를 주셨고, 깊은 실존적 뿌리를 가지고 학문적으로 성장할 수 있도록 지도해 주셨다. 그리고 리처드 미들톤Richard Middleton에게도 감사드린다. 그는 끊임없는 격려를 아끼지 않으셨고 기독교 학문의 모델이 되어 주셨다. 또한, 쉐인 커드니Shane Cudney에게도 감사드린다. 이 분은 동료일 뿐 아니라 나와 연구 여정을 함께 한 동반자였다. 이 분을 나의 친구라고 부를 수 있다는 사실이 내게는 축복이다. 몇 년 동안 나는 빌라노바 대학교Villanova University 철학과의 동료들로부터 양식을 공급받았다. 특히 제임스 메타트니James McCartney, O.S.A 박사에게 감사드린다. 그는 내 작업을 격려하고 관심을 보였으며, 어거스틴에 대한 강좌에서 이러한 주제를 나눌 수 있는 기회를 허락해 주었다. 기독교 학문 연구소ICS에서 빌라노바Villanova로 옮겨서 얻은 특권 중 하나는, 나의 사고에 중대한 영향을 끼친 저술의 저자인 존 카퓨토John Caputo가 이제는 나의 개인적인 멘토가 되었다는 사실이다. 그의 개방성과 격려에 감사드리고, 줄곧 그의 작품을 높이 평가한다. 그 무엇보다도 그의 우정에 대해 고맙게 생각한다. 마지막으로, 로욜라 메리마운트 대학의 동료들. 그들은 나를 환영했으며 작업의 마무리 단계에서 내게 격려를 보냈다. 나의 조교인 빌 반 오털루Bil Van Otterloo는 교정과 색인 작업에 많은 도움을 주었다.

내 가족이 없었더라면 이 연구는 빛을 보지 못했을 것이다. 부모님이신 팻Pat과 데일Dale, 두 분의 관심과 격려에 감사드린다. 장인, 장모님, 그리고 게리Gary와 제리Gerry의 지원과 이해에 감사한다. 제니퍼Jennifer와 제시카Jessica는 우리가 그들을 필요로 할 때 거기에 있어 주었다. 우리가 그들을 얼마나 사랑하고 소중하게 생각하는지 그들이 깨닫기를 바란다. 나의 형제 스콧Scott을 가장 좋은 친구라고 부를 수 있는 것은 보물과 같은 일이다. 그리고 아내의 할머니인 도리스 쿠리Doris Currie의 꾸준한 기도와 성원에 대해 말하지 않을 수 없다. 이 분은 우리에게 기독교적 헌신과 가족 사랑의 귀감이 되었으며 여러 면에서 도움을 주셨다.

마지막으로, 나는 아내와 자녀들에게 특별한 빚을 지고 있다. 우리 집에 네 명의 아이들이 있다는 사실을 동료들이 알고는 그들은 종종 "도대체 어떻게 연구할 수 있느냐?"라고 물었다. 그러나 진실은 그들이 없었다면 아무것도 할 수 없었을 거라는 거다. 디나Deanna, 당신의 사랑과 성원은 정말 놀라운 것이요. 당신이 나를 위해 해준 모든 것을 생각할 때, 나는 호세아 앞에 선 고멜처럼 어떻게 사람이 그렇게 관대하며 헌신적일 수 있는지 놀라게 된다오. 그레이슨Grayson, 콜슨Coleson, 메디슨Madison 그리고 잭슨^{Jackson}, 너희는 내게 모든 것이다. 너희의 웃음 속에서 하나님을 발견한다. 하나님을 발견한다는 것은 어렵게 얻은 교훈이었다. 그리고 너희 속에서 하나님을 본다는 것은 가장 어려운 과제였다. 하지만, 나는 너희의 웃음을 위해서 모든 것을 내려놓을 것이다.

2판 서문

1판 서문에서 말했던 감사들은 여전히 유효하다. 사실, 나의 빚이 이자만 불려 왔다. 감사하게도 이 책의 산고 기간에 나를 지원했던 공동체들을 기억한다. 그러나 당시 진 한 가지 빚을 언급하는데 소홀했고, 이제 나는 그것을 기쁘게 정정한다. 로드니 클랩은 그가 IVP의 편집자로 있을 때 이 초학자의 첫 번째 책을 선정하는 모험을 감행했다. 이후에 나온 책들에서부터 이 책으로 돌아와 나는 저술활동의 초창기에 받았던 로드니의 도움에 감사드린다. 또한, 밥 호삭Bob Hosack, 짐 키니Jim Kinney, 헤이보어BJ Heyboer, 제레미 웰스Jeremy Wells, 웰스 터너Wells Turner, 파울라 깁슨Paula Gibson, 캐이틀린 맥캔지Caitlin Mackenzie, 그리고 드와이트 베이커Dwight Baker 에게 감사드린다. 그들은 저자로서의 나에게 모든 면에서 지원하고 격려해 주었다. 사실 그들의 호의는 단지 베이커 출판사의 목록에 내 책들을 더하기 위해서 『해석의 타락』을 반기는 정도의 것이 아니었다. 그들과 파트너가 된다는 것은 영광이다. 콜슨 스미스Coleson Smith에게도 감사드린다. 그는 마지막 단계에서 색인 작업을 하는 것을 도와주었다.

마지막으로 나는 2판을 마치고 편집자에게 보내면서 두 가지 섭리적 간섭에 감사드린다. 첫째, 나는 이것을 토론토 대학의 트리너티 칼리지에 한 방에서 쓰고 있다. 데이비드 네슬렌드David Neelands 학장에게 여기서 방문교수로 일할 수 있는 것에 감사드린다. 이 방은 내 창으로부터 단 한 블록 떨어진 기독교 학문 연구소에서 내가 대학원생 때 이 책의 초판을 착상케 했던 바로 그런 환경 속에 있다. 내 방에서 거리를 건너면 위클리프 칼리지가 있다. 거기서 나는 많은 오후를 도서관에서 보냈다. 그리고 모퉁이를 지나면 낙스 칼리지가 있다. 이 대학의 스탠드 글라스로 장식된 도서관은 이 책의 주장들과 씨름하고 있을 때 나에게 진정한 사고의 성전이 되었다. 토론토 대학에 있는 어두운 분위기의 로바르트 도서관 건물이 트리너티 칼리지의 첨탑 위로 높이 솟아 있다. 이 모습은 『해석의 타락』의 주석들과 어우러져 로바르트 도서관에 있는 책들을 떠오르게 했다. 재판본 작업하면서 프루스트의 마들렌 쿠키처럼, 토론토에서 내가 교육받으면서 음미한 것이 상상력 안으로 퍼져 들어온다. 그래서 여기 토론토에서 길어온 생수를 위에서 다시 한 번 음미하면서 내 주장을 펼칠 수 있다는 것은 하나의 축복이라 할 수 있다. 이 책의 두 번째 탄생은 첫 탄생의 분만실에서 일어나고 있다.

두 번째, 나는 이 마지막 장을 성령강림 주일에 쓰고 있다. 성령을 보내심과 교회의 설립 모두를 축하하는 잔치. 『해석의 타락』 제1판이 성령론적이기 때문에 "오순절적"이라면, 이 2판은 그것이 교회론적이기 때문에 "오순절적"이기를 소망한다.

토론토 대학 트리너티 칼리지
2011년 성령강림 주일에

일러두기

1장의 일부분들은 나의 글 "How to Avoid Not Speaking"in *Knowing Oth-er-wise: Philosophy on the Threshold of Spirituality, Perspective in Continental Philosophy*, ed. James H. Olthuis (Bronx, N.Y.: Fordham University Press, 1997), 217-34을 개정한 것으로 허가를 받아 여기에 수록되었다. 4장의 원본은 "Originary Violence: The Fallenness of Interpretation in Derrida"*Concept* 19 1996, 27-41로 출판되었으며, 여기에 출판사의 허락으로 여기에 포함되었다. 마지막으로, 5장의 몇몇 절들은 "The Time of Language: The Fall to Interpretation in Early Augustine,"*American Catholic Philosophical Quarterly*, Supplement: The Pro-ceedings of the American Catholic Philosophical Association 72 1998, 185-99에서 발전된 것으로 출판사의 허가를 받아 여기서 이용되었다. 7장은 원래 "Limited Inc/arnation: The Searl/Derrida Debate Revisted in Christian Contex-t,"*Hermeneutics at the Crossroads: Interpretation in Christian Perspective*, ed. Kevin Vanhooz-er, James K.A.Smith, and Bruce Ellis (Benson Bloomington: Indiana University Press, 2006), 112-29로 수록되었다. 이 글들을 이용할 수 있도록 허락해주신 출판사들과 편집자들에게 감사를 표한다.

이 책의 연구와 집필 일부분은 캐나다의 사회과학 인문학 연구 위원회의 친절한 동료애로 가능했다. 그들의 지원에 심심한 감사를 표한다.

약어

A	Jacques Derrida, "Afterword: Toward an Ethic of Discussion," in *Limited Inc*, trans. Samuel Weber Evanston, IL: NorthwesternUniversity Press, 1988, 111-60.
BT	Martin Heidegger, 『존재와 시간』*Being and Time*, 까치 역간. trans. John Macquaries and Edward Robinson.New York: Harper& Row, 1962
CSA	Augustine. 『고백록』*Confessions*, 대한기독교서회 역간. trans. Henry Chadwick.Oxford: Oxford University Press, 1991
FL	Jacques Derrida. "Force of Law: The 'Mystical Foundation of Authority,'" trans. Mary Quaintance. In *Deconstruction and the Possibility of Justice*, ed. Drucilla Cornell et al.New York: Routledge, 1992, 3-67.
FT	Richard Lints, *The Fabric of Theology: A Prolegomena to Evangelical Theology*.Grand Rapids. Mich: Eerdmann, 1993
HCU	Jürgen Habermas, "On Hermeneutic's Claim to Universality," in *The Hermeneutics Reader*, ed. Kurt Mueller-VollmerNew York: Continuum 1985, 294-319.
JG	Jean-François Lyotard and Jean-Loup Thébaud. *Just Gaming*. trans. Wlad Godzich.Minneapolis: University of Minnesota Press, 1985
MB	Jacques Derrida, *Memoirs of the Blind: The self Portrait and Other Ruins*, trans. Pascale-Anne Brault and Michel Nass.Chicago: University of Chicago Press, 1993
MIG	Wolfhart Pannenberg, *Metaphysics and the Idea of God*, trans. Philip Clayton.Grand Rapids, Mich: Erdmans, 1990
OBBE	Emmanuel Levinas, *Otherwise Than Being or Beyond Essence*, trans. Alphonso Lingis.The Hague: Martinus Nijhoff, 1981
OG	Jacques Derrida, 『그라마톨로지』*Of Grammatology*, 믿음사 역간, trans. Gayatri Chakravorty Spivak. Baltimore: John Hopkins University Press, 1976
OHF	Martin Heidegger, 『마르틴 하이데거 존재론』*Ontologie* 서광사 역간, ed. Kate Bröcker-Oltmanns, vol.63 of Gesamtausgabe.Frankfurt: Vittorio Klostermann, 1988
OLOF	Rex A. Koivisto, *One Lord, One Faith: A Theology for Cross-Denominational Renewal*.Wheaton, Ill: Bridgepoint/Victor, 1933
OS	Jacques Derrida, 『정신에 대해서』*Of Spirit: Heidegger and the Question*, 동문선

역간, trans. Geoffrey Bennington and Rachel Bowlby.Chicago: University of Chicago Press, 1989

PC   Jacques Derrida, *The Post Card: From Socrates to Freud and Beyond*, trans. Alan Bass.Alan Bass. Chicago: University of Chicago Press, 1987

PIA   Martin Heidegger, *Phänomenologische Interpretationen zu Aristoteles: Einführung in die Phänomenologische Forschung*, ed. Walter Bröcker and Kate Bröcker-Oltmanns, vol. 61 of *Gesamtausgabe*.Frankfurt: Vittorio Klostermann, 1985

PIRA   Martin Heidegger, "Phenomenological Interpretation with Respect to Aristotle: Indication of the Hermeneutical Situation," trans. Michael Baur, *Man and World 25*1992: 355-93.

PMC   Jean-Franois Lyotard, *The Postmodern Condition: A report on Knowledge*, trans.Geoff Bennington and Brian Massumi. Minneapolis:University of Minnesota Press, 1984

R   John R. Searle, "Reiterating the Difference: A Reply to Derrida," *Glyph: Johns Hopkins Textual Studies* 1 1997: 198-208.

SEC   Jacques Derrida, "Signature Event Context," in *Margins of Philosophy*, trans. Alan BassChicago: University of Chicago Press, 1982, 309-30.

ST   『판넨베르크의 조직신학1권』Wolfhart Pannenberg, Systematic Theology, vols 1 and 2, 은성출판사 역간, trans. Geoffrey W. Bromiley.Grand Rapids Mich.: Eerdmans, 1991, 1994

TB   Jacques Derrida, "Des Tours de Babel," In *A Derrida Reader: Between the Blinds*, trans. Joseph F. Grahm, ed. Peggy KamufNew York: Columbia University Press, 1991, 244-53.

TI   Emmanuel Levinas, *Totality and Infinity*, trans. Alphonso Lingis. Pittsburgh: Duquesne University Press, 1966

TM   Hans-Georg Gadamer, 『진리와 방법』*Truth and Method*, 문학동네 역간, trans. Joel Weinsheimer and Donald G. Marshall. Rev. ed.New York: Continuum, 1989

다시 돌아보며

2판을 위한 서론

생애 말 성 어거스틴은 그 이후로 어떤 인간도 할 수 없었던 일을 해냈다. 그는 초기의 대화편에서 후기의 무게 있는 글들에 이르기까지 자신의 전 저술을 읽어낸 것이다. 이 다시 읽기의 열매로 그가 붓을 든 작품은 철회retraction, 검토revision, 또는 재고reconsideration 등으로 다양하게 번역되어 오고 있다. 첫 번역은 분명 지나치게 문자적이다. 어거스틴의 많은 비평가와 반대자가 강조하듯이 이 히포의 감독은 자신의 초기 사상을 버리지 않았다. 어떤 곳에서는 몇 가지 적절하지 않은 문장들을 후회하고, 다른 곳에서 글을 쓰며 당혹스러워했던 두어 가지 정도의 잘못을 인정했다. 그러나 *Retractationes*에는 토마스 아퀴나스가 그의 인생 사역을 뒤돌아보며 "내가 쓴 모든 것은 나에게 지푸라기처럼 보인다"[1]라고 한숨 쉬며 아마도 사실이 아닐 것 같지만 자기 일생의 업적을 최종 평가한 것과는 전혀 다르다. 아니다, 자신의 저술에 대한 어거스틴의 회고적 고찰은 더 긍정적이다. 나이든 감독은 성장과 발전의 여지를 보여 주고 있다. 그러나 그는 자신의 사상에서 큰 "전환"을 겪지 않았다. 이는 마르틴 하이데거가 자기 자신의 사고의 전환을 말하는 것과 다르다.[2] 그의 사고에는 구조적 변동이 있었다기보

---

1) 아퀴나스 생애 말년에 이 일화에 대해서는 다음을 보라. James A. Weisheipl, OP, *Friar Thomas D'Aquino: His Life, Thought, and Work* (New York: Doubleday, 1974), 321.

2) James J. O'Donnell이 적고 있는 대로, "『재고』*Reconsiderations*와 다른 곳에서 (어거스틴)이 종종 말하는 대로 그는 늙어가며 지식이 늘고 사고가 진전했다.('내 책을 순서대로 읽는 사람은 누구나 내 글쓰기에서 내가 얼마나 진보했는지를 알게 될 것이다') 그는 자신이 실체적인 부분에서 특별히 잘못된 것이 있었다는 것을 인정하기 매우 싫어했다." 다음을 보

다는 더 명확한 설명을 위한 작은 "수정revision"이 있었을 뿐이다. 그래서 *Retractationes*는 "재고再考,.Reconsideration"로 이해하는 것이 아마도 가장 좋을 것 같다.

나의 첫 저술이 재판된 것은 어거스틴의 기념비적인 저술과 그의 중요성에 비하면 극히 보잘것없는 일이다. 그렇지만 이 재판이 이 책의 주장과 수용에 대해 나 스스로 재고할 기회가 된다면, 이것으로 나는 만족할 것이다. 틀림없이 나는『해석의 타락』의 핵심 주장에 대한 나의 헌신에서 어거스틴의 고집스러움을 내비칠 것이다. 사실 어거스틴의 고집스러운 일괄성과는 다른 의미를 가진 아퀴나스의 신비적 체험은 고려하고 있지 않다. 그러나 십 년이 지난 시점에서 그 주장을 점검할 기회를 얻게 된 것에 역시 감사드리고 다소 양보를 할지라도 이러한 재고를 할 수 있게 되어서 기쁘다. 사실, 이 책은 또 다른 판, 즉 단지 재판이 아니라 나의 주장을 다른 틀에 넣고 다른 맥락 속에 위치시켜 새로운 책이 될 수 있도록 수정되기를 바란다.

책의 전기

어떤 의미에서『해석의 타락』은 특수성, 차이 그리고 다원성을 하나님의 선한 피조물에 내재된 특성들로 긍정하는 짧은 보고서다. 이 글은 피조 상태를 있는 그대로 찬송하고 있다고 할 수 있다. 이는 유한성을 타락됨과 동일시하는 영지주의적 관점과 유한성을 쉽게 폭력과 동일시하는 철학적인 입장 모두를 거부하는 것이다. 유한성이라는 조건은 해석의 불가피성을 포함하고 요구한다. 그래서 이 책이 학문적 프로그램이 지향하

라. O'Donnell, *Augustine: A New Biography* (New York: HarperCollins, 2005), 318. 하이데거의 전회(Kehre)에 대해서는 다음을 보라. William J. Richardson, SJ, *Heidegger: Through Phenomenology to Thought* (The Hague: Nijhoff, 1962). 그리고 John D. Caputo, *Demythologizing Heidegger* (Bloomington: Indiana University Press, 1993).

는 차가운 객관성에서 나왔다고 주장하는 것은 의도적인 가식일 것이다. 이는 이 책의 주장이 특정한 시간 그리고 특정한 장소에서 기원 없는 어떤 주장인 것처럼 하는 말이다. 반대로, 초판의 서문에서 암시했듯이, 이 책은 "상처로 얼룩져 있다." 이러한 배경을 아는 것은 독자들이 『해석의 타락』 초판의 결점들이라 생각하는 것을 이해하는 데 도움을 줄 것이다.

『해석의 타락』의 대부분은 내가 스물네 살, 1995년 봄에 토론토 기독교 학문 연구소에서 석사 학위로 썼다. 그 이전 5년간 많은 일이 내게 일어났다. 나는 열여덟 살 때 기독교 신앙으로 회심했고, 이어 일 년도 못되어 목회 사역에 들어가려고 성경 신학교로 발을 옮겼다. 좀 의아스럽지만, 플리머스 형제교회Plymouth Brethren 전통의 강한 세대주의적 신학교에 있는 동안, 내가 발견한 철학과 프란시스 쉐퍼와 알빈 플란팅가Alvin Plantinga의 저술에서 다양하게 용해된[3] 개혁파 전통은 나에게 오히려 상처를 안겨 주는 원인이 되었고, 이 책은 그 상처 속에서 잉태되었다.

임마누엘 칸트Immanuel Kant는 유명한 데이비드 흄David Hume이 그를 "독단주의의 잠"에서 깨웠다고 말했다. 기독교 신학 내에서 개혁파 전통을 발견하면서 겪은 내 경험은 이와 비슷한 깨어남이었다.[4] 해석학적 측면에서 볼 때, 이 경험은 개혁파 전통의 본질적 내용 때문이 아니라, 더 근본적으로 개혁파 전통을 발견하면서 내가 다양한 해석적 전통들이 실재한다는 사실을 깨달았기 때문이었다. 나는 플리머스 형제교회를 통해서 기독교 신앙에 입문했다. 구체적으로 남온타리오의 작은 집회에서 들은 종종 예언과 종말에 초점을 둔 설교와 그리고 지금 아내가 된 여자 친구의 사랑스러운 손길이 한데 모였기에 가능한 일이었다. 아내의 가족은

---

3) 나는 이 전기를 조금 더 자세히 내 작은 책인 *Letters to a Young Calvinist* (Grand Rapids: Brazos, 2010). 『칼빈주의와 사랑에 빠진 젊은이에게 보내는 편지』(새물결 플러스, 2011).
4) 어떤 독자들은 이러한 제시가 아이러니하다고 생각할 것임을 나는 인정한다. 왜냐하면, 개혁파 신학이 독단주의의 잠을 유도하는 일종의 최면제라고 생각하는 경향이 있을 것이기 때문이다. 이 점에 대해서는 위의 책을 보라.

그 예배당에 출석하고 있었다. 그리고 그들도 오순절적 배경에서 플리머스 형제교회로 개심한다. 놀라운 일은 아니지만 그때 나는 기독교를 이 『책의 사람들』*people of the Book*, Geraldine Brooks의 장편 소설, 문학동네, 2009, 역주을 통해서 알게 된 복음에 대한 지식과 동일시했다. 그리고 습관, 실천 그리고 이 공동체의 자기 이해는 분명히 내가 배우고 마시고 있었던 것은 온전히 순수한 복음으로 올곧고, 여과되지 않은 "인간의 전통들"5)에 의해서 때 묻지 않은 것이라는 인식을 부추겼다.

개혁파 전통과 같은 기독교 세계의 다른 부분들을 발견한 후에 깨닫게 된 것은 플리머스 형제교회를 통해서 교회에 들어감으로, 그 자체를 하나의 전통으로 미처 인식하지 못했던 전통 속으로 이끌렸다는 것이다. 사실, 나는 "인간들의 전통들"을 매도하고, "성경으로 돌아가라"는 말로 대변되는 해석학적 전통에 치우쳐 있었다. 이 전통은 성경을 하나의 해석의 대상이라기보다 읽기의 대상으로 간주하는 원시주의primitivism에서 절정에 달한다. 간단히 말해, 나는 "직접 소통의 해석학"hermeneutics of immediacy이라고 아래에서 기술하는 것 속에 나도 모르는 사이 살며시 들어간 것이었다. 물론 이 해석학은 스스로를 해석학이라고 생각하지 않는다. 그런데 해석의 실재성들과 나아가 불가피성 그리고 해석학적 전통들에 대해 나를 일깨워준 것은 바로 기독교적 차이 다시말해 그리스도의 몸 **내부에서** 차이이다. 당신도 상상할 수 있겠지만, 나는 약간 속은 기분이었다. 실질적으로 감춰진 실재의 측면들을 갖고 있는 근본주의들에서 벗어난 많은 이들도 마찬가지라 본다. 그러한 실재의 측면이 발견되거나 "실재"라는 것이 항상 **매개된다**는 사실이 발견되면, 다음과 같이 말하기

---

5) 1장에서 내가 플리머스 형제단 전통 출신으로 연구하는 Rex Koivisto와 관계함으로 시작하는 이유는 바로 이러한 배경 때문이다. 아이러니하게도, 코이비스토는 그의 동료 형제들에게 사실 그들이 하나의 전통의 지평들 내부에서 성경을 해석하고 있다는 것을 보여주는데 관심을 갖고 있었다. 내 비판에서 문제가 되는 것은 코이비스토가 그가 여전히 순수하고, 전통에 물들지 않은 "복음"을 정제해 낼 수 있다고 생각한다는 사실이다.

어려워진다. 당신은 뭘 감추려 하고 있습니까?

이러한 발견은 우리가 때때로 말하는 대로 "순전히 학술적인" 것만은 아니다. 내가 남서부 온타리오에서 형제단 집회에서 설교를 시작한 이래 몇 년간 실존적인 층들이 복잡해지고 있었다. 당신은 이야기가 어떻게 되어 갈 것인지 상상할 수 있을 것이다. 이러한 해석학적 통찰을 흡수했을 때, 나의 설교 가운데서 다양한 형제단의 특징들이 하나의 해석학적 **전통**의 산물이라는 생각이 표출되기 시작했다.그리고 거기서도 상대적으로 최근의 새로운 전통이라는 것을 6) 곧이어 나는 설교단에서 점점 환영받지 못했다. 나는 장로회에 출석했던 기억을 생생히 간직하고 있다. 그 기억 중에는 교회의 장로들이 내 집에 찾아와 나와 내 아내 모두를 나무랐던 끔찍한 경험도 있다. 여기서 문제가 되었던 것은 다양한 신학적 입장들의 **실체**가 아니라 이러한 입장들에 부여된 **지위**였다. 장로들의 신경을 거슬렀던 것은 내가 "우리의" 신학적 입장이, "사물이 존재하는 방식 그대로"를 순수하게 정제한 것이 아니고 해석적 전통들과 습성의 열매라고 제시했기 때문이다. 이 문제는 내가 다니던 성경 신학교의 교수들이 몇 통의 경고 편지를 보낸 것에서 절정에 달한다. 이 편지들은 이 경험이 남긴 유물로서 내 사무실에 간직되어 있다. 그 중 한 편지에는 나를 "가룟 유다의 학생"이라고 적고 있다.

이 이야기에는 하나의 층이 더 있다. 내가 그리스도의 몸 **내부에서** 해석적 전통들의 모음들을 알아보게 되면서, 나는 마틴 하이데거Martin Heidegger, 한스 게오르그 가다머Hans-Georg Gadamer 그리고 폴 리꾀르Paul Ricœur의 철학적 해석학에 자끄 데리다Jacques Derrida와 존 카퓨토John Caputo

---

6) 가령, 나의 성경 신학교의 세대주의와 창조론는 19세기 이전에는 매우 듣기 어려운 것이었다. 관련된 논의로는 다음을 보라. Larry V. Crutchfield, *The Origin of Dispensationalism: The Darby Factor* (Lanham, MD: University Press of America, 1991). 그리고 Ronald L. Numbers, *The Creationists: The Evolution of Scientific Creationism* (Cambridge, MA: Havard University Press, 2006).

와 같은 인물들에서 나타난 해석학의 "급진화"에 푹 빠지게 되었다. 이 철학적 틀은 내가 기독교 내부에서 해석적 차이와 만나면서 이미 경험했던 것을 구체적으로 명시하고 분석하도록 도왔다. 그 무대가 내가 이렇게 『해석의 타락』을 쓰도록 해주었다.

『해석의 타락』 이후에 우리는 어디로 가나?

이러한 전기적 배경으로, 우리는 『해석의 타락』이 어떻게 그리고 왜 탈근본주의적인 책인지 이해할 수 있게 된다. 이 책에는 "회복"에 대한 암시가 들어 있다. 이 책의 서두는 다음과 같이 쓰였어야 한다. "안녕, 내 이름은 제이미 스미스Jamie Smith이다. 그리고 나는 근본주의자입니다." 이 책이 일종의 치료 행위라는 것을 알아차리는데 고도의 정신 분석적 감각이 필요한 것은 아니다.[7] 만일 이 책을 읽으면서 폭로를 통해 만족감을 얻으려는 흔적이나, 글을 통해서 남을 헐뜯으려는 의도가 보인다면, 독자들은 이것을 젊은이의 경솔함과 아직 남아 있는 고통 탓이라고 생각해주기를 바란다. 나는 이 수정판에서 그러한 측면들을 지우려고 하지 않았다. 그것들이 이 책의 시간적 그리고 공간적 기원을 가리켜 주는 표지이기 때문이다.

물론 탈근본주의자가 되는 다양한 방식이 있다. 만일 근본주의에서 벗어나는 조건 중 하나가 해석학적 상황의 구속에 대한 인정, 즉 우리가 세계와 대면하고 텍스트를 해석하는 방식에서 우리 자신의 유한성과 "전통의 구속"이 불가피하다는 것을 인정하는 것이라 하더라도 이 인정은 우리가 거기로부터 어디로 가야 하는지 정확하게 구체적으로 정해주지

---

7) 이러한 의미에서 이 책은 브라이언 맥라렌Brian McLaren의 치료행위와 다르지 않다. 그의 다음의 책을 보라. *A New Kind of Christian: A Tale of Two Friends on a Spiritual Journey* (San Francisco: Jossey-Bass, 2001). 그러나 아래에서 적겠지만 맥라렌과 나는 서로 다른 길을 선택하며 끝을 맺는다.

않는다. 탈근본주의자는 성경이 하늘에서 떨어지지 않았고 우리의 세계에 대한 "이해"가 해석의 공동체와 전통에 의해서 전수된 것이고, 그러한 해석들은 논쟁의 대상이 되었고, 또 논쟁거리가 될 수 있다는 사실을 알게 되었다. 하지만, **그래서 어쨌다는 말인가?** 당신은 세계에 대한 당신 이해의 고유한 특질, 심지어 세계에 대한 하나의 이해로서 복음의 특수성을 인정했다. 또 당신은 『해석의 타락』의 주장을 흡수했다. 그렇다면 당신은 거기에서 어디로 가야 하는가?

내가 보기에 두 가지 길이 있다. 하나는 매개된 실재를 받아들이면서 동시에 거짓된 겸손의 길을 가는 것이다. 이 길은 여전히 초근대적이라고 할 수 있는데, 왜냐하면, 원시적인 순수성과 직접성의 이상이 그곳에 아른거리기 때문이다. 이 순수성은 없지만, 여전히 그 유령의 출몰로 인해, 우리는 표류하게 되고, 불확실하고, 지식이 없고, 따라서 소극적이 된다. 남과 다르다는 부끄러움 때문에 움츠러들어서, 그리고 우리가 속한 전통들이 우연한 결과라는 사실 때문에 다소 당황해서 우리의 주장을 내세우기를 꺼린다. 르네 데까르뜨René Descartes가 지식과 수학적 확실성을 동일시하는 것을 거부하면서, 우리는 회의론자 피론Pyrrho를 따라 아무것도 **알지** 못한다고 믿게 되었다.[8] 두 번째 길은 해석의 편재성을 향수나 당황함 없이 인정하는 것이다. 계몽주의의 "객관성"의 이상이라는 유령의 출몰을 거부하면서, 이 길에서는 우리가 거짓 겸손의 모양을 하고 주관주의와 수줍음 때문에 소극적이 될 필요가 없다. 우리의 몸됨과 유한성이라는 특질에 대해서 분개하지 않고 우리의 "전통"의 해석학적 특수성을 인정하면서, 이 두 번째 길은 전통을 인정하고 죄책감이나 당혹스러움 없이 특별한 해석의 공동체와 동일시하면서 특수성이라는 스캔들을 포용한다.[9]

---

8) Peter Rollins의 다음의 책을 보라. *How (Not) to Speak of God* (Brewster, MA : Paraclete, 2006).
9) 이 후자의 방향으로 주장을 펼치는 사람으로는 다음을 들 수 있다. Robert Webber, *An-*

다른 말로 탈근본주의자가 되는 길은 두 가지 방법이 있다. 이머젼트가 되거나 가톨릭이 되는 것이다.[10] 후자는 니케아 전통의 "가톨릭적" 정통의 특수성에 대한 탈비판적 긍정이고, 가톨릭 기독교 내부에서 특정한 해석적 전통들로서 개혁주의적, 앵글리컨적 또는 오순절적 흐름과 같은 더 구체적인 버전이다. 둘 모두 후기 근본주의적 입장들이지만, 근대적 꿈에 노출된 전자는 근대 패러다임 내부에서 오직 다른 선택으로서 자유주의적 노선으로 향하는 경향이 있다.[11] 후자인 "가톨릭적" 선택은 바로 그것이 직접적 소통이라는 근대적 신화의 출현을 거부한다는 점에서 후기 자유주의적이다. 따라서 나의 "가톨릭"적 선택은 실제로 더 고집스럽게 포스트모던적이다.[12]

이러한 점에서 『해석의 타락』 초판은 최종적이 아니다. 즉, 두 가지 다른 방향으로 발전될 수 있다는 것이다. 해석이란 본질적이고 피할 수 없는 것이라 주장하지만, 이 책은 결코 우리가 거기에서 어디로 나아가야 하는지를 구체적으로 밝히고 있지 않다. 바로 이것이 어떤 이들이 이 책의 주장을 회의주의의 등장 그리고 반지성주의의 기초라고 받아들이는 이유다. 그러나 다른 "가톨릭적" 노선은 분명하게 구체화되어 있지는 않지만 열린 상태로 남아 있다. 이 애매함은 『해석의 타락』으로부터 두 가

---

cient-Future Faith: Rethinking Evangelicalism for a Postmodern World (Grand Rapids: Baker,1999). 로버트 웨버『그리스도인 형성을 위한 기독교 사역론』(CLC, 2010).

10) 나는 이 두 가지 선택을 다음의 책에서 더 자세히 논했다. James K. A. Smith, "The Logic of Incarnation: Towards a Catholic Postmodernism," in The Logic of Incarnation: James K.A. Smith's Critique of Postmodern Religion, ed. Neal DeRoo and Brian Lightbody (Eugene, OR: Pickwick, 2009), 3-37.

11) 근본주의와 자유주의는 서로 반사적 이미지다. 왜냐하면, 둘 모두 근대성 내부에서 일어났기 때문이다. 이에 대한 설명으로는 다음을 보라. Nancy Murphy, Beyond Liberalism and Fundamentalism (Harrsburg, PA: Trinity, 1996). 만일 근본주의에 대한 자신의 비판과 거부가 부적절하고 불충분하다면, 남아 있는 유일한 선택은 "자유주의"적 선택이다. – 이것은 우리가 "이머젼트" 그룹의 대화가 더 진전되면서 볼 수 있는 경향이라고 생각한다.("자유주의적"이라는 말은 우선적으로 여기서 보수주의자들에 동의하지 않는 사람들이 헐뜯는 신학적인 명칭이 아니다. 그것은 특정한 방법론적, 인식론적 그리고 신학적 패러다임을 가리키는 말이다)

12) Smith, "The Logic of Incarnation."

지 길을 열어 놓은 채로 남겨 둔다. 그리고 우리는 초판에서부터 내 저술이 어느 방향으로 갈 것인지를 짐작할 수 없었다.[13]

『해석의 타락』 초판은 두 가지 가능성을 열어주고 있다. 사실, 10년이 지난 후 되돌아보니 누락되어 있는 것들이 있어 놀랐다. 그것은 성경, 계시 그리고 교회다. 이것은 "신학"이 논증으로부터 벗어나야 한다거나 특별한 기독교적 행동방식을 결여하고 있다는 것을 말하는 것은 아니다.[14] 그리고 이 책의 임무는 성서 해석을 위한 신학적 해석학을 구체화하는 것이 아니다. 내 목표는 그것이 아니라 특별히 기독교의 창조 신학에서 끌어온, 내가 "창조적" 해석학이라고 기술하는 기독교 일반 해석학을 구체적으로 표현하는 것이다.[15] 그렇지만 교회ecclesia의 부재는 지금 입장

---

13) 사실, 적어도 한동안은 내가 "이머젼트"적인 그리고 반지성주의적 노선과 동행했다는 것은 사실이다.(그 노선이 '이머젼트'라고 기술되기도 전에!) 그러나, 그 동행은 어떤 이들이 추측하는 대로내 나중의 책 *Who's Afraid of Postmodernism? Taking Derrida, Loytard, and Foucault to Church* (Grand Rapids: Baker Academic, 2006). 그 책에서 나는 이미 이 책의 마지막 장 "Applied Radical Orthodoxy: A Proposal for the Emerging Church"(이 장은 더 전형적으로 '이머젼트' 교회 지지자들로부터 대대적으로 비판받았다)에서 분명하게 밝히고 있는 "가톨릭적" 노선을 정했다. 오히려, 나의 반제도주의적 노선에 대한 생각은 내가 『해석의 타락』을 집필하는 와중에 쓴 불분명한 글에서 발견될 것이다. 다음을 보라. "Fire from Heaven: The Hermeneutics of Heresy," *Journal of Theta Alpha Kappa* 20 (1996): 13–31. 사실, 해석의 타락의 최종 직전의 원고에서 이 글은 그 책의 결론으로 포함되었다. 나는 당시 IVP에서 편집자로 있었던 Rodney Clapp이 그 장을 삭제할 것을 권고해준데 대해서 감사하게 생각하고 있다.

14) 나는 내 책에 대한 비판이 스위스 개혁파 신학자인 칼 바르트에 확고한 애착을 가진 스코틀랜드에서 온 특정 신학자들의 흐름에 의해서 제기된다는 것을 발견한다. 나는 그 비난이 기독교 철학의 가능성을 인정하지 않는 바르트 전통에서 나오는 것은 아닌지 의심하게 된다. 그래서 나의 비판자들은 철학적인 어떤 논증이나 분석도 사실상 신학적이지 않다고 결론을 내린다. 그러나 나는 그 전제를 거부한다. 『해석의 타락』에서 *Desiring the Kingdom*까지는 기독교적 철학적 신학으로 이해되고 평가되어야 한다. 그러나 나는 기독교 철학이 진정 기독교적 철학이 되기 위해서는 더 강력하게 신학적이어야 하고 단순히 최소한도로 "유신론적"이어서는 안 된다고 역시 생각한다. 나는 이점을 다음의 책에서 주장하고 있다. James K.A.Smith, *Thinking in Tongue: Pentecostal Contribution to Christian Philosophy* (Grand Rapids: Eerdmans, 2010), 10–11.

15) 과거에 대해 반사적으로 비판을 하지 말자. 창조 신학에 기독교 일반 해석학을 뿌리 내리는 것은 "자연 신학"을 세우는 것이 아니다. 신학적으로 "창조"에 호소함을 마치 그것이 그리스도 바깥의 "자연"에 호소하는 것인 양 생각하는 것은 신학적 상상력이 결여되어 있는 것이고 내가 거부하는(바르트적?) 이원론에 갇혀 있는 것이다. 이와 관련한 논의에 대해서는 다음을 보라. J. Richard Middleton, "Is Creation Theology Inherently Conservative? A Dialogue with Walter Brueggemann," *Havard Theological Review* 87 (1994): 257–77. 그리고 D. Stephen Long, "The Way of Aquinas: Its Importance for Moral Theology," *Studies in Christian Ethics* 19 (2006): 339–56.

에서 보니 커다란 누락이었다. 내가 공동체와 전통의 역할을 모호하고 일반적으로 강조했지만, 초판에서의 논의는 교회라는 특수한 공동체에 관심을 모으지 못했다. 나아가 성경 해석의 문제가 책 전체에 걸쳐 있었지만, 초판은 성경 해석을 위한 논증의 구체적인 함의들을 적절하게 말하거나 암시하지 못했다. 그리고 아마도 가장 놀라운 것은, 핵심이 되는 것이 창조는 선하다는 **계시적 주장**임에도 불구하고 그 논의에서 움직이고 있는 건설적인 계시에 대한 설명이 없다.창 1: 31

『해석의 타락』에서의 이러한 공백은 이 책 이후의 책을 주의 깊게 읽은 마크 보왈드Mark Bowald에 의해서 올바로 포착되었다. 보왈드는 내 저술의 행적을 더 잘 살핀 후에『해석의 타락』에서 이상하게 빠진 것을 지적했다.16)『해석의 타락』에서『언어와 신학』17)을 지나『누가 포스트모더니즘을 두려워하는가?』18)에 이르는 움직임에서 변동들과 비일관성에 주목하면서특히 교회론, 성경 그리고 계시의 문제들 보왈드는 두 가지 다른 설명을 한다.

나는 이것에 대해 두 가지 방식으로 설명할 것이다. 한 가지 가능성은 스미스가 이러한 변화들과 주제들을 함께 모을 수 있는 아직은 구체화하지 못한 그가 알고 있는 길이 있다는 것이다. 이것은 설명적 도식이나 실용주의라는 원리로서 이것들 덕택에 그는 기능적으로 정의된 다양한 용어를 사용하지 않을 수 있었다. 다른 하나는 우리가 스미스 안에서 비옥하고 실체적인 발전의 과정을 목격하고 있다는 것이다.

---

16) 다음을 보라. Mark Alan Bowald, *Rendering the Word in Theological Hermeneutics: Mapping Divine and Human Agency* (Burlington, VT: Ashgate, 2007). 그리고 동일 저자의 "Who's Afraid of Theology?" A Conversation with James K.A.Smith on Dogmatics as the Grammar of Christian Particularity," in *The Logic of Incarnation*, ed. DeRoo and Lightbody, 168–81. 나는 마크에게 계속된 개인적으로 대화를 나누어 준 것과 이 기고문들에 대해 감사드린다.

17) James K.A.Smith, *Speech and Theology: Language and the Logic of Incarnation* (London: Routledge, 2002).

18) Idem, *Who's Afraid of Postmodernism?*

그것은 사실 그의 사고의 실체적인 변화로서 강력한 ' ' "이해를 추구하는 신앙fides quarens intellectum이다.19)

이에 대해 반응한다면 나는 그 변환은 후자의 버전이라고 말하겠다. 이 문제들에 있어서 분명 내 사고에서 발전과 성장이 있었다. 그리고 틀림없이 여전히 더 많은 발전이 필요할 것이다! 특히 사람들은 초기 단계에서 내가 여전히근대적 근본주의나 자유주의의 양자택일의 가능성들 안에 갇혀 있었다고 생각할 수 있을 것이다. 하지만,『해석의 타락』을 쓴 직후에 나는 후기 자유주의postliberalism의 함의들을 흡수하기 시작했다.20) 사실, 우리는 보왈드가 주목하고 있는 변동과 노선은 내 사고의 후기 자유주의화 같은 것이라고 말할 수 있을 것이다. 여기서는 "교회적인" 측면이 더 많이 강조되었고 그에 따라 그 측면에 높은 가치를 둔다.21) 그러나 내가 위에서 적었듯이, 나는 이것이『해석의 타락』으로부터 "마음을 바꾸는" 것이거나 거기에서 내 논증의 애매성을 명확히 하는 것이 필요하다고 생각하지 않는다.22) 사실, 나의 후기 저술은 그 기본적인 주장을 매우 많이 담고 있다. 그것은 해석이라는 것은 피조된 존재의 유한성을 구성하는 본질적인 측면이라는 것, 다시 말해, 세계-내內-존재Being-in-

---

19) Bowald, *Rendering the Word*, 160.내 책 세 권에 대한 보왈드의 유용한 분석은 148-60에서 볼 수 있다.

20) Bowald는 이미 *Who's Afraid of Postmodernism?* 『누가 포스트모더니즘을 두려워하는가?』(살림 2009)에서 해석에 있어서 교회 공동체에 내가 부여한 역할에 대한 그의 논평에서 이를 시사했다. "여기서 (스미스)는 역사적 고백적 연관성 속에서 생겨난 특정한 공동체의 역할을 강조하고 있다. 스미스의 이러한 방식의 말은 한스 프라이Hans Frei의 후기 저술과 매우 흡사하게 들린다."(*Rendering the Word*, 160)

21) 이것의 씨앗은『해석의 타락』초판의 1장에서 이미 구체화 되어 있다. 거기에서 나는 다음과 같이 주장한다. "교회적 임무로서 성경 해석에 대해 새롭게 높은 가치를 둔 후기 자유주의의 논의들에 주목해야 한다."([그] 전통을 극복하기: 린트, 1장)

22) 그러나 *Speech and Theology*에서 어떤 사안들에 대한 내 입장을 단순하게 바꾸었다는 것을 인정하는 것이 정말 필요하다고 생각한 보왈드는 옳다. 이 책의 일부는 여전히 신학적 "조건들의" 일종의 비신학적 노출의 가능성을 여전히 가정하고 있다. 나는 보왈드에 대한 답변에서 이 점을 인정했다. 다음을 보라. James K. A.Smith, "Continuing the Conversation," in *The Logic of Incarnation*, ed. DeRoo and Lightbody, 216-18.

the-world [23]로서의 인간은 전통과 서로 지고 있는 빚을 통해서 제약을 받는다는 사실이다. 그리고 이 모든 것은 선한 피조물의 특질이라는 것이다. 그렇다면 나의 후기 저술은 우리가 이러한 결론을 가지고 어디로 가야 하는지에 대한 나의 생각을 명백히 밝히고 있다. 이는 고백적 공동체들의 특수성과 "두터움"을 인정하고 가톨릭니케아 정통을 실천의 공동체로 보아 해석의 밑거름이 되게 하고, 그 해석을 지도하게 하자는 것이다. 즉, 교회적, 가톨릭적 입장으로의 방향 전환을 말한다.[24]

그래서 이 재판되는 수정판에서는 그 애매모호함을 해결하는 새로운 장을 포함시켰다. 제 7장 "제한된 성육신Inc/arnation−창조에서 **교회로**"는 권위, 공동체, 교회, 그리고 정경의 문제를 말하면서 초판의 불완전한 주장을 보완할 것이다. 그러나 해석에 대한 공동의 "치안 유지활동"과 같은 권위적 주장을 하는 것이 아니다. 데리다에게 빚을 지고 있는 5장, 6장에서 주장된 나의 해체주의적 통찰은 미숙한 상대주의나 회의주의를 낳지 않는다. 심지어 데리다에게도 이 새로운 서문과 새로운 마무리 장을 통해 이 『해석의 타락』 재판이 나의 본래 주장이 창조적으로 반복되는 것으로 그리고 충실히 확장된 것으로서 읽혀졌으면 한다.

아래 본문에서 나는 뒤늦게 알게 된 사실의 도움으로 모든 것을 최신화하고 싶은 유혹에 맞섰다. 그러나 나는 후기 저술에서 사고의 출발점과 발전에 관련한 여러 핵심 사항을 명확하게 했다. 그 핵심들은 내가 이의를 제기하는 점들이고, 몇 가지 점들에 대해서는 내 생각을 바꾸었다.

나는 이 책의 시간적 흔적을 뒤집으려고 하지 않았다. 그것을 지금 읽

---

23) [역주] '세계−내−존재'란 Heidegger, Sartre 등이 사용한 용어로 인간의 의식 세계(내면)와 의식 외부 세계의 구분을 철폐하기 위한 개념이다. 이들에게 세계는 의식의 객관적 대상이 아니라 의식을 담고 있는 그릇과 같은 것이다

24) 나는 *Desiring Kingdom*에서 이점을 더 확장시켜 주장을 펼치고 있다. 여기서는 우리의 "기대지평"의 형성을 우리가 기독교 공동체의 예전적 행위(일반적으로 생각하는)에 참여하는 것에 뿌리를 두도록 하고 있다. 정서적, 서사적인 이 예전은 우리의 "사회적 상상체(social imaginary)"를 형성한다. 그렇다면 그 사회적 상상력은 우리의 가장 근본적인 세계 해석의 조건이 된다.

으면서 어떻게 내가 주로 카퓨토에게 배운 일종의 유희에 사로잡혀 있었는지를 회상할 수 있다. 당시 그는 나의 지적인 우상이었으며, 나중에 내 박사 지도 교수이면서 친구가 되어 주었다. 대륙철학에서 강한 어조와 비방은 특정한 대화를 위한 자기들만의 농담으로서 이해되곤 한다. 하지만, 재판에서 나는 그런 관행을 따르지 않았다. 나를 조금 움츠리게 하는 몇 가지 점들도 있지만, 그것들을 주로 기록적 충실성을 고려해서 남겨두었다. 내 이후의 저술들이 그 주장들과 더불어 나의 실수와 잘못된 출발을 다른 맥락에 위치시키는 역할을 할 것을 소망한다.

서론-해석과 타락

우리가 철학의 성격을 유한성, 한계, 사멸성, 의견, 편견, 가변성, 내재성 등과 같이 어떤 식으로 규정하든지 간에, 이러한 철학의 핵심적 주제들은 보통 극복되어야 할 것으로 여겨져 왔다.

DENNIS J. SCHMIDT, *The Ubiquity of the Finite: Hegel,*
Heidegger and the Entitlement of Philosophy.

사람들은 오래 전부터 해석을 죄로 여겨오고 있다. 그것을 타락 이후의 현상으로서 이해한 나머지 인류는 해석으로부터 구속되어야 한다고 생각해 왔다. 또한 전통적으로 해석학을 동산에서의 저주와 추방과 결부시켜 왔다. 간단히, 해석은 타락의 결과이고 그 자체가 타락지성계에서 감각계로, 직접 소통에서 매개를 통한 소통으로, 읽기에서 해석학으로의 타락이다. 중세 시인 단테가 말하듯이 타락 자체의 본질은 기호sign를 어긴 것에 있다.il tra-passar del segno 25) 즉, 기호학적 행동은 비극적인 해석의 역사를 시작하고 아담이 동산에서 누렸던 이전의 직접적 소통을 타락시킨 무법한 것이다. 해석학은 구속에 의해서 극복되어야 할 것이다. 구속으로 인해 해석이라는 저주는 해석이 존재하지 않는 해석학적 천국에서 사라지게 될 것

---

25) Dante Alighieri, *Paradiso* 26.117 (in *Paradiso*, Temple Classics [London. J.M. Dent & Sons],1899).

이다.

동산에서 쫓겨난 후에, 아담과 그의 후손들은 해석이라는 저주와 해석학적 공간에 던져지는 저주를 받게 되었다. 그러나 낙원이 회복되었을 때, 해석학 자체가 사라지게 된다. 낙원에서 아담은 단테에게 이처럼 외칠 수 있다. "당신이 내게 말하지 않아도, 나는 당신이 원하는 것을 당신이 확실히 아는 것보다 훨씬 쉽게 알 수 있다. 왜냐하면, 나는 모든 것을 비춰 주지만, 그 자신은 결코 굴절되지 않는 진리의 안경[26]으로 볼 수 있기 때문이다."[27] 구속 받은 아담은 해석의 대가로서 우뚝 서 있다. 하지만, 사실 그의 지식은 해석을 매개로 어렵게 얻어진 것이 아니라 직접적 접근을 통해서 얻어진 것이다.[28]

해석에 대한 이야기는 이와 같다. 그러나 이런 희극적 이야기는 중세 철학자들과 시인들에게서만 펼쳐지는 것이 아니라는 사실을 주목해야 한다. 많은 점에서 이 이야기는 서구 철학의 기원만큼 오래되었다. 게다가, 이 이야기는 기독교 신학이나 현대 대륙철학과 같이 다양한 전통에 의해서 계속해 이어지고 있다.[29] 나는 이 두 전통에서 해석이 타락과 뗄 수 없이 연결되었다는 사실을 주장할 것이다. 다시 말해, 해석은 에덴 **이후에** 나타난 저주로서, 타락 **이후에** 생긴 질병으로서아니면 아마도 원초적 과

---

26) 또는 '거울'(speglio), 이는 고린도 전서 13장 12절을 암시하는 것일 수 있다. —"우리가 이제는 거울로 보는 것같이 희미하나 그 때에는 얼굴과 얼굴을 대하여 볼 것이요 이제는 내가 부분적으로 아나 그 때에는 주께서 나를 아신 것같이 내가 온전히 알리라"(개혁한글) 나는 1장과 2장에서 관심을 "희미한 거울의 해석학"으로 돌릴 것이다.

27) Dante Alighieri, Paradiso 26. 104–8 (in *The Divine Comedy: The Inferno, Purgatorio, and Paradiso*, trans. Lawrence Grant White (New York: Pantheon, 1948).

28) 이 주제는 다음 책에서 완벽하게 다루어지고 있다. Kevin Hart, *The Trespass of the Sign: Deconstruction, Theology and Philosophy* (Cambridge: Cambridge University Press, 1989), 3–39. 타락과 해석에 관한 이러한 이야기가 어떠한지에 대한 흥미로운 설명으로는 다음 책을 보라. Peter Harrison, *The Fall of Man and the Foundations of Science* (Cambridge: Cambridge University Press, 2007).

29) 물론, 전통들은 결코 하나로 통일되어 있지 않다. 따라서 이는 다음과 같은 제한 내에서 언급되어야 한다. 기독교 전통과 대륙 철학 전통들의 **일부 측면들**은 해석학을 타락의 산물로 간주한다. 이것은 중요한데, 왜냐하면, 내 비판과 건설적 제안에서 양 전통의 대안적 측면들을 다시 찾을 것이기 때문이다.

실로 무대에 등장했다는 말이다. 이 책의 과제는 "창조"와 "타락"이라는 공통의 범주를 통해서 해석에 대한 다양한 이해들을 탐구하는 것이다.

해석의 해석들에 대한 모델들

우선, 필자의 임무가 여러 저자나 전통의 해석 방식을 다시 고찰하는 것은 아니라는 사실을 강조해야만 하겠다. 다시 말해 나는 그들의 해석학에 우선적인 관심을 두지는 않는다. 나의 초점은 이 저자들과 전통이 해석 자체를 어떻게 이해하고 있는 것에 있다. 다시 말해, 그들은 해석이란 "행위"에 어떤 지위를 부여하는가? 한 저자의 독서 과정에서 일어나는 것에 대해 어떤 이해를 하고 있는가? 해석에 어느 정도의 가치를 부여하는가? 간단히, 나는 어떤 철학적, 신학적 전통이 텍스트를 해석하는 방식에 관해서가 아니라, 그 전통이 해석 그 자체를 어떻게 해석하는가에 관한 문제를 제기하는 것이다. 이와 같이, 나의 목표는 다음에서 저자들의 해석학적 절차를 밝히는 것이 아니라, 인간적 활동으로서 "해석의 해석들"[30]을 밝히는 것이다. 그렇다면 이 책의 기획은 만일 내가 이러한 굉장한 접두어를 사용해도 된다면 **메타** 해석학적이다. 하지만 물론 이것도 해석학적이다.

어떤 의미에서 나의 목표는 각 저자와 전통을 아래 장들에 맞추어서 어떻게 해석이 이해되는가 하는 모델을 통해서 설명하는 것이다. "모델"이라는 말을 사용하는 것이 지금은 특히, 신학에서는 진부한 것이 되었다.[31] 이미 고전이 된 데이비드 켈시David Kelsey의 『최근 신학에서 성경의

---

30) 다음을 보라. Jacques Derrida, *Writing and Difference*, trans. Alan Bass (Chicago: University of Chicago Press, 1978), 293. 『글쓰기와 차이』(동문선, 2001) 그리고 OG 178-79. 역시 다음 책을 보라. John D. Caputo, *Radical Hermeneutics: Deconstruction, Repetition and the Hermeneutic Project* (Bloomington: Indiana University Press, 1987), 95. 이 책은 Caputo 교수와 그의 *Radical Hermeneutics*에 헤아릴 수 없는 빚을 지고 있다.

31) 가령, Sallie McFague, *Metaphorical Theology: Model of God in Religious Language* (Philadel-

사용』*The Use of Scripture in Recent Theology* 32)에서 저자는 일곱 가지 모델에 따라 다양한 저자들이 성경을 읽는 방식을 보여주고 있다. 유사하게, 존 골딩게이John Goldingay는 성경 해석에 대한 네 가지 모델을 제시한다.33) 그러나 더 최근에는 성경 해석을 위한 비슷한 모델들을 개략적으로 제시하려고 시도하고 있다.34) 그러나 켈시와 골딩게이의 저술들은 다양한 전통들과 신학자들이 신학에서 어떻게 성경을 해석하고 사용하는지에 대한 모델들을 설명하고 있기 때문에, 사실은 해석학적 원칙을 제시하는 수준에 그치고 있다. 이 저자들 중 어느 누구도 어떻게 해석 그 자체가 이러한 맥락들에서 구성되는 것인지를 진정 말해주고 있지 않다.

하지만 나의 목표는 해석의 문제에 관해 더 깊이 들어가 1) 어떻게 철학자들과 신학자들이 "앎의 활동" 속에서 해석의 역할을 이해하는지 2) 그들이 해석의 결과에 대해서 어떤 지위를 부여하는지, 그리고 3) 그들이 어떻게 해석학과 인간 "존재"35)사이의 관계를 생각하는지를 분석하는데 있다. 이 문제는 각 저자가 해석에 부여하는 한계, 또는 어떤 사람이 독서와 해석을 관계시키는 법, 다시 말해서, "해석"이 "지식"36)과 대조되거

phia: Fortress, 1982), 그리고 그녀의 *Model of God: Theology for an Ecological, Nuclear Age* (Philadelphia: Fortress, 1987)을 보라. Avery Dulles는 모델들을 신학적 도구로 사용하고, 어떤 의미에서 이 점에서 선구자다. 그의 다음 책을 보라. *Models of Revelation* (Garden City, N.Y.: Doubleday, 1983). 그리고 그의 더 최근에 책을 보라. *Assurance of Things Hoped For: A Theology of Christian Faith* (Oxford: Oxford University Press, 1994). 또 다음의 책도 적고 싶다. Stephen Bevans, *Models of Contextual Theology* (New York: Orbis, 1992). 이 책은 다른 참고 문헌을 담고 있다.(120−21의 각주를 보라)

32) David Kelsey, *The Use of Scripture in Recent Theology* (Philadelphia: Westminster Press, 1975). 역시 같은 저자의 다음의 글을 보라. "The Bible and Christian Theology," *Journal of the American Academy of Religion* 48 (1980): 385−402.

33) John Goldingay, *Models for Scripture* (Grand Rapids, Eerdmans, 1989). 이 책에서 실제로 저자의 관습은 해석학 자체가 아니라 성경에 대한 교리다.

34) John Goldingay, *Models for the Interpretation of Scripture* (Grand Rapids, Mich.: Eerdmans, 1995).

35) 신조어인 존재be−ing는 인간의 "본성"과 같은 본질주의적 언어를 피하려는 철학적인 이유들 때문에 사용되었다.(쇠렌 키에르케고르와 유사하게) 필자가 존재be−ing를 말할 때는 인간의 삶이나 실존을, 즉 인간됨(being human)을 뜻한다. 이는 대강 마틴 하이데거의 다자인(Dasein)의 번역이라고 생각해도 무방하겠다.

36) 케빈 밴후저Kevin Vanhoozer의 굉장하고 획기적인 책 『이 텍스트에 의미가 있는가?』*Is There a Meaning in This Text?*(IVP, 2008)가 너무도 늦게 내 손에 쥐어졌기 때문에, 이 책에

나 관계되는 방식을 고찰하면서 해결될 것이다. 내가 밝혀내고자 하는 것은 대부분의 신학자와, 그리고 주장컨대, 대부분의 철학자들이 생각하지 않았던 문제들이다. 그러한 해석의 해석에 대한 모델을 정립하기 위해서, 우리는 간접적으로 숨어 있는 가정과 인격적 헌신의 차원을 연구해야 한다. 이 방법은 다음 장에서 더욱 분명하게 나타날 것이다.

내가 사용하는 모델이라는 용어에 대해 한 마디 더 해야겠다. 각 장은 한 두 명의 신학자들이나 철학자들을 고찰하고, 그들이 해석의 역할과 지위를 어떻게 이해하는지를 조합하는 시도를 하고 있다. 나는 전통적인 사상과 현대 사상에서 영향력 있는 몇 가지 모델을 구체화하고 있는 대표적인 저술들에 초점을 맞추어 선택을 했다. 그래서 이 책에서 각 부는 하나의 모델을 대표하고, 각 장은 그 다양한 세부적 모델을 기술한다. 즉, 하나의 모델 속에서 모델이라고도 할 수 있다.

1장에서는 해석학을 타락에서 기원한 것으로 이해하는 렉스 코이비스토Rex Koivisto와 리쳐드 린트Richard Lints는 현대 복음주의 신학의 특정한 측면들을 대표한다. 이 관점에서, 해석학은 타락 전의 직접적 소통을 회복하면서 극복해야할 하나의 매개체이다. 잃어버린 그러나 이제 되찾은 에덴은 끊임없는 직접적 결속의 낙원이다. 이 낙원은 해석학이 존재하지 않기 때문에 해석학적 낙원이다. 따라서 코비스토와 린트는 내가 현재적 직접적 소통 모델present immediacy model이라고 부르는 것을 대표하는 사람들이다. 이 모델은 일종의 실현된 종말론realized eschatology이라고 할 수 있다. 다시 말해서 복음주의 그리스도인에게 이제 해석의 저주는 사라진

서 폭넓게 사용되지 못했다. 그러나 내가 보기에 밴후저는 해석과 지식을 대조하는 경향이 있는 것 같다. 이는 가령 그의 다음과 같은 언급에서 나타난다. "절대적인 지식을 강력하게 주장하지 못하고, 심지어 자연 과학자들도 이제 그들의 이론들을 해석들이라고 보고 있다."(*Is There a Meaning in This Text? The Bible, the Reader and the Morality of Literary Knowledge* [Grand Rapids, Mich.: Zondervan 1998], 19) 그러나 그도 역시 그가 해석에 대해 "더 긍정적인 의미"라고(그것을 실재론적realist이라고 부르면서) 기술하는 것을 제시하고 있다. 그에게 이 의미는 "지식의 양상"(ibid., p.11 n.1)이다. 우리가 할 일은 사실상 이것이 해석인지 아닌지를 알아보는 것이다.

다. 내가 이 모델에서 코비스토와 린트에 초점을 맞추기는 하겠지만, 많은 다른 이들도 이 모델 속에 포함된다. 다른 사람들은 주석에서 종종 언급될 것이지만, 자세히 논의되지 않을 것이다.

제2장에서 나는 "희미한 거울 해석학" 또는 종말론적 직접 소통 모델 eschatological immedicay model로서 독일 신학자 볼프하르트 판넨베르크Wolfhart Pannenberg의 저술에 초점을 맞출 것이다. 코이비스토와 린트와 마찬가지로 판넨베르크에게, 해석이란 인류가 벗어나야 할 상태이다. 그러나 이러한 극복은 종말 즉, 시간의 끝에서나 일어난다. 그때는 직접적 소통이 회복될 것이다. 이 모델에서 나는 역시 한스 게오르그 가다머Hans-Georg Gadamer의 철학적 해석학과 위르겐 하버마스Jürgen Habermas의 비판 이론 critical theory을 예로 들며 추가적으로 언급할 것이다.

1부를 이루는 두 장 모두에서 우리는 해석학을 타락의 결과로서, 그리고 해석을 어떤 방식으로든 타락된 것으로서 이해하는 신학자들과 철학자들을 보게 된다. 덧붙여서, 두 모델들은 이 상태가 극복되는 시간을 제시한다. 이 사상가들은 인간이 유한성을 극복하고 벗어난다는 확신에 찬 희망을 표현하고, 절대자와 무제약자로 상승하는 긴 철학적 이야기를 한다는 점에서 하나의 흐름을 대표하는 사상가들이다.

그러나 2부에서는 해석학을 타락 현상으로 이해하지만 이 조건을 극복하거나 피하려는 소망이나 꿈을 가지고 있지 않은 두 명의 철학자를 다루게 될 것이다. 그들에게는 타락 전 낙원에 대한 기억이 전혀 없고, 종말의 천국에 대한 기대도 없다. 이처럼 3장의 하이데거에게 해석학이란 늘 폭력적인 것이다. 왜냐하면, 그것은 일상성에 빠지는 것, 즉 세계-내-존재의 일상적 시험과 지속적으로 투쟁하기 때문이다. 나아가, 하이데거에게는 세계-내-존재로서의 인간은 "본질적으로" 타락한 존재이다. 그리고 이 세계-내-존재는 구조적 "염려"를 특징으로 한다. 사도바울에게 이 염려는 세상에 빠져 있는 상태의 특징이다. 하이데거의 사상은 바울에게 의존한다. 그러나 바울과 달리 하이데거는 인간이 세계 속에 빠져 있는 상태를 유한한 인간 존재의 구조적 측면으로, 즉 인간의 본질로 여기게 되었다.

필자가 4장에서 반박하게 될 자끄 데리다Jacques Derrida 역시 유사한 모델 속에서 작업을 한다. 그에 따르면 해석이란 늘 폭력적 행동, 도려내기, 자르기로서 반드시 배제와 절단을 내포하고 있다.

타락은 현존**으로부터**가 아니라 늘 현존 **안에서** 이미 존재한다.[37] 몰이해와 잘못된 해석이 기호sign와 기표signifier의 구조 속에 짜여 있다. 이 상태에서 모든 결정은 "구조적으로 유한"하고 그렇기 때문에 "구조적으로 폭력적이다." 인간 존재를 구성하는 해석학은 이미 폭력적이고 현실에 대한 왜곡이다. 따라서 인간이 된다는 것은 폭력을 행사하는 것이 된다.

하이데거와 데리다는 내가 **폭력적 매개 모델**violent mediation model이라고 기술할 수 있는 모델을 대표한다. 또, 많은 다른 이들도 이러한 기술과 같은 입장이다. 특히 내가 간략하게만 논의하게 될 엠마누엘 레비나스Emmanuel Levinas가 여기에 포함된다.

제3부에서 나는 비非플라톤적인 어거스틴에서 찾아낼 수 있는 자원에서 이끌어낸, 해석의 창조 모델creational model을 제안하려고 한다.[38] 이것은 앞서 기술한 모델들과 대조된다. 간단히 암시하자면, 이 모델은 해석

---

37) 이 점에 대한 유익한 논의로는 다음 책을 보라. Hart, *Trespass of the Sign*, 14–30.

38) John Milbank처럼 나도 역시 우리 현재 상황을 위한 중요한 자원으로서 어거스틴으로 돌아갈 것이다. 다시 말해, 포스트모던 맥락에서 기독교 철학적 해석학을 구체화하는 것이다. 그러나 나는 밀뱅크가 "플라톤주의/기독교"라고 일컫는 것은 긍정하지 않을 것이다. 오히려, 나는 기독교적 어거스틴을 그의 저술에 침전되어 있는 플라톤주의에서 건져내고, 또 그를 하이데거까지 이르고 있는 유한성을 플라톤적으로 이해하는 잘못된 전통에서 건져낼 것이다. 플라톤주의에 대한 나의 더 구체적인 비판으로는 다음을 보라. James K.A.Smith, "Will the Real Plato Please Stand Up? Participation vs. Incarnation," *Creation, Covenant, and Participation: Radical Orthodoxy and the Reformed Tradition*, ed. James K.A. Smith and James H. Olthuis (Grand Rapids: Baker Academic, 2005), 61–72. "플라톤-기독교 종합"에 대한 더 최근의 옹호로는 다음을 보라. Hans Boersma, *Heavenly Participation: The Weaving of a Sacramental Tapestry* (Grand Rapids: Eerdmans, 2011), 33–39.

과 해석학적 매개를 세계-내-존재로서의 인간이 가진 구성적 측면으로 이해한다. 이 모델은 위에서 언급한 해석의 공간이 폐쇄되어 있다고 주장하는 직접적 소통 모델과 대조된다. 나는 유한성과 장소성과 같은 피조 된 존재로서의 인간 존재의 근본적인 측면을 극복하는 것은 헛된 희망이라고 주장할 것이다.

또한 더 나아가, 해석을 폭력적 상태로서, 불가피한 것으로 이해하는 하이데거와 데리다와는 대조적으로, 창조-성령적 해석학creational-pneumatical hermeneutic은 해석을 오히려 선하고, 평화로운 피조물의 한 측면으로 이해한다. 해석학은 "에덴 이후"에 나타난 타락후의 현상이 아니다. 대신 해석은 "에덴"에서 발견되고, 따라서 선함의 선포창 1:31에 포함된다. 따라서 해석학은 극복해야 할 악이 아니다. 또는 데리다의 경우에서처럼, 불가피하고, 폭력적인 사태가 아니다. 오히려 그것은 "선하다고" 긍정해야만 하는 창조와 인생의 한 측면이다.

그러한 비신화화된39) 어거스틴적인40) 해석학은 어거스틴의 인간존재와 언어의 시간성에 대한 통찰들을 창조의 근본적인 선함에 대한 긍정과 결부시킨다. 결과는 "창조적" 과업으로서의 해석학의 지위에 대한 이해

---

39) 내가 "비신화화"를 말할 때 그것은 파괴나 평면화를 뜻하는 "해체"(deconstruction)가 아니라 어거스틴에 대한 다른 읽기를 말하고 있다. 다시 말해, 어거스틴 자신에 거슬러 그를 읽는 것, 어거스틴의 이름으로 어거스틴을 읽는 것이다. 더 구체적으로, 그것은 어거스틴의 기독교의 이름으로 어거스틴의 신플라톤주의를 해체하는 것이다. 유사한 제안과 기획으로는 다음을 보라. Paul Ricoeur, "Original Sin': A Study in Meaning," in *The Conflict of Interpretation*, ed. Don Ihde (Evanston, Ill.: North-western University Press, 1974), 269–86. 여기에서 그는 "의미에 대해서 생각하는 것은 어떤 방식으로 그 개념을 해체하는 것이다."(270) 카푸토가 제안하듯이, 비신화화, 또는 해체의 과제는 단순히 부정적인 것이 아니라, 그것은 역시 긍정적인 생산의 순간을 포함한다. 나의 경우에서는, 또 다른 어거스틴을 생산하는 것이다.(*Demythologizing Heidegger* [Bloomington: Indiana University Press, 1993], 7–8)

40) 나는 밴후저 역시(독립적으로) 그의 해석학적 틀이 어거스틴적 계보를 주장하고 있음에 놀랐고 격려가 되었다.(Vanhoozer, *Is There a Meaning*, 29–32) 그러나 나는 그렇게 하는 것에 대한 그의 근거를 높이 평가하지만, 그가 "어거스틴적 해석학"을 발전시키고 있다고 주장하는 것은, 가장 나쁘게는, 억지같이 보이고(그의 책에서는 어거스틴이 상당히 미미한 역할을 하고 있다) 기껏해야, 그의 책은 어거스틴의 철학적 또는 일반 해석학의 핵심에서 주변적 주제에만 의존하고 있다. 또, 내가 5장과 6장에서 지적하듯이, 그는 데리다 자신이 지식의 필수적인 요건으로서 믿음-헌신이라는 어거스틴적 이해를 수용하는 정도를 알아보지 못하고 있다.(6장의 마지막 절, "영에 대해서: 예 그리고 아멘"을 보라)

이다. 이 과업은 유한성을 구성하고, 따라서 피하거나 극복해야할 "짐"
이 아니다. 그러한 "해석에 대한 해석"은 물질에 다시 가치를 부여하고,
궁극적으로 차이를 사랑하고 다양하게 사랑하시는, 창조하는 하나님의
은사로서 차이에 대한 윤리적 존중으로 끝을 맺는다. 창조적 해석학의
핵심에는 다양한 언어의 합창 가운데서 말하고, 노래하고, 춤을 추는 하
나님의 피조물이 가진 다원성이 있고, 이에 대한 여지를 남겨두는 "오순
절적" 창조적 공간이 있다.

모델	창조/타락	직접적 소통	주장자들
현재적 직접 소통모델	타락의 결과로서의 해석학	매개는 현재 극복된다	린트, 코이비스토
종말론적 직접 소통 ("희미한 거울" 모델)	타락의 결과로서의 해석학	매개는 미래에 극복된다 (크로노스 또는 카이로스).	판넨베르크 가다머 하버마스
폭력적 매개 모델	해석학은 인간 존재를 구성하지만 역시 구조적으로 폭력적이다.	매개는 극복될 수 없고, 따라서 폭력은 불가피하다.	하이데거 데리다
창조적 해석학 모델	해석학은 피조성을 구성하나, 역시 구조적으로 선하다.	매개는 극복될 수 없지만 피조성의 한 측면이다. 폭력은 가능하고 실재적이지만 필요한 것은 아니다.	어거스틴

그림 1. 해석의 해석들에 대한 모델들

나의 방향성을 제시하면서, 또 이 모델들이 어떻게 작동하는 지를 보
여주기 위해서 이 책에서 탐구된 네 가지 모델을 개관했다. 하지만, 이러
한 모델을 최종적인 것으로 생각해서는 안 된다. 이는 하나의 '전통'은
말할 것 없고, 각각의 사상가들을 밀폐된 용기 안에 가두는 것이다.[41] 그
것들은 교육적인 장치 역할을 하는 것이지 최종적인 것은 아니다. 하지

41) 나는 그러한 우편 운영에 대해서 동의하지 못한다. 이 운영은 모든 것 그리고 모든 사람이
자신의 우편함(Brieffach)을 가지려는 시도다.

만, 이러한 모델 구분은 차이점을 식별하는데 도움을 줄 수 있다.[42] 이 모델은 당연히 이론적인 구성물이다. 즉, 허구라는 말이다. 하지만, 유용한 허구이다. 이것은 해석이 여러 다양한 사상가들과 전통들에 의해서 어떻게 이해되는가를 기술하고 있다. 또한 이 모델은 이 책 전체에 걸쳐서 근본적인 비판의 기준이 될 유사성을 밝혀낼 수 있게 해 줄 것이다. 이 기준이란 해석과 타락됨이라는 폭력 사이의 연관성을 말한다. 마지막으로, 나는 이 모델이 여러 다른 철학자와 신학자가 어떤 스펙트럼 가운데 위치해 있는지 알 수 있게 해 주는데 유용할 것이라 생각한다. 나는 이것을 주로 주석들에서 시도할 것이다.[43] 이러한 점에서 이 책은 일종의 워크숍이다. 이것은 독자에게 이 문제들을 비판적으로 생각해 보고 그것을 다른 맥락에 적용해 볼 수 있는 틀을 제공하는 장이다. 그리고 이 모든 것은 기독교적 관점에서 철학적 해석학에 대한 이해력을 높이려는 목표를 갖고 있다.

---

42) "The Notion and Use of Models" (*Models of Contextual Theology*, 23-29)에서 Bevans는 이 점에 대해서 매우 유익한 논의를 하고 있다. 그는 모델들을 "비판적 실재론"과 관련된 개념으로서 이해한다. 즉, "비판적 실재론자들이 실재를 있는 그대로 완전히 알 수 없다는 것을 깨닫지만, 동시에 그는 알려진 것이 **진정으로** 알려진 것이라는 것을 깨닫는다."(25) Bevans의 모델의 상대화는 환영할 만 하지만, 내 생각은 심지어 "비판적" 실재론은 그것이 사물은 "그 자체로" 부분적으로 알려진다는 것을 주장하는 한 너무 지나친 주장을 하고 있는 것이라는 생각이 든다. 나는 차라리 "해석학적 실재론"(N.T.Wright나 Vanhoozer의 것이 아닌 Hubert Dreyfus의 것으로) 또는 "그 자체로" 어떤 것을 안다고 결코 주장하지 않는 "현상학적 결합"에 대해서 말할 것이다. 그러나 그러한 사물 자체(*die Sachen selbst*)와의 결합은 내가 해석하는 "대로" 항상 어떤 것"처럼" 이해된다. 다음을 보라. Hubert Dreyfus, *Being-in-the-World: A Commentary on Heidegger's "Being and Time," Division I* (Cambridge, Mass: MIT Press, 1991), 253-65. 하지만, 궁극적으로 이제 나는 실재론/반실재론 논쟁 그리고 "비판적 실재론"에 대한 제안조차도 문제시 되는 가정들, 다시 말해 타당성을 잃어버린 지식에 대한 재현적(再現的) 관념에 지배되고 있다고 생각한다. 우리를 사로잡고 있는 이 인식론적 "그림"에 대한 비판으로는 다음을 보라. Charles Taylor, "Overcoming Epistemology," in *Philosophical Arguments* (Cambridge, MA: Havard University Press, 1995), 1-19. 나는 다음의 책에서 이 문제에 대해서 더 충분히 언급할 것이다. James K.A.Smith, *Who's Afraid of Relativism? Taking Wittgenstein, Rorty, and Brandom to Church* (Grand Rapids: Baker Academic, 출판예정). 이 기획은 이러한 문제들에 대한 내 사고에 있어서 "프레그마티즘으로의 전환"을 보여준다. 이 전환은 어거스틴으로부터 후설을 지나 데리다에 이르는 "기호학적" 패러다임에 다소 불편함을 표시하는 비트겐쉬타인적인 전환이라고 할 수 있다.

43) 나는 나의 기획이 Caputo의 "Three Interpretations of Interpretation"과 가깝다고 생각한다. 여기서는 그는 하이데거의 유산의 "좌파" 그리고 "우파" 측면들을 논하고 있다. 그의 다음 책을 보라. *Radical Hermeneutics*, 95-119.

내가 이 모델이 교육적 장치라고 강조한다고 해서, 개인이 이 모델에 자신을 "끼워 맞추"길 바라는 것은 아니다. 사실 내가 모델을 사용하는 것은 이 책에서 이론적으로 주장하는 것에 대한 일종의 실습이라고도 할 수 있다. 다시 말해 이 모델을 통해 제시된 기술과 해석은 임시적이라는 말이다. 만일 이 모델을 놓고 온전한 현존을 기대할 때, 즉 유한성에 제한되지 않는 완전한 재현을 기대했다면 이 모델들은 폭력적 범주가 될 뿐이다.

나는 '범주화'를 주장하는 것이 아니기 때문에, 나는 이러한 기술적인 장치를 사용하는데 어려움이 없다. 현대 대륙 철학은 이 모델이 각 사상가들을 정의하는데 '실패'하고 있고 그들에게 폭력을 행사한다고 주장할 것이다. 그러나 내가 완전한 현존이라는 유령[44]을 믿는 한 이것이 실패이고 폭력적이라고 주장할 것이다. 아래에서 더욱 자세히 논의되겠지만, 여기서 문제되는 것은 우리가 개념을 사용하는 방식과 우리가 우리의 해석에 부여하는 지위다. 이 모델은 폭력적이지 않다고 필자는 주장한다. 왜냐하면, 그것들은 꼬리표나 개념con-capere [45]을 가지고 한 사상가의 사상을 '이해'하려는 획일적 모델이 아니기 때문이다.

"창조"와 "타락"이라는 범주에 대해서

나는 앞서 이 책의 과제가 "창조"와 "타락"이라는 일반적인 범주에 비추어 해석에 대한 다양한 이해를 탐구하는 것이라고 언급한 바 있다. 지금까지 나는 모델에 대한 이슈들을 앞으로 고찰하게 될 철학자들과 신학

---

44) 이 문구는 James Olthius에게 빚지고 있다. 다음 책을 보라. "A Hermeneutics of Suffering Love," in *The Very Idea of Radical Hermeneutics*, ed. Roy A. Martinez (Atlandtic Highlands, N.J.: Humanities Press, 1997).

45) 현상학적 맥락에서 이 문제들에 대한 논의에 대해서, 다음의 내 글을 보라. "Alterity, Transcendence and the Violence of the Concept: Kierkegaard and Heidegger," *International Philosophical Quarterly* 38 (1998): 369-81.

자들에게 있어서 해석의 지위와 역할을 밝혀내는 일환으로서 제시했다.

제시해야할 두 번째 문제는 **창조**와 **타락**이라는 범주의 유용성과 정당성이다. 이것은 신학과 철학의 학제간의 경계를 넘어서는 프로젝트라는 이유 하나만으로도 논쟁거리가 된다.[46] **창조**와 **타락**이라는 용어는 신학에서 흔한 용어이다. 하지만, 이 용어들이 철학적 담론으로 옮겨지면 어떻게 될까? 이것이 신앙과 관련된 용어라서 철학에는 허용되지 않는 것일까? 만약 그렇다 해도, 적어도 하이데거와 데리다는 그런 의식을 갖고 있지 않다. 타락과 타락성이라는 개념은 하이데거와 데리다의 초기 저작에서 중요한 위치를 차지한다. 비록 이 두 개념 모두 신학과 전혀 관계가 없다고 고집스럽게 부인하고 있지만 말이다.[47] 초기에 하이데거는 타락성의 분석이 "인간 본성의 타락 교리나 원죄 이론과 전혀 관계없다"라고 주장했다.[48] 그럼에도, 창조는 몰라도 타락은 이 두 철학자 모두와 다른

---

46) 여기서 나는 방법론적 측면을 분명해 밝혀야 한다. 말하자면, 나는 이 책을 기독교적 관점, 또는 세계관의 입장에서 현상들을 분석하는 철학적 탐구라고 이해한다. 나에게는, 철학이 종교나 신학적 동기들과 관계를 맺는다고 해서, 그것들이 신학으로 빠져드는 것은 아니라고 생각한다. 내가 이해하는 바로는(그리고 다른 곳에서 구체적으로 표현했듯이), 신학은 특수 학문(*eine positive Wissenschaft*)으로서 신앙의 경험적 측면이나 양상을 탐구한다. 신학은 생물학이 생명체를, 수학이 수를 연구하는 것처럼 인간 존재의 특수한 측면을 연구한다. 철학은 이러한 특수 학문들의 기초와 인간 경험의 다양한 측면들의 통일성과 상호 연관성에 초점을 맞춘다. 이러한 구분으로 볼 때, 이 책의 초점은 철학적이지(엄밀하게 말해서) 신학적이지 않다. 하지만, 이 책은 **기독교** 철학이라는 비난받는 기획을 연습하는 것이다. 하이데거의 철학적 무신론을 거부하는 기독교 철학의 가능성에 대해서, 플란팅가의 유신론 철학과 질송의 제안에 대해서는 다음 필자의 글을 보라. "The Art of Christian Atheism: Faith and Philosophy in Early Heidegger," *Faith and Philosophy* 14 (1997): 71–81. 또 필자는 철학의 신학과의 관계를 다음에서 논한다. "Fire from Heaven: The Hermeneutics of Heresy," *Journal of Theta Alpha Kappa* 20 (1996): 13–31. 이 영역에서 나의 작업은 다음 책들에 의존하고 있다. Martin Heidegger, *Phänomenologie und Theologie* (Frankfurt: Vittorio Klostermann, 1970), Herman Dooyeweerd, "Philosophy and Theology," pt.3, *In the Twilight of Western Thought: Studies in the Pretended Autonomy of Philosophical Thought*, series B, vol 4 of *Collected Works*, ed.James K.A.Smith (Lewiston, N.Y.: Edwin Mellen, 1999).

47) 현대 철학에서 **타락**이라는 개념이 지속되고 있다는 점을 Stephen Mulhall이 최근에 추적했다. Stephen Mulhall, *Philosophical Myths of the Fall* (Princeton: Princeton University Press, 2007). 이 책에서 그는 니체, 하이데거 그리고 비트겐쉬타인에 집중한다. 불행히도, Mulhall은 영지주의적 의미에서의 영적 타락과 기독교적 타락과 원죄의 개념을 혼동하고 있다. 이점에 있어서 Mulhall에 대한 나의 비판으로는 다음을 보라. James K.A.Smith, "Lost in Translation? On the Secularization of the Fall," in *The Devil Reads Derrida: And Other Essays on the Univesity, the Church, Politics, and the Arts* (Grand Rapids: Eerdmans, 2009), 62–67.

48) Martin Heidegger, *History of the Concept of Time: Prolegomena*, trans. Theodore Kisiel (Bloom-

이들에게 살아있는 범주로 남아 있다. 나의 목적은 이 담론을 들어, 왜 하이데거와 데리다 그리고 다른 이들이 그러한 용어를 특히 신학적 의미에서 유지하고 있는 지를 이해하는 데에 있다.

그래서 창조와 타락이라는 범주는 다음에 올 논의에서 유용한 도구나 접촉점으로 쓰이게 된다. 하이데거의 강한 반대에도 불구하고, 그것들은 해석과 해석학, 그리고 더 일반적으로 말해서, 인간 존재 일반에 대해서 "평가적 지표"로서 기능한다. 제 3부에서 나의 건설적인 제안은 창조를 인간 존재를 구성하는 것으로서 해석학을 이해하기 위한 살아 있는 철학적 범주로 삼는 시도를 하는 것이다. 내가 주장하는 바는 해석은 **창조를 구성하는** 것이라는 사실이다. 그것은 피조물의 속성인 유한성에 동반되는 피할 수 없는 상황이며 창조의 한 측면이기 때문에 "선한" 것이다. 이것은 5장과 6장에서 더욱 자세히 설명되겠지만, 나는 여기서 이러한 범주들이 인식되어야 하고 매우 오래된 형이상학을 단순히 달리 수용하는 것으로서 배척되지 않기를 바라면서 한 지면을 할애한다.

몇 가지 점에서, 창조와 타락의 범주들을 철학적 언어로 번역하는 것은 내가 기피하고 있는 서양 전통의 한 측면에 관련시키고 만다. 그러나 나는 이러한 용어들에 대한 나의 이해를 밝히기 위해 그 위험을 짧게나마 기꺼이 감수하려고 한다. 내가 해석을 "창조적"이라고 말할 때, 그것은 해석의 필요성이 인간 존재에 "본질적"이라는 것을 의미한다. 즉, 해석학이라는 것은 "본성상" 인간 존재의 부분이다. 어떤 의미에서 나는 해석이 인간의 삶을 "구성하는" "규범적인" 사태事態라고 말하고 있다. 바로 이것이 하이데거가 "실존적"이라고 기술하려 했던 것이다. 린트와 판넨베르크가 해석을 타락과 연결시킬 때는 해석학은 "우연적"이거나 "비규범적"이며, 그것이 인간에게 결함의 한 측면이 아니라는 것을 말하

---

ington: Indiana University Press, 1985), 283. 『존재와 시간』에서 하이데거는 "타락"이 "부정적으로" 해석되어서는 안된다고 단언한다.(BT 265) 나는 3장에서 이 점을 반박할 것이다.

고 있는데, 이러한 입장은 하이데거와 데리다와는 매우 다르다. 린트와 판넨베르크에게 해석은 결코 뿌리 뽑아야 하는 그 무엇이 아니다. 다시 말해서 나 역시 하이데거나 데리다처럼 인간 존재가 가진 해석의 불가피 성에 동의한다. 그러나 그들이 이 해석의 불가피성을 타락 상태와 연결 지을 때는 생각을 달리한다. 비록 이들의 타락에 대한 관념이 창조 상태 에서의 타락이 아니라 '본질적으로 타락됨' BT 264-65 -로부터의 타락이 아닌, - 안에서의 타락을 뜻한다 해도 말이다.

하이데거와 데리다에게, 타락 상태는 해석의 비규범성을 기술하는 것 이 아니고 오히려 해석의 **폭력**을 기술한다. 대조적으로, 나의 창조적 해 석학은 만일 해석이 인간 존재와 피조성을 구성한다면, 비록 그것이 타 락에 의해서 왜곡되고 타락했더라도[49] 그것은 반드시 "선하고" 필연적 으로 또는 본질적으로 폭력적인 것은 아님을 주장하는 것이다. 만일 해 석이 사실상 폭력적이라면 그리고 해석이 창조 된 인간 존재의 일부라 면, 인간 존재는 반드시 폭력적이라는 것을 의미한다. 그러나 만일 인생 이 "선하게" 창조되었다면, 이것은 사실일 리 없다. 비록 우리가 해석학 을 "창조의 한 측면"으로 이해하는 것이 우리가 깨지고, 타락한 창조에

---

49) 이는 이 책의 나머지 부분에서 많이 설명되지 않는다. 내 주장은 선하고, 유한한 창조의 일 부로서 해석의 **선함**을 강조하는 것이다. 그러나 이것은 해석을 타락의 영향들에서 제외시 키는 것은 아니다. 나의 주장은 해석이 타락의 결과가 아니라는 뜻이다. 만일 우리가 죄에 대한 "인지적 영향들"(죄가 부정적으로 우리의 앎에 영향을 준다는 것)에 대해 말한다면, 우리는 또한 죄의 "해석학적 영향"에 대해서도 분명 말할 수 있을 것이다. 해석을 하는 주 체는 사람이다. 나무들은 해석의 대상이 **되지만**, 해석은 하지 않는다. 해석하는 이가 인간 이라면, 타락이 인간 존재에 영향을 미친다는 점에서 해석에 영향을 미친다. 특히, 우리는 어떻게 죄와 타락이 인간의 사랑을 무질서하게 하는 지에 대해서 고찰했어야 할 것이다.(『하나님의 도성』에서 어거스틴의 설명한 것처럼) 만일 사랑이 좋은 해석의 조건이라면, 사 랑의 질서가 깨질 때 분명 해석을 타락시키고 왜곡시킬 것이다.(관계된 논의로는 다음을 보라. Alan Jacobs, *A Theology of Reading: The Hermeneutics of Love* [Boulder, CO: Westview, 2001]) 자비가 없고 사랑이 깨지면 지배와 통제를 하고픈 욕망으로, 진리를 억압하고픈 욕 망으로 표현된다. 이는 "구어적"이나 "텍스트적" 해석에서 뿐 아니라, 사물들과 자연 세계 에 대한 우리의 해석에게도 적용될 것이다. 타락했기 때문에, 나는 현상들을 왜곡하고 잘 못 해석하는 경향이 있다. 왜냐하면, 어떤 의미에서 현상들이 실제로 있는 방식으로 존재 하기를 바라지 않을 수도 있고, 아니면 실제로 존재하는 방식 이상의 존재가 되기를 바라 기 때문이다.(우상화) 그렇다면 해석의 "구속"은 해석으로부터의 구속이 아니고 해석을 올 바로 할 수 있도록 우리의 의지를 구속하고 우리의 사랑에 질서를 주는 것을 말할 것이다.

살고 있다는 것을 부인하는 것은 아닐지라도, 타락은 해석의 출현이라기보다는 해석에 대한 왜곡과 타락이다.[50]

그렇다면, 필자가 제안하는 바는 "하이데거와 데리다의 생각과는 매우 멀면서도 매우 가깝다."PC 66 하이데거와 데리다가 타락하고 폭력적이라고 그리고 있는 사태를 나는 창조를 구성하는 선한 것으로 묘사한다. 그러나 우리 모두는 이 사태가 인간 경험의 필수적인 측면이라는데 생각을 같이 한다. 이것은 린트와 판넨베르크와는 대조되는 생각이다. 반면, 린트와 다른 복음주의자들과 함께, 나는 창조의 선함과 회복에 대한 희망을 믿는다. 그러나 다시 이 신학적 전통의 어떤 측면과는 대조적으로, 나는 이 회복을 직접성 또는 완전한 현존과 동일시하지 않는다. 대신 해석학적 매개가 인간 삶의 유한성에 반드시 동반된다.

나는 아직 중요한 문제를 말하지 않았다. 그것은 창조의 선함과 "해석학적 폭력"의 문제에 대한 나의 신념이다. 이것은 6장에서 설명하도록 남겨 둔다. 그러나 여기서 나는 나와 생각이 다른 사람들이 견지하는 이 가정과 관련한 문제들을 알고 있다. 이 문제들은 내가 데리다의 생각에 동의하지 않는 핵심이다. 나는 존 카퓨토John D. Caputo가 쇠렌 키에르케고르에서 전형적으로 나타나는 "종교적" 세계 해석이라고 기술하는 것을 선택한다고 말할 수 있을 것이다. 이것은 니체의 "비극적" 이해에 대항하는 것이다.[51] 이 두 관점은 깨진 세계의 "깊숙한 바닥"을 바라보고 그것을 매우 다르게 해석한다. 키에르케고르는 신앙의 눈으로 죄로 깨어진 세계와 그것의 회복을 위해 오신 성육신한 하나님을 보았다. 니체는 어두운 실체로서 "사물의 모습"을 이해하는 깨어진 세계를 보고 같은 것이

---

50) 내가 5장에서 제안하듯이, 해석에 대한 타락의 중심적 영향은 **지배**이다. 하나의 해석을 강제적으로 부여함으로써 텍스트와 타인을 지배하는 것. 앞으로 제안하겠지만, 해석의 다원성은 타락의 결과가 아니다. 패권적 억압으로 향하기 쉬운 깨어진 세계를 쉽게 하는 것이다. 간단히, 우리는 바벨을 다소 다르게 읽을 것이다.

51) Caputo, *Radical Hermeneutics*, chap.10.

영원히 반복된다고 인정했다.

카퓨토는 나에게 짜라투스트라의 냉소적 웃음이 아브라함의 결단 한 가운데 맴돌며 아브라함의 귀를 울린다는 사실을 상기시켜 준다. 그러나 나는 역시 비확정성이라는 "사실" 때문에 짜라투스트라가 아브라함이 옳았는지를 궁금해 하며 때때로 밤에 깨어나야만 한다는 것을 카퓨토와 데리다에게 상기시킬 것이다. 다시 말해서 만일 창조의 선함에 대한 나의 믿음이 하나의 "해석"이라면, 인간 존재의 폭력에 대한 하이데거와 데리다와 니체의 "믿음"은 또한 결코 덜 해석적이지는 않다는 것이다.[52]

이러한 범주들의 유용성이 다음의 장들에서 밝혀질 것을 소망한다. 이 간략한 서문에서 나의 목표는 이 범주들이 단순한 신스콜라주의의 복권으로 처음부터 무시되지 않고 사용될 수 있는 여지를 마련하는 것이다.

카퓨토의 『윤리학에 반대하여』의 주석에 대한 주석

그러나 창조에 대해서는 조금 늦지 않았는가? 우리는 사건은 말할 것도 없고 그러한 생각이 '폭력과 형이상학' 의 잊혀진 역사보다 더 뒤편으로 밀려나간 상황에 이르지 않았는가? 에덴 '안에서' 그리고 '이후에' 해석을 말한다는 것이 꽤 이상하고, 심지어 다소 우습지 않은가? 그리고 그것은 또한 끔찍하거나 적어도 지독히도 무책임한 것은 아닌가? 왜냐하면, 아우슈비츠 이후에 아무도 책임 있게 에덴을 말할 수 없기 때문이다. 우리는 여기저기 타락과 분열된 세계의 비극으로 둘러싸여 있지 않는가? 창조, 이번에는 역사 속에서 또는 적어도 창조의 이야기 속에서 철학적으로, 윤리적으로 문젯거리다. 만일 내가 "창조" 해석학을 이야기할 수 있게 되려면 이러한 도전적 질문들에 대해 우선 대답하는 것이 중

---

52) 나는 이점을 다음에서 더 발전시켰다. Smith, "The Logic of Incarnation," 21–29.

요할 것이다.

첫 번째^{철학적} 종류의 비평은 창조를 무한자와 엮어진 형이상학적 전통 속에 위치시키고, 따라서 알려진 대로 헤겔과 함께 끝나는 이야기 속에 포함되게 된다. 나처럼 창조와 유한한 것을 이 "형이상학 이후"의 시대 가운데 말하는 것은 존재신학_{存在神學, ontotheology} 53)이 지배한 순진한 시대로 빠져 들어가는 것이다. 카퓨토는 이렇게 쓴다.

> "피조물"이라는 말처럼 한계와 유한성의 언어는 가장 전통적인 무한성의 형이상학에 속한다. 그것은 그것이 무제약자의 철학에 의해서 뒤를 잇게 됨을 시사한다. 오래된 예수회 커리큘럼은 두 가지 과정을 사용했다. 유한한 존재_{피조물}의 형이상학, 무한한 존재_{하나님}의 형이상학… 이것은 바로 데리다가 "유한성으로 돌아감"은 "형이상학 밖으로 단 한 걸음"도 더 딛는 것이 아니라고 쓰고 있는 이유이다.⁵⁴⁾

만일 이것이 사실이라면, 유한성과 창조를 말하는 것은 다시 한 번 제한 없는 것에 대한 "에로틱한 끌림"에 굴종하는 것, 플라톤 이래로 서구 철학의 역사에서 벌어졌던 연애 사건에 굴복하는 것이다.⁵⁵⁾ 그리고 여기서 나는 카퓨토와 데리다에게 동의하는데, 그것은 이 제한 없는 것, 비매개적인 것, 절대적 무한자에 대한 추구는 위험하고, 불가능한 꿈이라는 점이다. 사실, 이러한 시도는 형이상학적 폭력이라 할 수 있다. 그러나

---

53) [역주] 존재신학이란 하나님을 존재의 궁극적 원인·근거로 파악하여 형이상학적 문제의 일부로 취급하는 신학을 말한다.

54) John D. Caputo, *Against Ethics: Contributions to a Poetics of Obligation with Constant Reference to Deconstruction* (Bloomington: Indiana University Press, 1993), 264 n. 80, OG 68 인용. 이 주석은 Drucilla Cornell를 암묵적으로 비판한 것이다. 다음을 보라. Drucilla Cornell, *The Philosophy of the Limit* (New York: Routledge, 1992), esp. 1–12, 여기서 그녀는 해체를 제한, 유한성의 철학으로 기술하고 있다.

55) Dennis J. Schmidt, *The Ubiquity of the Finite: Hegel, Heidegger and the Entitlements of Philosophy* (Cambridge, Mass.: MIT Press, 1988), 4.

창조의 언어와 유한성은 무한자와 절대적 지식에 대한 이야기로 **반드시** 이어져야만 하는가? 전통적으로 그러한 담론은 분명히 그러한 길을 밟았다. 그리고 그 범주들이 그 전통에서 이어받는 한에서, **창조**와 **유한성**이라는 용어는 무한자에 대한 담론 즉, 형이상학적 담론을 '시사' 한다. 그러나 반드시 그런가?

유한성이라는 개념을 사용함으로써, 나는 한편으로 "가다머적 보수주의"56)와 또 다른 편으로 하버마스의 비판이론의 전통57)과 동일시 될 수 있는 위험을 무릅쓴다. 결국 이 두 전통 모두는 그들이 귀중히 여기는 유한성 자체를 부인하는 것처럼 보인다. 사실, 그가 부정하는 것과는 달리, 나는 데리다가 **대표적인** 유한성의 철학자라고 생각한다.58) 하지만 카퓨토가 말하듯이 데리다는 존재신학적 개념으로의 유한성을 거부한다.

> 만일 "유한성으로 회귀", "신의 죽음" 등의 새로운 모티브 이상의 것
> 이 아닌 것이 이 움직임의 결과라면, 그것은 형이상학 바깥으로 한 걸
> 음도 나가지 못했다는 의미다. 해체되어야 할 것은 바로 그 개념성과
> 문제 자체이다. 그들은 그들이 대항하는 존재신학에 속한다. 차이는

---

56) 다음을 보라. P. Christopher Smith, *Hermeneutics and Human Finitude: Toward a Theory of Ethical Understanding* (Bronx, N.Y.: Fordham University Press, 1991), 267–83. 이 전통을 대표하는 다른 사람은 Stephen David Rose이다. 다음 그의 삼부작을 보라. *Inexhaustibility and Human Being: An Essay on Locality* (Bronx, N.Y.: Fordham University Press, 1989), *The limits of Language* (Bronx, N.Y.: Fordham University Press, 1994), *Locality and Practical Judgment: Charity and Sacrifice* (Bronx, N.Y.: Fordham University Press, 1994). 여기서 나는 나의 제안들과 보수적인 가다머적 전통 사이에 전혀 친화성이 없다고 말하는 것이 아니다. 그러나 다음 장에서 드러나게 되겠지만, 몇 가지 근본적인 차이점들이 언급될 것이다.

57) 가령, Thomas McCarthy는 오늘날 철학에 있어 도전은 "이성의 개념을 우리의 본질적 유한성에 발맞추어 재고하는" 것에 있다. ("Introduction" to Jürgen Habermas, *The Philosophical Discourse of Modernity*, trans. Frederick Lawrence [Cambridge, Mass.: MIT Press, 1981], x).

58) 나는 역시 Jürgen Habermas에게 동의하는데 그에 따르면, Michel Foucault에게는 "유한성을 경험하는 것이 철학적 자극제가 되었다"라는 것이다.("Taking Aim at the Heart of the Present: On Foucault's Lecture on Kant's What is Enlightenment,?" in *Critique and Power: Recasting the Foucault/Habermas Debate*, ed. Michael Kelly [Cambridge, MA: MIT Press, 1994], 149) 덧붙여서, Ronald Kuipers는 Richard Rorty가 제한된 의미에서 또 다른 유한성의 철학자라고 제시한다. 다음을 보라. Kuipers, *Solidarity and the Stranger: Themes in the Social Philosophy of Richard Rorty* (Lanham, MD: University Press of America, 1998).

역시 유한성과 다른 어떤 것이다.OG 68

이것은 데리다가 존재신학의 전통에 속하지 않는 언어와 개념적 카테고리를 은근히 가지고 있다는 것을 의미하는가? 우리는 형이상학 바깥으로 **나갈 수 있는가**? 개념적 틀을 외부에서 해체할 수 있는가? 나는 이 문제들에 대해 신스콜라주의적 방식으로 복권된 형이상학보다는, 데리다의 주장에 집중해 질문을 던진다. 왜냐하면, 해체의 "과제"는 위험을 무릅쓰고 충족적이지 못한 것에 사는 것, 즉 한 가지 **아름다운 위험**un beau risque 으로서의 도전을 기쁘게 직면하는 것이기 때문이다.레비나스 앞에서 데리다는 다음과 같이 주장한다.

> 우리는 형이상학 밖으로 나가려는 시도가 가진 '순진성'을 **강조**해야만 한다. 이러한 기도에서는 어떤 방식으로든, 어떤 양식으로든 또는 어떤 문체를 가진 **텍스트**로도 명제들을 사용하지 않고서는 형이상학을 **비판한다는** 것이 불가능하다. 그 명제들은… 항상 순진한 생각들, 즉 절대성을 주장하는 부수적인 것에 불과한 것에대한 통일성 없는 기호들의 집합이 될 것이다.OG 19

그렇다면, 전통 밖으로 나가는 것이 불가능하다면, 어떻게 데리다와 카퓨토가 유한성에 대한 모든 담론을 존재신학으로 비판하는지 알기 어렵다.

그것은 창조와 유한성이라는 언어가 탈형이상학적으로 볼 때 항상 조심스러운 용어들이라는 뜻은 아니라는 것이다. 이것은 스미스P. Christopher Smith의 '가다머적 보수주의'나 하버마스의 '몸을 입은 합리성'이라는 개념이 갖고 있는 문제이다. 그것이 진정 말하는 바는 이 담론 속에 다양하게 "어떤 방식으로" 사는 것이 가능하다는 것이다. 결과적으로 내부에서 전통을 해체하는 것이고, 동시에 사태를 새로운 방식으로 그려내는 것이다. 어떤 의미에서, 유한성을 말하는 것은 "좋은 해체"이고, 데리다의 텍스트가 자신을 해체한다는 한 가지 예이다. 왜냐하면, 나의 기획은 해체의 기획으로서 데리다가 개괄한 바로 그것이기 때문이다.

> 해체의 움직임들은 외부에서 구조를 파괴하지 않는다. 그 움직임들은 그 구조 속에 살지 않으면 효과적이지도, 가능하지도, 또 정확한 목표도 가질 수 없다. 우리는 늘 구조 속에서 **특정한 방식**으로 살게 되는데, 우리가 늘 구조 안에 있기 때문이다. 그리고 이러한 조건은 우리가 그 구조를 의심하지 않을 때 더욱 공고해 진다. 반드시 내부로부터 작동하고, 기존의 구조로부터 현 구조의 전복을 위한 경제적 자원을 구조적으로 빌려오기 때문에, 다시 말해서 구조를 이루는 요소와 원자들을 분리시키지 못하기 때문에, 해체의 시도는 어떤 방식으로든 해체 그 자체의 활동의 미끼가 된다.OG 24

나는 한 담론과 사회 언어학적인 전통 속에 살 수밖에 없다는 의미로 **유한한**이라는 단어를 사용할 것을 주장한다. 그러나 그렇게 함으로써 나는 항상 "해체되고 있는 것 안으로 퇴행할 위험을 무릅쓰게 된다." 따라서,

> 중요한 개념들을 조심스럽고 철저한 담론으로 둘러쌀 필요가 있다. 다시 말해서, 개념들의 조건들, 개념의 매개체 그리고 그것의 효과에 대한 한계를 긋는 것과 더불어, 그 개념들이 해체를 허용하는 전체 체계와 그 개념들과의 긴밀한 관계를 엄격하게 확정할 필요가 있다. 그

리고 동일한 과정 속에서, 폐쇄된 체계를 넘어서 이름을 알 수 없는 빛을 슬쩍 볼 수 있는 틈을 정해야 한다.OG 14

내가 **유한성**이라는 단어를 사용하는 것은 하나의 예가 될 것이다. 내가 유한성을 말할 때, 나는 그것을 무한에 대립되는 **제한된** 것이라는 의미로 유한한 것을 생각하고 있지 않다. 나는 상황에 제한됨situationality에 대해 말하고 있다.인간이 된다는 것은 여기에 있음이다. 불행히도 유한하다는 것은 결여나 결함의 관점에서 기술되는 것 같다. 바로 이것이 내가 비판하고자 하는 패러다임이다. 그렇다면 내가 생각하는 유한성이란 무한 없는 유한성임이 분명해진다. 내가 의미하는 유한성이란 유한성에 귀신처럼 붙어 다니는 완전한 현존presence에 대한 환상 없는 차이difference를 뜻한다.[59]

내가 사용할 두 다른 용어는 그 사용에 있어 어려움과 위험이 있기 때문에 내 주장 내에서의 한계를 명확히 설정할 필요가 있다.그리고 이 모든 개념들은 다음 장들에서 더 살펴보게 될 것이다 첫째 용어는 **매개**mediation라는 용어다. 매개라는 용어를 사용할 때 나는 직접적 소통의 지평에 대립되는 의미로서 기술한다. 여기서 직접적 소통이 바로 내가 피하고자 하는 것이다. 이것을 순진하게 사용하는 것은 동일성과 차이, 같은 것과 다른 것의 두 변증법적 극단 사이에 갇히게 된다. 나는 존재하는 어휘를 가지고 사태를 기술하고자 시도하고 있다. 그리고 **매개**라는 용어를 "특정한 방식으로" 즉, 타인들과 타자들에 대한 인간 경험은 근본적으로 상호연관 되어 있지만 늘 해석학적으로 체험된 그 어떤 것인 것"처럼" 경험된다는 것을 가리키기 위해 사용한다.

두 번째 용어는 **전통성**traditionality이다. 이 용어를 사용하면 언뜻 내가 가다머의 사상의 자취를 따라가는 것으로 보인다. 물론, 모든 사상은 우

---

59) [역주] 여기서 완전한 현존이란 대상이 의식에 아무런 매개 없이 투명하게 나타남을 말한다.

주적으로 연결되어 있다.the Great Train of Being 하지만, 나의 용법이 완전히 가다머의 철학적 해석학과 분리되는 것은 아닐지라도, 나는 가다머처럼 **전통 일반**the Tradition을 다시 복권시키는 것에는 관심이 없다. 나아가 내가 생각하는 바로는그리고 여기서 나는 하버마스에게 동의한다 가다머에게 나는 전통의 폭력성에 대한 비판 없이 그것에 흡수되는 것으로 여겨질 것이다. 반대로, 내가 **"전통성**traditionality**"** 또는 **"전통에 얽매임**traditionedness**"**을 말할 때, 그것은 우리가 수많은 전통에 속해 있고 그러한 조건이 인간 존재, 유한성을 구성한다는 뜻이다. 사실 **유한성**과 **전통성**이라는 두 개념은 이어지는 논의에서 거의 상호 교환적으로 보일 수 있을 것이다.

태초에

이 단계에서 나는 창조의 관념에 대해서 간단히 언급해야겠다. 이것은 5장에서 다시 전개될 것이다. 첫째로, 내가 말하는 철학적 범주로서의 **창조**는 "창조론"이나 "창조 과학"과는 전혀 관련이 없다.[60] 물론 존재를 **창조된 존재**ens creatum [61]로 해석하는 형이상학의 부활을 다시 시도하는 것도 아니다. 오순절주의자로서, 부흥에 힘을 쏟지만, 존재라는 장막 아래서는 아니다. 나는 창조를 기원에 대한 존재론적 이론이나, 무질서한 상태가 아니라 현재적 창조라는 개념으로 제시한다. 이것은 은유로서의

---

60) Ronald Numbers의 창조 과학에 대한 거의 푸코적인 고고학적 설명은 아마도 가장 날카로운 비판이다. 다음을 보라. *The Creationists: The Evolution of Scientific Creationism* (Berkeley: University of California Press, 1992).

61) Joseph Stephen O'Leary의 관심사에 대해 반응하겠다. 나는 그에게 동의하지 않는데 창조는 철학과 거리가 먼 상태로 남아 있어야 하고 현상학에서 창조라는 말을 사용함으로 "우리는 현상학적으로 접근할 수 있는 세계의 다원성과 불투명성을 무시해 버린다"는 생각에 반대한다.(O'Leary, *Questioning Back: The Overcoming of Metaphysics in Christian Tradition* [Minneapolis: Winston, 1985], 15, 17) 이것은 신앙을 철학에서 배제시켜야 한다는 O'Leary의 가정 때문이다. 나는 이 가정을 공유할 수 없고, 내 생각으로는 불가능하다. 다음의 내 글을 보라. "Art of Christian Atheism"

창조이다.[62] 즉, 현상학자들이 의식에 나타나는 것이라고 기술하는 그것이다. 창조는 사태를 해석하는 한 방식이다. 현상학에서는 이것을 "세계"라고 기술한다. 그리고 해석으로서, 그것의 지위는 결정지을 수 없을 뿐 아니라, 다른 해석과도 동등한 지위를 갖는다.

나아가, 위에서 언급한 "윤리적" 비판에 응답하여, 창조에 대한 담론은 본질적으로 보수적이거나 현상 유지를 정당화하는 것으로 이해되어서는 안 된다. 리쳐드 미들톤Richard Middleton이 주장하듯이, 창조는 정당화의 틀로서 기능하기 보다는, 전통의 한 가운데서 비판과 해방을 위한 원천을 제공한다. 그것은 권력자들에 의해서 만들어진 출애굽 후의 신화가 아니라, 권력에 짓밟히고 주변으로 밀려난 힘없는 자들의 이야기이다.[63] 창조의 선함이 말하는 것은 **선함 그 자체**the Good를 환기시키는 것이 아니다. 선함 그 자체는 근본주의를 낳는다. 창조는, 카퓨토가 말하듯이, 다원적인 개념이다.[64]

창조의 해석학적 구조는 선하다. 따라서 해석의 다원성과 다양한 독서라는 선한 것들을 낳는다. 바벨의 죄는 하나의 해석, 하나의 독서, 하나의 민족이라는 통일성의 추구한 것에 있다. 이것은 창조의 다양성과 다원성을 버리고 배제와 폭력을 따라가는 것이다. 카퓨토가 말한대로, "파괴적 미움 뒤에는 불길한 동일성이 있다."[65] 해석에 있어서 다원성은 원죄에서 비롯되지 않았다. 오히려 그것은 창조의 원래적인 선함이다.[66]

---

62) Dooyeweerd는 창조를 유비적인 개념으로 기술한다.(*In the Twilight*, 149‒51)

63) J.Richard Middleton, "The Liberating Image? Interpreting the Imago Dei in Context," *Christian Scholar's Review* 24 (1984): 8‒25. 그리고 그의 "Is Creation Theology Inherently Conservative? A Dialogue with Walter Brueggemann," *Havard Theological Review* 87 (1994): 257‒77.

64) Caputo, *Against Ethics*, 39‒40.

65) Ibid., 33.

66) 나는 여기서 Emmanuel Levinas와 유희를 하고 있다. *Otherwise than Being: Or, Beyond Essence,* trans. Alphonso Lingis (The Hague: Martinus Nijhoff, 1981), 121.(여기서부터 OBBE로 축약) 다음을 보라. Emmanuel Levinas, *Totality and Infinity*, trans. Alphonso Ligis (Pittsburgh: Duquesne University Press, 1969), 102‒4, 293‒96, 304‒5.(여기서부터 TI로 축약)

많은 꽃들이 만발하고 많은 목소리들이 들리는 창조, 하나님이 다수에게 "각 족속과 방언과 백성과 나라 가운데서"계 5:7 다양한 언어로 심지어 다양한 신앙을 통해서 예배 받는 곳, 찬양받는 하나님이 계신 곳, 거기에 창조가 있다.[67] 다시 한 번, **유한성**, **매개**, 그리고 **전통성**이라는 용어와 함께, 창조라는 용어는 "특정한 의미로" 사용된다. 즉, 담론 속에 사는 방식 그리고 "인간 조건"으로서 묘사될 수 있는 사태를 밝혀내고 기술하려는 한 가지 방식으로서 사용된다.

　이 서론의 목적은 두 가지였다. 하나는 이 책의 방향을 잡아주고 다음 여기서 사용될 핵심 용어와 범주들의 경계를 정하는 것이다. 나는 주로 두 번째 측면에 초점을 맞추었다. 왜냐하면, 내가 형이상학의 역사에서 무비판적이고 순진한 전통이라 치부되어 도외시될 수 있는 용어들을 사용하게 될 것이기 때문이다. 이 서론에서 나는 단지 그 용어에 대한 간략한 언급만 했으며, 이것은 앞으로의 논의에 문을 열기 위함이다. 그 용어들은 앞으로 비판과 제안 속에서 사용될 것이다.

---

67) 나는 핵심적인 사안에 대해서 James Brownson에게 동의하지 않지만, 해석의 다원성에 대한 그의 강조를 매우 높이 평가한다. "Speaking the Truth in Love: Elements of a Missional Hermeneutic," *International Review of Mission* 83 (July 1994): 149–504. 어떤 이들은 다원성에 대한 강조와 7장에서 구체화 한 "가톨릭적인" 노선을 어떻게 화합할 수 있는지 의구심을 가질 것이다. 그러나 보편성(Catholicity)은 획일성(uniformity)이 아니다. 그리고 니케아적 규범성은 계속해서 차이를 위한 공간을 마련해 준다. Catherine Pickstock은 이 점을 잘 지적하고 있다. "카톨리시즘은 적어도 그리고 잠재적으로 자유주의보다 더 구체적인 면에서 관대하다. 가톨릭적 틀 속에서 각각의 차이는 완전히 용인되는데, 그것은 바로 각각의 차이는 다른 차이들을 비유적으로 반복하는 것이기에 단순히 용인되는 것 이상이 되어야 하기 때문이다. 따라서 우리는 카톨리시즘이 특징적으로 많은 지역적 제의들과 다양성을 인정하고, 역시 많은 전통적인 민속적 서사와 관행을 보호해 왔다는 점을 보게 된다. 전기독교 신화들과 의식을 기독교 진리를 비유적으로 기대하는 것들로서 다시 쉽게 해석할 수 있었다."(Pickstock, "Liturgy, Art and Politics," *Modern Theology* 16 [2000]: 159–80, 172–3에서 인용)

1부 해석학의 타락됨

1장 회복된 낙원

일부 "전통적인" 복음주의 신학에서는,[68] 타락을 직접적 소통에서 매개로, 이해에서 왜곡으로, 투명한 읽기에서 해석으로의 추락이라고 이해한다. 이 전통에 속한 신학자들에게 에덴이라는 것은 끊임없이 계속되는 소통이 이루어지는 낙원이다. 즉, 이 낙원은 해석학적 낙원으로 바로 해석학이 존재하지 않기 때문이다. 리쳐드 린트Richard Lints는 바로 그 이야기를 하고 있다.

> 태초에, 아담과 하와는 하나님의 목적과 현존에 대한 그들에 이해에 있어서 **완전한 명확성**을 누렸었다. 피조물과 창조자는 서로를 이해했다. 그러나 타락은 이러한 명확성을 파괴시켜버렸고, 아담과 하와는 즉시 그들의 벌거벗음을 덮으려고 했고, 하나님으로부터 벗어나 안식처를 찾으려고 숨으려 했다."FT 71 강조 추가 [69]

---

68) 지난 세기를 통해서 우리가 배워온 것은, 복음주의적이라는 용어는 굉장히 모호하고 실체가 불분명한 것이라는 사실이다. 그러나 그러한 유연성은 또한 그것의 강점이기도 하다. 이 장에서 내가 "복음주의" 신학이라고 기술하는 것은 여러 지배적 흐름 중에서, 지난 세기에 미국에서 복음주의 신학을 지배해온 "구 프린스턴"과 개혁신학을 지칭한다. 감사하게도 어떤 의미에서 복음주의라는 것은 이것보다 더 넓은 흐름이다.(나는 그 전통 내부에서 경건주의적 전통에 의지할 것이다) 그러나 많은 복음주의 신학은 근본적으로 초기 프린스턴(핫지와 워필드)의 유산을 통해서 형성되었다. 다음에서 이에 대해 더 진전된 논의를 볼 수 있다. James K. A. Smith, "Closing the Book: Pentecostals, Evangelicals and the Sacred Writings," *Journal of Pentecostal Theology* 11 (1977): 49–71, 특히 59–63을 보라.

69) Richard Lints, *The Fabric of Theology: A Prolegomena to Evangelical Theology* (Grand Rapids:

이렇게 타락은 에덴에서의 투명한 소통을 파괴했고, 그곳에서는 "앎"은 해석이라는 장애물로 방해받지 않았다.[70] 물론, 이 이야기는 거기에서 끝나지 않는다. 적어도 이러한 복음주의 독자들에게는[71] 구속이란 성경의 명확성과 짝을 이루는 성령의 조명을 따르는 해석적 낙원의 회복이다. 해석학이라는 것은 일종의 저주다. 그러나 지금 여기서 우리는 그 저주에서 회복될 수 있다. 구체적으로 우리는 매개에서 직접성으로, 왜곡에서 "완전한 명확성"으로, 그리고 해석에서 "순수한 읽기"로 돌아갈 수 있다는 것이다.

나는 이러한 복음주의적인 "해석의 해석"의 한 예를 들어보고 싶다. 우리 집의 주말 계획은 아이 놀이옷과 잠옷을 챙겨서 아이들을 차에 태워

Eerdmans, 1993), 71. 강조는 추가(이후로 FT로 인용).

70) 이 "명확성"이라는 개념은 근대 철학의 뿌리들과 무관하지 않다. 그리고 근대성에서 지식의 새로운 충족 요건으로서 등장한 데카르트의 "명석하고 판명한 개념들"은 복음주의 신학의 근대성 때문에 물려받은 규정이다. Richard Lints의 "명확성"과 데카르트의 "명석 판명한 개념들"은 세계와 하나님을 아무런 매개 없이 접근할 수 있다고 주장하는 직접적 소통의 전통 내부 속해 있다. Lints가 제시하고 있는 바대로, 그것은 "이해"의 명확성이다. 즉, 최종적 이해(*comprehendere*)로서의 앎을 말한다. Jean-Luc Marion이 우상의 영역이라고 기술한 것이 바로 이 이해와 정의에 대한 직접적 소통의 전통이 취한 입장이다. Marion이 주장하기를 개념들은 반드시 우상숭배적이거나 폭력적은 아니다.(그것들은 "아이콘들"이 될 수 있다) 그러나 그것들이 이해와 직접성을 주장할 때는 그것들이 **우상들**이 된다. Marion은 다음과 같이 쓰고 있다. "개념은 신적인 것을 자신의 한계 속에서 알려고 할 때, 그래서 '하나님'이라는 이름을 부르고, 그 분을 정의하게 된다. 개념이 하나님을 정의하면, 하나님을 개념의 틀 안에 가두게 된다. 따라서 자기편에서 개념은 '미학적' 우상의 본질적 특징을 다시 갖게 된다." 다음을 보라 Marion, *God Without Being*, trans. Thomas A. Carlson (Chicago: University of Chicago Press, 1991), 29. 대안적 "아이콘적" 개념들에 대한 간략한 설명으로는 다음은 보라. "Alterity, Transcendence and the Violence of the Concept: Kierkegaard and Heidegger," *International Philosophical Quarterly* 38 (1998): 369-81.

71) 나는 Kevin Vanhoozer의 책에서 그러한 개념의 여운들이 있는 것이 염려스럽다. "일반적" 해석학를 제시하고 있다는 것을 인정하면서도, 그는 "텍스트 일반"의 해석은 "한 신학적 차원"을 갖고 있다고 주장한다.(*Is There a Meaning in This Text? The Bible, the Reader and the Morality of Literary Knowledge* [Grand Rapids, Mich.: Zondervan, 1998], 30) 더 구체적으로, "논제는 윤리적 해석은 영적인 해석이고, 이해의 영은 권능의 영도 유희의 영도 아니라 성령이다."(29) 이 말은 오직 그리스도인들만이 올바로 또는 풍부하게 읽을 수 있다는 말인가? 하지만 그는 계속해서 구체적으로 기술하면서, 이 활동을 성경을 읽을 믿음의 공동체에 국한시키고 있는 것 같다. 그러한 경우에는 그는 단지 특별한 해석학을 말하고 있는 것이다.(그리고 여기서 나는 동의하지 않는 것이 아니다) **일반** 해석학에서 성령의 역사가 다양하다면, 우리는 해석학적 **일반** 은총에 대한 병행되는 설명을 발전시킬 필요가 있을 것이다.(6장에서 이 문제를 다룰 것이다) 그렇지 않으면 우리는 성령 안에 있는 사람들만이 "텍스트 일반"을 해석할 수 있다는 개념에 빠지게 된다.

데리고와서, 각자 가지고 온 음식을 나눈 후 매주 성경 공부 모임을 갖는 것이다. "교제"복음주의 신자들이 부르는 용어로 음식을 나누는 것의 시간을 즐긴 후에 우리는 아이들을 여러 방에 재우고 나서, 성경을 펼쳐 토론을 한다.

서로 돌아가며 공부를 인도한다. 그리고 각 리더들은 한 단락이나 이야기를 생각해보기 위해서 자유롭게 선택한다. 참여한 여러 사람들은 즐겁게 생각을 함께 나누며 토론한다. 그룹의 구성원들은 다소 유연하다. 모인 사람들은 1830년대에 영국에서 생겨난 엄격한 개신교 교파인 플리머스 형제교회, 장로교, 침례교, 오순절파와 같은 다양한 전통과 교파에 속한 사람들이다. 몇몇은 특정 교파에 속하지 않는 교회에서 왔다. 각 사람은 독특한 이야기와 간증을 가지고 있었다. 이러한 구성은 모든 개인이 다양하게 학습에 기여하게 한다. 요약하면, 이것은 살아 움직이는 해석학의 역할을 목격하고, 사람들이 복음주의 전통에서 해석을 이해하는 방식을 엿보게 해 주는 장소이다.

물론, 모든 해석이 좋은 해석이 아니다.[72] 내가 좋아하는 것은 소위 가장 "전통적인" 사람들 중 하나가 내가 속한 모임에서 제시한 것으로, 예수가 부활 후 맨 처음 여자들에게 나타난 것은 소문이 빨리 퍼지게 하기 위해서였다고 말했던 것이다. 결국, 그는 구체적인 근거를 들면서 여자는 매일 만이천개의 단어를 평균적으로 말하지만, 남자들은 단지 오천개만 말하는 것을 알고 있다고 결론지었다. 그의 "소문 이론"은 예수가 무덤에서 여자들에게 나타났을 때 염두하고 있던 것이라는 것을 말하고 있었다.

이제, 그러한 해석에 대한 내 아내의 흥분된 반응과는 별도로, 그러한 읽기와 이 그룹의 열기는 흥미로운 예시가 된다. 매일 밤 나라 전역을 통해서 이러한 수많은 모임에서 "독서들"이나 "해석들"이 제공된다. 따라

---

72) 제3장까지 인내심을 가지는 독자는 이 예비적 규정을 떠올리게 될 것이다.

서 성경 독자들에게 이러한 해석이라는 것은 불편한 것이고, 다소 "우리의 잘못"이고 하나님이 우리가 그것을 극복하도록 도우신다고 생각하는 경향이 있다. 예를 들어 내가 전통적인 읽기와 반대되는 어떤 것을 제시하는 해석을 제공했을 때, 종종 다음의 반응을 만나게 된다. "글쎄, 그것은 당신의 해석일 것 같소, 그러나 내 성경은 분명 여자들은 교회에서 조용해야 한다고 **분명히** 말하고 있소!" 그는 내가 **해석으로** 문제를 복잡하게 만들고 있다고 생각한다. 즉, 내가 흔히 듣는 말처럼 공부 때문에 내가 변질되었다는 것이다. 반면에 그는 하나님의 말씀은 흑과 백을 분명히 말하는 것으로 단순하게 읽고 있는 것이다.

이러한 일반적인 "해석의 해석"은 일류 복음주의 잡지의 최근 광고에서 잘 포착되고 있다. 먼지 덮인 표지는 대담하게 다음과 같이 선전하고 있다. "하나님의 말씀. 성경이 말하는 바를 있는 그대로 말해주는 오늘의 성경." 사진 아래에는 "어떤 해석도 필요 없음"NO INTERPRETATION NEEDED이라고 큰 글자로 알리고 있다.

성경 읽기의 해석학적 성격과 관련한 문제들이 결국 최근의 복음주의 내부의 토론에서 머리를 들고 있다.[73] 이것들은 신학 방법론에 많은 새로운 기여를 하고 있다. 실존주의, 철학적 해석학 그리고 해체주의와 같은 철학적, 신학적 발전들과 대화하는 가운데, 복음주의자들은 점점 더 전통, 역사성, 맥락의 중요성, 그리고 문화적 조건이라는 문제에 관심을 기울이고 있다. 그러나 이 모든 요소들과 조건들은 해석학과 뗄 수 없이 연결되어 있고, 나아가 어느 정도 극복되어야 하는 조건으로 이해된다.

---

73) Donald Bloesch의 저술 (*A Theology of Word and Spirit: Authority and Method in Theology* [Downers Grover, Ill.: InterVarsity Press, 1992), 그리고 Lints의 *The Fabric of Theology*는 신학 방법에 더 중대한 기여를 한 두 저술들이다. 또는 나는 Stanley Grenz의 *Revisioning Evangelical Theology* (Downers Grove, Ill.Intervarsity Press 1993)을 언급하고 싶다. 이 책은 폭넓게 다루지는 않을 것이다. 그러나 최근 복음주의 기획들 가운데서 Grenz의 기획이 가장 전망 있다고 생각한다. 현대 해석 이론과 오순절 신학의 대화에 대해서는 다음은 보라. *Pneuma: The Journal of the Society for Pentecostal Studies* 15.2 (fall 1993). 이 호는 해석학에 관한 특별호이다.

많은 사람이 사회 언어적, 역사적 조건의 영향에 주의를 기울일 때, 복음주의 신학에서의 많은 연구는 이러한 조건들을 극복하는 것이 가능하고, "성경의 명백한 가르침"을 전달하는 순수한 독서가 가능하다고 주장한다.

이 장에서 이러한 두 제안을 살펴보면서, 저자가 역사적, 언어적 조건을 넘어서려는 경향은 저자 자신도 모르게 우리의 인간됨이라는 조건을 뛰어 넘으려는 시도이고, 바로 이렇게 함으로 복음주의자들이 귀하게 여기는 창조물을 가치절하 하는 것으로 결과를 낳는다. 나는 직접성과 "객관성"을 주장하는 것 밑바닥에는 해석을 피하고, 피조성을 극복하려는, 즉 에덴의 타락과 기호의 왜곡을 극복하려는 비의도적인 것 같은 무의식적 충동이 있다는 의심이 든다. 왜냐하면, 그것은 하나님과 같아지려는 근본적인 충동이기 때문이다.창3장5절

이러한 복음주의자들의 경향은 길고 긴 형이상학의 역사에서"기독교적"또 다른 장에 불과한 것으로 보이는데, 거기서 우리는 무한에 대한 에로틱한 끌림에 유혹되고, 형이상학이라는 원시적인 고지에 올라가려고 결심한다. 데니스 슈미트Dennis Schmidt가 철학의 역사를 기술하는 것과 마찬가지 방식으로, 이러한 복음주의 신학의 흐름은 "민족적, 역사적, 유아론적, 언어적, 물리적 온갖 종류의 유한한 관점들과 편견들의 범위를 넘어서, 자유롭고 추상적인, 일반성이 인지되거나 단순히 약속된, 형이상학적 영역을 보려고 애쓴다. 이 영역은 우리가 속한 세계를 이해 가능하도록 사고에게 우선 명령한다는 영역이다."[74] 바로 그렇게, 근대 철학자 르네 데카르트와 존 로크와 같은 철학자들은 세계를 "진정" 있는 그대로 전달하는 진리의 정합이론을 제시한다는 점에서 직접성의 모델에 포함

---

74) Denis J. Schmidt, *The Ubiquity of the Finite: Hegel, Heidegger and the Entitlements of Philosophy* (Cambridge: MIT Press, 1988), 1. 서론의 제언도 보라.

될 수 있고, 이 장에서 살펴볼것이다.[75]

나는 최근의 두 가지 복음주의적 제안들을 고찰하기 위해서, 렉스 코이비스토Rex Koivisto와 리쳐드 린트Richard Lints에게서 "해석의 해석"이라는 패러다임적 모델을 선택했다. 왜냐하면, 그들은 나의 논제에 대한 뚜렷한 사례가 되기 때문이다. 더욱이, 그들은 복음주의의 스펙트럼에 안에 있다. 코이비스토는 저低교회론를 표방하는 침례교 부흥 전통을 대표하고, 린트는 장로교의 고전적인 개혁주의 패러다임 출신이다. 나의 기획은 그들의 제안이 연속성 상에 있다는 것을 보여주고, 해석의 타락 상태에 대한 그들의 기본적 가정을 비판하는데 있다.

단테의 아담과 독서하기: 코이비스토

코이비스토의 해석에 대한 해석은 그의 책『한 분의 주, 하나의 믿음』 One Lord, One Faith에서 나타난다. 이 책은 기독교의 일치를 일관되게 호소하고 있으며 복음주의자들에게서는 좀처럼 듣기 어려운 주장을 담고 있다. 나는 많은 면에서 "초교파적 갱신을 위한 신학"그의 책의 부제을 세우고자 하는 그의 시도를 높게 평가한다. 하지만, 나는 이 기획이 직접적 소통의 이상을 중심으로 한 해석학적 틀에 의해서 훼손되고 있다고 생각한다. 이것을 증명하기 위해, 갱신된 "보편성"catholicity에 대한 그의 제안을 간략히 설명하는 것이 필요하다.

---

75) Kevin Vanhoozer가 적고 있가 적고 있는대로, Jacques Derrida는 Edmund Husserl을 같은 모델 속에 있는 것으로 간주한다. 그리고 그는 단테의 아담과 유사한 의미에 대한 설명을 제공하고 있다.(Hart, *The Trepass of the Sign: Deconstruction, Theology and Philosophy* [Cambridge: Cambridge University Press, 1989], 11) 나는 후설이 어떤 점에서 매우 데카르트적이라는 것을 인정하지만, 직접적 소통과 매개의 문제들에 있어서 그가 전환기적 인물이라고 생각한다. John D. Caputo는 자신의 책에서 유익하게 후설을 다시 읽고 있다. *Radical Hermeneutics: Deconstruction, Repetition, and the Hermeneutic Project* (Bloomington: Indiana University Press, 1987), 3-59. 이러한 면에서 후설에 대한 방어로는 다음을 보라. James K.A.Smith, "Respect and Donation: A Critique of Marion's Critique of Husserl," *American Catholic Philosophical Quarterly* 71 (1997): 523-38.

코이비스토는 그가 절대적 규범이라고 생각하는 기독교 교파들의 특징들이 기독교의 일치에 주요한 장애라고 생각한다. 이 상황을 극복하기 위해서, 기독교인들은 "다른 신자들과 기꺼이 공유하는 핵심적 정통교리와 그들 자신의 독특한 성격을 구분할 수 있어야 한다."OLOF 123 76) 이러한 교파적 구분들은 코이비스토가 "전통"이나 더 구체적으로 "미시 전통"이라고 부르는 것이다. 이렇게 구분함으로써, 그는 복음주의자들에게 그들이 "명백한 성서의 가르침"이라고 생각하는 많은 부분이 사실은 하나의 "전통"에 불과함을 지적해주려고 한다. 다시 말해서 코이비스토에게는 해석이란, 일종의 "스타일"이다.OLOF 135 다양한 흐름의 복음주의자들이 신적인 명령이라고 생각하는 것은 실제적으로 고도로 매개된 해석이다.

한편으로, 코이비스토는 편견 없는 해석의 신화를 폭로하고 있다. 그는 다음과 같이 주장한다. "우리 중 누구도 성경을 진공 속에서 해석하지 않는다. 우리는 문화적, 역사적 맥락으로부터, 교회론적 맥락을 **통해서**, 문화적 문제에 대한 성경과 현실의 관련성을 **찾는다**."OLOF 136 그는 전통에 영향을 받지 않고서 성경으로 직접 뛰어 들어갈 수 있다는 "토끼 뜀" 모델을 명백하게 거부한다. 대신, 해석적 전통이라는 것은 불가피하다.

그렇지만, 코이비스토의 글은 다음 문단에서 스스로 모순을 저지른다.77) 거기서 그는 우리가 우리의미시적 전통들과 "**성경의 명백한 가르침들**"을 구별해야 한다는 것을 주장하면서, 다른 수준에서 바로 그러한 편

---

76) Rex A. Koivisto, *One Lord, One Faith: A Theology for Cross-Denominational Renewal* (Wheaton: Victor Books / BridgePoint, 1993), 123.(여기서부터 OLOF로 인용)

77) 나는 "우리가" 텍스트를 해체하지 않고 텍스트가 그 자신을 해체한다는 것을 강조하는 것이 중요하다고 본다. 그래서 밴후저가 "해체주의자들"을 "파괴자들"로 기술하는 것은 잘못이다.(*Is There a Meaning*, 38 and *passim*) 왜냐하면, 해체는, 데리다가 말하듯이, "목소리 한 가운데서" 일어나기 때문이다. 그것은 텍스트들에 우리가 "행하는" 어떤 것이 아니고 텍스트들 안에서 일어나는 작용이다. 이점에 대해서는 다음을 보라. Jacques Derrida, "Letter to a Japanese Friend," in *A Derrida Reader: Between the Blinds*, ed. Peggy Kamuf, trans. David Wood and Andrew Benjamin (New York: Columbia University Press, 1991), 273–4.

견 없는 해석 모델을 되살리고 있다. 우리의 교파적 특징들은 해석들이다.미시적 전통 그리고 그렇게 보면 "해석학적 겸손"을 가지고서 언급되어야 한다. 기독교인들이 연합하기 위해서는코이비스토의 전체 기획이다 미시 전통이 반드시 상대화되어야 한다. 그의 주장은 이 특징들을 해석들로 간주해야 하고, 따라서 오류가 있다고 보아야 한다는 것이다. 그러나 코이비스토의 제안의 건설적인 측면은 그의 "핵심 정통"에서 발견된다. 이것은 모든참된 기독교인들이 공통으로 공유하고 있는 것이다. "성경의 분명한 가르침"은 바로 이 핵심 정통이다. 여기서 명백하다는 것은 그것이 해석되는 것이 아니라, 단지 읽혀진다는 의미에서다.

따라서 미시 전통은 "전체 교회 내부에 있는 교구, 교파, 특정 신학의 흐름이 가진 독특한 해석적 특질을 이루는 전통들"OLOF 342 n. 6로 구성된다. 그것은 더 "해석적인 것"이거나 "외부적인 것"으로 분류될 수 있다. 외부적인 것으로서 전통은 "명백한 성서적 근거"에 기초한 실천들이나 교리들이 아니라, 오래 지속된 또는 교파의 밑바탕에 있는 신앙적 실천들을 포함한다. 다른 편으로 거시적 전통은 "전체 교회의 해석적 전통"OLOF 342 n. 6이다. 그리고 전체 교회가 공유하는 핵심 정통과 동일시되어야 한다.OLOF 182

초교파적 신학을 구축하기 위해서 코이비스토는 이러한 두 가지 수준을 반드시 구분해야 한다고 주장한다. 다시 말해, 명백한 성서적 가르침거시적 전통인 그러한 신념과 해석의 결과인 신념미시적 전통을 구분해야 한다는 것이다. 이어 그는 "오직 우리가 전통적인 것을 분리한 후에야, 오직 성경에서 울려 퍼지는 하나님의 신선하고 꾸밈없는 목소리를 들을 수가 있다"OLOF 140라고 쓰고 있다.

그러나 우리는 여기서 흥미로운 논리적 딜레마를 보게 된다. 우선 저자는 교파적 특징들이 전통의 영향을 받은 해석들이라고 주장한다. 따라서 교파적 특징들은 미시적 전통의 범주에 속한다. 반면, 핵심 정통거시적 전통은 "명백한 성경의 가르침"을 대표한다. 이 시점에서 우리는 코이비스토가 "핵심 정통"성경의 명백한 가르침이라 부르는 것 또한 특정 전통의 영향을 받은 것 아닌가라고 정당하게 질문해 볼 수 있지 않을까? 코이비스토 자신도 이 핵심 정통을 거시적 전통이라고 서술할 때 그것을 인정하지 않았는가? 또, 거시적 전통이라고 해서 하나님의 풋풋하고, 꾸밈없는 목소리를 전달한 적이 있었다고 주장할 수 있을까?

이러한 틀 안에서, 해석이라는 것은 교파적 특징들의 수준으로, 이차적 문제로 밀려나게 된다. 역시 많은 기독교인들이 그들의 교파적 실천들이 "성경의 명백한 가르침"이라고 선포해오고 있지만, 코이비스토는 이러한 문제들이 특정인의 해석적 전통이라는 색안경으로 볼 때만 "명백하다"라는 사실을 주장한다. 그러나 코이비스토는 해석적 안경이 "우리의 얼굴에 붙어 있다"아브라함 카이퍼는 사실을 인식하지 못한다. 다시 말해, 그는 여전히 "성경의 명백한 가르침"이라는 일단의 가르침들을 잡고 있다. 여기서 성경의 명백한 가르침이란 해석의 산물이 아니라 직접적으로 전달된, 해석학의 공간에 의해서 방해를 받지 않는 가르침이다. 그러나 우리는 "하나님의 풋풋하고 꾸밈없는 목소리를" 들어 본 적이 있는가? 만일 코이비스토가 주장하는 것과 같이, 우리가 진공 속에서 성경을 해석하는 것이 아니고 항상 문화, 역사 그리고 언어적 맥락의 안경을 통해서 성경을 해석한다면, "분명한 성경의 가르침"이라는 것이 존재할 수 있을까?[78]

---

78) 코이비스토가 "명백한" 가르침에 대해서 말할 때, 그는 해석과 동떨어진 "객관적인" 가르침, 교리를 의미한다. 해석은 "덜 성서적인 명료함"의 영역에서 발생한다. 거기서 성경은 "수정 같은 깨끗함"(OLOF 132)이 아니다. 다시, "명확성"의 개념은 해석 없는 순수한 독서의 개념과 뗄 수 없이 연결되어 있다. "덜 명확한" 구절들에 기초해서 전통에 입각한 해석들로서 교파적 특질들의 지위를 계속해서(그리고 정당화 가능하게) 제한하고 있지만, 모든 논의의 뒤에는 수정같이 깨끗한 읽기들의 집합에 대한 전제들이 있다. 이 점에서 그는 그의 첫 성경에 공백지에 적어 놓은 노트를 언급한다. "이 책에서 명확한 것은 필수적이다. 이 책에서 명확하지 않은 것은 필수적이지 않다."(OLOF 133) 그러나 문제는 "누구에게 명

코이비스토의 제안에 대한 보수주의의 비판으로서, 비록 나와 다른 방향성을 갖고 있기는 하지만 존 피쉬John Fish는 다음과 같은 사실을 정확하게 지적한다. 피쉬는 플리머스 형제교회의 관점으로부터 비판을 제공하고 있으면서, 정확하게 거시 전통의 상대화가 가진 함의들을 인지하고 있다. 그러나 바로 이 이유 때문에 피쉬는 이러한 교파적 구분의 해석적 지위를 거부한다. 코이비스토가 해석과 전통의 문제들이라고 기술한 것을 피쉬는 "신약 교회의 진리"라고 이해한다. 비록 해석되지 않고, 단지 독서에 의해서 드러나는 것이기는 하지만….

코이비스토가 이러한 교과적 특징들을 "전통"이라고 주장한 것에 대해, 피쉬는 그것들이 "명백한 성경의 교훈" 없이 존재하는 것을 의미한다고 결론짓는다. 그에게 있어 이 특징들은 해석의 문제이다. 그러나 그러한 특징은 형제단 신학의 심장부를 차지한다. 피쉬가 깨닫고 있듯이 "그리스도 형제의 회합들에 있는 사람들은 때때로 플리머스 형제교회의 진리란 신약 성서에 의해서 가르쳐지고 실천되고 오늘날 규범력을 가진 교회와 관련된 진리들을 의미해 오고 있다."[79] 피쉬의 기획은 이러한 특징들이 "선호, 실제성 또는 편리성"의 문제가 아니라는 것을 증명하는 것이다. 다시 말해서 이 특징들은 해석의 문제가 아니라 성경의 "핵심들"이라는 것이다.[80]

코이비스토의 해석적 전통을 언급하면서, 피쉬는 올바르게도 코이비스토는 아니지만 "우리는 지금 외부적 전통이라는 더 초기의 의미대로 전통에 대한 중립적 태도를 무엇이든 해석의 문제로 보는 방향으로 옮겨가고 있다." 그러나 피쉬는 계속 이어간다.

확한가?"라는 문제다.

79) John H. Fish III, "Brethren Tradition or New Testament Church Truth?," *Emmaus Journal* 2 (1993): 111.
80) Ibid., 126.

우리는 여기에서 우리가 전통이라고 부르는 것 때문에 하나님의 말씀을 값어치 없이 만드는 위험에 있지 않은가? 논쟁이 되는 모든 것이 해석적 전통이 되어 버리면, 그때 성경은 모든 면에서 **불분명한** 것이 된다. 왜냐하면, 성경의 모든 가르침은 논쟁이 되어왔기 때문이다. 모든 것은 전통의 문제이다. 따라서 고유하게 성경적이라고 주장될 수 없다. 모든 것은 단지 "관점의 문제"나 "선호"의 문제이다. 사실, 우리는 코이비스토가 우리의 핵심 정통이라고 부르는 것을 보호할 수 없을 것이다.[81]

그렇다! 아마도 피쉬는 코이비스토의 기획이 가지는 함축적 의미들을 코이비스토 자신보다도 더 잘 평가했다. 코이비스토는 미시 전통의 영역에서 해석은 전통의 영향을 받는다고 주장한다. 그러나 거시 전통, 또는 핵심 정통은 어느 정도 이 역사성을 피해가고 하나님의 마음으로부터 순수히 떨어진다. 피쉬는 이것이 코이비스토의 작품의 문제임을 지적한다. 이것은 옳은 지적이다. 하지만, 그러므로 피쉬의 반응은 해석에 있어서 전통과 맥락의 조건화를 거부하는 것이고 해석보다 순수한 읽기를 주장하는 것이다.[82]

두 사람과는 대조적으로, 나는 모든 것이 해석의 문제라고 주장하고 있다. 여기에는 핵심 정통이라고 기술된 것도 포함된다.[83] 우리는 결코

---

81) Ibid., 127, 강조는 추가. 여기서 해석이 전통에 구속되었다는 것은 주관주의와 자의성과 결부되어 있다. 만일 모든 것이 해석이라면, 피쉬는 모든 것이나 무엇이든 허용되게 될 것이라고 우려한다. 6장에서 나는 이것을 해석에서 기준들을 재고하면서 해석학과 자의성 사이의 너무도 일반화 되어 있는 연관에 반대할 것이다.

82) 하지만 피쉬는 다음의 조건으로 끝말을 하고 있다. "우리는 우리 모두에게 우리의 성서 해석에 영향을 주고, 심지어 왜곡하는 편견들, 무분별함, 그리고 지식의 결여가 있을 수 있다는 사실을 문제시하지 않을 것이다."(ibid p. 126) 그러나 그의 해석의 해석을 드러내는 것은 바로 "있을 수 있다"이다. 나는 다음에서 우리는 항상 편견들과 전제들을 통해서 독서를 하고, 이 편견들과 전제들은 인간 존재의 불가피한 조건들 이라는 것을 주장할 것이다.

83) 이것은 삼위일체론, 속죄론, 칭의론을 포함할 것이다. 이러한 것들을 해석들이라고 기술하는 것은 반드시 그것들을 배척하는 것이 아니다. 오히려 핵심은 해석들로서의 그들의 지위를 인정하는 것이지 초월적으로 주어진 "읽기들"로 주어지지 않았다.(이것은 코이비스토

"풋풋하고 꾸밈없는 하나님의 목소리를" 가질 수 없다. 왜냐하면, 우리는 항상 우리의 유한성과 상황의 렌즈를 통해서 하나님 말씀을 듣고 읽기 때문이다.[84] 심지어 어떤 사람이 우리에게 하나님의 꾸미지 않는 목소리나 아니면 "하나님이 의미했던 것"OLOF 162를 전달하려고 할 때도, 우리는 항상 단지 어떤 사람의 해석을 받는 것이다. 하지만, 이 해석은 신성의 휘장을 달고 있다.

이것은 바로 핵심 전통을 구성하는 코이비스토의 다음의 논의에서 분명하게 보여진다. 20세기 초기의 **근본주의 원리들**, 분열되지 않는 교회, 그리고 빈센티언적Vincentian 견해의 신조들"모든 사람들이 모든 시대에 믿는 것"과 같은 초기의 선택들을 버린 후에, 코이비스토는 마지막으로 우리에게 모든 그리스도인들을 연합시키는 것을 전달한다. 이것은 그에게 복음과 같은 메시지다. 구체적으로 그는 다음과 같이 말한다. "**하나님이 그의 아들을 세상에 보내셔서 죄를 위한 속죄로서 죽게 하셨고, 그를 죽은 자들 가운데서 살리셔서 그를 믿는 사람은 누구나 구원의 값없는 선물을 얻는다.**"OLOF 197 하지만 나는 다음과 같이 주장할 것이다. 그것은 복음에 대한 단지 한 해석에 불과하다. 또한 신적인 지위를 주장할 수 없다. 가령, 그의 속죄에 대한 해석은 이미 웨슬레적 해석을 배제하고 있는데, 여기서 웨슬레적 해석은 "법정적 그리고 비실재적 '크레딧 카드' 신학"으로 형벌 속죄적 대속이론을 거부한다.[85] 그가 그의 정의를 설명하는 것과 같이, 우리에게 복음으로서 전달된 것은 사실 전통적프린스톤적 복

가 미시 전통에 대해서 강조하는 바로 그것이다) 나는 내 다음의 글에서 이단과 정통의 문제와 관련해서 이러한 점들을 강조했다. "Fire From Heaven: The Hermeneutics of Heresy," *Journal of Theta Alpha Kappa* 20 (1996): 13–31.

84) 『해석의 타락』 초판에서는 사용하지 않았지만, 후에 *Speech and theology*에서 "성육신의 논리"라고 기술한 것이 여기에 이미 요약되어 있음을 알 수 있다. 그리스도 안에서 하나님의 계시의 중심은 육신이 되신 말씀 안에서 우리를 만나심으로 우리의 유한성과 육체성으로 하나님이 자신을 양보하심에 있다.

85) Donald Dayton, "Rejoinder to Historiography Discussion," *Christian Scholar's Review* 23 (1993) 70. 코이비스토의 전통적인 칼빈주의적 교리에 대한 동조에 대해서는 OLOF 203–4를 보라.

음에 대한 해석에 빚지고 있다.OLOF 193 이것은 가톨릭, 동방정교를 거의 인정하지 않거나 심지어 배제한, 오순절적 주류 개신교 흐름의 해석들이다. 이 복음에 대한 해석은 하나님의 해석으로 우리에게 보내졌다. 사실 이것은 전혀 해석이 아니다. 이것은 단지 풋풋하고 꾸밈없는 하나님의 목소리이다. 복음과 풋풋하고 꾸밈없는 하나님의 목소리를 전달할 것을 제안하면서, 코이비스토는 진리를 전달하는 우편부facteur를 주장하고 있는 것이다.PC 4130-96 86)

변방에서 온 엽서: 코이비스토 데리다를 만나다

순수하고도 매개되지 않은 하나님 말씀을 듣는다는 주장은 성경의 명료성이라는 전통적인 개신교 교리를 현대적으로 표현하고 있는 듯하다. 성경의 명료성이란 진정한 직접성에 대한, 그리고 주관적인 해석이 없이, 그리고 진리를 순수하게 읽어내어 변질되지 않은 상태로 수용하게 된다는 주장을 말한다.OLOF 154-55 87) 근본적으로 과학과 인식론과 관련한 현대적인 개념들을 바탕으로 형성된 복음주의 신학 안에서의 이 전통

---

86) 데리다는 불어의 빡뙤(facteur)를 사용하고 있는데 이것은 "우편 배달부"와 "요인"을 의미한다. 이 표현은 *The Postcard*에서 정신분석학적 해석에 대한 글에서 지그문트 프로이트를 묘사하기 위해 사용된다. 『꿈의 해석』에서 프로이트의 해석학적 주장은 그가 코이비스토처럼 "직접성 모델" 속에 똑같이 위치해 있다는 것을 보여준다. 우편부(facteur)의 이중적 의미에 대한 논의는 PC 413의 역자의 주석을 보라.

87) John Webster는 여기서 "명료함"(perspicuity)에 대한 나의 설명을 정당하게 비판하고 있다. 그가 올바로 지적하고 있듯이, 여기서 비판되는 명료함의 개념은 명확성(clarity)을 "텍스트 속성"으로 만든다. 그러나 그는 주장하기를 이것은 "성경의 명확성"(claritas)의 개념의 계시적 그리고 성령론적 차원들을 무시하고 있고, 명확성(claritas)은 성령의 사역 없이 텍스트 속성으로서 단순하게 이해될 수 있다."(Webster, *Holy Scripture: A Dogmatic Sketch* [Cambridge: Cambridge University Press, 2003], 100) 그러나 이 텍스트 속성으로서의 명료성의 개념은 나의 의도가 아니다. 내 생각으로는 그것이 어떤 명확성에 대한 복음주의적 개념에서 유효하다고 생각한다.[코이비스토의 것과 같은] 그리고 내가 아래서 기록하는 대로, 명확성에 대한 그러한 해석은 종교개혁자들이 따랐던 것을 축소한 것이라고 생각한다. 만일, 대신에, 우리가 명확성을 성령에 의한 조명의 기능으로서 생각하고, 따라서 텍스트를 명확하게 이해하기 위한 적절한 "배경 조건들"을 가진 문제로서 생각한다면, 6장에서 그려진 나의 모델의 "성령론적"인 측면은 웹스터의 제안과 호응할 것이다.

은 믿음을 명제들에 대한 믿음들로 축소해 버린다. 있는 그대로, 성경은 찰스 핫지Charles Hodges의 유명한 "사실들의 저장고"로 축소되고, 그 내용 명제들은 그 자체로 직접적으로 정신에 주어진다.[88] 따라서 종교 개혁자들이 명료성이라고 기술한 것은 이성에 접근 가능한 언어적, 분석적 명료성으로 축소된다. 이것은 자끄 데리다가 우편적 욕구라고 기술한 것의 일부로, 이는 하나님의 말씀을 "우편을 통하지 않고"PC 23 들을 수 있다는 주장을 말한다.

데리다의 『우편엽서』The Post Card에서 우리는 "연애편지"집과 "발송"이라고 이름 붙여진 우편엽서를 발견하게 된다. 이것의 목적은 존재Being의 편지들에 대한 직접성의 신화를 지적하는데 있다. 여기서 데리다는 "우편 시스템"이라고 기술하는 해석의 장이 상당히 믿을 만하지 않다는 사실을 시사해주고 있다.

> 만일 "첫" 발송에서 우편기술, 위치, "형이상학"이 알려진다면, 더 이상 **하나의** 형이상학 등은 존재하지 않는다. 역시 **하나의** 발송조차도 존재하지 않는다… 다른 시대, 다른 정류장, 다른 종착역을 조율한다는 것은, 다시 말해 존재라는 종착지를 가진 존재의 전역사를 조직화한다는 것은 아마도 가장 기이한 우편적 유혹이다. 우편이나 발송은 존재하지도 않는다… 간단히 말하자면… 차이가 존재하는 즉시, 우편 조작, 릴레이, 지연, 기대, 예상, 도착지, 전보, 네트워크, 가능성이 있다. 따라서 분실될 수 있는 치명적인 사실이 반드시 존재한다.PC 66

매개 없이 하나님의 말씀을 읽는다는 코이비스토의 주장은 신화에 불

---

88) 복음주의 신학의 근대성에 대한 논의로는 다음을 보라. James K. A. Smith and Shane R. Cudney, "Postmodern Freedom and the Growth of Fundamentalism: Was the Grand Inquisitor Right?," *Studies in Religion/Sciences Religieuse* 25 (1996): 35-49.

과하다. 이 점에서 나는 데리다와 생각이 같다. 이는 마치 텔레비전 쇼 프로그램 '치어스Cheers'에 나오는 우편부인 클리프 클래빈Cliff Clavin이 사랑의 쪽지는 중간에서 결코 분실되지 않는다고 호언장담하는 것과 같다. 그렇지만 연인들 사이의 소통은 믿지 못할 우편 시스템의 손에 넘겨진다. 내가 우편함에 편지를 넣는 순간[내가 봉투를 풀로 붙이는 순간! 나의 사랑의 표현은 우편의 신의 변덕에 따라 좌우된다. 그리고 헤르메스가 그들을 책임지고 있다. 그러나 이것은 연애편지나 우편엽서 그리고 심지어 정크 메일을 넘어선 진실이다. 다시 말해 언어와 소통 자체의 모든 경우에 해당되는 사실이다. 데리다의 요점은 "당신이나 내가, 자신 아닌 타인에게 읽혀질 수 있기 위해서는, 모든 기호, 모든 표식 그리고, 모든 특성 안에 이미 거리, 우체국이라는 필연적 존재가 반드시 있어야 하는 것이다."PC 29 의사소통을 가능하게 해 주는 "공간"이나 거리 바로 그것이 또한 잘못된 소통과 심지어 소외의 장소라는 것이다.[89]

그러나 우편은 "존재해야만 한다." 우리는 우편 시스템을 피해갈 수 없다. 다시 말해서 해석의 해석학적 공간을 말한다. 이 거리두기, 차이 dif-ference와 지연de-ferral은 타인이 편지를 읽을 수 있도록 해주고, 올바른 수신자에게 편지가 전달되는 것을 가능하게 한다. 우리는 늘 편지를 받고 편지를 붙인다. 우리는 결코 우편 시스템을 파괴하거나 "극복"할 수 없다. 그러나 우편 시스템이 불가피하다는 것은 편지가 분실될 수 있다는 가능성을 의미한다.[90]

서구 형이상학과, 아이러니하게도, 매우 근대적인 복음주의 신학에

---

89) 아래 7장에서 데리다에 대한 일반적인 오독이 반박될 것이다.(가령, 설의 오독) 이 오독에서는 의사소통의 장애(miscommunication)을 언어 체계의 본질적 특질로 삼는 것 같다.

90) 나는 해석의 우편적 공간이 끼어들어가 있다는 사실에 대해서 데리다와 생각을 같이하지만, 나의 글 "How to Avoid Not Speaking" 후반부의 과제는 편지들이 "반드시 분실된다"라는 그의 최종 언급에 정확하게 반대하고 있다는 것을 주목해야 한다. 이 문제는 제4장에서 재론될 것이다. James K.A.Smith의 "How to Avoid Not Speaking: Attestations" in *Knowing Other-wise: Philosophy on the Threshold of Spirituality, Perspective in Continental Philosophy Series*, ed. James H. Olthuis (Bronx, N.Y.: Fordham University Press: 1997), 217-34.

서 편지는 늘 배달된다. 형이상학과 근본주의는 꽤 믿을 만한 우편 시스템을 가지고 있다. 이 우편 시스템에서는 "오류가 절대로 발생하지 않는다." 그것은 끊어지지 않고 바이러스에 걸리지 않으며 가장 최신식의 기술적 발전물을 구비한 텔레커뮤니케이션 네트워크다. 이 무오류의 기술을 획득한다는 것은 늘 하나님의 말씀이 우편 또는 텔레커뮤니케이션 시스템에 매개되거나 영향을 받지 않고 수신된다는 것을 의미한다. 하나님의 말씀과 그 텍스트의 독해는 기표의 엉킨 연쇄의 외부에서 특권화 된 자리를 차지한다. 그리고 하나님을 대변하는 복음주의 신학이 하나님을 우리에게 전달해 주고, 그 자체는 언어적 역사적 조건에서 면제되어 있다. 그 편지는 항상 "우편을 통하지 않고" 배달한다. 그것도 정시에, 완전히 다른 손에 닿지 않는 채, 결코 찢겨지거나 분실되거나 우편 파업 때문에 지체되지 않는다.[91]

데리다를 놀라게 하는 것은 바로 이 무고한 우편 서비스가 아니다. 왜냐하면, 흠 없는 텔레커뮤니케이션 위에 세워진 그러한 신학 체계는 **매개 없이** 하나님을 알고 하나님에 대해서 말하기 때문이다. 그러나 나는 데리다와 더불어 이것이 불가능하다고 주장한다. 왜냐하면, 텍스트 바깥에는 아무 것도 없기 때문이다.OG 158 존 카퓨토John Caputo가 분명하게 지적했듯이, 이것은 마치 "데리다가 어휘들과 텍스트들 외에는 아무 것도 없다고 주장하고 있는" 것처럼 "일종의 언어적 버클리주의"로 이해되어서는 안 된다.[92] 그것이 아니라, 데리다는 "차이가 없이는 어떤 참조점도 없다. 사슬처럼 엮인 텍스트의 외부에는 어떤 참조점도 없다"라는 것을

---

91) 그러한 "성경주의적" 성경 해석 모델에 대한 비판은 다음을 보라. Christian Smith, *The Bible Made Impossible: Why Biblicism Is Not a Truly Evangelical Reading of Scripture* (Grand Rapids: Brazos, 2011).

92) John D. Caputo, "The Good News About Alterity: Derrida and Theology," *Faith and Philosophy* 10 (1993): 454. 불행히도, 이것은 많은 복음주의자들이 데리다를 정확히 데리다를 이해하는 방식이다.

주장하고 있는 것이다.[93] 그런데, 이것은 텍스트가 참조점이 없다는 것을 말하는 것이 아니다. 어떤 참조점도 텍스트성의 영향을 벗어날 수 없다는 것을 말하는 것이다. 어떤 독서도 해석의 해석학적 공간을 넘어서지 않는다.

따라서 코이비스토가 우리에게 "복음을 전달"할 때, 그것은 이미 이 우편 공간을 통과하고 어떤 특정한 전통 안에서 한 독서에 의해서 획득된 것이거나 아니면 여러 전통의 다양성 안에서부터 온 것이다. 이 전통은 언어적, 신학적 전통 그리고 사회학적 문화적 맥락 등이다. 코이비스토의 미시 전통에 대한 코이비스토의 해석에 대한 분석은 다음의 점을 정확하게 강조하고 있다. 그가 놓치고 있는 것은 해석의 **편재성**이다.

직접성을 향한 그러한 욕구는 불가능할 뿐 아니라, 위험할 수도 있다. 살만 루시디Salman Rushdie에게 한번 물어보아라. 왜냐하면, 그렇게 특별하게 하나님에게 접근할 수 있다는 사람은 하나님을 자신이 **대신해** 말하고 자신은 하나님의 청원 경찰이라고 여기기 때문이다. 그리고 우편 범죄는 항상 원죄처럼 연방 범죄이다 카퓨토는 경고하기를, 어떤 이가 무조건적인 계시나 읽기를 가지고 있다고 주장할 때마다, 나머지는 두려움을 가질 수밖에 없다.

> 매개되지 않은 것the Unmediated의 이름으로 우리가 늘 가지고 있는그것은 결코 실패하지 않는다 것은 어떤 이의 고도로 매개된 절대자Absolute이다. 가령, 그들의 질투하는 여호와, 그들의 의로운 알라, 그들의 무오류한 교회, 반드시 독일어로만 말하는 절대 정신Hegel. 매개되지 않은 것the Unmediated의 이름으로 우리는 매개들의 눈사태 속에 파묻힌다. 그리고 때때로 방금 묻힌 시대 속에 파묻힌다. 어떻게든 이 절대적인 것은 항

---

93) Caputo, "Good News," 455.

상 어떤 역사적, 자연적 언어, 특정 민족, 특정 종교에 대한 특별한 집착으로 끝난다. 하나님의 이름으로 말하는 어떤 이와 의견을 달리한다는 것은 항상 하나님과 동의하지 않는다는 것을 의미한다. 매개되지 않는 것은 결코 거대한 매개 없이 전달되지 않는다.[94]

코이비스토의 복음 또는 "구원을 주는 정통"OLOF 197은 왕국에서 많은 이들을 제외하거나 아니면 적어도 "구원을 주는 정통"에 대한 다른 해석들을 배제해 버린다. 이것이 바로 아이러니 하게도 그가 넌지시 암시하는 바로 그 위험이다, "늘 상존하는 위험이 있다. 그것은 성경의 권위와 특정 해석 노선을 혼동하는 것이다."OLOF 201 그것을 바로 코이비스토가 하고 있는 것이 아닌가? 그의 특정한, 상황에 귀속된, 복음주의적 해석은 복음과 하나님의 의미를 융합시키고 있지는 않는가? 그가 "뒤섞이지 않는"OLOF 193 성경을 전달하고 있다고 하지만, 그가 전달하는 성경은 사실 훌륭한 야금술의 산물이자 고도로 융합된 복음의 산물은 아닐까? 그의 "하나님의 꾸미지 않는 목소리"는 미국 근본주의의 특정한 강조점은 아닐까? 그리고 그가 거시적 전통이라고 기술한 것조차도 역시 해석의 산물은 아닐까?

전통을 극복하기: 린트

코이비스토는 기독교회의 불일치를 개탄하지만, 린트는 복음주의 신학, 특히 미국 문화와 대중 종교의 상태에 대해 예레미아처럼 통곡한다.[95] 이는 신학과 문화 사이의 관계에 초점을 맞추고 있으며, 린트의

---

94) John D. Caputo, "How to Avoid Speaking of God: The Violence of Natural Theology," in *Prospects for Natural Theology*, ed. Eugene Thomas Lang (Washington, D. C.: The Catholic University of America Press, 1992), 129–30.

95) 있는 그대로, 린트의 책은 마크 놀Mark Noll의 *The Scandal of the Evangelical Mind* (Grand

'해석에 대한 해석'을 있는 그대로 밝혀주는 유익한 장을 제공하고 있다. 린트는 많은 고전적 복음주의 신학자들과 달리 신학에 대한 문화의 영향을 인정해야만 한다고 주장하고 있다. 그는 그 문제를 다음과 같이 요약하고 있다.

> 우리의 문제는 단순히 순수한 복음을 정련해내는 것이 아니다. 미국화 된 기독교나 기독교적 미국을 주장할 수 있다는 것도 아니다. 복음주의 신학이 21세기를 접근하면서, 이러한 경향들을 진지하게 고려해야만 한다는 사실이다. '오직 우리의 반대자들만 그들의 신학에서 편견을 가지고 있다.' 이런 주장이 더 이상은 실현 불가능하다. 복음주의 신학은 반드시, 절대적 진리를 주장하는 것에 대대적으로 저항하는 문화에 개입해야만 할 뿐 아니라 그 문화가 그것에 주는 영향을 역시 인정해야만 한다. 복음주의자들은 자신의 공동체 내에서 문화적 영향의 실재와 문화적 편견의 실재를 인정해만 한다.FT 25-26

그러한 평가는 린트를 코이비스토나 복음주의 전통의 요소들 보다는 한스 게오르그 가다머Hans-Georg Gadamer에 더 접근시킨다. 다시 말해서, 그는 가다머가 말하는 "영향사影響史"로 기술되는 모든 해석의 상황성과 해석의 조건을 인정하는 것 같아 보인다. 그러나 결국, 그는 복음주의자들이 오직 그것을 극복하도록 문화의 영향을 인정해야한다고 촉구한다.

Rapids, Mich.: Eerdmans, 1994)『복음주의 지성의 스캔들』(IVP, 2010). David Wells, *No Place For Truth, or Whatever Happened to Evangelical Theology?* (Grand Rapids, Mich.: Eerdmans, 1993). 그리고 *God in the Wasteland: The Reality of Truth in a World of Fading Dreams* (Grand Rapids, Mich.: Eerdmans, 1995). 린트, 놀 그리고 웰즈는 모두 "신학적 엘리트주의"라고 기술되는 부류다. 린트, 놀 그리고 웰즈가 시도하는 이 일반적 기획에 대한 나의 반응에 대해서는 다음을 보라. "Scandalizing Theology: A Pentecostal Studies to Noll's Scandal," *Pneuma: Journal of the Society for Pentecostal Studies* 19 (1997): 225-38. 또 다른 반가운 반대운동은 다음에서 볼 수 있다. Richard J. Mouw, *Consulting the Faithful: What Christian Intellectual Can Learn from Popular Religion* (Grand Rapids, Mich.: Eerdmansn, 1994).

그는 복음주의 신학을 비판하는데, 그것이 진정 미국화 되었을 때 문화적으로 중립적이 된다고 생각하는 점을 비판한다. 그러나 그는 그렇게 함으로써 결국 우리에게 "성경적", 반미국적, 비역사적 신학을 전달해 주고 만다. 결국 그의 신학도 하나의 신학, "그의 해석"이다.FT 79

이같이 "진정한 성서 신학은 인간기독교인과 비기독교인은 불가피하게 자신의 문화, 전통, 경험에 영향을 받는다는 사실을 강하게 긍정하게 될 것이다. 복음 공동체가 이 사실과 진지하게 씨름할 때까지 그리고 씨름하지 않는다면, 그들은 성경을 복음적으로 전유하는 것을 특징으로 하는 반성없는 편견들을 극복할 수 없을 것이다."FT 27, 강조 추가 그가 "편견 원칙"이라고 기술하고 있는 것은 결국 "현실주의 원칙"에 의해서 극복된다. 그것에 의해서 문화, 전통, 경험의 영향이것은 왜곡시키고 방해한다이 우리의 해석들로부터 깨끗이 씻겨 질 것이다. 결국 우리는 "하나님의 목소리 … 바로 그 분의 목소리를"FT 281 들을 수 있다. 우리 자신이 정신적 노력에 의해서 "우리의 피부를 벗어버리고 편견이 없을 수" 없음에도 불구하고, "하나님은 우리에게 뚫고 들어오신다."FT 281 둘 중 어느 쪽이든, 린트는 우리의 피부, 우리의 인간성, 우리가 여기 있음이 우리가 진정 하나님을 듣는 것을 막고 왜곡시키는 제한이라고 보고 있다.

본장의 목적은 복음주의 사상이 해석과 타락을 연관시켰다는 것을 증명하는 것이다. 린트의 제안은 이러한 생각을 위한 좋은 토대를 마련해주고 있다. 성서 신학자 게르하르더스 보스Geerhardus Vos의 충실한 제자로서, 린트는 "구속의 역사"에 대해 이야기하기를 좋아한다. 그는 이야기하기를, "태초에, 아담과 이브는 하나님의 목적과 현존presence을 투명하게 인식하고 있었다. 피조물들과 창조자는 서로를 이해했다. 그러나 타락은 이 투명함을 파괴했고, 아담과 이브는 즉시 자신의 벌거벗음을 감추려고 했고, 하나님에게서 피해 피난처를 찾아 숨으려고 했다."FT 71 나는 하지만 린트에게 타락은 단테에서처럼 "완전한 투명성"을 상실케 하고 이해의 방해를 초래했다. 타락 이후의 세상에서 우리는 왜곡을 초래하는 매개와 오해들에 시달리고 있다. 더 구체적으로, 타락 이후에 인류는 하나님의 목소리와 말씀을 듣고 읽는 것을 제한하는 전제들 때문에 괴롭힘을 당하고 있다. 그리고 이 전제들은 우리의 "기대들"과 "필터" 역할을 하고 있다. 하나님의 말씀은 "종종 오해되고 잘못 해석된다. 왜냐하면, 그 말씀을 듣는 사람들은 그것에 대한 기대들을 가지고 있기 때문이다… 우리 모두는 같은 정도로 그렇게 하는가? 아니다. 우리 **모두는 피조물의 타락 상태에 참여하고 있다.** 만약 우리가 하나님과의 대화를 듣기 원한다면, 우리는 우리의 기대들이 그 대화에 대한 우리의 이해를 어떻게 채색하고 있는지 알 수 있어야 한다."FT 60, 강조는 추가

나의 어려움은 린트의 타락에 대한 논의가 아니라, 오히려 그가 타락과 관련시키고 있는 것에 있다. 기대와 전제의 지평이 그것이다. 하나님의 목소리를 듣고 하나님의 말씀을 듣는 것이 기대의 역사적 지평에 의해서 제약된다는 사실이 창조의 타락 상태를 가리키고 있는 것으로 린트는 받아들이고 있다. 그가 나중에 기록하듯이 "우리는 하나님의 대화를 오직 우리 문화, 우리 종교적 전통, 우리의 개인사 등과 같은 필터를 통해서만 듣는다. 만일 우리가 이러한 필터들을 진지하게 고려한다면, 우리는 그 대화를 들을 때 가지는 왜곡을 줄일 수 있을지도 모른다." FT 61

그러나 문화, 전통성 그리고 개인의 역사는 소박한 인간됨과 피조물됨을 구성하는 측면이 아닐까? 피조됨이라는 것은 인간이 여러 조건과 상황의 제약을 굳게 받고 있다는 것이 아닐까? 인간으로서 나는, 나와 함께 움직이지만 나의 지평으로 남아 있는 이 지평과 함께 내가 서 있는 공간에 제한되는 것은 아닐까? 내가 수많은 종교적, 사회 언어적, 가

족적 전통에서 물려받은 "필터"나 "전제들"은 하나님에 의해 창조된 인간 경험의 피할 수 없는 한 측면은 아닐까? 만일 그렇다면, 린트는 그러한 유한성의 조건을 타락과 죄와 결부시킴으로써 창조의 가치를 폄하시키고 있지는 않는가? 만일 인간 존재가 필연적으로, 기대와 전제를 갖고 있어야 함을 의미하고, 또한 만일 인간됨이라는 사실이 하나님의 피조물이라는 것을 의미한다면, 왜 그러한 기대들과 필터들이 우리의 이해를 "왜곡시키고", "채색"하는 것으로 기술되어야 하는가? 그것은 인간이 된다는 것이 죄라는 뜻인가?

린트는 『신학의 뼈대』*The Fabric of Theology* 제 4장, "신학의 궤적"에서 전통, 문화 그리고 이성의 필터에 대해 보다 확대된 논의를 하고 있다. 그는 복음주의 신학은 이러한 필터가 어떻게 해석과 권위의 수용에 영향을 주는지 고찰해야 한다고 촉구하고 있다. 그리고 나서 "신학의 목표는 성서 계시를 그 **필터를 포함하는** 인생의 모든 측면을 판단하는 위치로 옮겨 깨끗하게 하는 능력을 지닌 하나님의 구속을 모든 삶으로 가져가는 것이다"FT 82, 강조 추가라고 말한다. 우리는 역사, 전통 그리고 문화로부터 구속을 필요로 하고 있다. 우리는 이러한 필터로부터 청결케 되어야 한다. 그리고 하나님의 구속은 지금 여기에서 직접성을 회복한다.[96]

우리의 문제는 "성경 계시를 이해하고자 하는 우리의 노력 가운데서 우리의 필터들에 불균등하게 미치는 영향을 인정하는 것이다. 우리는 구속의 메시지를 강제로 그것의 현재적 의도를 왜곡하는 문화적 패키지 안으로 집어넣어야 한다."FT 82 린트는 예수가 말한 거듭남을 두 번째 물리적 탄생요한복음 3장으로 잘못 이해한 니고데모의 예를 지적한다.

니고데모와 바리새인들은 한 전통에 서서, 한 문화 안에서 조건 지어진 어떤 합리성의 원칙을 예수와의 대화에 적용시켰다. 오늘날 우리도

---

96) 이것이 바로 내가 이것을 '현재적 직접성 모델'이라고 부르는 이유이다. 직접성은 현재 회복된다. 그리고 타락의 슬픈 영향과 삽입된 해석적 공간이 사라진다.

마찬가지다. 하나님의 백성이 그것에 지배되지 않기 위해서 그들의 역사적, 문화적, 그리고 합리적 필터를 자각시키는 것이 바로 신학자의 과업이다.FT 83

니고데모의 죄스런 오해는 그가 한 전통 위에 있고 한 문화의 일부라는 사실 때문에 비난을 받고 있다. 다시 말해, 그는 인간이라는 사실 때문에 비난을 받고 있다. 신학자로서 그리고 복음주의자로서 린트는 듣자하니 한 전통이나 문화의 일부가 아니다. 아니면 그는 어떻게든 "싱싱하고, 꾸밈없는 하나님의 목소리"를 듣는데 있어서 그러한 왜곡된 영향 밖에 있을 수 있다. 그러나 과연 그런가? 코이비스토의 하나님처럼, 린트는 상당히 전통적인 언어를 말하고 있지 않는가? 코이비스토처럼, 린트는 해석의 편재성을 놓치고 있다. "왜곡" 또는 "채색"이라고 기술된 앎의 제약이 불가피하다는 생각은 "완벽한 명료성"이라는 신화적 지평을 거스르고 있다. 린트는 직접성이란 꿈을 꾸고 있고 순수한 읽기와 듣기를 꿈꾸고 있다. 그러나 그의 꿈은 바로 악몽으로 전환되고 마는데, 그의 "하나님의 백성"의 파라미터 밖에 있는 모든 사람에게 그렇다. 그 하나님의 백성이라는 것은 오순절주의자나 심지어 가톨릭과 같은 주변 사람들이다.[97]

린트가 여과기, 전제, 기대에 대해 언급하고 있지만, 결국 그는 이것들이 모두 반드시 하나님의 꾸밈없는 목소리를 듣기 위해서 극복되어야 할 것으로 생각하고 있다. 그는 전통, 역사 그리고 문화에 대해서 특정한 의지적 모델[98]을 가지고 수술을 하고 있다. 다시 말해서, 그는 인간은 전통

---

97) 가령, FT 87의 이상한 주석을 보아라. 거기서 린트는 헨리 뉴먼 추기경Cardinal Henri Newman을 "생에 초기에 복음주의적 회심을 경험했지만, 그러나 이후에 성공회 고교회파 교회전통으로 옮겨, 로마 가톨릭으로 개종했다가 추기경으로 지명되었다"(강조 추가)라고 기술한다. 이것은 마치 그가 가톨릭 교회로 옮겨간 것이 "복음주의적 회심"을 부인하는 것처럼 말이다.

98) 가령, "편견 원칙"과 "실재론 원칙"을 논하면서, 린트는 편견을 "사용"하는 것에 대해 말한다.(FT 23) 편견을 "사용"한다는 것을 무슨 뜻인가? 우리는 오히려 그것에 붙잡혀 있고 그것에 밀봉되어 있지 않는가? 이것은 오히려 인정의 문제, 즉 우리의 편견들과 실재론의 불

과 역사에 의해서 영향을 받는 것을 선택하고, 따라서 그렇게 되지 않는 것을 선택할 수 있고, 이러한 렌즈 없이 읽는 것을 선택할 수 있다고 생각하고 있다. 따라서 "어떤 특정한 신학적 확신은 결국, 그리고 궁극적으로 어떤 특정한 전통이 아니라 성경에 충실함에 의해서 판단되어야 한다."FT 86, 99) 그러나 린트는 온전히 순수하고, 해석되지 않은 "성경"은 결코 가질 수 없다는 사실을 이해하지 못하고 있다. "성경이 말하는 것"에 대한 모든 호소는 "성경의 한 해석에 호소하고 있는 것"이다. 어떤 이가 "오직 성경"을 전달한다고 약속할 때마다, 그는 한 해석적 전통 안에서 실행되어 온 한 해석을 전달하고 있는 것이다.100) 성경에 충실하다는 것은 항상 성경의 한 해석에 충실한 것이고, 따라서 한 해석된 전통 안에서 움직이고 있다는 것이다. 비록 우리가 다양한 해석적 전통에 참여하고 있다고 하더라도, 이 해석적 전통이라는 것은 우리가 거기서 벗어날 수 없는 읽기의 방식이다.

나아가 신약성경은 그 자체로 한 인격과 한 사건에 대한 해석들이다.101) 따라서 우리는 어떤 순수하고 꾸밈이 없는 의미로 "성경 자체"를 결코 소유할 수 없다.FT 291 오히려 성경에 대한 모든 호소는 늘 성경의

가능성을 인정하는 것을 말하는 것이 아닌가? 이러한 종류의 언어는 그에게 편견이 우연적이라는 것을 알려주는 것일 것이다.

99) FT 291에서, 그는 주장하기를 "성경의 권위는 그 성경에 대한 올바른 이해와 통합적으로 연결되어 있고, 해석의 문제에 있어서 최종적으로 호소할 수 있는 법원은 성경 자신이 되어야 한다." 성경은 "최종적 해석적 렌즈"이다.(FT 292)

100) James Olthuis는 다음과 같이 관찰한다. "하나님의 말씀으로서의 성경에 우리가 복종하는 것은 그 속에서 그리고 그것을 통해서 우리가 우리의 순종을 구체화 하는 성경의 권위의 관점에서 구체적인 몸 됨과 분리되어 일어난다."(James H. Olthuis, "Proposal for a Hermeneutics of Ultimacy," in *A Hermeneutical of Ultimacy: Peril or Promise?*, by James H. Olthuis et al. [Lanham, MD: University Press of America, 1987], 11) 우리는 스스로 해석을 할 뿐 아니라, 역시 성경적 권위의 해석에 의해서 제약된다. [그러나 이러한 통찰을 높이 산다고 해서 권위의 약화가 초래되지 않는다. 나는 이 주제를 아래 7장에서 다시 다룰 것이다.]

101) F.F Bruce는 사실 전통이 성경을 앞선다는 사실과 신약 성경 그 자체가 해석적 전통이라는 것을 설득력 있게 증명했다. 이런 시각에서, 린트의 성경과 전통 사이의 순진한 대립은 문제가 되게 된다. 다음을 보라. Bruce, "Scripture and Tradition in the New Testament" in *Holy Book and Holy Tradition*, et. F.F Bruce and E.G. Ruppe (Manchester University Press, 1968), 68–93.

한 해석에의 호소이다. 이처럼 종교개혁의 원리인 '오직 성경'이 성경의 텍스트 상호적, 정경적 성격에 대한 긍정적인 강조라고 할지라도, "성경이 성경을 해석한다"라는 원리는 성경 해석과 관련한 문제들을 해결하기 위해 성경 자체에 최종적 권위에 호소해야 한다는 뜻이 아니다. 왜냐하면, 성경도 역시 하나의 해석이기 때문이다.[102] 따라서 성경 해석은 늘 해석에 대한 해석이 될 것이다.

린트가 "문화적 렌즈"라고 기술하는 것이 비슷한 방식으로 작동하고 있다. 다시 말해서, 린트는 어느 정도로 문화가 신학에 영향을 주어야만 하는지 물을 수 있다. 그러나 그런 말은 다시 신학과 문화 사이의 관계가 우연적이라는 사실을 말해준다. 이는 신학이 어떤 문화적 상황 속에서 발생했는지 파악하기 위해 이 둘 사이를 분리할 수 있다는 말이 된다.[103] 하나님은 "우리의 문화적 블라인드를 뚫고 들어 올 수 있으며 그것으로 그분의 영광의 광채에 의해서 우리를 더 선명하게볼 수 있게 해 준다."FT 106 이것은 성경 계시가 우리의 "문화에 구속된 경험"에 도전하고 변화시켜 계시의 "의미"FT 115를 드러낼때 발생한다. 왜냐하면, 문화라는 것은 진리와 대립하기 때문이다.FT 114, 116 문화의 영향은 극복되어야만 한다. 결국 "우리가 좇는 것은 진리다."FT 95 불행히도 그리고 너무도 자주, 그 진리는 우리 뒤를 따라서 언제든 우리를 덮칠 준비가 된 다른 사람의 진리다

린트는 우리가 성경을 해석하면서 이러한 문화적 전제들을 인식해야

---

102) 오직 성경Sola Scriptura의 가장 훌륭한 정식화들은 이것에 민감하다. 가령, Donald Bloesch의 최근의 제안을 보라. *Holy Scripture: Revelation, Inspiration & Interpretation* (Downers Grove, Ill.: InterVarsity Press,1994), 192−96, 이 책에서 그는 이 종교 개혁의 원리를 좀 더 뉴앙스 있게 되살려 내고 있다.이 주제들을 발전시키고 있는 책으로 다음이 있다. Trevor Hart, *Faith Thinking: The Dynamics of Christian Theology* (Downers Grove, Ill.: InterVarsity Press, 1995), 107−34, 여기에서 그는 이 원리를 현재 "정경 비평"이라고 기술되는 맥락에 위치시킨다. 그러나 다른 복음주의적 설명들을 비롯해서(코이비스토를 포함해서 OLOF 155) 린트의 설명은 진정 "성경 자체"로의 호소를 하고 있으며 배제하지는 않을 지라도 해석의 필요성을 완화시키는"명료성"에 호소하고 있다는 사실이 인정되어야만 한다.

103) 역시 다음을 보라. Richard Lints, "Two Theologies or One? Warfield and Vos on the Nature of Theology", *Westminster Theological Journal* 54 (1992): 235−53.

할 필요가 있다고 주장한다. 그렇지 않으면 우리의 신학은 이러한 매개 변수에 의해서 왜곡될 것이다. 우리가 성경을 읽는 진정한 유일한 방법은 우리가 하나님에 의해서 문화로부터 구출 받아, 인간됨을 왜곡시키는 영향에서 완전히 깨끗해지는 것에 달려 있다. 린트는 이렇게 말한다. "다음이 나의 주장이다. 가다머에게는 송구스럽지만 지평은 융합되어서는 안 되고 오히려 역사적 상황의 지평은 텍스트의 지평에 의해서 변형되어야 한다." FT 115 n. 33 그러나 이것은 텍스트 그 자체가 이미 다른 역사적 상황의 산물이라는 사실을 간과하고 있는 것이다.[104]

린트의 틀과 그의 해석에 대한 해석에 대해서 한 가지 점을 되풀이하는 것이 중요하다. 책 전체에 걸쳐서, 그는 최종적 해석학적 렌즈는 반드시 "성경 자체"가 되어야 한다고 주장한다. 성경은 우리의 해석의 최종적 권위이고, 우리의 해석학적 모험에 대항해서 서 있다. 그는 텍스트에서 신학에 이르는 운동을 논하면서, 해석을 위한 기준을 기술하고 있다.

> 개신교는 성경이 신자의 삶에서 최종의 권위를 가지고 있다는 의식을 유지하려고 애써왔다. 그것은 단지 **오직 성경**sola Scriptura의 원리 안에서 고유하게 내재해 있는 해석학적 매개변수를 긍정하는 것에 실패했다. 만일 성경이 최종적 권위라면, 중요한 의미에서 반드시 성경이 성경을 해석해야 한다. 이 원리에서 **신앙의 유비**analogia fidei라는 또 다른 개혁자들의 원리가 나온다. 어떤 특정한 성경 구절에서 정의된 믿음은 성경 전체 안에서 정의되는 믿음에 의해서 해석되어야 한다. 성경의 권위는 이러한 성경들의 올바른 이해와 통합적으로 결합되고 해석적 사항에 대한 최고의 법원은 성경 자체가 되어야 한다.FT 291

---

104) 이것이 바로 가다머가 진정 "두 가지" 지평들이 있지 않다는 이유이다. 왜냐하면, 그 지평은 폐쇄되어 있지 않기 때문이다. 다시 말해 다른 시대나 문화는 별개가 아니기 때문이다. 보라, TM 34.

우선, 우리는 해석의 정경적 지평과 이러한 의미에서 **신앙의 유비**ana-logia fidei의 관점에서 오직 성경의 원칙을 긍정해야 한다. 최근에 정경 비평과 한스 프라이Hans Frei 그리고 월터 부루그만Walter Brueggemann과 같은 인물의 저술은 성경이 "그 자신의 관점에서" 받아들여 진다는 원칙을 되살리려고 애써 왔다. 위에서 제시한대로, 이것은 성경의 상호 텍스트성을 밝혀주고 계몽주의의 역사 비평적 접근에서 실행된 해석의 현대적 기준을 부과하는 것뿐 아니라, 프로테스탄트 근본주의의 신스콜라주의에 대한 균형추로 작용한다. 나아가, 그것은 신자의 공동체인 교회 안에서 해석의 공간을 올바로 자리 잡게 한다.[105] 마찬가지로, 여기서 교회적 임무로서 성경 해석에 대해 새롭게 높은 가치를 둔 후기 자유주의의 논의들에 주목해야 한다.[106]

그러나 린트와 다른 복음주의자들에게, "성경이 성경을 해석한다"는 원칙은 역시 "우리의 해석적 매트릭스는 성경의 해석적 매트릭스가 되어야 한다"FT 269는 것을 의미한다. 그리고 이 해석적 매트릭스는 우리를 "신적 그리고 사도적 해석으로 매개해 준다."FT 264 그렇게, 성경의 해석적 매트릭스는 린트에게 하늘에게 떨어진 하나님의 해석적 매트릭스로 판명된다. 이것은 사도들의 해석이 루터의 해석과 같은 것이라고 말하는 것과 같은 듯이 보인다[107] 따라서 성경이 성경을 해석한다는 말은 다소 은밀히 "신적 그리고 사도적 해석"FT 297인 것으로 판명된다. 즉, 이 해석은 전혀 해석이 아닌 것처럼 보인다. 사실 "신적인" 해석이란 무엇일까? 하나님에게 해석이 필요한가? 하나님은 해석이란 필수적인 조건에 제약되는 분이신가?

---

105) 이 점에 대한 교훈적인 논의는 다음을 보라. Bloesch, *Holy Scripture*, chap. 6, "Scripture and the Church" (141–70). 이 점은 이제 아래 7장에서 확대된다.

106) 다음의 풍성한 책의 많은 기고들을 보라. *The Nature of Confession: Evangelicals and Postliberal in Dialogue*, ed. Timothy R. Phillips and Dennis L. Okholm (Downers Grove, IL: InterVarsity, 1996).

107) 실제적으로 이것은 린트가 바울의 이신칭의 해석에 특권적 지위를 부여하는 것에서 볼 수 있다.

그래서 코이비스토처럼 "성경 자체"에 호소하는 것은 어떤 직접성과 명료성에 호소하는 것이 된다. 이것은 일반적인 복음주의적 구성물로 "성경 해석학에 관한 시카고 성명"1982에서 반복되는 것으로, 거기에서 복음주의 학자들은 다음과 같은 고백을 하고 있다.

> "19항– 해석자가 성경에 적용하는 전제는 성경의 가르침과 조화되어야 하고, 그것에 의해서 교정되어야 한다. 우리는 성경이 자연주의, 진화론, 과학주의, 세속적 인본주의 그리고 상대주의와 같은 자신과 양립되지 않는 이질적인 전제들과 조화되어야 한다는 것을 부정한다.[108]

그러나 무엇보다도 이는 성경 해석의 기준이 성경 자체라는 사실에 대한 문제를 제기해야 하지 않을까? 어떻게 우리는 그러한 전제와 별도로 "성경의 가르침"을 결코 가지고 있지 않다며 "성경의 가르침"에 대한 판단 아래에 우리의 전제를 놓을 수 있는가? 린트의 "성경 자체"라는 호소에는 순수한 독서라는 생각, 해석과는 별도로 성경을 단순히 읽는다는 내포적 개념이 자리 잡고 있지는 않은가? 우리가 이 두 번째 의미에서 **오직 성경**sola Scriptura에 호소하게 되면, 남는 것은 늘 여러 해석들과 독서들뿐 아닌가? **나의** 성경은 무엇을 **명백하게** 말하고 있는가? "성경이 성경을 해석한다"라는 이러한 이해에 있어서의 문제는 성경을 **해석한다**는 것은 반드시 **해석되어야** 한다는 것이다. 성경을 해석하지 않고 "순수하게" 읽는다는 것은 불가능하다.

또한, 성경과 사도들의 해석적 매트릭스에 특권을 부여하는 것은 하나의 해석을 다른 해석 위에, 하나의 문화를 다른 문화 위에 놓는 것이

---

108) "The Chicago Statement on Biblical Hermeneutics (1982)," reprinted in J. I. Packer, *God Has Spoken* (Grand Rapids, Mich.: Baker, 1988), 161. 이 문헌에 관심을 갖게 해준 필립 스미스Phillip Smith씨에게 감사드린다.

다.[109) 린트가 최종적인 해석적 렌즈로서 성경에 호소하는 것은 해석의 편재성이 가진 이 이중적 영향을 인식하지 못하는 것이다. 즉, 우리는 오직 해석된 성경을 "가지고" 있다. 나아가 성경 그 자체가 해석들이다. 그렇다면 신학은 그 자체가 이중번역인 번역된 성경의 번역이다.

바벨탑: 해석/ 번역에 관하여

우편을 통하지 않는 그리고 해석 없이 순수한 독서를 향한 경향은 전체적으로 하나의 참된 해석이 있다는 믿음과 결부되어 있다. 여기서 참된 해석이란 하나의 해석이 아니고 결국 하나님이신 진정한 **진리의 우체부**의 손으로부터 진리가 전달되는 것을 말한다. 이것은 마크 테일러Mark C. Taylor가 "독백적"이라고 기술한 것에 근거하고 있다. 즉, 이것은 진리에 대한 이해인데, 여기서는 "참된 것은 결코 복수의, 다양한 그리고 복합적인 것이 아니라, 항상 통합적이고 단일하고 단순하다." 이 "진리에 대한 일원론은 다양한 단계를 거치는 현상들의 놀이로부터 일어나는 불확실성 때문에 일어난 불안을 경감하기 위해서 정해지는 것이다."[110)

직접성과 통일성이라는 이 지평을 거스르는 다원성은 하나의 죄악이다. 그리고 에덴에서 저질러진 원죄의 또 다른 저주이다. 다원주의는 타락 이후의 세상에 전염병처럼 번져 있다. 반대로, 에덴의 "완전한 명확성"은 비할 데 없는 통일성과 균일성을 동반한다. 포스트모던 신학에 대한 린트의 비판 핵심 밑바탕에는 다름 아닌 이러한 통일성에 대한 믿음

---

109) 그러나 이것은 신자의 공동체 안에서 사도적 저술들이 권위와 우위를 가지고 있지 않다는 것을 의미하는 것은 아니다. 그들은 권위를 가지고 있고 우선적이다. 왜냐하면, 그것들은 신자의 공동체의 최소의 증언이기 때문이다. Francis Schüssler Fiorenza는 이것은 교회의 "기초 헌장"이라고 말한다.

110) Mark C. Taylor, *Erring: A Postmodern A/Theology* (Chicago: University of Chicago Press, 1984), 175.

과 그 추구가 놓여있다.[111] 신학은 그 다원성 때문에 "다루기 힘들게 분화되었다." 이는 "우리가 점점 성경에 대한 '객관적'인 읽기를 정립하려는 목표를 버려왔고, 그 결과 신학은 수천의 다른 틀이란 수렁 속에 빠져 있기"FT 194[112] 때문이다. 린트가 "원칙에 입각한 다원주의"를 부르짖고 있지만, 이 다원성이라는 것은 "성경에 대한 통일된 신학"FT 98을 세우기 위해서 극복되어야 하는 개인적 편견들과 결부되어 있다. "우리는 우리 자신의 편견들을 인식하려고 노력하지 않는 한 진리로 향하는 길을 발견할 수 없다."Ibid

만일 해석이 에덴의 죄의 결과였다면, 이러한 다원성은 바벨의 반란이 준 유산이고 인간의 노력으로 하나님에게 올라가려는 시도이다. 전통적인 복음주의 사고에 따르면, 언어의 혼잡은 번역을 필요하게 하는 하나의 형벌로서, 해석의 필요성과 긴밀하게 연결되어 있다.[113] 해석이 타락과 연결되어 있고 비정상적인 상태인 것 같이, 다원성의 "기원들"은 죄스러운 반란이라는 배경 속에 있다. 따라서 린트와 일반적으로 복음주의자들은 다원주의적 틀을 경멸한다.

그러나 바벨 이야기를 또 다른 식으로 읽으면, 통일성은 원죄의 결과였고 폭력의 원인이 되었다는 사실과, 야훼 하나님이 언어를 잡다하게 하심으로서 이 통일성을 막고, 다원성을 **회복**하셨다는 사실을 보게 될 것이다. **통일성**이라는 명분 아래 압제의 폭력적 이야기로 끝이 날 이야기에 하나님이 개입하셨던 동기는 바로 피조 세계에 다양성이 **결여되었**

---

111) 린트는 포스트모던 신학을 논의하면서 (6장) 그 용어를 사용한다는 사실 하나만으로 이 신학적 흐름을 비난하는 식으로 글을 쓰고 있다. 그는 그의 독자들로부터 너무 많은 것을 가정하고 있다. 아니면 적어도 그의 독자들이 누구이고 포스트모던 신학에 대한 그들의 성향들에 대해서 알고 있다고 생각하고 있다.

112) 린트는 특히 해방신학과 여성 신학에 실망하고 있다.(FT 194-96)

113) 이 이야기에 대한 표준적인 복음주의적 주석에 대해서는 다음을 보라. John. J. Davis, *From Paradise to Prison: Studies in Genesis* (Grand Rapids. Mich.: Baker, 1975), 144-51.

기 때문이었다.[114] 이것은 바로 데리다가 그의 이해를 밝게 비춰주는 번역에 관한 글에서 지적한 것이다. 그것은 물론, 반드시 해석에 대한 것이다 이 글은 해석의 보편성과 통일성이 가진 폭력을 알려주고 있다.[115] 가령, **바벨**에 관해 말하자면, 이미 혼란이 있었다. 이것은 올바른 이름인가? 이것은 **혼잡**이라고 번역될 수 있는가? 아니면 이것은 오히려 볼테르가 제시하는 대로 하나님의 도시, 아버지의 도시인가? 여기서, 항상 그리고 이미, 혼잡에 대한 혼잡이 존재한다. 여기서 모든 번역을 앞지르는 해석학적 결단이 있다.TB 245 [116] 심지어 더 나아가, 사람들이 벽돌을 돌로 타르를 시멘트로 사용했을 때, 이미 해석학적 공간, 해석의 장이 지나가고 있다. 데리다는 관찰하기를 "그것은 이미 번역과 비슷하고, 번역에 대한 번역과 비슷하다."TA 247

데리다는 로만 야콥슨Roman Jakobson의 "번역의 언어학적 측면들에 대해서"[117]라는 글을 논하면서 이점을 강조하고 있다. 이것은 미묘하게 린트의 틀과 유사한 틀을 제공한다. 그 글에서 야콥슨은 세 가지 종류의 번역을 구별한다.

- □ **언어 내부적 번역**으로 이것은 언어학적 기호를 같은 언어의 다른 기호를 수단으로 해석한다.
- □ **언어 상호간 번역**으로 다른 언어를 수단으로 해석한다.
- □ **상호 기호적 번역**으로, 언어학적 기호를 비언어학적 기호로 해석한다.

---

114) 하나님은 말씀하시기를 "이 무리가 한 족속이요 언어도 하나이므로 이같이 시작하였으니 이후로는 그 경영하는 일을 금지할 수 없으리로다. 자, 우리가 내려가서 거기서 그들의 언어를 혼잡케 하여 그들로 서로 알아듣지 못하게 하자 하시고"(창 11장 6절~7절).

115) 비슷한 읽기로는 다음을 보라, Miroslav Volf, *Exclusion and Embrace* (Nashville: Abingdon, 1996), 226–31. 『배제와 포용』(IVP, 2012).

116) Jacques Derrida, "Des Tours de Babel," in *A Derrida Reader: Between the Blind*, trans. Joseph F. Graham, ed. Peggy Kamuf (New York: Columbia University Press, 1991), 245.(여기서부터 TB로 축약)

117) R.A.Brower, ed., *On Translation* (Cambridge, Mass.: Havard University Press, 1959), 232–39.

야콥슨은 계속해서 첫 번째와 세 번째 종류의 번역을 번역한다. 언어 상호적 번역은 "되풀이해서 말하기"로 기술되고, 상호 기호적 번역은 "변성"transmutation으로 기술된다. 그러나 두 번째, 언어 상호간 번역은 그러한 "정의적 해석"으로 주어지지 않는다. 그것은 순전히 그리고 분명하게 "올바른 번역translation proper"이다. 데리다가 밝혀내고 있는 것처럼,

> "올바른" 번역의 경우에서, 일상적인 의미에서의 번역, 언어 상호간, 바빌론 이후의 의미로, 야콥슨은 번역하지 않는다. 그는 같은 말을 다음과 같이 반복한다. "상호 언어적 번역이나 올바른 번역." 그는 번역하는 것이 필요하지 않다고 가정한다. 모든 사람은 그것이 의미하는 바를 이해한다. 왜냐하면, 모든 사람이 그것을 경험해 왔고, 모든 사람이 한 언어가 무엇인지, 한 언어와 다른 언어 사이의 관계, 그리고 사실상 언어의 동일성과 차이를 알고 있다고 기대된다. 만일 바벨이 손상시키지 않았을 투명성이 존재한다면, 언어의 잡다성을 있는 그대로 경험하게 되고, **번역이라는** 단어의 그 '올바른' 의미를 갖게 된다.TB 252

야콥슨은 "우리가 결국에는 엄밀하게 언어의 통일성과 동일성을 그리는 법과 그것의 결정 가능한 한계를 규정하는 법을 알 수 있다고 전제한다."TB 252 그러나 바벨 이야기에 의해서 문제가 되는 것이 바로 이 "규정", 이 언어의 한계에 대한 해석이다. "'바벨'을 발음하면서 우리가 이 이름이 단순히 **한** 언어에 속한 것인지 아닌 지를 결정하는 것이 불가능하다는 것을 감지한다."252-53 이것이 바로 내가 해석의 편재성이라고 기술하고 있는, 모든 결정과 규정에 앞서는 이러한 미결정성이다. 야콥슨과 린트는 이것, 즉 "바벨이 손상시키지 않았을 투명성"을 피하는, 그리고 해석이 **없는** 순수한 읽기를 제공하는 독서가 있다고 가정한다. 그러

나 데리다가 지적해왔고 내가 이 장에서 증명하고자 시도해 왔듯이, 그러한 직접성의 자취는 불가능할뿐더러 위험한 것이다.

이러한 직접성과 통일성의 위험이야말로 야훼가 "한 언어"나 일자一著의 언어를 말하지 않는 다른 사람들을 대신해서 개입하는 계기가 된 것이다. 데리다는 말하기를, 통일성의 이름으로 우리는 그러한 큰 도식에 제대로 들어맞지 않는 특수자들을 배제시키고 그들을 주변부로 몰아내는 가장 끔찍한 보편자와 대면한다.

> "자신들의 이름을 내려고 하면서" 동시에 보편적 언어의 유일한 계보를 세우기를 추구하면서, 셈족들은 세계를 이성으로 데려가기를 원하고, 이 이성은 동시에 식민적 폭력이면서왜냐하면, 그들은 자신들의 이디엄을 보편화시킬 것이기 때문이다 그리고 인류 공동체의 평화로운 투명성을 의미할 수 있다.TB 253

따라서 야훼는 결국 다원주의자고 할 수 있다. 그는 다양성과 타인의 복수성을 편든다. 그리고 그것이 바로 창조가 다원적 개념이고, 왜 창조적 해석학이 이 다양성을 원죄가 아니라, 오히려 원초적인 선으로 가치 있게 여기는지에 대한 이유이다. 나아가, 창조-성령 해석학creational-pneumatic hermeneutic으로서 나의 모델은 언어의 다수성을 바벨적인 죄와 관련시킬 뿐 아니라, 또 오순절의 경험과도 연결시킨다. 왜냐하면, 오순절 성령 강림 시에 야훼의 성령pneuma은 탑 건설을 시작했던 통일성의 추구와 정면으로 대립되는 창조의 다양성과 바벨론 이후의 시대를 긍정한다.사도행전 2:1-12 그것은 독백주의에서 분리된 진리에 대한 이해의 문을 열어준다. 그리고 하나님의 왕국으로부터 배제되어왔던 사람들에게 문을 열어준다. 말하자면, 해석이 다르다는 이유로 배제되던 사람들 말이다.

창조 때에 진리는 다원적이었다.

이 장에서 나는 두 가지 대표적인 복음주의적 해석에 대한 해석에서 설명되는 해석학과 타락 사이의 함축적 관계를 그려보려고 시도했다. 그들의 이론들에 차이가 있음에도, 코이비스토와 린트는 모두 적어도 몇 가지 점에서 직접성의 모델을 제시하고 있다. 린트에게 성경은 해석과 별개로 읽혀질 수 있고, 따라서 우리 해석들을 위한 표준으로서 기능할 수 있다. 나아가, 해석학의 조건들 전통, 문화, 역사와 같은 해석학의 조건들은 왜곡, 장벽 그리고 타락의 결과로 해석된다.

그러나 만일내가 곧 논증하겠지만 인간이 된다는 것이 반드시 특정 환경에 위치해 있다는 것을 의미한다면 인간은 문화와 역사의 일부로서 한 전통에 속해있다. 그래서 이 조건은 인간 존재의 불가피한 측면이다. 더 구체적으로 해석학은 유한한 존재로서의 세계–내內–존재Being-in-the-world인 인간의 구성적 요소로 볼 수 있다. 이런 입장은 복음주의의 직접성의 꿈과 직접적인 대조를 이룬다. 그러나 나아가, 만일 전통성이 인간의 근본적이고 불가피한 요소라면, 그리고 그것이 있는 그대로 하나님에 의해서 창조된 것이라면, 그러한 조건들을 장애와 왜곡으로 해석하는 것은 인간이 창조된 방식의 가치를 부정하는 것이다. 다시 말해, 그것이 하나님에 의해 창조된 것이라면 원초적으로 선한 것이라고 간주되어야 한다는 것이다.[118] 그렇다면 해석학이란 에덴 이후의 무대에 등장한 타락 이후의 저주가 아니라, 에덴에서도 역시 발견되는 창조의 원리적 선함 일부라고 할 수 있다.

---

118) 여기서 주장을 명료하게 할 주석이 필요하다. 나는 해석에 대한 부서진 세계의 영향을 부인하는 것이다. 즉, 타락한 피조계에는 왜곡과 실망 그리고 뼈아픈 오해가 존재한다. 하지만, 여기서 나의 요점은 만일 해석학이 인간의 피조됨을 구성하는 것이라면(즉, 하나님의 창조의 한 측면이라면) 그리고 만일 우리가 하나님에게서 나오는 피조계의 근원적 선함을 믿는다면(나는 린트와 코이비스토도 그러할 것이라고 확신한다), 그렇다면 해석과 오해의 계기를 주는 상황은 반드시 "선해야" 한다.

2장 희미한 거울을 지나

오, 복된 허물이여, 그대가 너무도 위대한 구속을 가져왔다!

O felix culpa, quae talem ac tantum meruit habere redemptorem!

−고대 라틴 찬송−

원초적인 직접적 소통에 대한 향수는 많은 복음주의 해석학 이론들을 자극하고 있다. 그러나 원초적인 직접적 소통이라는 것은 결코 존재하지 않고, 그래서 그것을 찾는 사람들은 결국 찾지 못하는 인식론적으로 헛된 시도라는 것이 밝혀지고 있다. 그러나 그러한 순수하고, 해석되지 않는 읽기는 복음주의적 맥락에서 전형적이긴 하지만, 직접적 소통에 대한 소망은 철학적 해석학 분야에서 분명 비복음적이고, 세련된 많은 논의 가운데서도 영향력을 잃지 않고 있다. 특히 빌헬름 딜타이Wilhelm Dilthey에게서 발전되어 마르틴 하이데거Martin Heidegger [119]에게서 "역사성"으로 변형된 역사주의의 도래는 금세기를 통해 모든 논의에 영향을 미쳐

---

119) 하이데거의 기획에 있어 빌헬름 딜타이의 중요성에 대해서는 다음을 보라. Martin Heidegger, "Wilhelm Diltheys Forschungsarbeit und der gegenwärtig Kampf um eine historische Weltanschauung: 10 Vortrage, " *Dilthey-Jahrbuch* 8 (1992−1993): 143−77. 역시 다음을 보라. Theodore Kisiel's commentary in "A Philosophical Postscript: On the Genesis of 'Sein und Zeit,' *Dilthey-Jahrbuch* 8 (1992−1993): 226−32. 그리고 *The Genesis of Heidegger's Being and Time* (Berkeley: University of California Press, 1933), 315−61에서 "The Dilthey Draft"에서 그의 날카로운 관찰을 보라.

왔다. 이는 일반적으로 실재론의 흔적을 남기거나 아니면 적어도 이후의 사상가들에게 역사, 전통 그리고 맥락이 앎의 활동에 미치는 영향을 더욱 주목하도록 했다. 또한 하이데거에 의해서 강조된 대로 인간 존재의 상황성과 지역성은 세계-내內-존재의 관점주의perspectivalism를 밝혀왔다. 간단히, 인생은 해석학적이고 우리는 해석에 의해 살며, 이런 조건은 인간 존재의 피할 수 없는 측면이라는 것을 강조하는 것이다.

이처럼 이 장에서 언급된 인물들볼프하르트 판넨베르크, 한스 게오르그 가다머, 위르겐 하버마스은 코이비스토 또는 린트에서 나타나는 즉각적 또는 순수한 읽기를 주장하지 않는다.1장을 보라 그들은 모두 존재의 유한성, 인간 존재의 유한성을 바탕으로 인간 지식의 임시성과 한계를 강조한다. 그러나 내가 증명하려고 하는 것처럼, 그들의 사고 안에서는 매개되지 않은 것에 대한, 해석으로부터 동떨어진 읽기에 대한 잠재적인 경향이 남아 있다. 그러나 그들은 세계-내內-존재의 조건들을 인정하고 존중하기 때문에, 이 직접성을 미래의 해석학적 에덴동산을 회복시킬 미래적 종말에 투사한다. 다시 말해서, 그들은 인간의 앎의 활동이 제약되어 있음을 존중하고, 동시에 이러한 상황의 구속을 극복할 하나의 "지식"을 던지는 것을 계속한다.

물론 이것은, 바로 바울의 사상이다. 또는 적어도 그 전통이 주장하는 한 사상이다. "우리가 이제는 거울로 보는 것같이 희미하나 그 때에는 얼굴과 얼굴을 대하여 볼 것이요 이제는 내가 부분적으로 아나 그 때에는 주께서 나를 아신 것같이 내가 온전히 알리라."고전 13:12, 개역 한글판 언젠가, 그들은 우리에게 말할 것이다. 우리는 매개 없이 지평의 융합 안에서 얼굴과 얼굴을 맞대고 보게 될 것이다. 그리고 우리는 더 이상 해석이 필요 없을 것이다. 해석학의 저주는 해석이 추방되는 해석학적 천국에서 없어질 것이다. 그들은 바울의 "지금"을 유한성의 존재론적 지위로 정의

한다. 이제, 피조물이 되는 것과 이 세상에 사는 것은 어두움 가운데서 보는 것이다. 그러나 그때, 미래에는, 우리는 더 이상 어둠 가운데서 보지 않을 것이다. 우리는 얼굴을 맞대고 보게 될 것이다. 이 상황은 일종의 즉각적인 이해의 일종으로 이해될 수 있다.[120]

이처럼 판넨베르크, 가다머, 하버마스의 저술에서, 우리는 내가 종말론적 직접성 모델eschatological immediacy model로 기술한 것을 설명하게 될 것이다. 존 카퓨토는 조셉 마골리스를 따라서 가다머의 철학적 해석학을 '붙박이장 본질주의'라고 기술하며 같은 틀을 지적하고 있다. '붙박이장'이라고 한 것은 가다머에게 역사와 변화, 시간과 생성becoming에 대한 이야기들이 과감하게 전면에 드러나기 때문이다. 그러나 이 모델은 여전히 '본질주의적'이다. 왜냐하면, 가다머는 진리라는 것을 영구적 본질을 찾는 신학의 한 단면으로 말하기 때문이다.[121] 결국, 가다머의 해석학은 종말에, 역사의 완성에 가서, 토대주의[122]의 한 형태인 은밀한 직접적 소통을 주장한다는 것이 드러난다.

그러나 가다머의 해석학은 덜 해로운데, 왜냐하면, 그것은 역사와 유한성의 요구에 가장 잘 적응하고 노골적인 선험주의와는 거리를 두기 때문이다. 이 사상은 전통이 본질ousia과 선agathon을 동시에 가지고 있음을 의미하는 진리에 대한 깊은 이론이다. 그 전통이 의미하는 것은 무엇인가? 하나의 전통? 모든 전통? 많은 전통이나 그 전통 안에

---

120) 이 단락에서 나는 다른 용어를 제시하고 싶다. 내가 들은 바대로, 지금 우리는 우리의 유한성 때문이 아니라 우리의 타락으로 인해서 희미하게 보고 있다. "얼굴과 얼굴을 맞대어" 보는 것은 해석학을 없앤다는 약속을 하고 있는 것이 아니다. 왜냐하면, 얼굴과 얼굴을 맞대는 관계조차도 해석학의 공간을 가로질러 일어나기 때문이다.

121) John D. Caputo, "Gadamer's Closet Essentialism: A Derridean Critique," in *Dialogue and Deconstruction: The Gadamer-Derrida Encounter*, ed. Diane P.Michelfelder and Richard Palmer (Albany, N. Y.: SUNY Press, 1989), 259.

122) [역주] 토대주의(foundationalism)이란 지식의 확고한 토대를 바탕으로 세워진 인식이론이다.

서 많은 전통이 있으면 어떻겠는가?[123)]

코이비스토와 판넨베르크 또는 린트와 가다머 사이의 차이는 단순히 이 신화적인 직접성이 회복되는 **시점**의 불일치로, 사실상 근본적으로 다른 것은 아니다. 복음주의자들은 일종의 실현된 종말론을 고수하는데, 그것은 우리가 당장 인간의 상황 밖으로 나가, 역사와 유한성의 조건을 뛰어 넘을 수 있다는 것이다. 판넨베르크, 가다머 그리고 하버마스는 더욱 미묘한 차이를 보이는 읽기를 하고 있다. 그 읽기에 따르면 유한성이라는 조건은 정확하게 유한성을 극복할 가능성을 위한 조건들이다. 이들이 가진 틀은 항상 "둘 모두both/and"의 접근법이다. 즉, 이들은 유한성을 인정하면서도, 그것을 극복하고자 한다. 따라서 이들의 모델에서는 유한성이라는 조건과 그것의 극복이 동시적으로 일어난다. 한편으로 이러한 입장은 중대한 양보지만, 다른 한편으로는 더 위험한 발상이다. 또 이 모델은 인간됨의 가치를 절하시키고 일종의 타락 상태로서 인간의 존재의 유한성을 해석하는 것, 즉 반드시 극복되어야 하는 장애로 간주하는 결과를 초래한다.

피조물의 타락됨: 판넨베르크

볼프하르트 판넨베르크는 20세기 후반의 신학적 거인 중 한 사람이다. 이것은 부정할 수 없는 사실이다. 하지만, 나는 판넨베르크가 가진 미래와 종말론적 구속에 대한 견해, 그리고 그가 생각하는 영원 속에서의 인간의 위치 그리고 영원에 대한 그의 입장이 염려스럽다. 나의 관심사는 이 거인이 너무 거인이 되어 무한한 지점에까지 측정할 수 없을 정도로

---

123) Ibid., 258.

거대해지는 것이다. 판넨베르크의 미래에서 인류는 인간보다 더 큰 기가Gigas 종족이 되도록 되어 있다. 유한성을 넘어선 인간은 더 이상 인간이 아닐만큼 "그들의 유한성을 넘어서"[124] 무한해 질 것이다. 물론, 나는 그를 잘못 읽었다. 판넨베르크는 시간이 완성되었을 때, 피조물이 하나님께 참여하는 것이 결코 "하나님과 피조물 사이의 구분을 철폐하는"ST 2:33것이 아님을 끈질기게 강조한다. 그러나 나는 이 장에서 만일 실제로 그것이 유한성이라면 그것은 매우 이상한 유한성이라는 사실을 주장할 것이다. 즉, 유한성을 넘어서는 유한성 그리고 시간에 대한 시간적 경험을 회피하는 유한성이다. 그것은 무한한 유한성이다. 즉, 거인들의 유한성이다. 결국 세계는 거인들끼리의 싸움으로 끝나게 될 것이다.[125]

판넨베르크에게 유한성 자체는 타락에 속한 어떤 것, 곧 허물이다. 그러나 그것은 행복한 허물이다. 왜냐하면, 그것이 구속을 위한 유일한 수단이기 때문이다. 인간 존재에 대한 이러한 그림은 인류가 항상, 그리고 이미 타락해 있고, 유한하며 구속을 필요로 하는 존재인 이상, 피조물의 가치를 폄하하는 결과를 가져온다. 다시 말해서, 피조물은 구속의 첫 번째 계기이고 인간이 하나님의 신성에 참여하도록 하는 과정의 시작이라는 것이다.ST 2:33. 176 나아가 판넨베르크의 그림은 악을 하나님과 교제하고 있는 피조물의 궁극 목적을 달성하기 위해 필수적인 것으로 삼게 된다. "이 목표는 단지 인간의 무대에서만 완성된다. 그리고 그곳에서 직접적으로가 아니라 하나님을 향한 인간의 배반과 그 모든 결과가 극복되어

---

124) Wolfhart Pannenberg, *Systematic Theology*, vols. 1 and 2, trans. Geoffrey W. Bromiley (Grand Rapids: Eerdmans, 1991 and 1994), 2: 174.

125) 나의 판넨베르크 읽기에 대한 반응으로는 다음을 보라. Benjamin Meyers, "The Difference Totality Makes: Reconsidering Pannenberg's Eschatological Ontology," *Neue Zeitschrift für systematische Theologie und Religionsphilosophie* 49 (2007): 141–55. Meyer가 합당한 제한 사항들을 제기했지만, 내가 인용한 부분에 대해서 그가 적절하게 반응했는지 확신할 수 없다. 이 구절들은 그의 반응 속에서 해명되어야 한다. 내 해석과 일치하는 최근의 독해에 관해서는 다음을 보라. John McClean, "A Search for the Body: Is There Space for Christ's Body in Pannenberg's Eschatology?," *International Journal of Systematic Theology* 13 (2011): 1–18.

지는 역사의 결과로서 나타날 뿐이다."ST 2: 73 왜냐하면, 인간의 유한성을 "결여"로 생각되기 때문에, 판넨베르크는 종말의 완성과 관련된 인류의 미래에 대한 논의할 때, 인간 존재의 목적이 인간의 존재를 극복하고, 유한성을 넘어서 "자연적 세계와 심지어 우리가 존재하는 사회적 관계를 넘어서까지 높여져야만 한다"ST:2-176라고 제시함으로서 인간의 삶을 깎아내리는 것이다. 따라서 이처럼 창조된 인간은 구속이 필요하다. 그래서 구속은 인간 존재의 유한성을 넘어서는 것으로만 성취될 수 있다. 구속이란 회복이 아니라 완성이다.

그러나 우리는 판넨베르크에 대한 이러한 비난을 반드시 계속 무마시켜가야 한다. 다시 말해 우리는 너무 성급하게 경찰을 불러서는 안 된다. 왜냐하면, 그는 틀림없이 알리바이를 가지고 있고, 철통같은 체계가 그를 이해하기 어렵게 만들기 때문이다. 제임스 올수이스와 브라이언 왈쉬는 이 틀을 판넨베르크의 모순된 일원론이라고 말한 바 있다.[126] 모순된 일원론이란, 즉 반대되는 것들이 일치를 이루는 것, 즉 차이라는 이름으로 차이를 집어 삼키는 체계를 말한다. 여기에는 두 가지 동시적인 운동이 있다. 한 운동은 차별화이고, 다른 운동은 일치이다. 이처럼 "유한한 것과 무한한 것, 시간적인 것과 영원한 것, 존재와 본질은 상호 배타적인 동시에 상호 보완적이다. 그리고 영원성과 일체성은 시간성과 다양화라는 그것들과 반대되는 방향을 인정하고 동시에 부정한다."[127] 따라서 판넨베르크는 유한성을 소중하게 생각하면서도, 동시에 그것을 폄하하고

---

126) 그들의 범주는 화란의 철학자 D.H.Th. Vollenhoven(이전에 암스테르담의 자유대학에 있었던)이 확인한 철학사의 전통에서 나온다. 이에 대한 가장 체계적인 설명으로는 다음을 보라. James H. Olthuis, *Models of Humankind in Theology and Psychology*, rev. ed. (Toronto: Institute for Christian Studies, 1990), 46–49. 역시 다음을 보라. Brian J. Walsh, *Futurity and Creation: Explorations in the Eschatological Theology of Wolfhart Pannenberg* (Toronto: AACS, 1979) 그리고 같은 저자의 "Pannenberg's Eschatological Ontology," *Christian Scholar's Review* 11 (1982): 229–49. 그리고 올시우스의 "God as True Infinite: Concerns About Wolfhart Pannenberg's Systematic Theology, Vol 1," *Calvin Theological Journal* 27 (1992): 318–25.

127) Olthuis, "God as True Infinite," 321.

있다. 즉, 유한성이라는 것은 필요악이라는 것이다. 그것은 "필요하다." 왜냐하면, 그것이 참된 무한을 향해 가는 유일한 길이기 때문이다. 하지만, 그것은 "악"이다. 왜냐하면, 그것은 결국 극복되어질 것이기 때문이다. 판넨베르크의 저작 전체를 통해서 우리는 그의 이론이 비판을 넘어서도록 만들어 놓은 두 가지 체계를 만나게 된다.

그러나 결국 최종적인 해결, 마지막 화해, "역사의 종말"을 성취시켜 종결짓는 **지양**止揚, Aufhebung이 있는 것 같다. 올수이스와 왈쉬의 "모순된 일원론"과 카퓨토의 "붙박이장 본질주의"를 비교하는 것이 매우 유용할 것 같다. 나는 둘 모두가 같은 틀을 지향하고 있다는 사실을 지적할 것이다. 가다머에 대한 카퓨토의 평가와 판넨베르크에 대한 올수이스의 평가는 매우 유사하다.

> 토대주의에 대한 오늘날의 철학적 비판들을 무시하거나, 그 비판들을 최소한도로 고려하는 진정한 보편적 이성의 토대주의적 개념을 가지고 있는 것 같다. 그가 단순한 토대주의자는 아니라는 것은 옳다. 그는 진리의 문제는 열려있는 것이고, 진리에 대한 우리의 이해는 늘 **종말 때까지** 임시적이라는 것을 주장할 뿐 아니라, 신학은 하나님의 위엄으로 시작하고 끝을 맺어야 한다고 주장한다.[128]

겉으로 드러나기로는, 임시성, 역사 그리고 변화에 대한 언급이 많지만, 결국은 하나님의 본질이 궁극적으로, 최종적으로 계시될 것이다.[129] 올수이스는 "역사의 마지막에 가면, 숨어 있는 조화가 모순들 안에서 그리고 모순들을 가로질러서 계시될 것이다"[130]라고 말한다. 종말에 시간이

---

128) Ibid., 320 (강조는 추가).
129) 카퓨토와 비교하라. "Gadamer's Closet Essentialism," 259.
130) Olthuis, "God as True Infinite," 321.

더 이상 존재하지 않게 될 때 피조물에서 발견되는 다양성과 잡다성이라는 악을 극복하는 통일성이 존재할 것이다.

이 "종말"은 직선적으로 역사적이거나 연대기적인 것이 아니라 오히려 카이로스적kairological이다. 하지만, 그의 틀은 유한성이 초월되고, 해석이 극복되고 역사의 조건들이 극복되는 한 순간을 여전히 상정하고 있다. 따라서 내가 이 모델을 종말론적 직접성 모델이라고 기술하지만, 종말이 연대기적으로 단순한 미래는 아니라는 사실을 강조해야만 한다. 어떤 의미에서 미래는 지양止揚, Aufhebung의 순간에 현존한다. 그리고 판넨베르크가 "미래"라고 기술한 바로 그 순간에, 해석학의 조건들이 극복된다.[131] 그는 이런 일이 일어나는 구체적인 역사적 "시기"를 상정하지 않고, 지양이 실행되는 비시간적인 순간을 가정하고 있다.

그런데 판넨베르크를 분석하고 비판하는데 있어서 속도를 늦추는 것이 필요하다. 나의 몇몇 비판들은 그가 하고 있는 명백한 진술을 잘못 읽고 있거나 부정하는 듯이 보일 것이다. 그러나 판넨베르크의 모순되는 일원론이나 붙박이장 본질주의 때문에, 우리가 그의 해석에 대한 이해를 알아보기 위해서 미래를 살펴보는 것이 반드시 필요하다. 우리는 종말까지는 경찰을 호출할 수 없다. 나는 우선 판넨베르크의 창조와 인간성에 대한 이해를 분석함으로써 이러한 점들에 대한 증명을 시도할 것이다. 이 주제는 그의 체계 안에서 악에 대한 논의로 우리를 인도한다. 이것은 그의 인식론과 해석학에 대해 이러한 점이 함축하는 바를 보여줄 것이다. 나는 비판과 대안적 제안으로 마무리를 할 것이다.

---

131) 나는 제임스 올시우스와 볼프하르트 판넨베르크에게 있어 카이로스적 미래를 알게 되는 데 도움을 준 여러 번의 대화에 대해 그에게 감사드린다.

낙원에서의 곤경

판넨베르크에게 있어, 우리가 기대하는 대로, 창조 자체는 미래를 지향하는데, 그것은 유한한 존재는 미래의 완성, 즉 "그들의 유한성을 뛰어 넘는 미래"ST 2: 7를 "향해 있는" 시간적 순서의 연쇄 가운데 존재하기 때문이다. 그는 주장하기를 "창조와 종말론은 함께 묶여져 있다. 왜냐하면, 피조물의 운명, 특히 피조물인 인간이 완성에 이르게 되는 것은 바로 종말론적 완성 안에만 있기 때문이다."ST 2: 139 하나님과의 교제 속에 들어가는 피조물의 운명은 에덴에서 누릴 수 없었지만 종말에 가서는 이루어질 교제로 남아 있다. 따라서 두 번째 아담은 깨어진 관계를 회복시키는 것이 아니라, 말하자면 "태초에" 결여되었던 관계를 **완성시킨다.**[132] 창조 상태와 창조의 행위로부터 창조자가 그것에 설정한 목표 사이의 모순이 있다. 따라서 피조물의 신음과 고통은 이 모순의 종말까지 유지된다.ST 2: 137

그래서 창조 자체는 결여 상태에 있고, 그 결여는 오직 미래에 가서만 회복될 수 있다. 그러나 피조된 것으로서의 창조물은 구속을 필요로 한다. 부가나 완성을 필요로 하는 피조물에게 타락됨이 존재한다. 판넨베르크가 영원과 시간의 관계에 대해서 플로티누스를 긍정하며 자주 인용하는 것은 결코 놀라운 일이 아니다.[133] 그와 비슷한 전례들이 판넨베르크가 속한 전통, 특히 루터에게 나타난다.[134] 그러나 뭔가 부족함이 있는

---

132) 이 점에 대해서 판넨베르크가 선호하는 "증거 본문"(그는 이 본문에 대해 결코 주석을 하지 않고 있다) 고린도전서 15장 45절~58절이다. Olthuis 와 Walsh는 판넨베르크가 성경 본문의 네러티브를 무시한 채 본문을 따로 떼어내어 사용하고 있다고 비판한다. 다음을 보라. Brian J. Walsh, "Introduction to 'Pannenberg's Systematic Theology, Vol 1.1. A Symposium,'" *Calvin Theological Journal* 27 (1992): 306.

133) ST 1: 222~27, 408~10 ; 2:92~94. Wolfhart Pannenberg, *Metaphysics and the Idea of God*, trans. Philip Clayton (Grand Rapids: Eerdmans, 1990), 76~79.(여기서부터 MIG 로 축약)

134) John van Buren은 젊은 하이데거에게서 타락됨의 주장을 논하면서(이것은 오히려 판넨베르크처럼 플로티누스적이다) 인간 존재의 "결여"와 관련된 유사한 개념들이 루터의 로마서 주석과 창세기 주석에서 발견된다고 적고 있다. 다음을 보아라. van Buren, "Martin Heidegger, Martin Luther", in *Reading Heidegger from the start: Essays in His Earliest Thought*, ed. Theodore Kisiel and John van Buren (Albany, N. Y.: SUNY Press, 1994), 169~70. 이 주제는

"선한" 창조물에 대해 말하는 것이 가능한가? 판넨베르크는 두 개념이 동시에 공존할 수 없는 그의 신학의 방향에 대해 긍정적으로 답변하고 싶을 것이다. 그는 창조가 완전완벽하기 때문에 선하다고 주장하거나, 아니면 피조물은 결여 상태에 있지만, 이 상태가 보완될 것이라고 주장해야 할 것이다. 이런 식의 주장은 창조의 원래 지위를 격하시키는 것이 된다.[135]

판넨베르크의 체계는 후자의 방향에 머리를 두고 있다. 가령 이것은 인간의 유한성과 시간에 대한 그의 논의에서 드러난다. 창조된 인간 존재는 유한한 피조물이다. 그리고 유한한 존재로서, 그들은 시간을 사건의 연속으로서 경험한다.[MIG 87-88] 그러나 "그의 왕국에서 역사에 대한 하나님의 계획과 함께, 시간 자체는 끝이 날 것이다." 그리고 "하나님은 과거와 현재 그리고 미래의 구분을 극복할 것이다." 이러한 구분은 영원과 구별되는 우주적 시간의 한 특징이다.[ST 2: 95] 이 두 가지 사상을 나란히 놓

3장에서 더 살펴볼 것이다.

[135] 이제 나는 이 점에 있어서 약간의 뉘앙스의 여지가 있다는 것을 인정하고 싶다. 적어도 창조가 꽃피는 것으로서 "미래를" 보는 두 가지 방식이 있다. 다시 말해서, 창조와 종말 사이에 본질적인 연결을 긍정하는 두 가지 방식이 존재한다. 한 모델에서는 **창조로서의 창조**는 일종의 **결여**, 즉 근원적인 깨어짐으로 구성되어, 창조라는 것은 처음부터 구속을 필요로 한다. 그러나 두 번째 모델에서는 원래 선한 창조물도 근원적으로 선하지만 아직 완전히 발전되지 않는 창조물의 잠재적인 가능성이 "벗겨지고" 펼쳐질 것을 유도하고, 요구한다. 이 두 번째 모델에서는, 창조물은 원래적 깨어짐 뿐 아니라, 원래적 결여를 특징으로 한 것이 아니라, 잉태를 기다리는 출산을 위한 잠재력으로 특징지어 진다. 이 그림에서, 역사와 미래는 역시 창조물과 관련해서 선한 것들이고, 창조물의 종말론적 완성은 그 원래 모습의 단순한 회복 이상이다. 그래서(내가 초판에서 제시 했을지 모르는 어떤 것과 달리), 종말은 원래 모습의 회복인지 아니면 미완의 창조의 완성인지의 문제가 아니다. 이는 마치 "완성"에 대한 모든 이야기가 원초적인 타락의 개념을 나타나고 있는 것처럼 말이다. 그러기 보다는 "완성"이 근본적으로 그리고 반드시 타락 때문에 원래적으로 결여된 것에서의 구속인지 아닌지, 또, 원래적으로 선한 창조가 완전히 벗겨져 발전한 것이라는 의미로의 "완성"인지 아닌지의 문제다. 나는 여전히 판넨베르크의 설명이 종말론적 "완성"을 본질적이라고 본다고 생각한다. 왜냐하면, 그는 원래적 결여, 부재, 타락됨을 설정하고 있기 때문이다. 그러나 역시 나는(Kuyper에서 나온 어떤 흐름에 반대해서) Herman Bavinck에게 동의하는데, 그에게 종말은 원래적, 선한 창조의 단순한 회복 이상이다. 달리 말해, Bavinck는 역사와 종말론적 완성은 창조물에 본질적이고, 종말은 **타락이 일어나지 않았더라도** 원래적인 선함 이상의 것이라고 주장한다. 이 점에 관한 유용한 논의로는 다음을 보라. 나는 이 논의에 빚을 지고 있다. John Stanley, "Restoration and Renewal: The Nature of Grace in the Theology of Herman Bavinck," *Kuyper Center Review*, vol 2, *Revelation and Common Grace*, ed. John Bowlin (Grand Rapids: Eerdmans, 2011), 81–104.

으면서, 판넨베르크는 다음과 같이 반드시 물어야만 한다. 시간은 항상 역시 피조물의 유한성과 관련을 맺고 있는가? 다시 말하자면, 어떻게 과거, 현재, 미래의 연속적인 사건들로서 시간을 경험하는 시간적 존재인 유한한 피조물로서의 인간 존재는 시간의 마지막인 영원 안에서 존재하면서도 피조물이고 유한하게 남아 있는가? 그는 종말론적 완성의 관점에서 다음과 같이 답변한다.

> 우리는 우주적 시간에서 일어나는 구분들이 사라지는 것을 기대하지 않고, 피조물이 하나님의 영원성 속에 참여할 때 이 분리됨이 끝나게 될 것을 기대한다. **따라서 시간의 연속 가운데서 생의 순간들의 구분은 있는 그 자체로 유한성의 조건들 중 하나가 아니다.** 피조물의 유한성, 하나님과 그들의 구분은 종말론적 완성까지 계속될 것이다. 그러나 시간 속에서 인생의 순간들의 구분은 종말을 향해 가는 과정의 단계일 뿐이고, 이런 의미에서만 피조물적 존재의 유한성과 관계된다.ST 2: 95, 강조 추가

판넨베르크는 전형적 헤겔적 방식으로 유한한 케이크를 잡고서 그것을 무한히 먹고 싶어 한다.[136] 이처럼, 종말에서 인간은 판넨베르크가 주장하는 대로 유한하게 남아 있다.[137] 그러나 그들은 하나님이 시간을 경험하는 대로 구분 없이 시간을 경험하고 있다.[138] 그러나 우리는 이 시점

---

136) 헤겔의 이 "절대지"(SA=savoir absolue) 흡수적 성격은 데리다의 *Glas*(trans. John P. Leavey and Richard Rand, Lincoln: University of Nebraska Press, 1988)를 통해서 추적되고 있다.

137) 판넨베르크는 이 점에 있어서 매우 고집스럽다. 내가 생각하는 바로는 그는 그의 입장이 어디로 가야 하는지를 그가 의식하고 있기 때문에 계속해서 이 제한을 두고 있다고 생각한다. 그러나 나는 그의 부인(否認)들이 그 흐름을 중단할 수 없다고 주장한다.

138) "하나님의 영원성은 어떤 회고나 기대를 필요로 하지 않는다. 왜냐하면, 그것은 자체로엄격한 의미에서 모든 사건과 동시적이기 때문이다."(ST 2:91) 판넨베르크가 이 시간 경험을 편재성과 연결시키고 있다는 것을 주목해 보는 것은 다음의 논의에 있어 중요하다. 공간과 시간, 편재성과 영원 사이에는 중요한 연결이 존재한다.

에서 유한성의 본성을 고려해야만 한다. 유한성은 시간적인 그리고 공간적인 제한이다. 아니면 아마도 그것은 공간적 제약 안에 뿌리를 둔 시간적 제약이다. 나는 시간을 순서로 경험한다. 왜냐하면, 나는 상황에 얽매인 사람이기 때문이다. 나는 여기, 지금 있다. 판넨베르크가 주장하는 대로 만일 시간의 순차적 경험이 종말론적 완성으로 끝이 난다면, 우리의 공간성도 역시 "극복될 것인가?" 만일 그렇지 않다면그리고 만일 그렇다면 어떻게 우리는 피조물로 남아 있을 수 있을까? 어떻게 공간적으로 제약된즉 유한한 피조물이 시간을 계열이 아닌 다른 것으로 경험하는가? 즉, "시간의 순서에 의해서 이전과 이후의 구분으로서, 결국 현재는 계속해서 과거로 잠겨 들어가게 되는 것으로서" 경험하는가? 설사 이것이 카이로스적 끝이라 해도, 그것은 역시 인간 존재가 시간의 인간적 경험을 뛰어 넘는 순간을 지적하고 있다.

괜찮다면 나는 작은 사고 실험을 제시하고 싶다. 그것은 "세계의 소멸"139)에 기반한 것이 아니라 새 하늘과 땅에서 인생의 그림인 "세계의 완성"에 근거하고 있다. 판넨베르크의 설명에 따르면, 인간은 종말에 가서 과거, 현재, 미래를 구분하면서 유한한 존재로 남아 있다. 그렇다면 그들의 유한성을 구성하고 있는 것은 무엇인가? 만일 우리가 판넨베르크를 계속 따라간다면, "미래적" 유한성은 창조자 그리고 서로가 서로로부터 구분된다는데 있다.ST 9:95 그래서 적어도 우리 인간은 판넨베르크의 새로운 세계 안에서 공간적으로 제약된 존재들로 남아있게 된다. 우리는 종말에 가서 편재하는 존재가 되지 않는다. 그러나 그렇다고 한다면 지금 판넨베르크는 구속된 인류의 무시간성을 주장할 수 있는가?

철수를 생각해 보자. 그는 새로운 하늘과 땅을 차지하는 인간이다. 구

---

139) Edmund Husserl에서 처럼(*Ideas Pertaining to a Pure Phenomenology and to a Phenomenological Philosophy*, bk. 1 of *General Introduction to a Pure Phenomenology*, trans. F. Kersten (The Hague: Martinus Nijhoff, 1933), 109–12.

속된 피조물로서그리고 루터교인으로서 그는 판넨베르크가 약속해 왔고, "유한성을 초월한" 운명에 도달했다. 그러나 물론 여전히 그는 하나님은 아니다. 철수는 그의 구속된 자매 중 하나인 미숙과 이야기 했다. 그러나 언제 그는 그녀와 이야기 했는가? 방금 전에? 이 질문들은 공간적으로 제약된 존재들이 인간을 시간의 계열로 경험해야 한다는 현실을 보여주고 있지 않는가? 그 대화 자체를 생각해 보자. 각 단어를 말하는 것은 한 단어를 말하고 다른 단어를 다음에 말하는 것이 아닌가? 그러나 다시, 단어들이 이어지고 앞에 온다는 것은 시간을 연속적으로 경험하는 것 즉 과거, 현재 그리고 미래를 구분한다는 것을 가리키지 않는가? 실제로, 그것은 판넨베르크가 "우리 인간의 시간 경험"으로서 기술하는 것이 아니라 그가 영원에 의해서 극복되었다고 주장하는 시간의 경험이 아닌가?ST 2: 92 140) 이 시점에서 우리는 판넨베르크의 무無인간성 또는 초超인간성에 대해 얼핏 엿볼 수 있다. 나는 판넨베르크가 인간이 시간을 순서적으로 경험하고 정리한 것에 동의한다. 그러나 바로 그 때문에 우리의 시간에 대한 미래 경험이 그런 상태를 유지할 것이라고 주장해야 한다. 그렇지 않으면, 우리는 더 이상 하나님의 특별한 형상을 보유한 존재인 인간이 아니다.

인류의 미래에 관련한 판넨베르크의 이론은 필연적으로 인류의 기원에 대한 그의 이해와 상관관계가 있다. 창조자로부터 피조물이 독립함으로 인해, "와해의 경향"이 존재한다. 시간은 "피조물에 의한 독립의 달성에 대한 조건"ST 2: 92인 동시에 피조물이 가진 생명의 통일성을 와해시키는 것이다. 여기서 판넨베르크가 플로티누스에게서 생각을 빌려오고 있다는 것이 분명하다. 그는 다음과 같이 고백한다.

---

140) 그가 실제로 미래의 역사적인 완성을 설정하지 않고 일종의 카이로스적인 종말(지금 그리고 여기서)을 설정하고 있다 하더라도, 여전히 그의 이론은 유한성의 극복과 인간 존재의 초월을 강조하고 있다.

플로티누스에 따르면, 영혼이 생의 통일성을 잃어버리고 시간의 연속에 의해서 희생물이 되었다고 하더라도, 그것은 여전히 영혼과 관계를 맺고 있고, 따라서 끊임없는 추구 가운데 인생 전체와 관련을 맺고 있다. 그것을 끝없이 좇으면서 결국 잃어버린 전체성은 미래의 전체성으로서 다시 얻어지게 될 것이다.Enn.3.7.11 따라서 생의 완전한 전체로서의 영원이라는 것은 미래에 획득되는 충만함이라는 시각에서만 시간으로서 이해된다. 이것은 플로티누스에게 중요한 통찰이었다.ST 1:148

판넨베르크는 기독교 신학이 플로티누스의 분석을 채택할 수 있는 "기회를 놓쳤다"는 것을 애석해 하면서도 이어서 하이데거가 비록 신학적 관점이 아니라 인간학적 관점에서 그렇게 하기는 했지만 "이 통찰을 다시 포착한" 최초의 사람이라고 언급한다.[141] 판넨베르크의 기획은 이 잃어버린 기회를 다시 회복하는 것이다. 따라서 그는 인류의 창조가 결함을 가진 것이고 와해되어가는 통일체라고 이해한다. 인류는 시간성에 "희생물이 되었다." 따라서 "우리는 시간의 연속적인 순간 속에서 부분적으로만 통일성을 볼 수 있고, 그 통일성은 영원한 동시성 속에서 실현되고, 오직 미래로부터만 시간의 흐름 속에서 획득된다."ST 2: 102 완성과 총체성이 실현되는 미래를 강조하는 것은 피조물이 하나의 타락, 시간성과 유한성에 빠지는 것을 강조한 논리적 귀결이다.

원죄로서의 창조

만일 피조물이 하나님에게 미래적 참여를 획득하기 위해서 시간 가운

---

141) 위에서 주석 134에서 암시된 비교를 주목하라. 흥미롭게도, 하이데거는 1924년 7월 마부르크 신학회Marburg Theological Society에서 발표한 시간에 대한 몇 가지(플로티누스적인) 생각들을 발표했다. 거기서 하이데거는 시간은 "그 의미를 영원에서 찾기 때문에 철학자들이 아니라 신학자들이 시간에 대한 진정한 전문가들이다"라고 제안한다. 다음을 보라. Martin Heidegger, *The Concept of Time*, trans. William McNeill, German-English ed. (Oxford: Blackwell, 1992), 1.

데서 독립을 얻어야 한다면, 그리고 그 독립이 시간 안에서만 얻을 수 있다면, 또한 만일 시간이 생의 통일성을 저해하는 요인이라면, 창조는 판넨베르크의 도식 안에서는 인류의 운명에 대한 필요악이 된다. 비록 "하나님이 사악함과 악을 의도하지 않으셨지만" 그것들은 창조에 "동반되는 현상"이고 그 자체로 "피조물에 대한 그의 목적을 실현하는 조건들이다."ST 2: 167

내가 보는 대로, 창조에 대한 판넨베르크의 논의 전체에 걸쳐서 문제가 되는 것은 그가 **현재의 세계**와 **타락 이전의 세계** 사이의 차이를 구분하고 있지 않다는 사실이다. 가령, 문제되는 주석에서, 그는 말하기를 "창조 기사에 따르면, 인류의 역사적 양식과 경험은 창조자가 거기에 부여한 선함을 분명하게 보여주고 있지 않다. 홍수 이야기의 시작에서 우리는 다음과 같이 읽게 된다. '하나님이 보신즉 땅이 패괴하였으니 이는 땅에서 모든 혈육 있는 자의 행위가 패괴함이었더라.' "창 6:12, 개역 한글 ST 2: 163 내가 구약성서 학자는 아니지만, 창조의 선함에 대한 선포창1:13와 홍수 이야기를 보면 창조와 홍수 심판 사이에서 상당히 중요한 사건이 일어났다는 것이 생각난다. 인류의 타락이 바로 그것이다.창 3 142) 그러나 판넨베르크에게는 선한 창조가 부패했다는 생각은 뒷전으로 밀리고, 타락은 그 자체로 창조를 구성하는 측면이 된다. 성서 내러티브가 근원적으로 완전한143) 피조물을 지향하고 있다는 것을 인정하기는 하지만, 그는 불완전한 인류의 미래적 완성을 가리키는 고린도전서 15장 45절-58

---

142) Olthuis는 올바르게 판넨베르크의 체계가 그의 주석을 결정한다고 말한다. 그의 체계는 "중대한 점에서 성경 이야기를 왜곡하는 것처럼 보이는 까다로운 선별의 방법론을 낳는다.(Olthius, "God as True Infinite," 323)

143) 판넨베르크는 "완전"과 "선함"를 구분하지 못하고 있다. 이것은 그가 선함이 부족함 없이 "충분함" 또는 "완전함"으로 이해될 수 있는 창조적 선함과 기본적으로 동등한 맥락 안에서 내가 취하는 "원초적 완전함"를 거부하게 한다. 완전함과 선함을 구분하지 못하는 것 때문에 또한 그는 인간에게서 하나님의 형상에 대한 종교개혁적 전통을 심각하게 오독하고 있다. 그의 논의를 보라. ST 2:211-15.

절의 종말론적 모티브가 근원적인 "완전한" 상태의ST 2: 163 144) 개념을 거부하는 근거라고 생각하고 있다. 따라서 하나님이 그의 피조물이 "매우 선하다"라고 선포했을 때, 그것은 "피조물이 성자에 의해서 화해되고 회복된 이후에 종말론적 완성을 기대하는"ST 2:168 바로 그것이다.

판넨베르크가 악을 피조물 자체의 문제로 "떠넘기는 것"은 그가 왜 하나님이 사악함과 악을 허용하셨는가라는 질문을 할 때 전면에 드러난다.

> 이 질문에 대답하기 위해서 전통 신학은 피조된 실재의 존재론적 구성을 지적해왔다. 창조자와 대조적으로, 피조물은 변한다. 하나님의 영원한 자기되심에 비해서, 피조물의 변할 수 있는 성질은 존재론적 허약성, 존재적 능력의 결여의 표현이다.ST 2:169

판넨베르크에게 악은 인간 존재의 "존재론적 결핍"에 뿌리를 내리고 있다.ST 2:169 그는 계속해서 다음과 같이 쓰고 있다. "죄라는 도덕적 악을 포함하는 악을 피조성에 구속된 인간의 조건 탓으로 돌리는 것은 일면 진리가 있다."ST 2: 170 그러나 이것은 신이 아닌 유한한 피조물로서의 인간 존재가 유한하다는 것 때문에 잘못을 저지르고 있다는 것을 의미하는 것은 아니지 않는가? 인간이 신이 될 가망성이 없다면, 왜 인간의 유한성이 근원적 불완전함으로 기술되어야 하는가? 판넨베르크는 라이프니츠에게 크게 기대어 피조물은 그것이 "모든 것을 알 수 없고, 실수를 할 수 있으며, 따라서 다른 실패들에 **죄를 질 수 있는** 한에서"ST 2:170, 강조는 추가 불완전하다고 언급한다. 죄가 있다고? 모든 것을 모르고 실수를 저지르기 때문에 유죄라고? 내가 인간이고 하나님이 아니기 때문에 죄를 짓고 있다고?

---

144) 판넨베르크는 우리의 원시상태에 대한 어거스틴의 강조에 대항해서 이레네이우스의 인간의 불완전한 시작이라는 개념에 편을 들고 있다. ST 2:168 n. 43을 보라.

판넨베르크의 이 논의는 미묘하다. 그는 "유한성의 한계는 그 자체로 아직 악은 아니다"라고 말한다. 그러나 그는 피조성과 악 사이에 강한 관계가 있다고 주장하는데, 이것은 본질상 피조됨이라는 사실을 무효로 하는 것이 된다. 다시 말해서 여전히 "피조됨이라는 그 본성 자체에서" 악의 가능성을 볼 수 있다는 것이다. 그러나 판넨베르크는 근본됨으로서의 유한성을 예로 들기보다는 피조물의 "독립성"을 지적한다.ST 2: 171 [145] 그러나 우리는 일찍부터 그가 이 독립성이 인류의 운명을 달성하기 위해서 필수적이라 주장했던 것을 반드시 떠올려야 한다.ST 2: 96 그렇다면 악은 하나님이 인간 존재를 창조하는 구조적 요소로 남아 있다. 아니면 헤겔이 말한대로, 성 금요일Good Friday은 부활 주일 앞에 있어야 한다. 올수이스는 이 점에 대해서 많은 심각한 의문을 제기한다.

> 이것은 악을 유한한 피조물인 우리가 가진 본성의 필수적인 차원으로 삼는 것은 아닌가? "분리된" 자아는 창조에서 필수적, 구조적으로 주어진 것으로 보아야 하는가? 그러한 견해는 태초부터 인간 본성이 근본적으로 "결여"되었다고 상정하는 것은 아닌가? 다시 말해서, 원칙적으로, 이것은 피조된 존재의 선함을 우리가 전적으로 긍정하는 것이 불가능하다는 뜻이 아닌가? 만일 악이 산소처럼 생명에게 필수적인 것이라면, 악에 대해서 인간의 자유와 책임을 말한다는 것은 결국 무슨 의미가 있는가? 만일 악이 왜곡된 조건이 아니라 인간 존재의 정상적인 구성요소라고 한다면, 우리가 싸우도록 부름을 받는 그 악들을 정당화하고 있는 것은 아닌가?[146]

---

145) 나는 좀 더 의문을 제기해본다. 만일 이것이 사실이라면 다시말해, 만일 죄와 악의 가능성이 유한성과 피조됨의 독립성에 기인한 것이라면 그 가능성은 인간이 신이 되는 것 없이 소멸될 수 있는가? 종말에 가서, 만일 우리가 여전히 우리의 유한성과 독립성을 유지한다면 즉, 만일 우리가 신이 아니라면, 우리는 영원히 죄와 악의 가능성에 전염되지 않는가?

146) James H. Olthuis, "Be(coming): Humankind as Gift and Call," *Philosophia Reformata* 58 (1993): 169. 나의 판넨베르크 읽기의 핵심은 Olthuis교수에 의해서 씨앗이 심겨졌고 물이 뿌려진

바로 이러한 창조의 원초적 결여라는 배경 아래서 우리는 오직 세계의 종말론적 화해에서 완성되는 구속의 처음 행동으로서의 창조에 대한 판넨베르크의 강조를 이해한다.ST 2: 173 나아가, 우리가 그의 신학의 또 다른 중요한 특징을 이해하게 되는 것은 그의 창조의 타락 상태에 대한 그의 논의와 관련해서다. 즉, "성육신은 신학적으로 단지 창조의 최고의 사례이다." 아들을 보내는 것은,[147]하나님의 창조 사역의 완성이다.ST 2: 144 오직 그리스도 안에서만 우리는 처음으로 인간성의 완성을 본다. 인간성의 완성은 그 신성화에 있다고 볼 수 있다.

따라서 창조는, 그것이 결핍이나 결여이기 때문에, 항상 그것의 미래적 완성에서 언급된다. 가령 이것은 인간성 안에서 하나님의 형상에 대한 "미완의 본성"에 대한 그의 주장에서 볼 수 있다.

> 인류의 이야기에서, 하나님의 형상은 처음부터 완전하게 완성되지 않았다. 그것은 역시 과정 중에 있다. 이것은 모양likeness 뿐 아니라, 형상image에서도 마찬가지다. 그러나 형상이 반드시 모양을 지향하고 있기 때문에, 하나님의 형상으로서의 우리와 피조물은 온전한 유사성과 암묵적으로 관련을 맺고 있다. 이 완전한 구체화는 우리의 운명으로서, 예수 그리스도와 함께 역사적으로 성취되었고 거기에 다른 이들은 그리스도의 형상으로 변형됨으로 참여할 수 있다.ST 2: 217

따라서 인류와 피조물은 피조된 존재로서 아직 실현되지 않는 완성물이다. 있는 그대로 우리는 "유한성을 극복하는 것으로 향하는 쉼 없는

것이다.

147) 판넨베르크의 언어는 주로 성육신에 대해서 말하고 있지만 수난과 십자가에 대해서는 거의 말하고 있지 않다. 그러나 하나님이 십자가상에서 악에 대해 "어깨에 책임을 지고 계시는" 한, 창조의 일부로서의 아들을 보내심은 역시 아들을 십자가에 못 박으심을 포함한다.

추진력"에 의해서 움직인다. 그리고 "우리는 인생의 진정한 의미를 볼 수 있는 최종적인 지평이 전 유한성의 범위를 넘어 선다는 사실을 인정한다."ST 2: 228-29 거대한 미래가 종말에서 우리를 기다리고 있다.

희미한 거울을 지나, 그러나…

피조물의 타락 상태라는 동일한 모티브가 판넨베르크의 인식론과 해석학에서 드러난다. 아마도 자신도 모르게 유한한 인간 존재를 이해하는 것에 다시, 의문이 제기된다. 그리고 우리는 계속해서 하나님이 되고 역사의 완성 안에서 그러한 희망을 약속받는다. 다른 말로, 판넨베르크는 "희미한 거울의 해석학"고린도전서 13:12 참조의 종말론적 버전을 내세우고 있다. 이것은 해석 없이 미래에 이해의 직접성을 던지는 것이다. 동시에 이것은 인간 지식의 현재 "깨어진 상태"ST 1: 250를 긍정하는 것이다. 따라서 판넨베르크는 "시간과 역사가 지속되는 한"ST 1: 16 종종 신학적 진술과 해석의 "임시적" 그리고 "예비적" 성격에 대해 말한다. 그것들은 임시적이다. 왜냐하면, 그것들은 인간 경험의 역사성 때문에 한계를 지니고 있기 때문이다. 그는 계속해서 이 지식은 "인간의 하나님에 대한 지식의 가장 중요한 한계를 형성한다"라고 말한다. 모든 인간의 하나님에 대한 말은 그 역사적 성격 때문에 반드시 하나님의 진리에 대한 완전하고 최종적인 지식에 미치지 못한다.ST 1:55 그래서 신학적 개념들과 해석들은 항상 미래, 최종적인 계시를 가리키면서 **예기적**豫期的으로 이해되어야만 한다. 이 생각은 그의 『형이상학과 하나님의 관념』*Metaphysics and the Idea of God*에서 더욱 확연하게 존재의 유한성과 결합된다.MIG 91-109 그러나 그의 『조직신학』*Systematic Theology*에서도 마찬가지로, 그는 인간 지식의 부분성은 "그 자체로 유한성이라는 조건에 묶여 있다."ST 1:54 왜냐하면, 우리는 수수께끼처럼 거울을 통해서 보기 때문이다.

기독교 신학의 지식은 늘 하나님의 미래의 왕국고전 13:12에서 최종적인 그분의 계시와 비교해서 볼 때 항상 부분적이다. 기독교인들은 경험의 역사성에 동반되는 지식의 유한성에 대한 현대적 사고를 무시해서는 안 된다. 신자라 하더라도 하나님 앞에서 우리의 상황에 대한 성경의 이야기에서 교훈을 발견할 수 있다. 하나님에 대한 인간의 말이 유한하고 적절하지 못하다는 것을 인정하는 것은 신학적 건전성의 본질적인 부분이다.ST 1:55

그러나… 우리의 주장들과 해석들이 임시적, 예비적, 예기적이라 할지라도, 그것들은 "믿음 안에 있는, 세상이 기다리고 있는 미래의 최종적 계시"ST 1:60를 가리키고 있다. 미래에 하나님의 "최종적인 자기 계시"는 드러나게 될 것이다. 그리고 그것은 우연적인 조건들을 극복할 것이고 모든 수수께끼를 풀게 될 것이다. 이것은 하나님 안에 아직 감추어진 것이 궁극적으로 나타나는 것이고 "보편적 드러남"을 구성하게 될 것이다.ST 1: 207-8 그 날에, 우리는 "얼굴과 얼굴이 대하여" 보게 될 것이다. 그 날에, 모든 본질주의자들은 붙박이장 속에서 나오게 될 것이다.

그러나… 만일 인간 지식의 임시성이 유한성이라는 조건에 못 박혀 있다면 그리고 만일 판넨베르크가 주장하듯이 인간은 역사의 완성 안에서 유한하게 남아 있다면, 인간지식의 임시적이거나 "관점적" 성격을 늘 극복하는 것이 가능한가? 그것은 피조성을 극복하는 것을 필요로 하지는 않는가? 얼굴과 얼굴을 맞대는 만남은 해석이라는 공간을 매개로 하지 않는가? 다시 말해서, 그 얼굴은 시각적 공간을 통해서 나에게 오는 것은 아닌가? 나는 단지 타자, 공간에 의해서 분리된 것, 즉 해석을 필요로 하는 공간에 의해서 분리된 것을 보는 것은 아닌가? 항상 나는 이미 어떤 것"처럼" 얼굴을 보는 것, 즉 해석학에서 이것을 보는 것에 앞서서 그

보는 것을 미리 결정하는 것은 아닌가?

　유한성과 시간에 관해 앞서 논의한 것과 관련해서,[148] 판넨베르크는 그 유한성에도 불구하고 인간은 시간이 더 이상 존재하지 않을 때에, 앎의 관점적이고 해석학적 성격을 극복할 것이라고 결론지을 수밖에 없다. 다시 우리는 어떻게 공간적으로 제약된 존재가 유한함이라는 상황을 피할 수 있는지 물어야 한다. 어떻게 유한한 피조물로서 나는 여기, 지금 서 있고 이 관점에서 사물을 본다는 사실을 내가 피할 수 있겠는가? 나는 판넨베르크에게 이 딜레마는 더욱 심각해진다고 생각한다. 왜냐하면, 그는 인간의 유한성이라는 조건이 "시간과 역사에서" 적용되지만, 미래에는 적용되지 않는다고 생각하기 때문이다. 다시 말해서, 그는 유한성을 그 극복을 위한 조건으로서 강조하지만, 이 카이로스적 극복은 무엇을 포함하고 있는가? 그때 우리는 더 이상 인간이 아닌가? 해석이 없다는 것 바로 그 때문에 천국이 되는 이 미래의 해석학적 천국의 유한성과 임시성을 뛰어 넘는 인간 생명보다 더 큰 거인들이 사는 땅인가? 그리고 그 미래는 오히려 비인간적인 개념인가?

　근본적인 수준에서 문제는 창조와 구속 사이의 관계이다. 그러한 질문의 맥락 안에서, 판넨베르크에게는 은혜가 자연을 **완성하거나 완벽하게** 한다고 말할 수 있을 것이다. 그렇다면 구속은 결핍된 피조물의 완성에 있다. 이것은 앞선 논의에서 명백하게 나타났다. 가령, 구속의 첫 행위로서의 창조에 대한 판넨베르크의 주장에서, 성육신이 구속의 연쇄 창조의 최고의 행위라는 주장, 즉 하나님의 형상에 대한 "미완성의 본성"이란 개념과 인류의 운명으로서의 유한성이 미래에 초월된다고 생각한다.

---

148) 시간과 인식론의 문제들은 통합적으로 연결되어 있다. 왜냐하면, 지식이라는 것은 단지 "시간과 역사가 존속하는 한"(ST 1:16) 임시적이기 때문이다. 시간성이라는 것이 인간의 유한성을 구성하는 것이라고 판넨베르크가 결론을 내릴 수밖에 없는 것처럼, 여기서 그는 임시성은 유한성과 임시성이 함께 못 박혀 있다는 그의 많은 주장들에도 불구하고, 인간의 앎을 구성하지 않는다고 결론지을 수밖에 없다.

그렇다면 구속은 치료적 조치가 아니다. 오히려 그것은 창조로서의 창조이다. 십자가는 반드시 창조 행위에 이어진다. 에덴동산은 항상 그리고 이미 겟세마네 동산을 부르고 있다. "낮"의 창조에는 본질적으로 어둠이 어른거리고 있고, 생명나무는 성자가 달리고, 저주 받은 나무의 씨앗이 된다."

그러나 판넨베르크는 여기에서 간과하고 있는 것은 없는가? 구속이 창조에 의해서 필요해지거나 아니면 깨어지고, 타락한 피조물, 부패하고 변질된 피조물에 의해서 구속이 요청되어야 하지 않는가? 창조를 완성하기보다는, 은혜가 깨어진 피조물을 그 원 상태로 회복해야 되지 않을까?[149] 그것은 성숙의 문제라기보다는 치료의 문제가 아닐까? 완성보다 이러한 회복을 강조하여 생긴 중대한 영향은 그것이 하나님의 창조물의 원래적 선함을 정당화하지 못하고 악과 고난의 보편성과 근본성을 강조한다는 사실이다. 이것은 판넨베르크의 체계와 대립되는데, 그것에 따르면 피조물은 이미 "타락한" 것으로 구속이 필요하고, 그래서 악의 공포 또한 창조의 필연성에 통합시킴으로써 그 공포를 부정한다.

마지막으로, 회복의 신학 또는 "창조 신학"은 우리를 인간이 된다는 것에 대한 죄책감에서 해방시켜 준다. 왜냐하면, 판넨베르크는 인간을 포함한 창조를 피조물이라는 지위로 볼 때 결여 상태에 있는 것으로 해석한다. 그의 신학은 인간성의 초월과 "유한성의 초월"을 향하고 있다. 그러한 설명에서, 유한한 인생은 불충분한 것이고, 그래서 극복되어져야 한다. 그리고 이것 역시 인간됨이라는 조건은 그것에 동반되는 해석학의 편재성을 포함한다. 그러나 그것은 우리를 신들이나 아니면 적어도 거인들이라고 부르는 것은 아닌가? 그리고 그것은 인간 존재를 평가절하하

---

149) 이 회복에 대한 강조에 대한 추동력은 화란의 신칼빈주의 신학자인 헤르만 바빙크의 저작에서 발견된다. 이에 대한 논의에 대해서는, 다음을 보라. J. Veenhof, *Revelatie en Inspiratie* (Amsterdam: Buijten & Schipperheijn, 1968), 345–65. 역시 다음을 보라, Albert Wolters, *Creation Regained* (Grand Rapids, Mich.: Eerdmans, 1985), 57–71.

고 창조주가 우리에게 부여한 창조 생명을 가치절하 하는 것은 아닌가? 오히려 우리는 우리의 유한성, 인간성을 하나님이 주신 선물로서 만족해야하는 것은 아닐까? 우리는 다윗과 함께 그리고 거인에 대항해 우리가 신묘막측하게 지음 받았다는시편 139편 14절 사실에 감사해야 하지 않을까? 창조 신학은 창조와 유한성을, 아무리 복된 것felix이라고 해도, 허물culpa로 해석하기보다는 우리의 유한 속에서 멸시되어서는 안 되는, 오히려 즐거워하고 경축해야하는 선물로 보도록 우리에게 용기를 준다.

이상적인 융합: 가다머와 하버마스

연관이 없을 듯한 사람들이지만 가다머와 하버마스를 조금만 고찰해보면, 두 사람 모두 역시 판넨베르크와 같은 종말론적 직접성 모델과 친화적인 모델을 제시하고 있음을 알 수 있다. 하버마스는 철학적 해석학에 대한 신랄한 비판자이고 가다머는 그 분야에서 대부들 중 한 사람이지만, 근본적으로 두 사람은 해석에 대한 공통된 해석을 내리고 있다. 이 모델에서는 그때가 언제든지 종말에 해석학이 극복되어 직접성이 회복되거나 완성된다.

하지만 가다머가 특히 지식의 역사성과 조건성의 문제에 대해 아마도 가장 영향력 있는 하이데거 이후의 철학자이고, 철학적 해석학에 그가 미친 영향을 생각할 때, 위의 일반화는 반드시 정당화되어야 한다. 『진리와 방법』Truth and Method에서 가다머가 세운 기획은 바로 "편견에 대항한 편견"인 계몽주의라는 **편견**의 베일을 벗기는 것이다. 구체적으로, 가다머는 계몽주의가 종교적 권위를 거부한 것은, 이성을 높여 전통을 버리려는 의도를 가지고 있었지만, 다른 권위를 위해 한 권위를, 다른 전통을 위해 한 전통을 사실상 버린 것이라는 것을 증명했다.

그래서 그의 해석학 이론은 전통과 편견이 지식에 대한 장애물이 아니라 그것에 이르는 유일한 길이라는 이해를 복권하려는 시도이다. 가다머의 이러한 기획은 다음에서 잘 설명되고 있다.

> 모든 편견의 극복, 계몽주의의 이 전반적인 요구는 그 자체로 하나의 편견임이 입증된다. 그리고 편견을 제거하는 것은 우리의 인간성뿐 아니라 우리의 역사의식을 지배하는 유한성을 올바로 이해할 수 있게 해준다. 정말 전통 내에 위치하는 것이 편견과 자신의 자유에 제약이 되는 것일까? 오히려 인간 존재는 가장 자유로울 때도 다양하게 제약되고 제한되는 것은 아닌가? 만일 이것이 사실이라면, 절대적인 이성이라는 것은 역사적 인류를 위한 하나의 가능성이 아니다.[TM 276]

가다머는 해석학의 조건들이 인간 존재에 편재한다고 제시하면서 인간이 유한성과 처한 상황에 제한된다는 편에 선다. 이것은 그가 전통과[TM 277-85] 영향사影響史[TM 300-307]를 이해의 가능성에 대한 조건으로서 논할 때 특별히 드러난다. 가령 린트와는 다르게, 가다머는 전통을 우리가 피할 수 있거나 극복할 수 있는 것으로 생각하지 않는다. 오히려 그것은 이해를 위한 필수적인 조건이다. "왜곡"린트이기는 커녕, 전통은 우리의 이해를 가능하게 해주는 것이다.

가다머의 이러한 강조를 볼 때, 많은 이들은 그가 종말론적이긴 해도 그를 해석학적 직접성 모델와 관련짓는 것은 이상하거나 잘못된 움직임이라고 생각할 것이다. 결국, 이해의 조건성과 전통성을 지적한 사람이 바로 가다머가 아닌가? 가다머는 매개의 실재성을 존중하려고 애쓰지 않았는가? 우리의 이해는 항상 이미 하나의 해석이라는 사실을 우리에게 알려준 사람이 가다머가 아닌가?

대답은 그렇기도 아니기도 하다. 가다머는 분명 앎의 역사성을 존중한다. 그리고 이 책도 많은 점에서 그에게 빚을 지고 있다.[150] 그러나 가다머를 직접성 모델과 연관 지으며, 나는 다원성과 차이에 대한 그의 이해를 받아들이기를 주저한다는 사실을 강조하고 싶다. 다시 말해서, 나는 가다머의 해석학 뒤에는 통일성을 진리Truth, 그리고 전통에 귀속시키는 독백주의가 남아있다고 생각한다. 있는 그대로, 대화와 해석의 과정에서 해석과 유한성의 **극복**을 향한 움직임이 있다. 그러나 단지 한 번 더, 그러한 조건을 통해서, 재차 강조하자면, 오직 그러한 조건을 통해서만 가능하다. 해석학과 해석은 차이와 타자성 위에 세워진다. 해석이 필요한 것은 내가 유일하기 때문이고 내가 다른 장소와 시간에 서 있기 때문이다.

그러나 내가 보기에 가다머에게 해석학의 과제는 **결국** 이 타자성을 없애는 것이다. 즉, 가다머에게 있어 "이해"라는 것은 다양한 정체성들을 제거함으로서 성립한다.[151] 이것은 시간적 거리를 다루는 부분에서 나타나는 그의 "지평 융합Verschmelzung"의 개념에서 대표적으로 드러난다. 또, 다른 편으로 나는 가다머를 매우 가깝게 느끼는데, 그가 다음과 같이 주장할 때 그렇다. "시간은 우리와 과거를 분리시키기 때문에, 더 이상 건널 수 있는 강이 아니다. 사실 시간은 현재가 뿌리를 내리고 있고, 사

---

150) 6장의 내 구성적 모델은 가다머를 반향하고 있다. Zimmerman은 더 긍정적인 측면에서 가다머와 유익하게 씨름하고 있다. Jens Zimmerman, *Recovering Theological Hermeneutics: An Incarnational-Trinitarian Theory of Interpretation* (Grand Rapids: Baker Academics, 2004). 그리고 Merold Westphal, *Whose Community? Which Interpretation? Philosophical Hermeneutics for the Church* (Grand Rapids: Baker Academics, 2009).

151) 내가 이것을 제시하는 것은 가다머가 "하여간 우리가 이해하고 있다면, 우리는 다른 방식으로 이해한다" (TM 297)라고 그가 강조하고 있음을 인식했기 때문이다. 나의 목표는 그러한 진술 이면에 모든 차이들을 모아주는 깊은 통일성이 숨어 있다는 것을 보여주는 것이다. 가다머도 인정하는 "다른 이해들"은 하나의 전통, 다시 말해 "하나의 거대한 지평" (TM 304)을 다르게 읽는 것이다. 나는 차이들이 진리를 구성하고 있다는 개념, 그리고 진리는 복수이고, 자신의 이중성을 아는 여자라는 니체의 통찰에 얼마나 진실이 담겨있는지 확신하기 어렵다.(다음을 보라. Friedrich Nietzsche, Beyond Good and Evil, in *Basic Writings*, trans.and ed. Walter Kaufmann New York: Random House, 1968, 192)

건의 흐름을 지탱해주는 기반이라는 것이다."TM 297 가다머는 덧붙이기를 시간적 거리는 "관습과 전통의 연속으로 채워져" 있다.

나의 관심을 끄는 것은 그가 고집스럽게도 지나치게 연속성을 강조하는 데 있다. 그가 계속 진전시키고 있듯이, 연속성이라는 것은 존재한다. 왜냐하면, 종말에 가서는 사실 시간적 거리라는 것이 독립적, 폐쇄적 지평들로 구성된 것이 아니기 때문이다. **종말에 가서는** 차이는 존재하지 않는다. "개인이 늘 다른 개인들과 잘 어울리기 때문에 결코 단순한 한 개인이 아닌 것처럼, 역시 문화를 포괄한다는 폐쇄된 지평은 하나의 추상이다."TM 304 종말에 우리는 구분된 지평으로 보이는 것이 "함께 현재의 경계를 넘어서 그리고 우리의 의식의 역사적 심연을 감싸 안으면서 안쪽에서 움직이는 하나의 거대한 지평이 만들어 지는 것"TM 304을 보게 될 것이다. 이처럼, 가다머에게, 이해를 실행하기 위해서는 우리 자신의 자리를 옮길 것을 요구한다. 이것은 "우리 자신을 돌아보지 않고", "우리 자신의 특수성뿐 아니라 다른 사람의 특수성도 극복하는 더 높은 보편성으로 올라가는 것"을 요구한다.TM 305 강조 첨가 사실, 그는 주장하기를 타인의 타자됨을 인정하는 것은 다른 사람의 진리에 대한 주장을 유보시키는 것이다.TM 303–4 그래서 **융합**Verschmelzung은 차이의 이름으로 차이를 없앤다는 의미로서의 **지양**Aufhebung과 결국 동의어라고 할 수 있다.

결국 내가 보기에 정체성은 주관성의 이름으로 소멸되고, 차이는 공동성의 이름으로 삭제될 것이다.TM 292 유익하게도 가다머가 보다 급진적인 해체Mark C Taylor에게는 죄송하지만 152)와 대조적으로 "이해의 기적"TM 292을 강조할 때, 그는 해석학과 인간 존재 모두를 근거지우는 차이를 희생해서 그렇게 한 것이다. 이해와 일치를 위한 도상에서, 해석은 차이를 타

---

152) 나는 다음의 내 글에서 마크 테일러(Mark C. Taylor)가 데리다를 강하게 읽고 있는 것을 문제시했다. "How to Avoid Not speaking: Attestation," in *Knowing Other-wise:Philosophy on the Threshold of Spirituality, Perspectives* in Continental Philosophy Series, ed. James H. Olthuis (Bronx,N.Y.;Fordham University Press, 1997).

협하기 위해 필요한 이행 단계로 격하된다. 나는 수잔 샤피로Susan Shapiro 가 가다머에게서 "해석학은 몰이해와 몰해석이 있을 때 필요하다"[153]라고 말한 것이 옳다고 생각한다. 가다머 자신은 그가 "해석학적 문제"TM 298의 **해결책**이라고 넌지시 비출 때 해석학의 우연적인 지위를 제시하는 것처럼 보인다. 카퓨토가 앞서 지적한 것처럼, 종말에 그리고 붙박이장 속에서, 가다머의 철학적 해석학은 깊고 단일한 진리의 개념과, 사실상 지평의 융합 가운데서 해석학을 극복하려는 잠재력을 감추고 있다. 카퓨토는 어디에선가 다음과 같이 말하고 있다.

> 내가 생각하기로 결국 가다머는 영원한 진리로서의 전통에 잡혀있다. 이것은 어떤 면에서 하이데거적 관점에서 플라톤과 헤겔을 변형시킨 것에 불과하다. 가다머의 해석학은 전통주의다. 그리고 영원한 진리의 철학은 그것의 역사적 한계까지 밀고 나간다. 그는 우리에게 가능한 전통주의의 가장 자유로운 형태를 제공한다. 그는 변하지 않는 진리의 철학 안에 할 수 있는 한 변화를 그리고 움직이지 않는 진리에 가능한 한 움직임을 집어넣고 있다.[154]

가다머가 결코 해석학이 극복되지 않을 것이라는 사실을 지지한 사례가 있다. 그는 "최종적인 표준적 상태에 이르고, 그것을 목표로 하는 **지양**Aufhebung이 아니라 진행 중인 그리고 계속적인 **지양**"[155]을 제공하고 있다는 것이다. 그러나 그의 틀은 이것을 지평의 융합에서 희망과 꿈으로서 두고 있고, 깊은 일원론에 그렇게 뿌리를 내리고 있다.

153) Susan E. Shapiro, "Rhetoric as Ideology Critique: The Gadamer–Habermas Debate Reinvented," *Journal of the American Academy of Religion* 62 (1994): 127.

154) John D. Caputo, *Radical Hermeneutics: Deconstruction, Repetition and the Hermeneutic Project* (Bloomington: Inidiana University Press,1987), 111.

155) Ibid., 113. 이는 가다머의 모순되는 일원론을 가리키는 것이 될 것이다.

이러한 전통에 대한 집착은 바로 가다머의 철학적 해석학에 대한 하버마스의 비판의 초점이 된다.[156] 그는 가다머가 위험한 전통일반?에 종속되어 있음을 본다. 그것은 우리가 폭력에 문을 열어주고 그리고 결국에 가서 그렇게 될 것이라는 사실이다. 만일, 가다머의 해석학이 제시하듯이, 우리가 처한 맥락 밖에 서 있을 수 없다면 즉, 만일 우리가 맥락적 구조 속에서만 알 수 있다면 결코 비판의 가능성이 없다. 왜냐하면, 우리가 그 전통에 노예가 되어 있는 경우, 우리는 그 전통에 도전할 입장이 될 수 없기 때문이다. 만일 전통이 왜곡된다면, 해석학은 우리가 그 왜곡을 인식하지 못하게 할 것이다. 하버마스는 이것은 해석학의 한계라고 지적한다.

> 해석학의 자기 개념은 만일 그것이 체계적으로 왜곡된 의사소통의 패턴이 "정상적인 것" 즉, 병적으로 눈에 띄지 않는 것 안에서, 역시 일어난다는 사실이 명백해 질 때만 흔들릴 수 있다. 그러나 그것은 의사소통의 단절이 관계된 당사자에 의해서 인지되지 않는 유사의사소통의 경우에 드러나는 사실이다. 대화 상황에 새로운 사람이 와야만 그들이 서로를 오해했다는 것을 알아차릴 수 있다.HCU 302

왜곡을 지적할 수 있는 사람은 외부인 또는 제 삼자이다. 즉, 대화 상황 외부에서즉, 해석학적 맥락의 밖에서 지적되어야만 한다. 만일 해석학적 의식이 진정 보편적이라면, 주장하듯이, 그때 우리는 "우리에게 가용한 보편적인 기준을 갖지 않는다. 그것은 우리가 유사정상적 이해라는 거짓된 의식에 사로잡혀 있을 때를 우리에게 말해준다. 이것은 해석학의 제한된 경험이다.

하이데거와 가다머는 전통에 의해 형성된 우리의 선개념preconception은

---

156) Shapiro는 그녀의 매우 유용하게도 이 논의를 추적하고 재현해 내고 있다. 그녀의 다음 글을 보자. "Rhetoric as Ideology Critique."

지식을 구성하는 바탕이고 피할 수 없다고 강조한다. 따라서 우리는 전통과 "영구적 약정"을 하고있다. 하버마스에 따르면 이는 합의consensus를 가르킨다.또한 하버마스도 원하는 그리고 이 합의는 비판하버마스가 지독히도 두려워하는을 할 수 없다.

> 원래 이해라는 것은 편견에 치우쳐 있기 때문에, 사정에 따라, 우리의 오해나 이해의 결여를 밑에 깔고 있는 실제적으로 달성된 합의를 위태롭게 되는 것은 불가능하다. 해석학적으로, 우리는 반드시 구체적인 전이해를 참조틀로 가지고 있어야 한다. 이 전이해라는 것은, 결국, 사회화의 과정으로, 전통이라는 공통된 맥락의 지배와 흡수에까지 거슬러 올라 갈 수 있다.… 그러는 과정에서, 우리는 다시 당분간 다시 재개된 대화가 그것의 해결책으로서 인도해 줄 영속적 동의로서의 합의가 무엇이든 받아들여야 하는 해석학적 의무에 우리 자신들을 복종시켜야 한다. 추상적으로 이 합의를 허위의식으로서 의심을 던지는 시도는이것은 물론, 불확정적이다 무의미한 것이다. **왜냐하면, 우리는 바로 우리 자신이 그 대화를 초월할 수 없기 때문이다.**HCU 313

하버마스는 가다머에게 있어서 전통이 "잘못되"었거나 "기만적"일 수 있다고 생각하지 않는다. 그리고 나는 그가 옳은지 의구심이 든다. 다시 말해 가다머는 "전통적 맥락의 교조주의는 언어 일반의 객관성을 위한 견인차 일 뿐 아니라, 있는 그대로의 이해의 상호주관성을 왜곡하고 체계적으로 일상 대화적 소통을 왜곡하는 권력관계의 억압을 위한 견인차"라는 것을 보지 못하고 있다."HUC 314

가다머의 "언어의 존재론화"와 대조적으로 하버마스는 "… 통찰과 기만을 구분하는 자기 인식적 해석학을 제공한다. 이 해석학은 조직적으로 왜곡된 의사소통을 구조화하는 하는 조건들에 관한 메타 해석학적 지식을 소화한다."HCU 314 이렇게 비판적으로 자기를 인식하는 해석학은 합의를 전통과 항시적으로 일치하는 것이 아니라, 모든 의사소통의 기초이자 모든 대화를 초월하는 의사소통의 보편적이고/공유된 원칙 즉, "상호 주관적으로 타당한 규칙들"HCU 306에서 찾고 있다. 그는 계속해서 말하기를, "오직 이 원칙만이 해석학적 노력이 기만강제적 합의의 경우과 체계적인 변동명백하게 우연적인 오해의 경우이 드러나 갑자기 중단되지 않게 할 것이다."HCU 314-15 이 공유된 원칙들이 의사소통을 뛰어넘기 때문에, 그것들은 역시 우리가 속한 맥락과 독립해서 그리고 맥락 밖에 있다. 따라서 비판을 가능하게 한다. 그 전통을 비판하는 기초를 제공하는 것은 "합리성"이다.

이 시점에서 우리는 하버마스의 종말론인, 그 이상을 지향하는 목적론을 얼핏 볼 수 있다. 비판을 위해 필요한 이 합의는 "구속되지 않고 지배에서 자유로운 의사소통에서 발견될 수 있는 이상적인 조건들 아래서 도달할 수 있고 **시간의 과정**에서 존재한다고 긍정되는 상황에서 도달할 수 있다."HCU 314, 강조 추가 "의사소통이 실행되고 완전하게 되는" "이상적인 광장"은 미래에 놓여 있다.HCU 315

참된 합의를 바탕으로 자기 자신을 재어보는 진리에 대한 이상은 진정한 삶의 이상을 함축하고 있다. 우리는 역시 다음과 같이 말할 수 있다. 그것은 성년됨이라는 개념을 포함한다. 미래적 삶의 방식으로서 이상화된 대화에 대한 형식적인 기대만이 궁극적이고, 반灰사실적인 영구적 합의를 보장한다. 이 합의는 우리를 임시적으로 연합시키고, 그 기반 아래서, 그것이 잘못된 것이라면 허위의식이라고 비판받을 수 있다.HCU 315

그렇다면, 언어는 체계적인 왜곡으로 구성된다. 다시 말해, 해석에 대한 부정적인 영향은 해석학의 우연적 요소가 아니라 **구조적** 요소이다.[157] 그러나 그렇게 체계적으로 왜곡된 의사소통의 극복은 해석의 본질적인 왜곡을 제거하면서 보편적 합의가 이루어지는 하나님 나라에서 이상적인 공동체의 실현을 통해 미래에서 실현된다. 하버마스는 복음주의자는 아니지만 현재에서 매개와 "왜곡"을 극복하고자 소망하면서 현재카이로스적으로 경험될 수 있는 이상적 발화 공동체의 도래를 깨어 기다리는 종말론적 성향이 남아 있다.

이론적으로, 나는 동의하지 않을 것이다. 하지만, 합의와 보편적 이상의 지평에 반대되는 해석학과 왜곡 사이의 관계에 대한 하버마스 해석은 그 역시, 방식은 다르더라도, 판넨베르크와 가다머의 해석학과는 다르지 않은 해석에 대한 해석을 제공한다. 역사성이라는 이름으로 종말론적 직접성 모델은 진리에 대한 깊은 일원론적 이해를 제시하고 있다. 이 일원론은 동일하지monos않은 모든 것을 배제한다. 대조적으로, 창조-성령적 해석학은 다른 해석들을 위한 공간을 제공하는데, 왜냐하면, 그것은 다원적인 창조의 개념 그리고 다원적인 진리의 개념에 뿌리를 내리고 있기 때문이다. 이처럼 창조-성령 해석학은3부에서 좀 더 프로그램적으로 전개되는 해석학을 타락 상태와 비정상 상태와 연결시키는 제1부의 모델들과 직접적인 대조를 이룬다.

---

157) Shapiro의 위의 글 128을 보라.

2부 타락됨의 해석학

3장 동산 속으로의 타락

이 책의 제 1부는 해석학적 죄론으로 귀결된다. 해석학적 죄론罪論이란 인간의 유의미한 의사소통 구조를 타락 이야기와 그리고 그러한 구조로부터 '현재' 아니면 '미래'에 약속된 구속과 연결시키는 '해석에 대한여러 해석들'을 분석하는 것을 말한다. 해석을 필요로 하는 문제의 상황은 상황에 얽매임, 거리- 간단히 말해, 인간의 유한성 어떤 식으로든 극복되는데, 이는 인간이 해석이라는 전염병을 피하기 위해서다.

우리의 주제는 해석학적이면서, 인간론적이다. 인간론이란 인간 존재의 "본성"에 비추어서 인간 상호간의그리고 텍스트 간의 관계들이 가진 본성을 연구하는 것을 말한다.[158] 내가 증명하려고 했던 대로, 1부에서 렉스 코비스토, 리처드 린트, 볼프하르트 판넨베르크, 한스 게오르그 가다머가 대표하는 두 종류의 이론은 인간 조건을 인간이 극복해야 하는 어떤 것으로 해석함으로써 인간 존재의 가치를 근본적으로 비하시키는 결과를 초래한다. 따라서 해석학이라는 것은 비정상적이고, 우발적이고, 타락의 결과라는 것이다. 따라서 1부의 제목은 "해석학의 타락됨"이다. 그러나 만일 해석이 인간 경험과 존재됨을 구성하는 한 측면이라면 하나님

---

158) 이것은 후에 마틴 하이데거의 "A Dialogue on Language Between a Janpanese and an Inquirer" in *On the Way to Language*, trans. Peter D. HertzNew York: Harper & Row, 1971, 1–54.여기 "언어는 현존과 현재적 존재라는 이중성과 인간이 갖는 해석학적 관계에 있어서 근본적인 특징이다."(32)

이 되지 않는 이상[159] 그것을 극복한다는 것은 불가능하다. 그리고 나아가 인간 존재 자체의 유한성을 피하려는 욕망, 즉 "하나님과 같이 되려는 것"은 타락의 본질이다. 해석학의 역사를 시작하는 대신, 금지된 열매를 취하는 것은 그러한 매개를 극복하고 **우편을 통하지 않고**sans courrier 하나님이 아시는 것처럼 "알려고 하는" 시도이다. 읽기에 있어서 이와 같은 역전이 바벨탑 이야기에서 나타났다.

하지만, 2부로 넘어가면서 우리는 그러한 직접성과 순수한 읽기의 신화에 의구심을 갖는 여러 신학자를 만나게 된다.[160] 인간 존재의 해석학적 본성과 그것의 불가피함을 주제화한 학자는 바로 마르틴 하이데거와 자끄 데리다이다. 간단히 하이데거와 데리다는 내가 지금까지 "해석의 편재성"이라고 기술한 것을 강조하면서도 그 상태를 극복하려는 의도는 갖고 있지 않은 철학자다. 그러나 하이데거와 데리다는 이 상태를 기술하기 위해서 타락 상태라는 범주를 유지하고 있다. 여기서 타락 상태란 첫 낙원이나 천국과 대조되는 타락 상태가 아니라 본질적인 타락 상태, 즉 '~로부터의' 타락이라기보다는 이미 '~안에서의' 타락을 말한다. 인간 존재가 거리와 상황에 제약된다는 사실은 존재의 필연적이고 불가피한 조건이면서, 그것들은 폭력을 낳는 타락 상태와 결합되어 있다. 따라서 하이데거와 데리다는 "해석학의 타락 상태"를 제시하는 대신, "타락의 해석학"을 제시한다고 볼 수 있다.

그러나 만일 해석학과 해석의 공간이 인간 존재를 구성하는 측면들이라면, 왜 반드시 이 사태가 폭력적이라고 **해석해야만** 할까? 또, 만일 인간 존재가 피조물이고, 만일 해석이 피조됨의 본질적인 부분이라면, 그

---

159) 나는 제3부에서 이것을 충분히 발전시킬 것을 인내를 가지고 기다려 주기를 바란다.

160) 물론 자끄 데리다는 하이데거주의자가 아니다. 그리고 결코 하이데거 기업의 집행이사가 아니다. 그러나 그의 사상은 하이데거의 사상을 급진화시키고 있지만(이것은 하이데거가 남긴 유산의 좌파가 된다.) 헤아릴 수 없이 하이데거에게 빚을 지고 있다. (John D. Caputo, *Radical Hermeneutics* [Bloomington: Indiana University Press], 95)

러한 사태들을 본질적인 타락으로 해석하는 것은 타락을 존재론적으로 이해하는 것이다. 이러한 이해는 피조물의 근본적인 선함에 가치를 부정하는 것이다. 나는 해석이 인간 존재의 일부라는 그들의 생각에 동의하지만, 필연적으로 그리고 구조적으로 타락하고 폭력적으로 이것을 해석하는 것에 반대한다. 또한 나는 그들이 직접적 소통과 "완전한 현존의 유령"[161]에 대한 향수에 사로잡혀 있기 때문에 해석을 그렇게 이해하는 것이라고 주장할 것이다.

이 장에서 나는 하이데거의 초기 글1919-1927에 초점을 맞추어 해석이 인간 존재가 타락한 상태라는 것을 나타내는 한 측면으로 해석하는 점을 살펴보고자 한다. 더불어 해석학의 구성적 본질에 대해 그들이 긍정적으로 기여한 점을 간략하게 살펴볼 것이다. 여기에서는 하이데거의 인간론과 상호주관성을 넓게 고찰하는 것이 필요한데, 나는 하이데거와는 달리 신화화神話化를 이어 시도할 것이다. 이 분석에서 핵심은 하이데거 사상의 뿌리들로서 특히 앞서간 기독교 사상가인 마르틴 루터와 쇠렌 키에르케고르를 되살려내는 것이 될 것이다. 이 장은 이러한 신학적 시각을 비판하고 하이데거와는 다른신약성서 읽기를 시도하면서 마무리 할 것이다.

다자인Dasein의 해석됨

하이데거의 초기 저술의 핵심이자 아마도 금세기 철학의 역사에서 가장 큰 영향을 미친 것은 인간이 "세계-내-존재"임을 밝혀낸 사실이다. 이것은 다시 말해, "거기/여기에 있음Da-sein"[162]을 조건으로 하는 인간

---

161) James Olthuis, "A Hermeneutics of Suffering Love," in *The Very Idea of Radical Hermeneutics*, ed. Roy A. Martinez (Atlantic Highlands, N. J.: Humanities Press, 1997).

162) 독일어 다자인(Dasein)에 대한 하이데거의 기술적 사용은 보통 번역되지 않은 채로 남아 있다. 이는 그 용어가 담고 있는 다의성 때문에 만족스러운 번역어를 찾기 어렵기 때문

존재의 해석학적 성격을 말한다. 비록 하이데거의 저술이 쉴라이에르마흐와 딜타이의 사전事前 연구에 빚지고 있는 것이 분명하지만그리고 어느 정도는 니체에게 163) 그의 기획은 그들의 기술적인 개념들을 급진화한 것이고 "해석을 생 자체에 근본적으로 위치시키려는" 시도이다.164) 이 주제들에 관한 그의 가장 체계적인 설명인 『존재와 시간』이 언뜻 보기에 족보도 없는 것처럼 1927년 철학 공동체에 폭탄같이 떨어졌다. 하지만, 최근에 우리는 이 비판적인 책의 기원을 알게 되었다. 그것은 특히 그의 소실된 그리고 알려지지 않는 수고들을 복원하는 작업으로 인해 지금까지도 늘어가고 있는 하이데거 전집에 그의 초기 프라이부르크 강좌1919-1923가 포함되어 출간된 덕분이다.165)

이 초기 수고들 중의 하나는 1922년 하이데거의 "아리스토텔레스 입문"이다. 이것은 "해석학적 상황" 또는 해석의 조건들의 윤곽을 얼핏 볼 수 있는 책이다. 여기서 그는 모든 해석들은 "해석과 이해의 결정적인 조건들 아래 있다"는 것을 강조하고 있다. 따라서 "모든 해석 각각은 특정 영역과 지식에 대한 주장knowledge-claim에 따라 다음의 것을 갖는다."

1) 다소 임의적으로 취해지고 고정된 **시각적 태도**

2) 1)에 의해서 자극된 **시각적 방향** 또한 해석의 "무엇 같이" 또한 "무엇과 관련해서"das woraufhin가 그것 안에서 결정된다. 해석의 대상은

이다. 이에 대한 유용한 논의로는 다음을 보라. Albert Hofstadter의 "Translator's Appendix: A Note on the Da and the Dasein," 이 글은 다음의 책에 부록으로 실렸다. Martin Heidegger, *Basic Problems of Phenomenology* (Bloomington: Indiana University Press, 1982), 333-37.

163) 이는 TH에서 가다머가 시사하고 있는 바다.

164) John van Buren, *The Young Heidegger: Rumor of the Hidden King* (Bloomington: Indiana University Press, 1982), 333-37.

165) 여기서 나는 이 이야기를 자세히 관심 갖고 싶지 않다. 그 이야기는 Theodore Kisiel의 *The Genesis of Heidegger's Being and Time* (Berkeley: University of California Press, 1993) 와 van Buren의 *The Young Heidegger*에서 훌륭하게 쓰여져 있다. 나는 본장의 주제와 관련해서 중요한 역사적 내용들을 파고들 것이다.

"~같이" 안에서 예기적으로 포착되고 "무엇과 관련해서" 해석된다.

3) **시각적 폭**, 이것은 시각적 태도와 시각적 방향으로 제한된다. 그리고 그 안에서 해석의 객관성에 대한 주장이 제기된다.

따라서 모든 해석은 다음의 측면들에 의해서 제약된다.

1. **전통성**—전통은 해석의 가능성을 남겨준다.『존재와 시간』의 "미리 가지고 있음"

2. **미리 그려짐**predelineation—이것에 의해서 해석자는 어떤 사람이나 사물을 어떤 것 "처럼" 이해한다. 이것은 전통에 제약을 받는다.거칠게 말해서,『존재와 시간』의 "선(先)개념"

3. **인간존재의 상황성이나 지평성**—이것은 해석자의 지평을 창조한다. 이것을 넘어서 그는 아무것도 볼 수 없다.PIRA 358 [166)]

이처럼 내가 어떤 것을 해석할 때, 나의 해석은 유한성과 인간 존재를 구성하는 요소들에 의해서 지배된다. 해석에는 "한계"가 있다. 이것은 내가 말하는 언어, 다양한 삶의 수준에서 내가 배운 해석들, 내가 사는 사회 문화적 세계 등과 같은 전통에 의해서 **전수된** 것과 동시에 내 존재의 일부로서 내가 그 안에서 사는 해석들의 경계들이다. 이 모든 측면들은 "결정적 조건"으로서 모든 해석 앞에 존재한다. 한편, 동시에 해석적 가능성을 지배한다. "~속으로 읽어 들어가기"PIRA 359와 함께 일어나지 않는 독서란 없다.

해석은 늘 특정한 지역, 특정한 상황에서 나온다.『존재와 시간』에서

---

166) Martin Heidegger, "Phenomenological Interpretation with Respect to Aristotle: Indication of the Hermeneutical Situation," trans. Michael Baur, *Man and World* 25 (1992): 358 (여기서부터 PIRA).

하이데거는 이것을 "실존적 공간성"이라고 기술한다.[167] 이것을 나는 인간 존재의 상황성이라고 말한 바 있다. 이 공간성, 또는 상황성은 이중적 측면의 자리 잡음, 즉 인간 경험의 양면적 조건을 말한다. 그것은 첫째, 내가 "여기에" "이 장소에"서 있는 것과 같이 **물리─공간적** 제한이다. 둘째, 내가 "지금", "이 순간에"서 있는 것과 같은 **시간적** 조건이다.[168] 그는 다음과 같이 설명한다.

> '세계─내─존재'에 의해서 본질적으로 구성된 실재는 그 자체로 모든 경우에서 그것의 "거기에"이다. 단어의 친숙한 의미대로, "거기에"는 "여기" 그리고 "저기 있음"을 가리킨다… 다자인^{Dasein}의 실존적 공간성은 이처럼 그것의 "자리 잡음"을 결정하는 것으로 그 자체로 '세계─내─존재' 안에 근거를 두고 있다.^{BT 171}

하이데거는 계속해서 "그 본성상, 다자인은 그것의 '거기'를 그것과 함께 동반한다."

인간 존재는 그 공간성과 상황성을 특징으로 하기 때문에, 해석자는 그의 자리를 벗어나, 그의 "거기"를 벗어나 설 수 없다. 나는 항상 "여기

---

167) 하이데거는 그것이 단순히 "공간적"(다시 말해, 물리적)이 아니라 **실존적** 공간성이라는 사실을 강조한다. BT 94, 138-40을 보라.

168) 데리다의 "차연"(difference)이라는 개념도 유사한 이중성을 갖고 있다. 둘 다 공간적 연기(dif-fering)와 시간적 연기(de-ferring)를 함축하고 있다. 이는 시간적 현재("지금")로서의 현존(presence)과 물리공간적 "~에 나타남"이라는 이중적 생각과 대조되어 발전되었다. 이 책을 집필하기 위해 적어 놓았던 가장 초기의 노트들에서(1993년 9월) 나는 "주저함의 해석학"을 제시했다. 이것은 모든 해석이라는 것이 시험적으로 주장되어야 하고 유사한 이중성 즉, 1) **양적** 제한 그리고 2) **시간적** 제한에 뿌리를 내리고 있다는 사실을 강조하는 것이다. 이러한 생각은 내가 특정한 해석에 집요하게 매달렸던 경험에서 비롯되었다. 결국 이 생각은 나중에 당시 내가 읽지 않았던 글과, 아직 쓰지 않았던 글에서 완전히 무너졌다. 우리는 항상 우리의 해석을 시험적으로 견지하고 있어야 한다. 왜냐하면, 우리는 모든 것을 읽을 수 없기 때문이다. 늘 내가 읽지 않은 책이 있을 것이다.(양적인 제한) 그리고 나중에 나의 신념들과 해석들을 "부정하는" 발견들이 있을 것이다.(시간적 제약) 모든 서지는 그 분량과 상관없이 이 상황성을 드러내는 한 증명이다. 즉, 출판년도, 읽은 언어, 이 모든 것은 "해석학적 상황"을 가리키고 있다.

로부터", 이 관점 그리고 이 상황, 내가 서 있는 장소로부터 어떤 것을 본다. 즉, 해석된 것과 관련해서, 내가 소통하고 있는 사람과 관련해서, 내가 상속자인 전통과 관련해서 보는 것이다. 이 자리가 내가 선택할 수 있는 어떤 것이 아닌 한에서 즉, 나는 내가 언제 어디서 태어날 지, 내가 어떤 문화 속에 등장할 지, 어떤 언어를 배우게 될지 선택할 수 없다. 하이데거는 이 세계 내 존재를 **던져진 존재**라고 기술한다.BT 174-83

인간이 세계 안에서 존재하기 때문에, 세계는 우리 존재의 구성적 측면이 된다. 다시 말해, 세계는 우리 곁에 존재하는, 또는 우리가 아닌 다른 어떤 것이 아니다. 이런 식의 사고는 주체와 객체의 관계나 데카르트의 **생각하는 실체**res cogitans와 **연장적 실체**res extansa의 구분에서 볼 수 있다.[169] 이처럼 우리는 "사물"을 "그 자체로서"가 아니라 우리가 사용하는 것으로서, 어떤 것을 위한 것으로서 마주한다. 이것이 바로 그리스인들이 "사물"을 **프라그마타**pragmata, 즉 **실천**praxis 가운데 사용되는 것으로 부르는 이유이다.BT 96-97 우리가 세계 안의 실재들을 어떤 것을 "위한" 것으로 마주하기 때문에, 우리는 역시 그것을 이미 어떤 것 "**인양**" 마주하게 된다.[170] 따라서 하이데거는 "~인 것 같은 무엇As~What"에 대해 말한다. 그의 "아리스토텔레스와 관련한 현상학적 해석: 해석학적 상황의 지시" 한편 어떤

---

169) 『존재와 시간』의 첫 부분들은 이 근본적인 점에 할애되고 있다. 특히 BT 12-24를 보라.

170) 나는 Heidegger의 "~처럼의 구조(as~structure)"의 개념이 해석학적 현상학의 틀 내에서 Edmund Husserl의 "구성"의 한 "번역"이라고 제안한다. 있는 그대로, 그것은 "세계-내(內)-존재"에 뿌리를 내리고 있다. 이것은 후설의 "지향성"의 개념에 상응한다. Husserl에게, 의식은 항상 어떤 것에 대한 의식이다. 다시 말해, 의식이 없는 "세계"란 존재하지 않고 세계 없는 의식은 존재하지 않는다. 있는 그대로, 이 세계는 직관 안에서 "주어진" 세계이다. 그러나 이것은 지각 가운데서 "구성"이라는 행위를 포함한다. 그것에 의해서 Heidegger가 후에 "인격적 관여들로 이루어진 전체"이라고 부르게 될것의 맥락에서 인식자는 흩어진 조각들을 한데 모은다. 조각들은 단편적인 관점들을 말한다. 예를 들면, 내가 집의 정면을 볼 때, 나는 그것을 정면으로 이해한다. 그리고 그것은 내가 보지는 못하지만 두 옆 측면과 뒷면과 연결되어 있다. 내가 집을 그렇게 구성하는 것은 내가 집의 정면으로서 앞에 있는 것을 인지하기 때문이다. 주어진 것을 주는 것으로 이해하는 Husserl의 직관이론과 관련해서, Caputo는 다음과 같이 적고 있다. "주어진 것과 함께 있어야 한다는 것은 주어진 것이 오직 어떤 것으로서만 주어진다는 것을 상기시키고 있다."(Radical Hermeneutics, 43) 그런데 하이데거에게는, 세계가 세계-내(內)-존재로서의 다자인을 구성하는 것이다. 따라서 인격적 관여들의 총체의 지평을 배경으로 해서 어떤 것으로 이해되는 것이다.

것은 "전체적인 인격적 개입이라는 관점에서 이해된다."BT 189 존재의 근본적인 해석됨, 즉 모든 언명에 선행한 해석하는 한 행위를 구성하는 것이 바로 **어떤 것으로서의 어떤 것**이다.

> 우리가 어떤 것과 관계할 때, 우리에게 가장 가까운 사물들을 단지 보는 것만으로도 그 자체로 이해의 구조를 가지고 있다. 그리고 그것이 매우 원초적이어서 어떤 것을 자유롭게 포착하는 것, 다시 말해, "~처럼"인 것으로 포착하는 것은 일정한 조정을 필요로 한다… 해석을 하면서, 말하자면 우리는 앞에 놓여 있는 벌거벗은 사물에게다가 "의미"를 던진다. 우리는 거기에다가 가치를 붙이는 것이 아니다. 세계 내에 있는 어떤 것이 그렇게 마주되게 될 때, 문제가 되는 것은 이미 세계에 대한 우리의 이해에서 드러난 한 개입을 가지고 있다. 그리고 이 개입은 해석에 의해서 펼쳐진다.BT 190~91

여기에서 그는 이 "일상의 신중한 해석"을 근거지우는 것으로 "현상학적 해석들"에서 개진된 결정적 세 가지 조건들로 돌아간다. 간단히 "어떤 것이 어떤 것으로 해석될 때, 해석은 본질적으로 미리 가지고 있음fore-having ,미리 봄fore-sight, 미리 가진 개념fore-conception에 토대를 둘 것이다. 하나의 해석은 우리에게 나타난 어떤 것에 대한 무전제한 이해가 결코 아니다."BT 191~92 모든 해석은 "목적성을 가지거나 의심을 가지고" 생각하고 읽는 방식에 대한 **결정**이다.

해석학에 있어서 모든 해석의 조건지어짐과 전제의 역할을 밝혀낸 것이 하이데거가 20세기 해석학 이론에 기여한 중대한 공헌들 중의 하나다. 그러나 그의 작품의 가장 중요한 부분은 해석의 본성에 대한 이 논의에 있는 것이 아니라, 해석의 **폭**에 있다. 하이데거의 초기 저작은 해석학을 법, 미학, 신학과 같은 특수 분과에 가두어두기 보다는, 세계 내의 모든 인간에게 해석의 원초적 역할을 알리는데 바쳐졌다. 해석학은 독자와 텍스트 사이뿐 아니라 목수와 그의 망치, 아니면 아내나 남편 사이의 협상이다. 세계 내 존재는 해석되어야 한다. 1922년에 하이데거는 다음과 같이 말했다. "사실적 삶은 물려 내려오거나 수정되거나 다시 새롭게 작업된 결정적인 **해석됨** 안에서 움직인다. 신중함은 삶에 세계가 염려의 대상으로서 기대되고 마주되는 그러한 측면에 따라서 해석되는 것으로의 세계를 준다.··· 세계의 해석됨은 사실적으로 인생 자체가 그 안에 연루되어 있는 바로 그 해석됨이다."PIRA 363 171)

인간이 된다는 것은 세계와 세계 안의 실재들을 어떤 것"처럼" 해석하고 만다는 것이다. 이 만남은 인간의 유한성 때문에 생긴 상황적 조건에 종속된 만남이다. 현상학의 언어에서, 해석은 **전이론적이기 때문에** 모든 주제화와 이론적 구체화에 선행한다. 사실 이론적 언명은 존재의 원초적 해석에 의해서 가능해진 해석에서 **파생한** 한 양식이다.

모든 분석에 앞서서, 논리라는 것은 "무조건적인 진술" 아래서 주제로서 선택한 것을 사전에 "논리적으로" 이해하고 있다. 예를 들면, "망치는 무겁다." 설명되지 않는 전제는 이 문장의 "의미"가 다음과 같이 이해되어야 한다는 것이다. "이것망치은 무겁다는 속성을 갖고 있다." 깊이 생각해 보면 "처음에" 그러한 언명들은 없었다. 그러나 그러한 깊은 생각은 물론 특별한 해석의 방식을 가지고 있다. 그리고 이것들은 방금 언급한 "이론적 판단"과 비교해서 "그 망치는 너무 무겁다." 나

---

171) 신중함[Umsicht]은 "염려"[Sorge]을 특징으로 하는 다자인의 기본 구조와 관련되어 있다. 이는 세계가 나에게 하나의 관심의 대상이고, 거기서 나는 세계와 "관계"를 갖는 세계-내(內)-존재의 방식을 말한다. 이는 프라그마타(pragmata)로서의 사물, 즉 어떤 것을 "위한" 것으로서의 내가 사용하는 사물들과 관련한 위의 논의의 밑바탕에 깔려 있는 구조이다. 이 염려의 기본 구조는 다음에 더 자세히 논의될 것이다.

단순히 "너무 무거워!"라는 형식을 취할 수 있다. 해석이라는 것은 원래 이론적인 진술이 아니라 주의 깊은 관심의 행동에 있다. 가령 적당하지 않은 도구를 내려놓거나, 그것을 "단어를 낭비하지 않으며" 교환하는 행동이다. 단어가 없다는 사실로부터 해석이 없다고 결론지을 수는 없을 것이다.BT 200

해석은 매일, 모든 관계 속에서 일어난다. 그것은 종종 단어와 이론적인 언명言明들 없이 일어난다. 유한한, 장소와 상황에 묶인 인간 존재의 본성 때문에 인생 그 자체가 해석학적 모험이다. 하이데거는 해석의 편재성에 대한 예언자적 인물로, 이 예언자적 전통은 니체까지 거슬러 올라간다. 그리고 내가 제안하기로는, 이 전통에 속한 한 선지자로 하이데거는 인간에 대해 더 인간적인, 인간 존재의 유한성그리고 피조성을 영광으로 여기는, 더욱 합당한 이성으로 전통을 복귀시키고 있다.

일상의 타락됨

나의 창조적 해석학은 하이데거의 이론에 근본적으로 빚을 지고 있다. 하지만, 그의 철학이 분명 유한성의 철학이라 할지라도 결국 그의 철학은 **타락**Fall의 철학이다. 그것은 타락한 철학172)이 아니라, 타락을 구조적인 것으로 여기는 철학이다. 다시 말해 존재론, 아니면 당신이 원한다면 타락을 **존재론화** 한 것이다.

하이데거의 타락됨의 개념이173) 위에서 개관한 해석학적 구조와 연관

---

172) 반 뷰렌(Van Buren)이 적고 있지만, "하이데거에게서처럼, 바울에게 철학은 타락된 삶의 한 표현이다."(Young Heidegger, 178)

173) 1921-1922 사이의 겨울 강좌에서 발전된 것처럼 (Martin Heidegger, *Phänomenologische Interpretationen zu Aristoteles: Einführung in die Phänomenologische Forschung*, ed. Walter Brcker-Oltmanns, vol.61, Gesamtausgabe [Frankfurt: Vittorio Klostermann, 1985], 131-55 (여기서부터 PIA).

되어 있다는 것을 이해하는 것이 결정적으로 중요하다. 위에서 주목한대로, 다자인은 어떤 것을 "위해서" 사물들을 어떤 것"같이" 마주한다. 세계–내–존재로서, 그것은 마음 씀을 기본 구조로 한다. 그러나 이 "세계에 대한 마음 씀"은 세계에 흡수되는 내재적 경향이 있다. 이미 1922년 하이데거는 다음과 같이 제안한다.

> 세계에 흡수되는 경향으로서 "세계에 대한 마음 씀"의 **경향성**이 염려의 운동 안에 살아 있다. 이 흡수의 경향은 자신을 세계에 의해서 끌려가도록 놔두는 것이다. 이 마음 씀의 경향은 생의 사실적이며 기본적인 경향의 표현으로, 자기 자신의 자아에서 세계의 먹이가 되는 방향으로의 경향이다. 따라서 자기 자신과의 분리이다. 염려의 운동이 가진 기본적 경향을 타락으로의 경향이라 용어를 붙이자.PIRA 363

이 타락됨은 "객관적인 사건"이거나 "일어난" 어떤 것이 아니다. 대신 그것은 "지향적인 어떻게"이다. 다시 말해 "사실성을 구성하는 것이다."PIRA 364, cf. PIA 133 **개인**의 사실적인 삶을 살기 보다는, 타락한 다자인은 세계를 "근심하고, 처리하고, 사려깊이 생각하고, 파악하는 특별한 일상성에서 움직인다. 이 일상성은 특정한 시간에서 **일반 대중의**Offentlichkeit, 환경 세계의, 지배적 경향의, '다른 사람도 다 그런데'의 평범함이다. 개인적인 삶을 사실적으로 사는 자들은 바로 '사람들' das Man이다." 1년 후인 1923년 여름 학기에, '그들' 'One' the 'Anyone and Everyday'은 처음으로 다자인의 **일상성**과 연관된다.OHF 85

『존재와 시간』에서 설명된 것은 바로 타락성, 일상성 그리고 "그들"174)

---

174) 나는 Macquarrie 와 Edwards의 번역에 맞추어 das Man을 "그들(they)"로 번역하는 오래된 번역을 유지할 것이다.(전체 인용을 보려면 약어 부분을 보라) 그러나 최근 하이데거 연구에서는 "the 'One'(불특정인)"이나 "the 'Anyone'"(어느 사람이나)이 더 나은 의미를 전달하고 있다고 강조하고 있다."

사이의 결합이다. 타락됨에 대한 이 해석은 하이데거의 인간론과 상호주관적인 관계에 대한 그의 이해에 뿌리를 내리고 있다는 것을 알아차리는 것이 중요하다. 그는 다음과 같이 시작한다. "타인과 함께 있다는 것은 떨어져 있다는 성격이 있다."BT 164 이것은 인간 존재들이 관계 속에서 자신의 정체성을 유지하는 이상 인간 존재를 구성하는 필수적인 요소이다. 각자는 관련되어 있지만 자신의 고유한 공간을 갖고 있다. 그러나 하이데거는 이 다자인을 구성하는 거리성이 근본적인 폭력을 낳는다고 이어 주장한다.

> 그러나 이 떨어져 있음은 함께하는 존재에 속해 있는 것이다. 다자인은 일상의 서로 함께하는 존재로서 타자들에게 종속되어 있다. 다자인의 존재가 가진 일상의 가능성은 타자들이 기뻐하는 대로 하는 것이다. 나아가 이 타자들은 **규정되어** 있지 않는 타자들 이다. 반대로, 어떤 타자도 그들을 대표 할 수 있다. 중요한 사실은 사람들이 타인들에 의해서 눈에 띄지 않게 지배당하고 있다는 사실이다. 그리고 이 타인들은 이미 자기들도 모르는 사이에 함께하는 존재들에게 사로 잡혀 있었다.BT 164

인간관계는 원초적인 폭력과 지배로 이루어져 있다. 하이데거에게 이것은 우리가 타자들이 읽는 신문을 읽을 때나 타자들이 탄 지하철을 탈 때마다 일어난다. "이 서로 함께하는 존재는 자신의 다자인을 '타자들'의 존재의 유형으로 완전히 분해시켜 버린다. 그리고 다자인이 '그들'의 독재"의 먹이가 되는 것은 바로 이 종속됨 때문이다.[175] 그 "그들"은 다자

---

175) John Stuart Mill이 개인주의에 대한 논고인 『자유론』On Liberty (ed. Gertrude Himmelfarb [New York: Penguin, 1985,]62)에서 "다수의 폭력"(이 표현은 밀이 알렉시스 드 토크빌 Alexis de Tocqueville에게서 빌려온 것이다)이라는 표현을 사용한 것과 매우 유사하다. 하지만, 더 최근에 그 개념은 키에르케고르Kierkegaard의, "현 시대" 비판에 근본을 두고 있

인의 가능성을 결정한다. 그리고 그 가능성들은 모든 사람들이 하고 있는 것으로 "평준화"된다. 다자인은 "대중"에 의해서 조작되고 대중의 세계에 대한 이해에 조정된다. 또 "그들"은 사물들을 너무도 쉽게 만든다. 그것은 생의 어려움을 겪는 다자인의 "짐을 벗겨준다." 다자인은 "아무 것도 아닌 사람", "남들과 똑같은 사람"이 된다. "그들"에게 굴복하는 것은 다자인이 "세계에 흡수"되는 것이다. 세계로 흡수되는 것은 타락됨의 한 측면이고, 마음 씀이라는 경향의 표현이다.BT 164 –67

다자인의 해석학적 상황은 그가 물려받은 것에 의해서 바로 결정되기 때문에, 그는 "거의 대부분" "사람들"에 의해서 지배되고, "그들의" 말을 통해서 그들의 해석을 받아들인다. 그러나 바로 이 지점에서 우리는 하이데거에게 해석을 구성하는 결정적인 조건은 역시 타락 상태라는 것을 보게 된다. "전통됨"으로서 다자인에게 전수되는 것은 지금 대중의 일상성과 관련되어 있다. 가령, 언어는 해석을 가능하게 해 주는 필요한 조건으로서 이해되기 보다는 동시에 해석적 가능성을 지배하면서 "평균적 이해성", 다자인이 "전수받은" "해석됨"으로 풀이된다.BT 212, 211 언어적 전통은 인간 존재의 필요한 측면이지만, 동시에 그것은 타락 상태의 사례이다. 즉, "그들이" 자아를 일상성과 비진정성으로 끌어들이는 다른 방식이다. 사실, 타락상태란 "존재의 본연의 경향이다. 그것은 일상성에 속한 것"BT 210이다. 있는 그대로, "사물들이 해석되어 오는 이 일상생활의 방식은 **다자인**이 결코 구출의 가능성이 없이, 먼저 성장해 들어 온 것이다. 그것 안에서, 그것으로부터, 그리고 **그것에 거슬러서**, 모든 진정한 이해, 해석하기, 의사소통, 모든 재발견과 새롭게 자기 것으로 삼는 일이 일어난다."BT 213, 강조는 추가

세계 내에 존재한다는 것, 인간이 된다는 것은 타락상태가 된다는 것

다.(Kisiel, *Genesis*, 334을 보라)

이다. 왜냐하면, 이것은 "일상성에 속한 기초적인 존재"이기 때문이다.BT 219 다시 말하면, "세계 내 존재는 항상 타락되어 있다."BT 225 "그들"이라는 대중성에서 자신을 잃고, 타자들을 들음으로, 다자인은 비진정성에 빠진다. 그것은 세상에 염려를 가지고서 흡수됨으로 "세상으로 타락해 들어간다."BT 220, 강조 추가 다자인은 더 순수하고 더 높은 '원초적 지위'로부터 타락한 것이 아니라, 이미 항상 타락해 있다. "타락은 다자인 자체의 존재론적 특성이다… 타락함은 다자인 자체의 본질적인 존재론적 구조를 드러낸다. 타락 상태라는 것이 다자인의 어두운 상태이기는커녕, 타락은 다자인의 일상자체를 이루고 있다."BT 220, 224 하이데거가 해석의 편재성을 강조한 선구자 중 한 사람이지만, 우리는 지금 그의 타락이라는 범주가 해석의 불가피한 요소임을 본다. 해석학을 위한 기반으로서 인간됨의 요소들은 상황성, 거리성그리고 상호주관성 그리고 인간 존재의 전통성과 같은 인간됨의 요소들이 인간존재를 "구성"한다고 하더라도, 동시에 그것이 존재하는 한 "'그들의'의 비진정한 격동 속으로 다자인이 흡수되는"것으로 그려진다."BT 223

따라서 다자인의 "구성요소"의 일부로서 인간관계서로 함께하는 존재는 이미, 항상 지배의 틀이다. 그것에 의해서 다자인은 그 "불특정한 그들they"에 의해서 지배된다. 그는 계속하기를 "그 그들"는 "실존적 존재이다.existential 그리고 원초적 현상으로서, 그것은 다자인의 적극적인 구성요소에 속한다… 일상의 다자인의 자아는 일상적 자아they-self이다. 그것은 우리의 진정한 자아authentic self 즉, 자기 자신의 방식으로 이해되어온 자아와 구별되는 자아이다."BT 167 그런데 하이데거는 '이것이 사물들을 너무 쉽게 만든다. 그것은 삶에서 투쟁Kampf을 제거한다'고 한탄한다. 그리고 하이데거는 선한 싸움을 사랑한다. 다자인은 "대중they"의 말을 들을 때 다른 모든 사람들처럼 평균이 된다. 한편, 하이데거는 평균

이상이 되도록 우리가 영웅이 되어, 일어나 싸울 것을 촉구한다.

우리의 존재의 조건과 이 조건들의 타락됨 사이의 이 같은 긴장은 역시 해석의 선구조에서 볼 수 있다. 한편으로 하이데거는 모든 해석은 우리에게 전해진 조건들^{시각적 태도}, 우리가 해석하는 것을 배우는 방식^{시각적 방향} 그리고 이것들이 산출하는 지평들^{시각적 폭}을 결정한다고 기술한다. 우리가 어떻게 해석하는가는 우리의 위치, 우리의 전통, 우리가 처한 맥락에 달려 있다. 다른 편으로, 우리를 "둘러싸고 있는 환경"과 "지배적인 경향"에 의해 영향 받을 때, 우리는 대중들의 해석이 주는 일상성의 포로가 된다.^{PIRA 365} "따라서 '대중' 속에 있는 다자인의 이해는 계속해서 잘못된 방향으로 가게 된다." 그리고 함께 하는 존재를 지배하는 것은 존재^{Being}의 방식이다.^{BT 218-19} 인간됨의 한 부분이고 포장이라고 할 수 있는 전통됨은 다자인을 그 자아가 되는 것, 진정하게 되는 것을 막는다.[176] 이 이유로, 모든 "진정한" 해석은 **거슬러서 읽는 것**이다.^{BT 213} 타락된 해석으로의 다자인의 본질적인 경향 때문에, 그리고 그것은 그것으로부터 결코 벗어날 수 없는 그 경향 때문에, 진정한 해석학이란 "본성적으로" 폭력적이다.

> 이것의 이유는 마음 씀 자체에 있다. 우리가 "세계" 속에서 가장 가깝게 우리의 관심을 가지는 사물들 곁에 있는 타락해 가고 있는 존재는 다자인이 해석되고 다자인의 진정한 존재를 존재적으로^{ontically} 감추는 일상의 방식을 인도한다… **다자인**의 원초적인 존재를 발가벗기려는 시도는 반드시 해석의 존재적이고, 존재론적인^{ontico-ontological} 경향

---

176) 하이데거의 본래성의 개념에 대한 나의 비판은 다음의 내 글을 보라.(나는 Jean-Luc Marion이 다자인을 급진적 자율성[autarchy]으로 설명하는 것을 따른다) James K.A. Smith, "The Call as Gift: The Subject's Donation in Marion and Levinas," in *The Hermeneutics of Charity: Interpretation, Selfhood, and Postmodern Faith, ed. James K.A.Smith and Henry Venema* (Grand Rapids: Brazos, 2004).

과 **반대** 길을 따름으로 다자인에게서 **박탈된다.**^BT 359

다자인이 세상으로 본질적으로 타락되었기 때문에 "실존 분석은… 지속적으로 **폭력적** 성격을 갖는다." 이 사실은 하이데거의 다자인의 기초적인 분석에서 적용된다. 뿐만 아니라 "이러한 폭력성은 어떤 해석에서도 마찬가지다."^BT 359 그리고 이 성격은 인간 존재의 본질적인 특성인 일상성의 구조에 반한다.

그러나 만일 해석과 그리고 해석의 결정적인 조건이 필요하고 인간 존재의 "본질적인" 측면들이라면, 왜 해석이라는 것이 타락되고 폭력적인 것으로 기술되어야 하는가? 이러한 구조들이 타락됨의 순간이 되고, 해석이 폭력적이 될 때는 언제인가? 만일 우리가 앞의 논의로 거슬러 올라가면 우리는 일상의 타락됨과 해석의 폭력성이 하이데거가 상호주관적 관계를 일상이 타락했다는 그 사실 때문에^ipso facto 지배의 틀로서 해석한 탓이라는 사실을 알게 된다.^BT164~65 서로 함께 하는 존재는 다자인을 종속시키기 때문에, "대중"을 듣는 것은 비진정성에 빠지는 것이 된다. 다시 말해서, 하이데거의 해석에 대한 해석 이면에는 개인주의, 상호주관성의 가치를 절하하는 군사적인 자기 긍정, 즉 1933년에 떠돌던 대중적 어떤 성격을 띤 결연한 개인주의가 숨어 있다.^177) 나는 하버마스가 다음과 같이 제시할 때 옳다고 생각한다.

평범한 일상적 존재 즉, 비본래적 다자인의 구조로서 고립된 **다자인**

---

177) 1933년의 총장 연설에서, 하이데거는 대학이(그리고 독인 민족[Volk]이) 자신의 진정한 성격을 주장하고 노동 서비스, 병역 서비스 그리고 지식 서비스를 통해서 독일의 본질을 바랄것을 촉구한다. 그때 그리고 오직 그때만 독일 민족은(집단적인 다자인으로서) 그것의 진정성과 영적-역사적 사명을 실현할 것이다. 다음을 보라. Martin Heidegger, "The Self-Assertion of the German University," in *Martin Heidegger and National Socialism: Questions and Answers*, ed. Gunther Nestke and Emile Kettering (New York: Paragon House, 1990), 5–13.

을 넘어서는 생활세계의 배경 구조를 그는 처음부터 등한히 한다. 확실히, 타인의 함께–다자인co-Dasein은 우선 세계–내–존재의 구성적 특질로 나타난다. 그러나 **다자인**의 협소함에 대한 생활세계를 구성하는 상호주관성의 우선성은 후설의 현상학의 유아론으로 여전히 물든 개념적 틀을 벗어난다.[178]

로버트 도스탈Robert Dostal은 하이데거를 벽장에 갇힌 유아론자로 읽는 것에 반대한다. 그는 주장하기를 "서로–함께 하는–존재being-with-others는 하이데거의 **다자인** 설명의 기본이다." 그에 따르면, "사회성 또는 공동성은 가장 근본적으로 **다자인**을 구성한다."[179] 사실, 서로–함께 하는–존재가 다자인을 구성한다. 그러나 그것은 동시에 **비본래적** 존재다. 그렇게 하버마스의 분석은 여전히 타당하다. 부연하면, 본래적으로 다자인이 된다고 하는 것은 "대중"의 영향력에서 자유롭도록 씨름하는 것을 말한다. 이 씨름은 어떤 의미에서 한 인격은 당신이 비록 "할 수" 없을지라도 서로–함께 하는–존재의 지배를 벗어나는 것을 요구한다. 인간 존재의 일부이고 포장지인 상호 주관적인 관계들은 폭력과 타락됨의 구조들로 해석된다. 다자인은 본질적으로 타락했다. 늘 이미 관계안에 있는 상호 주관적인 서로–함께 하는–존재로서 타락된다.

그러나 정체성을 유지해 주는 사람들 간의 "거리"가 "혼란을 주는"BT 164 것으로 이해되어야만 하는가? 이 상호주관성의 폭력이 몰래 들어오는 근거는 무엇이며, 그 들어옴의 배후에 무엇이 있는가? 우리는 사실 "후설의 유아론의 색조"를 띤 데카르트적 주체 때문에 현기증을 앓고 있

---

178) Jürgen Habermas, *The Philosophical Discourse of Modernity*, trans. Frederic Lawrence (Cambridge, Mass: MIT Press, 1987), 149. 그는 계속해서 말하기를 "존재와 시간에서 하이데거는 상호주관성을 후설이 데카르트적 성찰에서 한 것과 다르게 구성하지 않는다."(149-50)

179) Robert J.Dostal, "The Public and the People: Heidegger's Illiberal Politics," *Review of Metaphysics* 47 (1994): 520.

는가? 실제로 진정한 다자인은 벽장에 갇힌 res cogitans인가? 샤르트르는 아마도 결국 사르트르의 충실한 독자였는가?

　나는 위에서 제안된 것들과 분리된 상호주관적인 이 **해석**에 거의 정당성을 찾지 못하겠다. 다시 말해서 인간 존재의 피할 수 없는 관계됨을 인정하는 동시에, 분리되고 유아론적인 자아에 대한 헌신이 남아 있다는 것이다. 그러나 하이데거 자신의 이 존재론의 **해체**Destruktion는 역시 그러한 상호 주관적인 관계의 해체로 이어지지 않는가? 키에르케고르에게는 송구스럽지만 단지 잠복해 있는 개인주의라는 지평을 배경으로 해서만 인간관계라는 것이 자아에 대해 해롭다. 특히 한 인격이 그가 이러한 관계들을 피할 수 없는 것이라고 인식할 때 그렇다. 해석학적 상황에 대해서, 해석이 전통에 구속되는 이면에는 인간 존재의 이 관계 지어짐이 있다. 나는 내가 그 일부이고 내가 부분인 **공동체**가 구성된 한 전통 안에서 해석하는 법을 배운다. 대체로 나는 "그들이" 해석하는 방식으로 해석한다. 그런데 이것이 인간존재의 피할 수 없는 측면이라고 한다면 왜 비본래적이라고 하는가? 그렇게 기술하는 것은 하이데거가 현존presence이라는 이상에 여전히 사로잡혀 있다는 뜻은 아닐까? 그러나 그 현존은 결코 존재하지 않으며, 충만한 정신Geist도 없다. 말하자면, 그의 해석에 대한 해석인 하이데거의 담론은 자신의 유령의 지배를 허용하지 않는가? 비록 그가 직접적 소통의 꿈을 포기했다고 하더라고 말이다. 게임의 규칙을 정하는 것은 현존의 유령은 아닌가? 하이데거의 근대 주체에 대한 비판은 근대적 패러다임 속에 갇혀 있는 것은 아닌가?180) 이 시점에서

---

180) 내가 여기에서 시도하고 있는 핵심은 하이데거가 근대적 기획의 한계를 밀고 가면서도 몇 가지 중대한 질문들을 제기하지 못하고 있다는 것이다.(이 질문들은 데리다도 제기하지 못했다) 나는 우리가 형이상학적 전통 밖으로 발을 내딛을 수 있었다는 것을 제시하고 있는 것은 아니다. 그러나, 하이데거는 너무도 많이 양보했거나 충분히 묻지 않는 것 같다. 이것은 Jean-Luc Marion이 하이데거의 존재 신학 비판에 대해서 비판을 한 것과 유사하다. 하이데거는 형이상학을 넘어서 그리고 형이상학 뒤로 질문을 밀고 갔지만, 그의 비판은 존재론의 지평이나 "존재의 영사막" 안에 머무르고 있다. 다시 말해서, 그것은 단지 그것이 "소위 하나님에 대한 존재론적(ontological) 질문이 본질적으로 존재적인(ontic)질

우리는 다른 길Weg를 따라가기 위해서 하이데거와는 달리[181] 해석을 하도록 허용되는부름 받은 것은 아닌가?

관계 속에 있다는 것을 **본래적인** 인간의 중대한 측면으로 이해하였다면 어떻게 되겠는가? 창조-성령적 해석학의 핵심은 바로 인간의 상호주관성에 대한 이런 다른 읽기이다. 왜냐하면, 관계에 들어간다는 것은 한 피조물 됨의 한 측면이고, 그래서 창조적 선함과 피조물의 선함의 한 양상으로 이해되어야 하기 때문이다. 타자에 의해서 이미, 항상 지배되기보다는, **타자**와 타자들은 내가 인간이 되는데 있어서 중대한 존재들이다. 인간됨과 피조물됨에 고유한 상호주관성을 존중하는 인간학 모델을 구성하면서 제임스 올시우스는 하이데거와는 다른 "함께하는 존재"에 대한 읽기를 발전시켰다.[182]

문을 앞선다고" 가정하는 한 "**또 다른 우상숭배**"에 불과하다. 존재는 여전히 규칙을 세우고, 규칙을 만드는 자는 누구나 게임에서 승리한다. 다음을 보라. Marion, *God Without Being*, trans. Thomas A. Carlson (Chicago:University of Chicago Press), 37–52. 역시 마리옹의 다음 글을 보라. "The Final Appeal of the Subject(L'interloque)" in *Deconstructive Subjectivities*, ed. Simon Critchley and Peter Dews, trans. Simon Critchley (Albany, N.Y.: SUNY Press, 1996), 85–104. 불행히도, Marion조차도, 그의 사랑에 대한 놀라운 강조에도 불구하고, 인간에 대해서 존재에 게임을 준다. 왜냐하면, "우리는-존재의 능력 안에서- 존재(Being)의 다스림 아래에 있기 때문이다." 이처럼, 결국에, 유한하다는 것은 죄를 입고 있다는 것이다. 그리고 피조물의 "(죄된)'경륜' 아래로 떨어진다는 것이다.(*God Without Being*, 108–109) 관계된 문제들에 대한 Marion에 대한 나의 비판에 대해서는 다음을 보라. James K.A. Smith, "Respect and Donation: A Critique of Marion's Critique of Husserl, *American Catholic Philosophical Quarterly* 71 (1997): 523–38. 그리고 "How to Avoid not Speaking: Attestation," in *Knowing Other-wise: Philosophy on the Threshold of Spirituality*, Perspective in Continental Philosophy Series, ed. James H. Olthuis (Bronx, N.Y.: Fordham University Press, 1997), 221–23. 역시, 다음을 보라, "The Theological Project of Jean-Luc Marion," in *Post-Secular Philosophy: Between Philosophy and Theology*, ed. Phillip Blond (New York: Routledge, 1998), 229–39.

181) R. J. Sheffler Manning과 비교하라. *Interpreting Otherwise Than Heidegger: Emmanuel Levinas's Ethics as First Philosophy*(Pittsburgh: Duquesne University Press, 1993). Manning은 하이데거의 해석과는 다른 엠마누엘 레비나스가 또 다른 타자(an-other) 해석을 제공하고 있다고 제안한다. 그러나 내가 4장에서 제시하겠지만, 상호주관성의 폭력에 대해서, 레비나스, 하이데거 그리고 데리다는 모두 동의한다.

182) James H. Olthuis, "God-With-Us": Toward a Relational Psychotherapeutic Model," *Journal of Psychology and Christianity* 13 (1994): 37–49 "Being-With: Toward a Relational Psychotherapy," *Journal of Psychology and Christianity* 13 (1994): 217–31. "Be(com)ing: Humankind as Gift and Call," *Philosophia Reformata* 58 (1933), "Crossing the Threshold: Sojourning Together in the Wild Space of Love," *Toronto Journal of Theology* 11 (1995): 39–57, esp. 40–41. 그리고 같은 저자의 "A Hermeneutics of Suffering Love."

개인의 인격은 항상 "우리"의 한 "나"이다. 개인화나 자신 I self 그리고 공동성우리 자신 We self은 근본적으로 대립된다. 말하자면, 그것은 인간의 분화된 통일체의 두 측면이다. 둘 중 한 측면을 부당하게 강조하면 다른 측면을 왜곡하게 되고 전체를 파괴한다. 외로운 자아란 존재하지 않는다. 각 자아는 "집단적 자아"[183]이다.

타인들과의 관계는 타락됨과 비본래성의 측면이라기보다는, 진정한 관계를 위해 긴요한 것이다. 왜냐하면, 자기 자신이 되는 것이기 때문이다.Eigentlichkeit 올시우스는 하이데거와는 대조적으로 다음과 같이 주장한다. "인간이 된다는 것은 철저하게 관계적인 문제이다. 그리고 자아가 된다는 것은 여러 풍성한 다양성의 방식과 형식들로 서로 관계를 맺는 과정이다. 따라서 자아는 구성적으로 과정 안에 있는 관계적 자아이다. 즉, 많은 가닥이 엮고 엮어진 직조물과 같은 것이다."[184]

하이데거의 상호주관성에 대한 해석은 권력과 지배의 존재론 안에 갇혀 있다. 거기에서는 "자아가 된다는 것은 겉으로는 전쟁상태가 아닐지라도 암묵적으로는 적을 가진다는 뜻이다."[185] 그러나 물론 이것은 한 특정한 존재론적 전통에 속한 단 하나의 해석이다. 그리고 그것은 질문에 열려 있고, 심지어 질문을 하도록 촉구하는 전통이다. 만일 세계가 창조물이라면, 또 타인과 함께하는 존재가 창조된 선함을 구성한다면, 우리는 인간관계들을 지배의 틀로만 이해할 것이 아니라, 인간 삶에서 숨 쉬

---

183) Olthuis, "Be(com)ing," 161.

184) Olthuis, "Being-With," 217.

185) Olthuis, "Crossing the Treshold," 41. 이것은 다음 장에서 레비나스와 관계에서 탐구될 것이다. 뿔 리꾀르는 다음과 같이 말할 때 여기에 포함될 것이다. 그는 "한 개인이 행동한다는 바로 그 사실을 가지고 타인에게 권력을 행사하지 않는 상황들을 상상하기를 어렵다" 따라서 "폭력은 모든 상호작용의 관계들을 물들이고 있다."(Oneself as Another, trans. Kathleen Blamey, Chicago: University of Chicago Press, 1992, 220, 351) 그러나 왜 사람이 지배의 존재론을 가지고 시작하지 않는다면 이것이 상상하기 그렇게 어려운가? 다르게는 될 수 없는가? 우리는 다르게 상상할 수는 없는가?

는 산소와 같이 중대한 관계의 망으로 이해할 수 있다. 자기 자신에 대한 폭력이 된다기보다는, 타인과 함께하는 존재 곧, 인간이 된다는 것이다.

"자기 홀로가" 된다는 것 "타인들과의 내적 접촉에서 벗어나 자기 자신 속에 갇힌다는 것"인 고독은 인간됨에 반하는 것이다.186) 타인과 함께하는 존재의 특징인 "거리"와 "거리성"BT 164은 "혼란을 주는" 틈이 아니다. 오히려 그것들은 "사랑의 야생적 공간"이다. 이것은 다른 방식으로 세상을 읽고 해석하는, 해석에 대한 대안적 해석이다.그리고 상호주관성

> 선물로서의 사랑은 파트너쉽으로 초대하고, 함께 낳고, 근본적으로 구조들이 반드시 폭력적이라는 파괴적 생각을 의문시하면서 만남의 공간을 창조한다. 그것은 힘, 통제 그리고 판단을 중시하는 근대성과 의미와 진리에 대한 어떠한 권리 주장도 해체하고 흩어버리는 포스트모더니즘과는 대조적으로 의미와 진리를 올바로 연결해 새로운 주제로 부각시킨다.… 우리는 근대성의 거리두기 또는 지배와 그리고 포스트모더니즘의 유동성과 융합 모두에 대한 대안으로서, 사랑의 척박한 공간 안에서 만나고 함께 머무르도록 초대받는다.187)

이 읽기에서, 타자는 반드시 내 존재의 축소나 내 지배 대상이 아니라, 나의 존재를 풍성하게 해주는 존재이다.

그렇다면 해석학과 관련해서, 우리는 "비진정한 일상적 존재"의 영역으로부터 인간 존재가 전통에 구속됨을 회복한다. 결국 전통이라는 것은 인간의 상호주관성을 가능하게 하는 중대한 측면이 된다. 내가 일부로 있는 공동체는 나의 해석들을 왜곡시키는 "대중"이다. 그런데 그들은 내가 속해 있는 전통들을 구성하는 바로 그 공동체이다. 그 공동체는 오히

---

186) Olthuis, "Be(com)ing," 161.
187) Olthuis, "Crossing the Treshold," 49–50.

려 내가 말하고, 읽고, 쓰는 것을 가르쳐 주고 그것을 통해서 해석의 가
능성을 열어주는 바로 그 공동체, 내게 해석하는 것을 가르쳐주었던 것
은 그 "대중"이었다. 그리고 "대중"이 없으면, 나는 방향을 상실하게 될
것이다. 사실, 나는 "대중" 없이 존재하지 않는다. "대중"의 말을 듣는 것
은 단지 인간이 됨을 말한다. 가령 1930년대에 독일에서처럼 비록 때때
로 지배적인 해석을 듣는 것이 폭력적일 수 있다는 사실을 인정한다 하
더라도 말이다. 그러나 하이데거가 주장하는 대로 신문을 읽거나 대중교
통을 타는 것은 반드시 폭력적은 아니다.BT 164

　해석학을 필요하도록 하는 상호주관성과 공간성을 이렇게 다르게 읽
는 것은 사실 하이데거와는 다르게 해석을 하는 것이다. 그러나 그것은
역시 인간 존재를 위한 해석학의 구성적 성격에 대한 이해와 더불어 그
의 인간 관계들을 해석하는 것을 방해하는 하이데거의 "비신화화" 즉 하
이데거에 거슬러서 하이데거를 읽는 것이다.[188] 이 비신화화의 목표는
존 카퓨토가 강조하는 대로 신화를 제거하는 것이 아니라, 또 다른 신화
를 생산해 내는 것이다. 이 신화는 원초적 폭력의 신화화는 다른 신화다.
창조로서 인생을 해석하는 것은 바로 그러한 신화, 다시 말해 좋은 이야
기eu-angelion 그리고 치료의 이야기로 읽는 것이다. 창조는 주변부에서
들려진 해방의 히브리 이야기이다. 주변부는 바로 유배로부터다.[189] 그
리고 이것은 카퓨토가데리다를 따라서 정의에 대한 "유대희랍"jewgreek 신화
로 기술한 바로 그것이다.[190]

　그것은 하나의 해석인 신화이기 때문에 어떤 사람들은 창조를 서둘러
버려버린다. 그러나 하이데거의 타락 상태와 폭력의 이야기는 역시 하나
의 신화, 불확정성 속에 있는 하나의 해석학적 결정임을 인식해야만 한

---

188) 이것은 Caputo가 그의 *Demythologizing Heidegger*(Bloomington: Indiana University Press,
　　1933)에서 달성하고자 시작하는 기획이다. 1-8을 보라.
189) Introduction을 보라, n.33.
190) Caputo, *Dymythologizing Heidegger*, 7.

다. 우리는 신화들과 해석들 사이에서 선택을 해야만 한다. 그 이유는 다음과 같다.

> 왜냐하면, 문제는 신화를 넘어서는 문제나 신화화하는 것을 옆으로
> 제쳐놓은 문제가 아니기 때문이다. 이것은 형이상학을 뛰어 넘거나 제
> 쳐두는 것 이상으로 불가능한 것이다. 문제는 새로운 그리고 더 확실
> 한 구원을 약속하는 신화를 발명하거나, 다른 그리고 더 오래된 신화
> 를 회복해서 폭력, 지배, 가부장제, 위계질서라는 파괴적인 신화들에
> 대항하는 신화를 만들어 내야 하는 문제이기 때문이다.[191]

존 밀뱅크John Milbank가 주장하는 대로, 하이데거와 데리다의 "차이의
존재론은 다름 아닌 하나의 신화mythos에 불과하다." 거기에 우리는 "평
화의 존재론"이라는 대항 신화를 제공한다. 이것은 차이들을 다의적으
로 다양한 것이 아니라 유비적으로 관련된 것으로 생각한다.[192] 밀뱅크
는 하이데거의 상호주관성에 대한 해석에 내가 제기한 바로 그 질문을
던지고 있다.

> 모든 소요, 모든 사건을 전쟁의 사건으로 해석할 필요가 있는가? 만
> 일 모든 차이들이 부정적으로 관련된다고 선험적으로 이해해왔다면
> 그럴 것이라고 주장할 것이다… 만일 우리가 그러한 전제를 갖지 않
> 는다면, 그 객관적인 바람직함 때문에 이 차이를 포용하여 타자를 초
> 대하는 것으로 타자에게 자신을 주면서, 긍정적인 차이의 행위를 이

---

191) Ibid., 3.

192) John Milbank, *Theology and Social Theory: Beyond Secular Reason* (Oxford: Blackwell, 1990),
279. 밀뱅크는 폭력의 존재론 배후에 있는 종교적 헌신을 탁월하게 증명해 내고 있다
.(280–89) 밀뱅크의 "평화의 존재론"과 그의 "폭력의 존재론"에 대한 비판에 대해서는 다
음을 보라. James K.A.Smith, *Introducing Radical Orthodoxy: Mapping a Post-secular Theology*
(Grand Rapids: Baker Academic, 2004), 195–97.

해하는 것이 가능해 질 것이다.[193]

만일 우리가 다른 결정을 가지고, 다르게 해석하고 **다르게 믿겠다는** 결심을 가지고 시작한다면, 해석학을 위한 조건인 실재들 사이의 관계들은 원초적으로 그리고 근본적으로 "선하거나" 아니면 "평화롭다."[Milbank] 그렇지만 폭력의 가능성에는 열려 있다. 그러나 하이데거와는 대조적으로 폭력은 그러한 관계들을 구성하는 측면이 아닐 것이다. 가령, 전쟁에서 폭력의 침범은 창조에서는 어떤 "자리"도 갖지 않는 "절대적인 침해, 존재론적 변칙"으로 읽어진다.[194]

하이데거의 부인否認들

따라서 지금까지 나는 다자인의 타락상태의 대한 하이데거의 해석을 뒷받침하고 있는 상호주관적인 폭력과 잠재적 개인주의에 대한 그의 신화를 다르게 읽는 시도를 하며 상호주관성에 대한 또 다른 읽기를 제안했다. 그러나 타락됨에 대한 그의 담론 이면에서 움직이는 또 다른 신화가 있는 것 같다. 다시 말하면, 타락에 대한 전통적인 기독교 교리와 원죄에 대한 특정한 읽기를 말한다. 물론, 나는 그를 잘못 읽고 있다고 생각한다. 왜냐하면, 하이데거의 초기 저작이 그러한 시사점을 배제하는 부인否認들로 가득 차 있기 때문이다. 『존재와 시간』에서 제공된 타락됨에 대한 해석은 "그 목적상 순전히 존재론적이고, 일상적 다자인을 도덕적으로 범주로 이해하는 것과는 거리가 있다."[BT 211] 나아가, 타락됨의 범주와 그것의 잡담, 호기심, 애매함을 통해 나타나는 것은 "어떠한 부정적인 평가를 내리려고"[BT 220, 265] 하는 것이 아니다. 다시 말해서, 그것은 단

---

193) Milbank, *Theology and Social Theory*, 289.
194) Ibid., 294.

순히 다자인의 본질적인 존재론적 구조의 일부라는 것이다.BT 224 그는 계속해서 말하기를, "그래서 우리는 다자인의 타락됨을 더 순수하고 높은 '원초적 상태' 로부터의 '타락' 이라고 받아들여서는 안 된다. 또 우리는 이것을 존재적으로ontically 어떤 경험도 갖고 있지 않을 뿐 아니라, 존재론적으로도 우리는 그것을 해석할 수 있는 가능성이나 실마리들을 갖고 있지 않다."BT 220 다자인은 무엇에서부터 타락되지 않았다. 오히려 그것은 항상 본질적으로 그리고 실존적으로 타락한 "세계 속으로" 들어간다.

무엇보다도, 다자인의 근본 구조에 대한 존재론적 분석은 인간성의 타락에 대한 존재/신학적ontical/theological 담론과 혼동해서는 안 된다.

> 결과적으로 우리의 실존적, 존재론적 해석은 "인간 본성Nature의 타락"에 대한 어떤 존재적ontical 주장도 하지 않는다. 그것은 필요한 증거가 불충분하기 때문이 아니고, 이 해석에 대한 문제가 타락이나 비타락에 대한 주장보다 앞서기 때문이다. 타락이라는 것은 일종의 움직임으로 존재론적으로ontologically 이해되어야 한다. 존재적으로ontically, 우리는 인간이 "죄에 물들어 있는지" 타락의 상태status corruptionis에 있는지 결정하지 못했다. 아니면 그가 중간 상태status intergritatis에 있는지, 은혜의 상태status gratiae에 있는지 결정하지 못했다. 그러나 어떤 신앙이나 아니면 "세계관"이 그러한 주장을 하는 한 그리고 만일 그것이 세계-내-존재로서 다자인에 대해 어떤 것을 주장한다면, 우리가 내세운 존재론적 구조로 돌아가야 한다.BT 224

하이데거가 타락되었다고 기술하는 특질들은 본질적으로 다자인에 속하고, 따라서 그것은 죄에 대한 신학적 주석보다 선행한다. 즉, 『존재와 시간』에서 타락됨에 대한 해석은 믿음의 헌신 앞에서 중립적이다. 따라서 그것에 물들어 있지 않다. 그는 이것을 가장 강조했다. 거기서 그는 단호하게 다음과 같이 주장한다.

> 여기서 관련되는 것은 그러한 모든 고찰들보다 **앞서는** 구조들에 대한 순수한 고려이다. 우리의 고찰은 어떤 신학적 고려와 날카롭게 구분되어야 한다. 이 모든 구조는 하나의 신학적 인간학에서 반복될 것이 가능하고, 아마도 필요할 것이다. 나는 그러한 것들에 대해서 아무것도 이해하지 못하기 때문에 어떻다고 판단할 입장이 아니다. 나는 물론 신학에 친숙하다. 그러나 신학은 아직 하나의 이해로 가는 길에 불과하다. 나의 분석이 이러한 오해를 계속 낳기 때문에, 내가 어떤 숨겨진 신학을 제안하는 것이 아님을 강조한다. 원칙적으로 나의 철학은 신학과 아무런 관련이 없다.[195]

마부르크 대학에서 캠퍼스를 가로질러, 루돌프 불트만Rudolf Bultman은 그 하이데거가 들려주는 이야기를 받아들인다. 그 이야기는 현대 세계에 복음의 본질적인 구조를 드러내 보이기 위해서 신약 성서에서 신화의 층들을 걸러 내야 한다는 그 자신의 비신화화demythologizing의 배후에 있는 이야기다. 불트만에게 분명했던 것은 "전기 조명을 사용하고 라디오를 사용하고 현대 의학, 외과학의 발견들을 이용하면서 동시에 영들과 기적들의 신약성서를 믿는다는 것을 불가능하다"[196]는 것이다. 그래서 복음서의 비신화적 표현에 이르기 위해서는 케리그마를 신화적 틀에서 벗겨내야 한다는 것이다. 삼층의 우주, 즉 죽음이 죄에 대한 형벌이라는 개

---

195) Martin Heidegger, *History of the Concept of Time: Prolegomena*, trans. Theodore Kisiel (Bloomington: Indiana University Press, 1985), 283.
196) Rudolf Bultmann, "New Testament and Mythology," in Bultmann et al., *Kerygma and Myth*, ed. Hans Werner Bartsch, trans. Reginald H. Fuller (New York: Harper & Row, 1961), 5.

념, 속죄와 예수의 부활교리. 이것들은 모두 "현대인"에게 받아들여질 수 없는 신약성서의 문제되는 측면들이다. 불트만의 기획은 인간 존재에 대한 신약성서 해석을 드러내고 그리고 나서 그러한 이해가 진실인지를 밝혀내는 것이다. 이러한 이해가 진실이라고 주장하는 믿음은 "신약 성서의 신화적 이미지와 엮여져서는 안 된다."[197]

불트만의 기획은 근본적으로 변증적이다. 본질적으로 그는 수정된 자연신학, 즉 일종의 개신교 근본주의 신학을 가지고 작업하고 있었다. 불트만은 그것을 가지고 신약성경 신화를 벗겨 내길 원했고 "오늘날의 비신화적 사고에 받아들여질 수 있도록" 존재를 해석하기 원했다.[198] "실재적인 질문"[199]인 이 존재에 대한 해석이 사실임을 보여주기 위해서, 불트만은 중재자 역할을 할 철학의 "순수한" 분과에 의지한다. 이것은 전적으로 신앙의 서론들을 확증하기 위해서 철학다시 말해, 자연 이성에 의지하는 전통적인 토마스주의의 기획과 다르지 않다. 따라서 우리는 불트만의 "신약성경과 신화"를 신학과 이성즉, 철학과의 접촉점을 세움으로서 한 세대를 신앙으로 이끌기 바라면서 기획한 20세기판『대이교도대전』Summa Contra Gentiles으로 읽을 수 있을 것이다.[200] 어떤 이가 "그 철학자"the Philosopher를 언급할 때, 다른 이는 자신들의 신학을 지지하기 위해 "그 철학자들"의 증언을 언급한다. 스미스는 아퀴나스가 아리스토텔레스를 '그 철학자'로 표현한 것을 상기시키고 있다. 불트만에게는 하이데거가 아

---

197) Ibid., 11.

198) Ibid., 16.

199) "진정한 문제는 존재에 대한 이 이해가 사실이냐 아니냐는 것이다."(ibid.,11)

200) 비유를 더 앞세우면, 불트만은 역시 이성이 실패한 심연을 반드시 신앙이 건너가야 하는 지점이 있다는 것을 강조하고 있다. 다시 말해서, 존재에 대한 신약성경 해석은 하이데거의 "실존주의"와 같지 않다. 왜냐하면, 신약성서는 이 수수께끼를 결단으로서 풀지 않고 은혜로 해결한다고 주장하기 때문이다.(ibid.28-33) 역시 아퀴나스에게 대해서도, 하나님에 대해서 이성으로 우리가 알 수 있는 많은 것들이 있다. 하나님에 대한 "구원하는" 지식은 믿음을 필요로 한다. 분명한 논의에 대해서는 다음을 보라. "Aquinas's commentary on Boethius's *De Trinitate in Aquinas,*" in *Faith, Reason and Theology*, trans. Armand Maurer (Toronto: Pontifical Institute of Miedieval Studies, 1987), Q1.A4; Q3.A1,4.

리스토텔레스와 같은 지위의 철학자라는 것이다.^{역주}

이 비신화화의 과정에서 일어나는 것은 괄목할만한 이야기다. 놀랍게도, 모든 비신화화가 언급되고 행해질 때, 불트만은 하이데거가 20세기에 중립적인 언어로 말하는 바로 그것을 신약성경이 신화적인 언어로 말하고 있다는 사실에 놀란다. 그는 말하기를 "무엇보다도, 존재의 존재론적 구조에 대한 실존주의의 분석은 인생에 대한 신약성경의 세속화된 그리고 철학적인 버전 이상의 것이 아니다."[201] 그러나 불트만은 그의 철학의 중립성과 비신학적인 성격에 대한 하이데거의 이해를 빌려오고 있었기 때문에, 그것이 신약성경의 세속화된 버전이 아니었음을 알았다. 하이데거의 설명에 따르면, 그것은 존재론적 구조에 대한 엄격하게 중립적인, 심지어 무신론적인 분석이었다. 불트만은 계속해서 말을 잇는다.

> 어떤 비평가들은 내가 하이데거의 범주들을 빌려다가 신약성서에 억지로 끼워 맞추고 있다고 반대한다. 나는 이것은 단지 그들이 진정한 문제에 눈을 감고 있다는 것을 보여주는 것뿐이라고 생각한다. 내가 말하고자 하는 바는, 철학이 신약성서와 같은 말을 하고 있고, **그것을 매우 독립적으로 말하고 있다**는 사실에 우리가 놀라야 한다는 뜻이다.[202]

이처럼 불안과 본래성에 감싸인 신약성서의 케리그마의 근본적인 구조에 마침내 도달했을 때, 그는 이것이 단순히 신화가 아닌 것을 알았다. 대신에 하이데거도 같은 말을 하고 있었고 그것이 "매우 독립적"이라고 말하고 있었기 때문에 인간 존재의 바로 그 구조라고 확신했다.

그러나 불트만의 비신화화는 그가 "방법론적 무신론"의 개념을 발전

---

201) Bultmann, "New Testament and Mythology," 24.
202) Ibid., 25, 강조는 추가.

시켰던 그의 초기 작품에서 하이데거의 철학이 주장하는 종교적 중립성의 신화를 수용함으로 가능했다. 그것은 단순한 무신론이 아니고, 심지어 기독교 무신론이라 할 만한 것이다. 즉, 철학자와 동시에 기독교인이 된다는 묘수, 즉 무신론자이면서 동시에 여전히 종교적임을 의미하는 그 묘수를 가진 사람의 무신론이다. 중요한 문제는 신앙과 철학 사이의 관계이다. 그리고 하이데거가 무신론을 설교하는 것은 바로 이 지점이다. 가령, 1921~22년 겨울 학기에 하이데거는 다음과 같이 주장한다.

> 질문을 함Fraglichkeit은 종교적이 아니다. 그러나 그것은 나를 종교적인 결정을 해야 하는 입장으로 인도한다. 나는 철학을 하면서 종교적으로 행동하지 않는다. 비록 내가 철학자로서 종교적일 수 있지만 말이다. "그러나 여기에 기교가 있다." 철학한다는 것 그리고 그것에 의해서 진정 종교적이 된다는 것은, 다시 말해 종교적 이데올로기나 환상에서가 아니라, 행동 안에서 그리고 행동의 세계 안에서 철학을 하면서 자신의 세계적, 역사적 임무를 사실적으로 수행한다는 것이다. 철학은 그것의 근본적인 자기 부과적인 질문 안에서 원칙적으로 무신론적이어야 한다.PIA 197

철학은 근본적으로 질문하는 것이다. 그러나 진정으로 질문하기 위해서는, 또 자신의 질문을 심연의 가장자리까지 질문하기 위해서는, 우리는 무신론자가 되어야 한다. 왜냐하면, 신앙은 너무도 빨리 답을 주기 때문이다. 십 년이 지난 1935년에까지도 하이데거는 다음과 같이 이 방법론적 무신론의 원칙을 주장한다.

> 성경이 신적 계시이고 진리라고 생각하는 사람은 누구나 "왜 아무 것

도 없지 않고 무엇인가 존재하는가?"라는 질문에 그것이 질문되기도 전에 이미 답을 가지고 있다. 하나님 자신을 제외하고는 존재하는 모든 것이 그에 의해서 창조되었다… 그러한 신앙을 고수하는 사람은 어떤 방식으로든 우리가 하는 질문에 참여하고 있는 것이다. 그러나 그가 신자이기를 그만 두지 않고는 그리고 신자로서의 발걸음이 가져온 모든 결과를 제거하지 않고는 진정한 질문을 던질 수 없다. 그는 단지 "그럴 것 같이" 행동할 수만 있을 것이다.[203]

신앙과 철학은 치명적인 적들이다. 사실 "신앙은 너무나도 절대적으로 치명적인 적이어서 철학은 그것과 어떤 방식으로든 싸울 엄두도 내지 못한다."[204] "철학자는 믿지 않는다."[205] 그가 믿을 수 없는 것은, 철학이 가진 질문하는 본성과 신앙이 근본적으로 대립되기 때문이다. 만일 철학이 "사실적 삶이 스스로를 말하게" 할 것이라면, 그것은 "**근본적으로 무신론적**"PIRA 367이어야 한다. 이것이 바로 "기독교 철학"의 이념이 원이 사각형이 될 수 없는 것처럼 "불가능한 것"인 이유이다.[206] 또한, 현재 고찰에서 가장 중요한 것은, 타락됨, 불안, 의식에 대한 존재론적 분석이 신학적 설명과 혼동되어서는 안 되는 이유이다. 하이데거의 담론은 신앙

203) Martin Heidegger, *Introduction to Metaphysics, trans. Ralph Manheim* (New Haven, Conn.: Yale University Press, 1959), 7. Caputo는 이 비판과 초기 프라이부르그 강의들 사이에서 불연속성을 본다. 그러나 나는 기독교 철학에 대한 두 비판들은 철학을 근본적으로 질문하는 것으로 보는 하이데거의 이해에 뿌리를 박고 있다고 제안한다. 다음을 보라. Caputo, *Demy-thologizing Heidegger*, 43, 174–78. 우연히, 그를 결국 신앙으로 이끈 것은 Derrida의, 일련의 질문의 모음인 『정신에 대하여』에서 문제시한 바로 '질문'에 대한 특권화 이다.(OS 129–30)

204) Martin Heidegger, *Phänomenologie und Theologie* (Frankfurt: Vittorio Klostermann, 1970), 32. 이러한 대립은 루터가 취한 믿음의 어리석음에 대한 바울의 말에 뿌리를 내리고 있다.(고전 1:18–25) 논의에 대해서 다음을 보라. John van Buren, "Martin Heidegger, Martin Luther," in *Reading Heidegger from the Start: Essays in His Earliest Thought*, ed. Theodore Kisiel and John van Buren (Albany, N.Y.: SUNY Press, 1994), 167–68.

205) Martin Heidegger, *The concept of Time*, trans. William McNeill, German–English ed. (Oxford: Blackwell, 1992), 1.

206) Heidegger, *Phänomenologie und Theologie*, 32 그리고 *Introduction to Metaphysics*, 7.

과 종교의 흔적에서 물들거나 오염되지 않은 "순수한" 것이다.

하이데거의 신앙

나는 불트만이 받아들인 이야기를 빌리고 싶지 않다. 키지엘Theodore
Kisiel, 반 뷰렌John van Buren 그리고 카퓨토Caputo의 연구가 보여주는 것처
럼, 하이데거는 불트만이 생각하듯이 이러한 구조들을 독립적인 것으로
우연히 발견한 것이 아니었다. 1917년부터 줄곧, 하이데거는 개신교 신
학에 관심을 쏟고 루터의 저술에 특히 애착을 갖는다.[207] 그의 "아리스토
텔레스-입문"은 "루터의 초기 신학적 기간"으로부터 "현상학적 파괴"의
과업을 갖고 있다. 사실 전체 분석은 "종교개혁 신학"이 함축하고 있는
의미들에 뿌리를 두고 있다.PIRA 372-73 또한 우리는 하이데거의 타락, 염
려, 불안, 도피 그리고 양심을 포함한 타락됨의 기술에서 사용되는 많은
용어들을 바로 루터의 『로마서 주석』, 『하이델베르크 논쟁』 그리고 『창
세기 주석』에서 발견한다.[208] 그리고 가장 최근에 우리는 하이데거의 저
술에서 그의 "존재론적" 분석이 어거스틴의 『고백론』에서 기원되었다는
것을 보게 된다.[209]

현재의 맥락에서 키지엘Kisiel과 반 뷰렌van Buren이 끌어 낸 막대한 데이
터를 다시 되풀이하는 것은 필요치 않다. 바울, 어거스틴, 루터 그리고
키에르케고르에 대한 그의 신학적 읽기가 하이데거의 초기 사상에 영향
을 미쳤다는 것은 하이데거 연구에서 의심할 여지없는 사실이 되었다.
이것은 그 자신이 1959년, 신학적 배경 없이는 자신은 결코 해석학적 주

---

207) Kisiel의 *Genesis*에 있는 종교 현상학에 관한 하이데거의 독서 리스트를 보아라, 525-26.
208) Van Buren, "Martin Heidegger, Martin Luther," 170.
209) 이것들은 Gesamtausgabe band 60., *Phänomenologie des Religisen Lebens*의 가장 최근에 발행
된 것이 포함된 것들이다. 이것은 1921년 여름 학기 강좌를 포함하고 있다. *Augustinus und
der Neuplatonismus*, ed. Hg.Claudius Strube (Frankfurt: Vittorio Klostermann, 1955), 157-299.

제에 부딪히지 않았을 것이라고 언급했고 주장했던 점이다.[210] 그러나 하이데거는 그의 철학적 결론들은 신학적 또는 종교적 영향들과는 "상당히 독립적"으로 도달했었다고 주장했다. 결국, 이것은 철학이다. 그리고 철학은 신앙과 하등 상관이 없다. 아마도 하이데거는 그의 기획의 핵심부에 놓여 있는 것을 단호히 부인하는 것 같다.[211]

그러나 한 번 더 나는 하이데거의 이야기를 빌리지 않는다. 왜냐하면, 나는 방법론적 무신론을 받아들이지 않기 때문이다. 『존재와 시간』은 결국 어떤 이들이 제시했지만, 불트만이 거부한 것을 다룬다고 하겠다. 그것은 다름 아닌 신약 성경의 세속화다. 하이데거는 "형식화"라고 말할 것이다. 카퓨토는 다음과 같이 잘 요약하고 있다.

> 기독교 신학자들이 『존재와 시간』의 페이지들을 들여다 볼 때, 그들은 그들 자신의 이미지를 바라보고 있는 것을 발견하게 된다.—형식화되고, 존재론화 되고, 또는 "비신화화 된" 모습들이… 불트만이 『존재와 시간』을 기독교 신학에 적용했을 때, 그는 실존 분석을 "비형식화하고" 그리고 그것을 역사적으로 구체적인, 실존적인 이상, 즉 역사적 기독교의 관점에서 표현하고 있었다. 이 비형식화가 잘 작동했던 것은 실존 분석이 우선적으로 그리고 그 자체로 어떤 부분에서도 기독교적 사실적 삶을 형식화하려는 문제가 아니기 때문이다. 불트만은 전반적으로 『존재와 시간』이 우선 초래한 과정을 뒤집고 있다.[212]

---

210) Martin Heidegger, "A Dialogue on Language Between a Japanese and an Inquirer," in *On the Way to Language*, trans.Peter D.Hertz (New York: Harper & Row, 1971), 9−10.

211) BT 151과 비교하라. "아마도 다자인이 자기 자신에게 가장 가깝게 스스로에게 말할 때, 그것은 늘 '나는 이 실재다'라고 말하고 결국에 가서 그것이 이 실재가 '아닐 때' 가장 크게 말한다."

212) Caputo, *Demythologizing Heidegger*, 173. 데리다는 비슷한 관찰을 하고 있다. "특히 『존재와 시간』에서 동일한 하이데거식 사고가 존재론적 수준에서 "탈−기독교화된" 기독교적 주제와 텍스트들이 반복되고 있다. 그러한 주제들과 텍스트들은(가령, 타락의 지위, 본래적 그리고 비본래적인 것 사이의 차이, 또는 타락[Verfallen]) 그 자신의 원래 가능성이 일자로의 존재적, 인간학적 회복으로 제시된다. 그 회복은 염려(sollicitudo)와 마음씀이거

이것이 인정되는 순간, 하이데거의 타락됨에 대한 해석그의 해석에 대한 해석 그리고 상호주관성에 대한 그의 해석은 결국 매우 "중립적"이거나 "순수한" 것으로 드러난다. 오히려 탈신화화 그리고 재신화화를 촉구하는 하나의 신화다.

이 시점에서 우리는 하이데거에 거슬러 하이데거를 읽으면서, 그리고 종교적 중립성의 신화를 떨쳐버리면서 두 번째 비신화화에 착수할 수 있다. 철학이 매우 순수하기 때문인가? 자율적 철학의 이념이 바로 하이데거 자신의 저술이 싸우고 있었던 바로 그것이 아닌가? 철학에서 전제들과 선이해의 역할을 강조한 사람이 바로 하이데거가 아닌가? 이런 다자인의 신앙행위는 하이데거가 신화적이라고 공언한 선형적, 논리적 자아로의 환원과 유사하지 않는가? 내가 철학을 할 때 믿는 것을 중단할 수 있는가? 그런가?

여기서 나는 하이데거가 신앙과 철학을 논하고 있을 때 그는 자신의 사고가 이끌 여정으로부터 뒤로 물러날 것을 제안할 것이다. 하이데거의 초기 저작 전체는 우리가 몸에서 벗어난 자아가 아니라 세계 속에 사는 인간 존재들이고 그 환경으로부터 우리 자신을 외삽外揷할 수 없다는 것을 보여주고 있다. 비록 그것이 이론적인 학문Wissenshaft라고 할지라도, 철학은 순수하고, 섞이지 않는 선험적 과학이 아니다. 그의 저작이 계속 보여주고 있는 것처럼, 이론은 편견에서 "철학 외적" 헌신으로부터 자유롭지 못하다. 그것이 젊은 하이데거가 철학으로부터 신앙의 영향을 배제해야 한다고 주장한 바로 그 이유다. 그러나 이 시점에서 그 해체에서 주축적인 역할을 했던 사람의 저작에서 계몽주의 합리주의의 또 다른 흔적이 발견되지 않는가? 더 고집스런 해석학적 현상학이 철학함에서 신앙

나, 보는 것과 호기심을 갖는 것의 즐거움이거나, 본래적인 또는 통속적인 시간이거나, 불가타 성경, 성 어거스틴 또는 키에르케고르의 텍스트가 주는 즐거움이거나 다 마찬가지다.(Jacque Derrida, *The Gift of Death*, trans. David Wills, Chicago: University of Chicago Press, 1995, 23)

의 역할을 높이 사지 않을까?[213]

하이데거와 다르게 신약성경 읽기

다음 부분에서 나의 목표는 상호주관성과 해석학을 의도적으로 중립적으로 읽으려고 하는 하이데거의 배후에서 움직이는 신화^{종교적 헌신}를 벗겨 내는 것이다. 나는 이것을 통해 다른 신화, 또 다른 상호주관성의 이야기를 위한 공간을 열고자 한다. 그러나 두 번째로, 하이데거가 자신의 해석에 대한 해석이 그것의 추동력을 기독교 전통에 빚졌다는 점을 인정했었기 때문에, 우리는 반드시 이 영향이 기독교 전통의 한 특정한 측면에서 온 것임을 강조해야 한다. 하지만, 이것은 가장 영향력 있는 전통에서 온 것이다. 이 전통의 계보학은 어거스틴, 루터 그리고 키에르케고르에 의해서 해석된 바울에서 연유한다. 이 계보는 『존재와 시간』에서 추적되었다. "어거스틴… 루터… 키에르케고르…"BT 492 n. iv 이것은 『하이델베르크 논쟁』의 시작에서 루터의 계보학과 조응한다. 거기에서 그는 "그리스도에게서 특별하게 선택된 그릇과 도구로서의 바울 그리고 역시 그의 가장 신뢰할만한 해석자로 성 어거스틴"[214]에 호소하고 있다. 이처럼 하이데거의 역사적 기독교와 신약성서의 읽기는 특정한 해석적 전통의 렌즈를 통과하고 있다. 이 전통은 이야기의 다른 말하기를 배제하는 전통이다. 키지엘과 반 뷰렌은 하이데거가 "원초적 기독교"를 되살리고 있다고 주장하는데, 나는 **누구의** 원초적 기독교인가? 라고 물을 것이다.

---

213) 이 비판을 더 발전시킨 것과 대안적, 건설적 제안에 대해서는 나의 다음의 글을 보라. "The Art of Christian Atheism: Faith and Philosophy in Early Heidegger," *Faith and Philosophy* 14 (1997): 71–81.

214) Martin Luther, *Heidelberg Disputation, in Luther's Works*, ed. j.Pelikan(St. louis: Concordia, 1955), 31:39

이어지는 장에서, 나는 하이데거가 특정한 해석적 전통에 의존하고 있다는 사실을 제시할 것이다. 바로 이 해석적 전통에 속해 있기 때문에 하이데거는 타락을 절대화하고 존재론화 함으로써 인간 존재를 평가절하하고 있고, 그것이 해석에 영향을 준다고 생각한다. 그러나 그러한 해석적 전통은 바울의 계보에 속한다고 주장하지만 바울 저작을 선택적으로 읽는 것을 대표하는 것 같다고 언급하는 것이 중요하다. 그리고 내 기획에서 더욱 중요한 것은, "어거스틴주의적" 유산을 물려받았다고 주장하고 있지만 사실 그것은 어거스틴에 대한 왜곡이라는 것이다. 이러한 왜곡이 일어나는 것은 어거스틴의 성서적 사고가 그가 이용하는 신플라톤주의의 범주들을 해체하고 있다는 것을 보기 못하기 때문이다. 5장에서, 나는 이 어거스틴에 대한 오독은 장세니우스적인 어거스틴의 제자들인 블레즈 파스칼과 앙뚜안 아르노Antoin Arnauld의 포르루아얄Port Royal 전통으로 거슬러 올라갈 수 있음을 제안할 것이다. 장세니우스의 어거스틴은 어거스틴의 이름으로 우리에게 비어거스틴적 "체계"를 제시한다. 결과는 타락을 "자연화" 또는 "존재론화"하는 것으로 기술할 수 있을 것이다.

하이데거와는 다르게 다른 렌즈를 통해서 신약성서를 읽는 것이 나의 목적이 될 것이다. 이 특권화 된 노선과는 다른, 따라서 억압되고 주변화된 해석적 전통의 렌즈를 통해서 신약성서를 읽을 것이다. 이 다른 해석적 전통은 야코부스 아르미누스Jacobus Arminius와 요한 웨슬레John Wesley의 이름을 포함해서 억압되어 있던 지식들의 계보를 추적하는 가운데 주변부로부터의 목소리, 특히 오순절과 성결Holiness 전통을 통해서 드러난다.[215] 이

---

215) 이 대안적 역사를 추적하면서 나는 Michel Foucault를 따른다. "Two Lectures, "in *Critique and Power: Recasting the Foucault/Habermas Debate*, ed. Michael Kelly (Cambridge, Mass: MIT Press, 1994), 17–46. 복음주의 신학에 의해서 이러한 목소리들이 주변화된 것에 대한 설명으로는 다음을 보라. James K. A Smith, "Closing the Book: Pentecostals, Evangelicals and the Sacred Writings," *Journal of Pentecostal Theology* 11 (1997): 49–71; 그리고 "Scandalizing Theology: A Pentecostal Response to Noll's Scandal," *Pneuma: Journal of the Society for Pente-*

대안적 또는 대항 역사는 그 자체로 바울을 다르게 읽는 것으로, 위에서 언급한 루터교적 해석 계열을 문제 삼는다. 다시 말해서, 하이데거의 복권은 "원시 기독교"를 되살리는 것이 결코 아니며, 그것은 바울 전통의 단순한 전유조차도 아니라는 것이다. 왜냐하면, 바울과 바울의 전통 자체도 다양한 형태의 체계로 이루어져 있기 때문이다.

하이데거가 아리스토텔레스적 기독교에 대한 그의 **해체**Destruktion에서는 루터를 따르고 있지만, 기독교의 플라톤주의에는 손을 대지 않았다. 따라서 세계 속에 있다는 것은 타락되고, 세계 속에 흡수되어 있다는 뜻이다. 타락은 세계/피조물이 본질적으로 그리고 구조적으로 타락하고, 따라서 해석학을 필요로 하는 사태가 타락되고 폭력적이다. 오히려 에덴동산은 플로티누스적인 타락 상태에 있다.[216] 1923년 여름 학기에 하이데거는 루터를 따라서 타락은 "그 자체로 **구성적**이다!"OHF 27라는 사실을 강조한다. 그리고 그는 강좌 노트에서 타락을 "절대적인" 것으로 기술하고, "무엇보다도" 바울을 가리키고 있다.OHF 111 루터와 하이데거에게 있어서 세계-내-존재는 바울에게 귀속되는 개념인 본질적 타락 상태에 의해 특징지어 진다.

그러한 생각들을 바울에게 귀속시키는 것은 전적인 보장이 없다. 유르겐 베커Jürgen Becker는 하이데거에 있어서처럼 바울에게도, 타락 전에 세상에 대해서 어떤 고찰도 없다는 것을 관찰했다. 바울의 아담은 이미 타락한 인류를 대표하고 있다.[217] 그리고 이것이 단지 바울의 "한 측면"만을 나타내지만, 그것은 밀뱅크가 하이데거에게 있어서 발렌티누스Valentinus의 목소리를 듣는 이상, 루터와 하이데거에게서 지속되는 그 전통의

costal Studies 195 (1997): 225–38.

216) Edith Wyschogrod도 역시 하이데거에 있어서 신-플라톤주의적 전통의 계기를 시사한다. 그녀의 다음 책을 보아라. *Saint and Postmodernism* (Chicago: University of Chicago Press, 1990): 225–38.

217)Jürgen Becker, *Paul: Apostle to the Gentiles*, trans. O.C. Dean Jr. (Louisville, Ky.: Westminster John Knox, 1993), 381.

한 측면이다.

> 비형이상학적 그리고 비존재론적 측면에서 존재론적 차이를 논하면서, 하이데거는 그 자신의 종교를 발명한 것에 성공했던 것 같다. 사실, 역사적이 아니라 존재론적 타락의 개념에서는, 신적 플레로마pleroma 안에서 원초적 재난의 개념에 있어서는 발렌티누스적 그노시스의 많은 반향이 보이고, 또 삼위일체 자체에서 욕구의 활동 안에서 일어나는 것으로 이해되는 그의 악에 대한 개념들에 있어서는 야콥 보헴Jacob Bohme의 목소리를 크게 반향하고 있다.[218]

그렇다면 해석학이란 인간 존재의 피할 수 없는 측면이다. 그러나 하이데거에 있어서 타락은 역시 세계에 대한 구성적 또는 구조적 계기이다. 이 읽기가 바울이나 바울 전통의 한 측면에 기대고 있지만, 나의 창조-성령적 해석학은 바울과 **또 다른** 어거스틴에서 비롯되지만 그 계보를 더 주변적 노선으로 거슬러 올라가는 어떤 대안적, 비非플라톤주의적 해석적 전통을 복권시키는 시도이다. 이 전통에서5장에서 더 완전히 논의할 것이다 타락은 세계에 대한 구조적이거나 존재론적 측면이 아니고, 선한 창조에 일어난 역사적 우연적 깨어짐이다. 있는 그대로, 해석학은 반드시 폭력적으로 해석되지 않고 결합을 위한 가능성을 열어주는 공간으로 해석된다. 해석학은 에덴동산 안으로의 타락의 기호가 아니라. 오히려, 타자와 공유되는 초대이다.

---

218) Milbank, *Theology and Social Theory*, 302.

4장 에덴적 폭력

마르틴 하이데거의 해석에 대한 해석은 내가 폭력적인 매개 모델이라고 앞서 기술했던 해석학 모델의 씨앗을 대표하고 있다. 이 모델은 해석의 보편적 성격이 인간 존재의 불가피한 측면이지만, 동시에 그러한 조건이 불가피한 폭력의 원천이라고 인정한다. "태초에 해석이 있었다"라고 데리다는 쓰고 있다.[219] 다시 말해, 에덴에서는 해석, 즉 아담이 하와 그리고 하나님를 해석그리고 오해하면서, 인간 사이의 해석적 교류가 있었다는 것이다.

그러나 데리다의 해석에 대한 해석은 아직 나의 창조-성령 모델은 아니다. 왜냐하면, 이 장에서 증명해 보이겠지만, 그는 "태초에 해석학이 있다"라고 주장하는 동시에 "태초에 폭력이 있다"라고 공언하기 때문이다. 해석학을 우연적인 타락 이후의 역사라고 강등시켜버리는 1부에서 모델들과 달리 해석이 **에덴**에 있을 때 에덴 자체는 이미 타락으로 오염되어 있다. 그러나 에덴 **안에서의** 타락이지 에덴**으로부터의** 타락은 아니다. 정원은 이미 폭력에 전염되어 있고, 그리고 인간의 상호 주관적 관계는 "본질적으로" 그리고 반드시 타인에 대한 폭력이다. 인간이 된다는 것은 야만적인 해석학자가 된다는 것이다. 인간에게 읽는다는 것은 언제

---

219) Jacques Derrida, "Edmond Jabé and the Question of the Book," in *Writing and Difference*, trans: Alan Bass (Chicago: University of Chicago Press, 1978), 67.

나 불가피하게 폭력이라는 죄를 짓는다는 것이다.

이 장에서 나는 데리다의 초기 저술에 속한 『문자학에 관해서』*Of Grammatology*를 중심으로 그의 다른 글들과 함께 데리다의 해석학에 대한 해석을 탐구하고 싶다. 이 장의 전반부에서는 대체적으로 데리다에 있어서 글쓰기, 폭력과 상호주관성 사이의 연관 관계를 설명하게 될 것이다.그리고 이차적으로, 엠마누엘 레비나스도 그 다음 데리다의 무한한 보충supplement의 해석학을 비판하면서, 그의 제안에 지속적으로 나타나는 영spirit/ghost을 간략히 살펴보려고 한다.

글쓰기에 대한 데리다의 독해

글쓰기와 해석에 대한 데리다의 이해로 관심을 돌리면서, 우리는 그의 철학적 담론이 특정한 철학적, 신학적 전통을 계속해서 읽고 있는 것임을 강조해야만 한다. 이 전통은 데리다의 "건설적인" 주장들의 밑바탕이 되고 있다. 따라서 그의 글쓰기에 대한 생각들은 그가 서구 형이상학의 "로고스 중심주의적인" 전통이라고 하는 지평과 씨름하는 가운데 표현되고 있다. 이 해체적 비평에서 저자의 목소리들을 간추려 내는 것은 힘겨운 일이다. 하지만, 그러한 수고는 데리다가 그가 해체하고자 하는 것을 데리다 자신 탓으로 돌리는 것을 피하기 위해서 필요하다.[220]

데리다는 플라톤의 『파에드로스』에서 시작해서 헤겔의 『백과사전』 그리고 소쉬르의 『일반 언어학 강의』에 이르는 철학적 전통과 씨름한다. 그는 서양 철학 또는 존재 신학적 전통이 글쓰기보다 **목소리**에 특권을 부여하고, 목소리를 "완전한 현존"에 직접적으로 접근하는 장소로서 본다고 주장한다. 데리다에게 완전한 현존이라는 것은 신비에 대한 부정과

---

220) 데리다에 대한 입문과 특히 언어와 글쓰기에 대한 그의 설명으로는 다음의 책을 보라. James K.A.Smith, *Jacques Derrida: Live Theory* (London: Continuum, 2005).

연결되어 있다. 사고와 말 그리고 글쓰기 사이의 관계에 대한 서구의 탐구들은 아리스토텔레스가 말한 다음의 금언에 대한 주석으로 보일 것 같다.

> 말해진 단어들은 정신적 경험의 상징들이고 쓰인 말은 말해진 단어들의 상징들이다. 모든 사람이 같은 글쓰기를 가지고 있지 않는 것처럼, 모든 사람은 같은 말의 음성을 가지고 있지 않다. 그러나 이것들이 직접적으로 상징화하는 정신적 경험들은 모두에게 동일하다. 이것은 우리가 사물들을 그것들의 이미지로서 경험할 때도 마찬가지다.[221]

말은 "직접적으로" 사고를 "기호화한다." 반면 글로 쓰인 말들은 상징들의 상징으로, 실재에서 두 번 떨어진, 퇴락한 이차적인 장소다. 소쉬르의 언어학의 틀에서 말은 의미된 것signified의 의미를 표현하는 기호signifier 다. 반면 글은 의미하는 것의 의미하는 것이다.[222] 목소리phone는 세계를 있는 그대로 "실재로" 전달해 주는 실재에 대한 거울로 생각된다. 말/음성 중심주의logo/phonocentrism의 역사에서, 글쓰기는 부수적이고 도구적인 위치에 갇혀 있었다. 다시 말해 글은 완전히 **현존하는**자기 자신에게, 그것의 기의에게, 타자에게, 이것들이 현존이라는 주제 일반의 조건이다 완전한 말의 번역자, 언어에 봉사하는 기술, 대변인, 해석으로부터 보호되는 원래의 자기 자신 대한 해석자다.OG 8

그렇다면 그 전통에서, 글쓰기는 해석과 매개와 연결되어 있고, 반면

---

221) Aristotle, *De Interpretation* 16a3–8, in *The Basic Works of Aristotle*, ed. Richard McKeon (New York: Random House, 1941).

222) Ferdinand Saussure를 이해하는데 Kerryl Lynne Henderson의 도움을 받았다. "Ferdinant de Saussure: Friend or Foe?" *Glass* 8(1933): 12–19; 그리고 Stephen D. Moore의 *Poststructuralism and the New Testament* (Philadelphia: Fortress, 1944), 13–41. *Of Grammatology*의 맥락을 제공하는 구조주의에 대해서 Bill Stancil, "Structuralism," in *New Testament Criticism and Interpretation*, ed. David Alan Black과 David S. Dockery(Grand Rapids, Mich.: Zondervan, 1991), 319–44에서 도움을 얻었다.

말은 해석과는 별개로 "사물들"에 매개되지 않은 채 접근하는 것으로 생각된다. 계속해서 그는 말한다. "이처럼 로고스의 시대는 글쓰기를 매개를 매개하는 것으로서 그리고 의미가 외부화 되면서 퇴락된 것으로 간주한다. 그리고 이 글쓰기를 비하한다."OG 12-13 "이와 같이, 이 시대 안에서는 일기와 글쓰기, 생산과 기호의 해석, 기호들의 조직으로서의 텍스트 일반은 부수적인 수준에 머물러 있도록 허용한다."OG 14 그렇게 글쓰기와 해석은 타락 상태의 이차적, 파생적 지위로 격하된다. 즉, 단순히 "로고스의 근처에서 영원히 사고되고 말해진 영원한 진리를 표시하는 기표 자체를 의미하는 하나의 기호"OG 15가 된다. 말이 해석에서 자유롭다고 생각되는 한, 인간의 상호 주관적 관계는 역시 해석적 상부구조, 해석학의 매개됨, 글쓰기에 의해 초래된 전염병에서 자유롭다. 제네바로부터 온 설교자쇠르는 "글쓰기에 의한 오염"을 폭력적인 이단, 즉 "원형적 폭력–내부에서 일어난 **외부로의 분출**", 신체가 영혼을 강탈함으로 초래된 폭력이라고 고발한다.OG 34-35

그 전통에서 글쓰기는 언어에 가해지는 하나의 폭력이다. 하지만, 장자끄 루소Jean Jacques Rousseau가 암시하듯이 글은 말을 대신하는 것으로 끝나는 필요한 폭력, 즉 말에 대한 하나의 보충일지라도 말이다.OG 144-52 글쓰기는 불가피하게 발전되었지만, 사실 그것은 순수한 말의 타락한 형태이다. 즉, 글쓰기는 언어에 **외부적인** 것이고, 우연적이고 올바른 길을 벗어난 것이다. 데리다는 다음과 같이 말한다. "루소는 글쓰기를 위험한 수단, 위협적인 보조도구, 곤경의 상황에 대한 비판적 반응으로 간주한다. 자연스럽게 우리 곁에 있는 자연으로의 접근이 차단될 때, 말이 현존을 보호하지 못할 때, 글쓰기가 필요해진다. 그것은 다급하게 말에 더해진다." 글쓰기는 "자연스러운 것이 아니다. 그것은 말에 대한 사고의 직접적 현존을 재현再現으로 전환시킨다."OG 144 글쓰기는 있는 것을 다시 표현하기 때문에, 파생적이다.

데리다의 철학적 기획은 서구의 이 문자 중심주의라는 지평에 대항하고 있다. 그의 해체 작업은 모든 인간의 담화의 해석됨을 드러냄으로써 해석과 매개에 의해서 방해를 받지 않는 말 즉, 순수한 목소리의 신화를 벗겨내는 것이다. 다시 말해서 "글쓰기에 부과된 이차성은 모든 기의記意 일반에 영향을 주고, 그것들에 항상 이미 영향을 주고 있다."[OG 7] **의미된 것**signified,기의 記意은 항상 그리고 이미 하나의 **기표**記標, signifier이다. 그래서 글쓰기에 대한 전통적인 정의인 "기표의 기표"는 "말과 우연적으로 짝지어진 것으로, 그리고 타락 상태에 있는 이차적인 것으로 더 이상 정의되지 않는다." 반대로, 그것은 언어의 기원이고 따라서 역시 말을 특징짓는 것이다.[OG 7] 데리다는 글쓰기와 그것의 폭력과의 연관에 대한 전통적인 정의를 문제 삼지 않는다. 그가 도전하고 있는 것은 이것을 단지 "일상적인 의미로" 글쓰기에 귀속시키는 것이다.

> 따라서 이 전통을 해체하는 것은 그것을 뒤집는 것, 글쓰기를 무죄한 것으로 만드는 것이 아니다. 오히려 글쓰기라는 폭력이 순수한 언어에 **닥치지** 않는지를 보여주는데 있다. 글쓰기라는 원초적인 폭력이 있다. 왜냐하면, 언어라는 것은 내가 점차로 밝히겠지만 우선 어떤 의미에서 글쓰기이기 때문이다. "탈취"는 항상 그리고 이미 시작되었다.[OG 37]

그가 우리에게 "계시해 주는 것"은 하나의 글쓰기가 있다는 것이다. 그리고 해석의 필요가 있다는 것이다. 그것은 말에 앞선다. 그는 말을 "원형적 글"이라고 기술한다.[OG 56] 즉, 모든 언어가 그것으로 구성되어 있는 하나의 글쓰기다. 글쓰기는 순수한 말의 외부에 있는 것이 아니고, 이미

언어의 내부 속에 있고, 말이 글로서만 표현될 수 있다는 점에서 우연적이라기보다 본질적이다.OG 52

문자 중심주의적 전통은 글쓰기가 매개적이고, 재현적이기 때문에, "우연한" 것, 일종의 "타락"으로 격하시키지만, 데리다는 이런 생각을 언어 자체로까지 밀고 나간다. 루소는 글쓰기의 보충을 외부적인 것으로 이해하지만, 데리다의 분석에 따르면 그 보충성은 언어에 있어서 고유한 것이고, 항상 이미 매개가 존재한다. 데리다는 "태초에 해석학이 있다고" 밝혀내는 시도를 하고 있다. 그는 "**텍스트 밖에는 아무 것도 없다**"라고 주장한다. 언어가 "지향하는" 어떤 참조점도 없다.OG 158 글쓰기 밖에는 아무 것도 없었다. "보충들밖에는 아무 것도 없었다. 즉, 다양한 준거들의 연쇄에서 나오는 대리적 의미들만 있다. 이것은 '실재적인' 발생이고 덧붙여지는 것으로 하나의 흔적으로부터, 그리고 그 보충을 환기시킴으로서 오는 의미를 떠안으면서만 일어난다."OG 159 우연적인 순간을 특징짓기보다는, 보충성은 구조적인 문제다. OG 219 달리 말하자면, "원초적 차이는 구조로서의 보충성이다."OG 167

그렇다면 데리다에게 "타락"223)은 구조적이다. 이 주제는 다른 곳에서 반복된다. 그의 『우편 엽서』*The Post Card*에 포함된 "발송"이라는 글에서 에서, 가령, 그는 다음과 같이 강조한다. "차이가 존재하기 시작하자마자, 우편제도의 술책, 중개, 지연, 예기, 목적지, 원격통신망, 가능성 그리고 따라서 분실 등, **치명적인 불가피함**이 있다."PC 66, 강조는 추가 224) 그러나

---

223) 이는 주의 깊은 담론(discourse)으로 테두리 지어져야 한다. 인정하건데, 데리다는 글쓰기를 순수하고 원초적인 말로부터의 우연적인 것으로, 타락한 것으로 받아들이고 있다. 그러나 데리다는 이 타락이라는 범주를 "기원"으로까지 밀고 가면서 이 카테고리를 보존하고 있다. "타락"이라는 것은 "원초적"이다. 다시 말하면, 마르틴 하이데거에 있어서 일종의 플로티주스적인 요소라고 할 수 있다. 유사한 제안에 대해서는 다음을 보라. Edith Wyschogrod, *Saint and Postmodernism* (Chicago: University of Chicago Press, 1990), 21–24, 90–92.

224) 1장의 "A Postcard from the Edge: Koivisto Meets Derrida"에서 "Envoi"에 대한 필자의 논의를 보라.

언제 하나의 가능성이 "숙명적 불가피성"이 되었는가? 왜 한 편지가 오지 않을 가능성이 있다는 이유로, 그 편지가 반드시 오지 않는다고 생각해야 하는가?

데리다는 그가 어떤 것이 그것의 종착지에 다다를 수 있다는 것을 증명할 수 없음을 인정한다. 그는 항상 다음과 같이 말할 것이다. "한 편지는 늘 수신지에 도달할 수 있는 것은 아니다." 이런 식에 이해는 데리다의 주장을 희석시킬 수 있고, 데리다가 궁극적으로 뜻하는 바도 아니다. 그는 그의 생각을 후기에서 내비친다. 그는 다음과 같이 적고 있다. "도착하지 않을 수 있기 위해서는 그 자체 내에 힘과 구조, 도착지의 잘못 들어설 수 있다는 가능성을 안고 있어야 한다. 따라서 우편물은 반드시 어떤 방식으로든 역시 도착해서는 안 된다."PC 123 데리다에게 문제는 우편 제도 바로 그 구조 자체에 파고 들어있다. 그 우편 시스템은 그것이 기호와 기표들의 시스템의 구조의 고유한 한 요소임을 말해야 하는 시스템이다. 행방을 잃을 "가능성"은 구조적 문제이기 때문에 우편이 행방을 잃는 것은 필연적이다.

그 전통은 해석학의 매개됨이 "일상적 의미로"의 글쓰기 탓으로 돌리지만, 해석학의 매개됨은 언어의 기원에서부터 시작했다. 다시 말해서, 데리다에게 언어는 그 기원에서부터 뒤틀렸다는 것을 의미한다.[225]

> 만일 우리가 언어의 기원에서 발생한 차이를 고려한다면, 계속해서 퇴락하고 변질되는 이 역사가 어떤 전역사도 가지고 있지 않다는 것을 말해야만 한다. 분리, 목소리와 노래의 단절로서의 퇴락은 항상 이미 시작했었다. 우리는 루소의 모든 글들이 기원을 종말의 시작으로, 퇴락의 시작으로 기술하고 있다는 것을 보게 될 것이다. 하지만, 그 기술

---

225) "우선 돌판을 깨는 것은 역사의 기원으로서 하나님 안에서의 균열이다."(Derrida, "Edmond Jabé", 67)

에도 불구하고, 그의 글은 퇴락이 글쓰기의 기원에서 규정되지 않은 것처럼, 그리고 악이 선한 기원에 **닥친것처럼** 모호한 태도를 취함으로 텍스트는 뒤틀린다.OG 199

데리다의 프로젝트는 "~인 것처럼" 행동하는 것을 포기하고 원초적 퇴락의 현실에 직면하는 것이다. 따라서 그는 자신의 『문자학에 관해서』가 "뛰어 넘을 수 없는 언어의 구조적 불가피성에 대한 이론"으로서 읽어질 수 있을 것이라고 제안한다. 원문자原文字, arche-writing는 언어의 근본에서 균열과 분리. 이것은 "거친 공간적 원리"로 "원래 부수적이고 본질상 우연적인 것"이다.OG 200

그런데, 이 해체 전체에 걸쳐서, 데리다는 글쓰기를 표상적, 매개적 그리고 따라서 해석을 요구하는 것으로 계속해서 받아들인다. 다시 말해, 그가 "뒤틀림"회전, 속임수, 굴절이라는 말을 통해서 강조하는 바는 이 요소들이 언어 자체를 구성하고 있다는 사실이다. 따라서 그는 원문자 또는 원형적 또는 전원형적 글을 설정하고 있다. 그가 수용하고 있는 전통의 두 번째 측면은 글쓰기와 폭력 사이의 연관 관계이다. 루소와 끌로드 레비-스트로스Claude Lévi-Strausse는 글쓰기를 완전히 현존하는 말에 대한 폭력으로 이해한다. 그렇지만 데리다에게 원문자는 말 이전에 이 폭력적인 성격을 보유하고 있다. 루소와 레비-스트로스에게 도전하며 그는 다음과 같이 강조한다.

폭력은 순수한 언어를 놀래주려고 외부로부터 **들어 닥치는** 것이 아니다. 순수한 언어는 질병, 패배, 그리고 타락이라는 사건으로서의 글의 공격을 겪는 것이 아니라, 순수한 언어라는 것 자체가 항상 언어의 원초적 폭력으로, 이미 하나의 글이다. 루소와 레비-스트로스는 그들이 글의 힘을 폭력의 행사와 관련시키는 한 당분간 도전받지 않을 것이다. 그러나 언어와 폭력의 관계를 더 근본적으로 설정하면서, 이 폭력을 자연적으로 순수한 언어에서 **파생한** 것으로 간주하지 않으면, 우리는 폭력과 글쓰기가 하나라는 명제를 폐기해야 한다.OG 106

폭력은 우연적이 아니라 원초적이다. 따라서 우리는 글/폭력을 "쓸" 수 있을 것이다. "폭력은 글쓰기다… 역사 그 자체에 불과한 치명적 사건이다."OG 135 불가피하기 엮여져 있는 읽기와 해석하기도 역시 폭력을 행사하는 것이다.

상호 주관적인 폭력

글쓰기/해석, 또는 글쓰기/폭력으로서의 해석은 원초적 전쟁, 즉 "민족들과 문화들 사이에서 소통을 여는 본질적 대결"에 뿌리를 내리고 있다."OG 107 이 고찰은 고유의 이름이 불가능하다는 사실을 강조하는 레비 스트로스와 폭넓게 대화하는 가운데서 이루어진다. 논의는 레비스트로스가 인류학 연구를 위해 남비크와라족과 함께 머무는 동안 모아둔 그의 노트들 중 한 페이지에서 발단되었다. 이 연구는 남비크와라족이 자신의 고유한 이름을 사용하는 것을 금지한다는 사실 때문에 복잡해졌다. 당시 유럽의 방문자들은 편의를 위해서 별명을 붙여주었다.

하루는 내가 한 무리의 어린이들과 놀이를 하고 있을 때, 한 작은 소녀가 그녀의 친구에게 맞았다. 그녀는 나에게 보호해 달라고 달려왔다. 그리고 한 가지 "큰 비밀"을 내 귀에 속삭이기 시작했다. 그때 나는 내가 그녀의 말을 반복하도록 요청해야만 한다는 사실을 알지 못했다. 결국, 그녀의 상대는 무슨 일이 일어났는지를 알아차리고, 내게 화가 나서 왔다. 그리고 이번에는 이 아이가 또 다른 비밀 같은 것을 말한다. 얼마 안 있어 나는 사건의 핵심에 다다를 수 있었다. 작은 소녀는 나에게 그녀의 적의 이름을 말하려고 하고 있었다. 그리고 그 적이 무슨 일이 일어나고 있는지를 알았을 때, 그녀는 앙갚음으로 상대 소녀의 이름을 반복해서 말하기를 작정했던 것이다.OG 11에서 재인용

레비 스트로스가 그 장면을 해석할 때, 이 폭력적인 이름은 외부인, 서양에서 온 구경꾼에 의해서 발생하게 된다. 자연적인 선함이 **외부에서** 온 어떤 것, 또는 어떤 이에 의해서 방해될 때 폭력이 유도된다. 부족의 순수성은 외부인이 있음으로 해서 오염된다. 이것으로부터 레비 스트로스는 "글쓰기 교훈"을 끌어온다. 다시 말하면, 외부인에 의해 일어난 이름 짓기라는 폭력은 글쓰기의 폭력과 유사하며, 그 자체로 언어에 낯선 것이다. 글은 언어의 외부에 있는 것, 즉 "바깥"을 나타낸다. 그러나 있는 그대로 글쓰기의 폭력은 **우연적**이다.

데리다가 글쓰기를 언어 "바깥"이라고 해석하는 것에 도전하는 것과 마찬가지로, 그는 근본적인 선함에 닥친 사건으로서의 폭력의 개념을 해체한다. 오히려, 고유의 이름은 첫 폭력을 나타낸다. "경험적" 폭력 이전에, 원-문자의 폭력이 있다. 폭력은 원문자의 잠재적 가능성이다. 절대적으로 고유한 이름을 붙이는 것이 불가능하다. 따라서 모든 이름 짓기는 고유성에 대한 하나의 침해다. 이는 언어의 바로 그 구조 자체에 기인한다.

절대적으로 고유한 이름 짓기를 통한 죽음은 순수한 타자로서의 타자를 언어 안에서 인지하면서, 그것을 그것의 본질로 환기시켜, 독특한

것에 제한된 순수한 숙어의 죽음이다. 흔히 통용되는 그리고 파생적 의미에서 폭력의 가능성 이전에, 폭력의 가능성의 공간이라 할 수 있는 원原문자의 폭력으로서, 차이의 폭력, 분류 그리고 호칭 체계의 폭력으로서 "글쓰기 수업"에서 사용되는 의미가 있다.OG 110

글쓰기/언어는 타자가 "순수한" 타자로서 서게 하는 것을 허용하지 않는 한OG 110-11, 이름 짓기는 타자에 대한 포격, 타자에게 행한 폭력이 된다. 나아가, 이것은 불가피한 폭력으로, 인간됨에 본질적인 것이다. 왜냐하면, 우리는 언어 밖으로 나가 설 수 없고, 이름 짓는 것을 그만 둘 수 없기 때문이다.226)

이름이 지어진다는 것은 사실 폭력이었다. 이름 붙이고, 이름을 지어주고 그리고 그것을 가끔씩 부르는 것을 금지하는 것, 그러한 것이 바로 언어의 폭력으로서, 그것은 절대적 음성을 차이 **내부**에 새겨 넣고, 분류해 넣고 매달아 놓는 것이다. 체계 내부에 유일한 것을 상정하고, 이름을 거기에 새겨 넣는 것, 그러한 것이 원문자의 제스쳐다. 즉, 원형적 폭력, 고유한 것의 상실, 절대적 근접성의 상실, 자기 현존의 상실, 그리고 진정 결코 일어나지 않은 것의 상실, 결코 주어지지 않았지만 자기 자신의 사라짐을 제외하고는 단지 이미 쪼개지고, 반복되고, 자기 자신에게 나타날 수 없는 자기 현존의 상실이다.OG 112

---

226) 역시 이것이 바로 데리다가 부정의 신학(하나님에 대해서 말하지 않음으로서 하나님을 공경하려고 시도하는 신학)이 여전히 폭력적인 담론이라고 생각하는 이유다. 왜냐하면, 침묵은 불가능한 이상이기 때문이다. 다음을 보라. Jacques Derrida, "How to Avoid Speaking: Denial," in *Derrida and Negative Theology*, ed. Harold Coward and Toby Foshy (Albany, N.Y.: SUNY Press, 1992), 73-142. 필자는 데리다와 카퓨토의 사상에서 침묵에 가치를 부여하는 것을 다음의 글에서 비판했다. "How to Avoid Not Speaking: Attestations," in *Knowing Other-wise: Philosophy on the Threshold of Spirituality, Perspectives in Continental Philosophy Series*, ed.James H. Olthuis (Bronx, N.Y.: Fordham University Press, 1997), 228-29.

"이름 지어진다는 최초의 폭력"이다. 탄생할 때 시작하는 그 폭력은 그 아이들이 그들의 존재 전체에 걸쳐서 매일 반복해서 일어나는 그 어린이들을 전염시키는 부모들이 행한 폭력이다.

그것은 마지막에아니면 오히려 처음부터 상호 주관적인 관계들에 내재하는 폭력이다. 그 폭력은 타인들과 함께 하는 존재의 폭력으로, 역시 거의 친근한 폭력이다. 글쓰기다시 말해서 원문자는 "인간에 의한 인간의 착취"다.OG 119 이것에 다음의 고백이 뒤따른다. "글쓰기라는 것이 내가 사실 생각하는 대로 상호 주관적인 폭력의 지평 바깥에서는 생각될 수 없는 것이 사실이라면, 그것을 근본적으로 피해가는 어떤 것, 심지어 그런 과학이 존재하는가?"OG 127 여기서 우리는 루소와 어거스틴을 따르는 전통227)을 따라서 데리다의 "고백" 즉, 그의 신앙 고백, 즉 그가 "사실상" 믿는 것을 보게 된다. "글쓰기라는 것은 상호 주관적 폭력의 지평 바깥에서는 생각될 수 없다."

상호주관성이 바로 인간 자아의 기원이다. 그러나 그것은 처음부터 타락의 기원이기도 하다. "다른 현존으로 자신을 가장하는 것은 스스로 자신을 더럽히는자신을 다른 이로 만드는 것이다."OG 153 다시, 데리다는 다음과 같이 고백한다. "나는 사실 글이 폭력의 역할을 할 수 없고, 하지 않는다는 것을 말하는 것이 아니다. 그것으로부터 일상적 의미에서 글에다가 이 특정한 역할을 부여하고 말은 그것에서 제외된다고 결론짓는 것은 너무도 쉽게 문제를 단순화하는 것이다."OG 133 강조는 추가

그의 상호주관성에 대한 해석에서 우리는 어떻게 레비나스적인 데리다의 사상이 1967년 이래로 그의 강좌에 줄곧 있어 왔고, 후기 저술에 와

---

227) 이 초기의 고백론에서부터, 데리다는 자신의 『할례-고해성사』*Circumfessions*을 써오고 있다. 여기에서 그는 히포의 어거스틴이 아니라 알제리의 성 어거스틴 거리에서 자란 이 알제리 사람의 이야기를 들려주고 있다. 다음을 보라. Derrida, *Circumfession*, in Geoffrey Bennington and Jacques Derrida, trans.Geoffrey Bennington (Chicago: University of Chicago Press, 1993)−성어거스틴은 현재 알제리 지역에서 자랐다.(역자)

서야 그러한 "전환"이 일어나지 않았다는 것을 얼핏 엿볼 수 있다.[228] 데리다와 함께그리고 데리다 이전에, 레비나스는 전쟁이 원초적이라는 사실에 대한 철학적 헌신을 공유했다. 그래서 **타자**와의 관계는 폭력의 관계다.하이데거에서처럼 그 전쟁은 전체성의 결과이다. 즉, 타자의 존재가 자신의 의지에 거슬러, 체계에 "짜 맞추어진" 것의 결과다. 따라서 데리다가 언어는 타자를 순수한 타자로서 인정하는 것을 막는다고 말했을 때, 그는 레비나스가 『전체성과 무한』*Totality and Infinity*을 열면서 한 말에 호응하고 있다. 거기서 그는 쓰기를 "전쟁은 외재성과 타자를 다른 것으로 드러내지 않는다. 왜냐하면, 그것은 같은 이의 동일성을 파괴하기 때문이다. 전쟁에서 자신을 보여주는 존재의 얼굴은 전체성의 개념 속에 고정된다. 그리고 이것이 서양철학을 지배한다."[TI 21] 레비나스의 프로젝트는 이 전체성이 무한성에 의해서 방해된다는 것을 보여주는데 있다. 즉, 이기적인 자아의 내면성은 타자의 외부성에 의해 방해된다는 것이다. 그 타자의 "위에서 오는" 타자의 초월적 얼굴이다.

레비나스에게 타자와의 관계는 "원초적"이다. 이것을 우리는 거칠게 이 책에서 전체에서 사용되었던 용어에 맞추어서 "인간 존재를 구성한다"라고 번역할 수 있다. 무한성은 "전체성만큼이나 원초적"이다.[TI 23] 이것이 의미하는 바는 전체성은 원초적이고 전체성이 폭력을 나타내는 한, 우리는 "본질적 폭력"과 마주한다. 레비나스에게 내가 항상 타인을 위한 책임을 갖고 있다고 부름을 받고 있다고 할 때, 즉, 상호주관성은 인간 존재에게 "본질적"이라고 할 때, 이 부름은 나에게 폭력적으로 다가와 나의 이기적 "향유享有"를 방해한다. 상호 주관적 관계에 대한 분석은 자

---

228) 데리다의 "윤리적" 저술에 미친 레비나스의 영향은 널리 인정되고 있다. 다음을 보라. Jacques Derrida, "Force of Law: The 'Mystical Foundation of Authority'" trans. Mary Quaintance, in *Deconstruction and the Possibility of Justice*, ed. Drucilla Cornell et al. (New York: Routledgem 1992), 3-67.(여기서부터는 FL로 표기) 그리고 같은 저자의 다음 책을 보라. *The Gift of Death*, trans. Davis Wills (Chicago: University of Chicago Press, 1995). *Of Grammatology*에서 데리다는 "흔적"의 개념을 레비나스의 것으로 쓰고 있다.(OG 70)

아 즉 "나"의 불가피한 이기주의라고 알려진 것에서 시작한다.

> 향유 속에서 나는 절대적으로 나 자신을 위한다. 타인을 염두에 두지
> 않는 이기주의자, 나 자신만이 고독 없이 무고하게 이기주의자이고
> 혼자이다. 타자들에게 거스르지 않는다. "나 자신을 위해서처럼…" 그
> 렇게. 그러나 타자에게는 완전히 귀를 막아버린다. 모든 소통의 바깥
> 에서 그리고 모든 소통을 거부하면서. 굶주린 위장처럼 귀가 없이 말
> 이다.^{TI 134}

레비나스는 주장하기를, 타인의 얼굴이 나를 인질로 삼고, 나의 "나 자
신에 안주하는 것을" 방해하면서 나에게 폭력적으로 다가오는 것은 내
가 나의 향유 속에서 이기주의자로 있기 때문이다. "내가 된다는 것, 무
신론자, 분리되고, 행복하고, 창조된 채로 자기 자신에게 편하게 머무른
다는 것, 이것들은 동의어들이다."^{TI 148} 그러나 타인이 내게 오는 가능성
의 조건이 되는 것은 바로 향유의 내부성이다. "내면성이라는 것은 동시
에 닫혀있고 열려있어야 한다."^{TI 149}

레비나스는 "나"의 향유/이기주의 때문에, 타인의 얼굴은 폭력으로 다
가온다고 한다. 그러나 『존재와 다르게 본질의 저편』*Otherwise than Being or*
*Beyond Essence*에서 필연성의 질서는 전도되는 것처럼 보인다. 나는 타자가
폭력으로 다가오기 때문에 이기주의자가 되어야 한다. 물론, 나는 뒤에
사물들을 가지고 있다는 것을 인정해야 한다. 나는 타자가 내가 기쁘게
이기주의자라는 **바로** 그 이유 때문에 나에게 폭력적으로 다가온다는 것
을 알고 있다. 다시 말해, 레비나스는 내가 이기주의자이기 때문에 타자
가 나에게 오는 것의 폭력을 주장하고 있는 것이다. 그의 기술적 분석은
내가 나의 내면성과 향유 속에서 안주하고 있다는 것을 밝혀준다. 따라

서 타자는 한 밤중에 절도범, 도둑으로 온다. 그러나 레비나스는 때때로, 순서를 확 뒤집는 것처럼 보일 것이다. 그의 주석에 주목하자.

> 의의는 다른 이를 위한 존재의 수동성이다. 이것은 내가 먹는 바로 그 빵을 주는 형식에서만 가능하다. 그러나 이것을 위해서는 우리는 "반드시" 자신의 빵을 향유해야한다. 그것은 그것을 줌으로서 공덕을 쌓기 위함이 아니라, 그것을 나의 마음과 함께 주기 위해서다. 즉, 그것을 주면서 나 자신을 주기 위함이다. 향유는 감수성의 피할 수 없는 한 순간이다.OBBE 72

여기에서 이기주의가 의미의 수동성보다 반드시 선행한다는 사실은 레비나스의 논제를 이해하기 위해서 필요하다. 그의 논제를 위해서 이기주의는 필요하다. 그러나 물론 이기주의는 이미 전제된 것이다. 그는 우리가 이기주의자라고 기술describe한다. 그는 결코 규정(prescribe)하고 있지 않다 그러나 이것은 사실인가? 내가 지적하고자 하는 것은 타자와의 폭력적인 그리고 비대칭적인 레비나스의 전체 논제는 그의 향유에 대한 논의와 "나"에 대한 논의를 가정하고 있다. 그러나 나의 삶이라는 것이 내면성을 넘어서서 이기적인 향유와는 다르게 기술될 수 있는가? 우리는 그의 기술이 옳다고 가정해야 하는가? 그것은 필요한가?

상호주관성에 대한 동일한 해석이 레비나스의 해석학에 대한 비판의 핵심을 차지한다. 타자의데리다가 하는 것처럼 얼굴은 "해석을 위한 주제로" 취해질 때, 그것은 그 자체kath-auto를 선포하기보다는 폭력의 대상이 되고 그것이 속한 전체 안에 놓인다.TI 65 229) 모든 주제화 또는 개념화는 반드시 타자를 동일자로 환원시키는 폭력적 행위다. 그는 계속해서 말하

---

229) 이는 『존재와 시간』에서 하이데거의 의의(意義, signification)와 "'~처럼' 구조"에 대한 비판이다. 이에 대한 논의로는 3장 "다자인에 대한 해석"을 보라.

기를, "또한 분리할 수 있는 주제화와 개념화는 타자와의 평화가 아니라 타자에 대한 억압이거나 소유다."OBBE 151 230) 이 시점에서 우리는 역시 고유한 이름이 가지는 불가피한 폭력에 대한 데리다의 논의를 듣고 있다.

그러나 타자와 나의 관계는 반드시 폭력적 관계인가? 타자라는 것은 자아를 원래 이기적인 것으로 해석하는 레비나스의 지평을 통해서 해석되는 것은 아닌가? "상호주관적인 폭력"의 수준에서 우리는 데리다가 지지하는 신화, 즉 그의 "사실"에 대한 **믿음**에 이르지 않았는가? 우리는 다르게 해석하고, 다르게 믿을 자유는 없는가?

> 우리는 그가 달리 말할 수 있게 할 수 있을 것이다. 그리고 데리다의 텍스트는 늘 복합체로, 다층적 구조로 이루어 것으로 간주되어야 한다. 즉, 어떤 명제들은 다른 명제들에 대한 해석들로 읽을 수 있다. 또 우리 편에서는 특정 한도 내에서 그 명제들을 다른 방식으로 읽을 수 있다. 데리다는 A를 말한다. 그리고 나서 의미를 확정해야 하기 때문에, 그는 A를 B로 해석해 넣는다. 이미 하나의 해석이라고 할 수 있는 A는 B로 재해석된다. 그것을 알고 나서, 우리는 데리다의 텍스트를 그냥 놔두지 않고 A와 그것이 B로 해석되어 들어간 것을 분리할 수 있다. 그리고 거기서 실제 데리다의 텍스트에 속한 여러 가능성들과 자료들이지만 그가 쓰지 않거나 이용하지 않은 것을 발견해 낼 수 있다. 이러한 것들은 그가 알면서, 또 무의식적으로 넘어가고 싶었던 것이다. 우리는 데리다가 어떤 동기에서 그렇게 했는지를 읽을 수 있다.OG 307 231)

---

230) 해석학에 대한 레비나스의 비판에 대한 나의 더 구체적인 비판에 대해서는 다음을 보라. Smith, *Speech and Theology*, 157-61. 사실, 본질적으로 폭력적인 성격의 "개념"이라는 더 폭넓은 주제는 바로 *Speech and Theology*에서 두루 반박되고 있다.

231) 이는 Jean-Jacques Rousseau 읽기에 대한 데리다의 논평의 해설이다. 나는 루소의 이름 대

나는 상호주관성의 폭력에 대한 첫 번째 해석이 있다는 것을 증명하기 위해 B로부터 A를 분리해 내었다. 그러면 상호주관성의 폭력은 해석의 폭력으로 읽혀 들어간다. 그러나 이 첫 번째 수준에서 우리는 "다르게 읽을 수 있는 자유가 있다." 그리고 위에서 하이데거와 관련해서 주어진 것만큼이나 상호주관성에 대한 대안적 신화를 제공할 수 있다. 사실, 우리는 하이데거와 마찬가지로 그가 해체하고자 하는 특별한 전통의 흔적을 들추어내는 것이 아닌가. 다시 말해 전통 속으로 "퇴행"OG 14, 21하고 있는 것이 아닌가?

데리다와 레비나스의 사상에 담긴 근대성의 유산에 도전할 필요가 있다.[232] 적어도 데리다는 루소와 레비 스트로스의 폭력에 대한 읽기에 도전하지 않는 것에 있어서 정직하다. 그의 분석은 단지 그들의 논제에 대한 "급진화"일 뿐이다.OG 106 그리고 레비나스의 틀은 역시 근대 존재론을 도매금으로 채택하여 단지 그것을 뒤집었을 뿐이다. 이것은 가령 토마스 홉스에게서 발견된다. 그러나 위에서 시도한 대로 나는 상호주관성이라는 것은 우리가 잠재적으로 데카르트적인 일종의 유아론이나 이기주의를 유지할 때 폭력적인 것이 된다는 사실이다. 그러나 만일, 반대로, 우리가 인간 존재를 본질적으로 상호관계적으로 이해한다면 그것은 선한 창조물과 근본적으로 폭력적이지 않는 것으로서 "선한" 것으로 이해될 수 있다. 분명, 그것은 하나의 "믿음"이다. 그러나 역시 우리가 발견한 대로 데리다의 해석이다.

신 데리다의 이름을 집어넣었다.(말하자면 "Jean-Jacques" 대신에 "Jacques")

232) 역시 해석을 글쓰기 탓으로 돌리는 것을 이의 없이 받아들인다. 그러나 그가 완전한 현존과 해석의 부재라는 것은 하나의 꿈(나처럼)이라고 생각하기 때문에, 그는 더 원초적인 "글쓰기", 원형적 글(arche-writing)을 설정하고 있다. 그러나 그렇게 하면서, 그는 해석을 글쓰기에 국한시키는 전통적인 입장을 고수하고 있다. 대조적으로, 나는 말의 해석됨을 강조한다.

무한한 것과 형이상학적 과거의 유령

이름 짓기, 읽기, 해석하기, 말하기, 글쓰기 이 모든 것들은 데리다의 주장에 따르면 폭력이다. 또는 왜 해석은 폭력적이어야 하는가? 나아가, 만일 데리다가 믿는대로 이것이 인간 존재의 피할 수 없는 측면이라면 왜 이것이 반드시 하나의 폭력이라고 해석되어야만 하는가? 나는 그가 해석을 폭력으로 해석하는 것에 대해서 직접적 소통에 대한 근대적 전통의 또 다른 흔적이라고 생각한다. 왜냐하면, 어떤 "것처럼"으로 해석하는 유한성이 타락, 결여, 불순으로 간주되는 것은 바로 직접적 소통과 완전한 현존을 기대할 때만 그렇기 때문이다.

데리다의 의도에도 불구하고 보충의 논리는 일종의 무한성에 대한 형이상학이다. 이것은 데리다가 완전한 현존을 찾고 있다거나 그가 직접성의 환상, 우편제도의 개입을 피하거나 해석의 공간 밖에 설 수 있다는 것을 말하는 것은 아니다. 그는 "역사를 종결시키는 완전하고 직접적 현존, 투명성, 현재적 종말과 모순과 차이의 제거에 대한 꿈을" 접었다.OG 115

그러나 그것의 유령은 그의 작품에서 계속해서 출몰한다. 물론 "유령은 존재하지 않는다."OS 62 즉, 현존은 존재하지 않고, 결코 존재하지 않았다. 그러나 그것의 유령은 남아있다, 이 유령은 이야기의 플롯 뒤에 숨어 있고, 부지불식간에 이야기의 플롯을 형성한다. 정신적Geistlich 악몽은 반복되는 향수적인 갈망의 출현이다. 그것은 그가 타자들의 담론에서 잡은 한 유령이다. "형이상학은 늘 돌아온다. 나는 유령이 **돌아온다는** 의미로 말하고 있다. 정신Geist은 이 돌아옴의 가장 치명적 존재다."OS 40 하이데거가 피할 수 없었던 것이 바로 이 정신Geist이다. 그러나 데리다는 자신의 저술에 이 유령, "주관성이라는 유령"이 잠복해 있다는 것을 보지 못하고 있다.OS 41 233)

---

233) 역시 우리는 데리다가 하이데거의 유령을 불러오고 있다는 것을 고백하는 노트를 갖고 있다. 비록 그가 하이데거로부터의 호출을 받아들이지 않는다고 하더라도("그가 하이데

가령, 글쓰기는 전통적으로 타락되고, 폭력적인 것으로 해석되었다. 왜냐하면, 그것은 완전한 현존을 희생시키기 때문이다. 데리다가 이것을 급진화시킨 것은 글쓰기의 폭력성이 언어의 기원, 언어의 구조 자체 탓으로 생각하기 때문이다. 그러나 그것은 완전한 현존을 하나의 지평으로서 주장하는 것은 아닌가? 다른 곳에서, 그는 언어의 폭력을 그것이 순수성은 불가능한 것이기 때문에 타자를 **순수한** 타자로 인지하는 것을 저해한다는 사실과 연결시킨다.OG 110 또는, 레비나스가 말하겠지만, 해석은 무한한 것에 정당성을 부여하지 못한다. 그리고 사실 타인의 타자성을 침범한다.234) 폭력은 언어의 바로 그 기원에 자리를 잡고 있다. 그것은 폭력이 "고유함을 잃어버리게"OG 112 하기 때문이다.

그러나 만일 우리가 순수성의 기대를 포기할 수 있었다면 어떻겠는가? 만일 우리가 완전한 현존의 유령의 출몰을 거부하고 순수성에 대한 어떤 주장도 포기했다면? 왜 이것이 소실이라고 여겨야 하는가? 그것을 그렇게 해석하는 것은 유한성을 무한한 것과 상대적인 제한으로서 이해하는 것은 아닌가? 이는 데리다가 "가장 전통적인 무한성의 형이상학" 그리고 "무제한적인 것의 철학"에다 자신의 담론을 더하는 것은 아닌가?235) 이것은 그의 "법의 폭력"에서 명확해진다. 거기서 윤리적 결정은

거의 유령이라 정신[Geist]과 무엇을 할 것인가?") "이 모든 것은 내가 전화를 통해서 다른 사람들 보다 더 하이데거의 유령과 나를 연결시키지 않는다고 생각하게 해서는 안 된다. 반대로, 내 통화 네트워크는(여기서 당신은 그것에 대한 증거를 가지고 있다) 힘든 측면이다. 그리고 전화 체증을 줄이기 위해서 하나 이상의 교환대가 필요하다."(PC 21, note) 하지만 6장에서 나는 다른 유령을 살펴볼 것이다. 이 영을 성령(pneuma)이라고 하는 것이 좋겠다. 이 유령은 데리다의 담론 속에서 나타난다. 이것에 데리다는 이 유령에게 빚을 지고 있다.

234) 허락한다면 나는 여기서 Jeffrey Dudiak에게 진 빚을 인정하고 싶다. 나는 그의 글 "Infinite Hauntings"을 1996년 카나다 Brock University에서 열린 기독교 철학회에서 발표된 이 장의 초고에 대한 반응으로 읽었다. 제프의 심도 있고 건설적인 비판 덕에 레비나스와 후설/하이데거 사이의 논쟁의 정확한 핵심을 볼 수 있었다. 나는 다만 내가 그의 언급을 정당하게 평가했기를 바란다. Dudiak의 숙련된 레비나스 읽기는 그의 책에서 볼 수 있다. *The Intrigue of Ethics: A Reading of the Idea of Discourse in the Thought of Emmanuel Levinas* (New York: Fordham University Press, 2001).

235) John D. Caputo, *Against Ethics: Contributions to a Poetics of Obligation with Constant Reference to Deconstruction* (Bloomington: Inidana University Press, 1993) (Ph.D.diss., University of

하나의 해석학적 폭력이다. 왜냐하면, 그것은 "구조적으로 유한하고" 결코 "무한한 '정의의 관념'"의 요구를 만족시킬 수 없기 때문이다. 즉, "본성상" 부당하다.[236] 결정은 폭력적이다. 왜냐하면, 그것은 유한하기 때문이다. 모든 결정은 하나의 절단이다. 왜냐하면, 그것은 무한성으로 다다를 수 없고, "자신에게 무한한 정보와 조건에 대한 제한 없는 지식을 제공할 수 없다."[237]

그러나 그것은 유한성을 폭력으로 삼는 것이 아닌가? 그리고 불가능하다 해도 만일 우리가 신이 되기를 원할 때만^{이는 꿈에 불과하다} 폭력이 되는 것은 아닌가? 유한성에서 비롯된 **상처들**로서의 해석학적 결정을 이해하지 않고, 해석학적 순간은 "우리가 가진 모든 것" 다시 말해, 더 이상 어떤 것도 기대할 것이 없는 존재의 불가피한 측면이라고 이해하면 어떤가? 나는 우리가 "무한성을 포기하거나" 아니면 타자의 타자성에 정당성을 부여하려는 시도를 포기하라고 말하는 것이 아니다. 그것은 "유한성을 포기하는" 문제가 아니고 오히려 무한한 것에 "정당성을 부여"하는 유일한 방법이 무한성 안에서 그것을 말하는 것이라는 가정을 포기하는 문제이다. 물론 그것은 불가능하다.[FL 26]

내가 제안하고 있는 것은 우리는 해석에 대한 일정한 기준을 포기하는 것이다. 다시 말해 그것이 유한하다면, 그것은 폭력이다. 대신에, 데리다를 따라서 우리는 존중의 구조, 그것이 우리의 유한한 이해를 넘어선다는 것을 인정하면서 타자를 정당화 하는 방식으로서 "~같은 구조"를 이해할 것이다.[238] 그러한 유한성은 완전한 현존의 유령이나 형이상학적

Michgan, 1999).

236) Jacques Derrida, "Force of Law: The 'Mystical Foundation of Authority," trans. Mary Quaintance, in *Deconstruction and the Possibility of Justice*, ed. Drucilla Cornell et al. (New York: Routledge, 1992), 24-26.(여기서부터 FL로 줄임)

237) 이 점은 다음의 책에서 충분히 개진된 것이다. James K.A.Smith, *Speech and Theology: Language and the Logic of Incarnation* (London: Routledge, 2002).

238) 이는 "Violence and Metaphysics: An Essay on the Thought of Emmanuel Levinas," *Writing and*

과거의 무한한 유령이 나타나지 않는 차이와 같은 것이 될 것인가?

그러한 해석을 따라서, 해석은 순수성의 침해가 아니라 하나의 결합방식이다. 즉, 인간이 되는데 본질적인 함께 존재함의 한 방식이다. 첫 번째 폭력이 되기보다는, 이름을 부여받는 것은 사랑을 받는 것이고 공동체의 일부가 되는 것이다.[239] 본질적인 상호 주관적 폭력의 신화가 폐지되면, 다시 말해서, 우리가 다르게 신화화하게 되면, 해석학이 가진 폭력의 기초는 창조의 장 그리고 창조적 해석학의 터라는 결합과 사랑의 드넓은 공간의 가능성으로 변화된다.

Difference, trans. Alan Bass (Chicago: University of Chicago Press, 1978), 120–22. 이 틀을 받아들인다는 것은 데리다가 폭력의 체계가 원초적이라는 것을 계속 유지하는 한에서 아직 "폭력과 형이상학"의 해체를 여전히 의미하고 있다는 말이다.

239) 여기서 나는 우리 아이들의 출생을 염두하고 있다. 분만실에서 아이들에게 이름을 지어주는 순간 그들에 대한 최초의 폭력 행위라고 이해하기는 어렵다. 오히려 그것을 그들을 환영하고, 정체성을 부여해 주고, 가족과 가정을 주는 순간이었다.

3부 창조적 해석학을 향하여

5장 타락을 해석하기

일반적으로 어거스틴주의라고 일컬어지는 체계는 상당 부분 어거스틴의 가장 깊고 가장 생동력 있는 사상에 대한 잔인한 반역이다.

JOHN BURNABY *Amor Dei: A Study of the Religion of Saint Augustine*.

이 지점에서 나는 많은 약속을 지켜야만 한다. 내가 앞의 몇 장에 걸쳐 나 자신의 제안과 관련된 지불해야할 많은 약속 어음을 흩어놓았기 때문이다. 이것은 번번이 5장으로 미루어진 것이다. 내 제안의 윤곽은 충분히 그려졌고 이 책의 1부, 2부에서 그것에 익숙해졌으면 좋겠다. 나의 비판들을 뒷받침하기 위한 근거들을 제공하기 위해 1부와 2부[1]장에서 4장에서 해석에 대한 두 가지 기본적인 해석들을 설명했다. 그것은 직접성 모델이나 현존 모델[1부] 그리고 폭력적 매개 모델[2부]이다. 이 기본적인 모델 내부에서, 두 가지 변종이 고려되었다. 복음주의적 현재적 직접성 모델, 그리고 볼프하르트 판넨베르크의 종말론적 직접성 모델이 그것이다.

그러나 해석에 대한 해석들은, 일단 설명되면, 나 자신의 건설적인 제안을 통해서 비판을 받아야 한다. 그것은 여기 5장에서 더욱 체계적으로 전개될 것이다. 내 자신의 제안인 부분적으로 첫 번째나 두 번째 모델과 변증법적 관계에 있지 않다. 다시 말해서 그것은 복음주의적 테제와 해체주의의 반反테제의 **지양**sublimation, Aufhebung에 의해서 구성된 새로운 종합으로 이해되어서는 안 된다. 나의 제안은 두 가지 모두에게 반대하면서도 그것들에게 빚지고 있다는 점을 분명히 하고 싶다. 그것은 리처드 린트와 자끄 데리다와 매우 가까우면서도 매우 멀다. 따라서 사려 깊은 독자는 나의 창조-성령적 모델을 **단순히** 복음주의적이라든가 또는 해체주의적이라고 일축하는 것을 조심스러워 하게 될 것이다.

어거스틴적 해석학을 향하여

나의 창조 모델은 단순한 복음주의적 모델이나 해체주의 모델이 아니다. 왜냐하면, 내가 생각하기에 그것은 이 두 가지 모델 모두의 자양분과 토양이 되는 그 패러다임에서 분명하게 그것이 가능한 대로 한 걸음 "물러나"려고 시도하기 때문이다. 이 책에서 고찰된 렉스 코이비스토에서 데리다까지, 초기의 해석에 대한 해석 모두는 매우 특징적이고 얕볼 수 없는 해석적 전통에 서 있다고 나는 주장할 것이다. 그 전통의 계보는 서구 철학의 시작에서 기독교의 시작까지, 중세 교회의 시작까지, 종교개혁의 시작까지, 근대까지 이르고 있다.[240]

보이지 않고 감춰진 채로 묻혀있지만 그 뿌리는 타락과 해석을 관련시키는 서구의 지배적인 해석적 전통이 만들어 낸 것으로 이해할 수 있다. 광범위한 신플라톤주의적인 창조와 타락의 이해, 그리고 그 이해 그 자체가 **하나의** 해석이다. 나는 기독교 전통의 양상들에 의미심장하게 영향을 준 이 전통이 막 시작된 신플라톤주의또는 영지주의에 의해 전염되어 그대로 남아 있다고 생각한다. 이 전통에서는 창조의 유한성을 구성하

---

240) 이런 과도한 주장은 약간 젊은이의 데리다적인 과시라고 할 수 있겠다. 이제 나는 여기서 이런 식의 뉘앙스를 모두 포기하도록 하겠다.

고, 인간을 "본질적으로" 타락한 존재로 본다. 따라서 해석학을 그러한 타락 상태와 끊임없이 연결시킨다.

복음주의자들은 직접적 소통 모델에, 판넨베르크와 근대 철학은 완전한 현전에의 꿈에 머물러 있다.[241] 제한받지 않는 절대 무한자로 상승하는 꿈, 에이도스Eidos 또는 "형이상학의 하나님"[242]으로서의 이데아의 기독교화. 따라서 존 밀뱅크는 "플라토니즘/기독교"에 대해서 쓰고 '긍정적으로' 를 덧붙여야 한다 지배적 기독교 전통을 특징지은 "절대자에 대한 신플라톤적인/ 기독교적 무한화"에 대해서 쓰고 있다.[243] 마틴 하이데거의 폭력적 매개 모델과 관련해서, 그의 사상은 마틴 루터와 루터의 전통에 청산하지 못한 빚을 지고 있는 것이 분명하다. 말하자면 어떤 특정한 "어거스틴"에 의해서 매개된 "바울"의 전통에 빚을 지고 있다는 말이다. 떼오로르 키지엘Theodore Kisiel과 존 반 뷰렌John Van Buren이 제안하는 대로 하이데거가 "원시적 기독교"를 회복하고 있다 인정해도, 그것은 창조를 폄하하는 신플라톤주의 흔적을 남기고 마르시온이 배타적으로 채택한, 영지주의의 씨앗을 제공하는 여러 형태의 바울적 기독교의 어떤 한 측면을

---

241) 가령, 마틴 루터는 인류를 직접적 소통을 누리는 타락전 상태와 동일시하고 있다. 이는 단테의 아담과 마찬가지다. "하나님이 무엇을 원하고 말씀하시든지, 인간은 역시 동일한 것을 원하고, 믿고 그리고 이해했다. 모든 다른 피조물들에 대한 지식은 반드시 이 지식에 뒤따른다. 왜냐하면, 거기서는 하나님에 대한 지식이 완벽하기 때문이다. 역시 하나님 아래 있는 다른 것들에 대한 지식도 반드시 완전하다."(Luther, *Lecture on Genesis, Luther's Works*, ed. J. Pelikan [St. Louis: Concordia, 1955], 1: 141) 루터의 문자 중심주의logocentrism 에 대해서는 다음을 보라. Stephen D. Moore, *Poststructuralism and the New Testament* (Philadelphia: Fortress, 1994), pp. 33–4.

242) Dennis J. Schmidt, *Heidegger and the Entitlement of Philosophy* (Cambridge, Mass.: MIT Press, 1988), 1–17.

243) John Milbank, *Theology and Social Theory: Beyond Secular Reason* (Oxford: Blackwell, 1990), 290, 295. 밀뱅크는 "육체적 상징적 외피를 거슬러 영적 본질을 앞세우는 어거스틴적 플라톤주의 수사"를 거부한다. (290–91) 그러나 그러한 이원론은 밀뱅크의 "플라톤주의/기독교" 그리고 대부분의 기독교 사상의 핵심에 자리잡고 있다고 본다. 비록 밀뱅크가 하이데거에게서 "발렌티누스적인 영지Valentinian gnosis의 메아리"(302)를 듣고 있지만, 나는 그가 "플라톤주의/기독교"에서 들리는 메아리에는 귀를 막고 있다고 생각한다. 이 장에서 내 기획은 이 두 사상의 흐름, 특히 어거스틴 안에서 그들의 관계를 고찰함으로써 연결점을 찾기보다는 구분을 지으려고 하는 것이다.

회복했을 뿐이라고 지적해야 한다.[244]

그런데 이것은 죄를 원초적, 구성적, 절대적인 것으로 이해하는 "어거스틴적"이라고 여겨지는 원죄에 대한 영향력 있는 이해를 반영하고 있다.[245] 그리고 이 전통은 하이데거에서 극에 달하는데, 그에게는 타락됨이라는 것이 유한성을 구성하는 것이기 때문이다. OHF 27, 111 내가 위에서 타락을 "존재론화 하는" 것으로서 기술한 것이다. 반면 타락은 "자연적" 현상이되었다. 내가 여기서 이 전통의 계보를 추적하는데 할애할 지면이 없지만, 이것을 이해하는 추동력은 루터를 넘어서 블레즈 파스칼과 그의 원조인 장세니우스Jansenius에게서 발견된다. 존 버르나비John Burnaby는 "일반적으로 어거스틴주의라고 일컬어 지는 체계는 상당부분 어거스틴의 가장 깊고 가장 생동력 있는 사상에 대한 잔인한 왜곡이다"[246]라고 말했

---

244) 마르시온의 정경은 그의 영지주의 신학을 둘러싸면서 구성되어 있다. 이 신학은 그리스도를 앞세워서 창조자 하나님을 거부한다. 그로 인해서 창조보다는 구속을, 육 보다는 영을 앞에 놓는다. 이 영지주의 정경은 바울의 서신들과 누가복음으로만 구성되어 있다.(복음서 중에서 가장 바울적인) 그것은 무엇이었는가? 영지주의적인 마르시온은 바울에게서 무엇을 보았는가? 기독교의 지배적 전통은 항상 영지주의를 거부해 왔지만, 어떤 의미에서 이 전통은 영지주의의 그림자에서 결코 자유롭지 못했다. 왜냐하면, 바로 바울 서신들 안에 심겨져 있는 영지주의의 씨앗들을 볼 수 있었기 때문이다. 마르시온처럼 영지주의적 렌즈를 통해 신약성서를 읽거나 아니면 어거스틴처럼 플라톤주의의 눈을 통해 신약성서를 읽는다면, 데리다는 다음과 같이 말할 수 있을 것이다. '영지주의는 기독교 안에/기독교 바깥에 있다.' 다른 구절도 인용할 수 있지만, 여기서 나는 바울이 육체를 벗어난 것(고후 5장 1절-8절), 세상적 염려의 거짓됨(고전 7장 25절-35절) 그리고 세상이 부패에 빠짐(롬 1장, 12장 2절) 등을 예로 들 수 있다. 그러나 기독교 내의 신플라톤주의와 영지주의 운동은 창조 신학을 가리키는 바울 저작과 신약성경의 다른 측면들을 배제한 채 이런 구절들을 읽고 있다. 다시 말하거니와, 이 책의 기획은 그러한 성서적 모티브들을 기독교 전통 안에서 신플라톤주의적 노선에 거슬러 읽는 것이다.

245) 자유 의지(이 연구와 무관하지 않은)를 놓고 루터와 논쟁한 에라스무스는 루터와 그의 추종자들이(이 점에서 칼빈주의자들 !) "지나치게 원죄를 과장하고" 있다는 이유로 사실을 왜곡하고 있다고 언급하고 있다. 다음을 보라. Erasmus, *De Libero Arbitrio, in Luther and Erasmus: Free Will and Salvation*, ed.E.Gordon Rupp and Philip S. Watso

246) John Burnaby, *Amor Dei: A Study of the Religion of Saint Augustine* (London: Hodder & Stoughton, 1938), 231. 장세니우스는 "장세니즘"이라고 알려진 16, 17세기의 개혁 운동의 선구자였다. 장세니우스주의자들은 (흔히 개신교 칼빈주의자들과 연계되면서 비하되는) 자신들을 "참된" 어거스틴의 옹호자들이라고 간주하고 Antoin Arnauld와 Blaise Pascal과 어깨를 나란히 한다고 생각했다. 그러나 대부분의 "제자들"과 마찬가지로 이 "어거스틴주의자들"은 어거스틴을 넘어선 어거스틴을 가져왔고 결국 죄가 "자연적"인 것이 되었다. 이것은 근본적으로 비-어거스틴적인 개념이다. 이 문제에 대해 접근하기 쉬운 논의로는 다음을 보라. Marvin R. O'Connel, *Blaise Pascal: Reasons of the Heart* (Grand Rapids, Mich.: Eerdmans, 1997), 30-70.

는데 이러한 본보기가 되는 것이 바로 장세니우스의 『어거스틴』 *Augustinus* 라는 책이다.

그러나 폴 리쾨르 Paul Ricoeur가 제안하듯이, 우리가 어거스틴의 이름으로 어거스틴을 해체하는 것은 의미 있는 일이다. 우리는 어거스틴이 창조의 선함를 선한 것으로 긍정한 것을 "원죄"[247]에 대한 그의 공인된 이해에 **거슬러** 읽어야 한다. 이러한 작업은 꼭 필요하다. 왜냐면 창조적 해석학은 바로 창조의 선함이라는 어거스틴의 사상에서 근본적인 추진력을 얻고 있기 때문이다. 따라서 내가 이 장에서의 시도하는 것은 그 이야기의 또 다른 측면 심지어 "다른 어거스틴"이 있다는 것을 보여주기 위해서 이 어거스틴적 유산을 "해체"하는 것이다. 여기서 "어거스틴의 해체"란 **해체** 또는 수평화 leveling를 의미하지 않고, 어거스틴에 대한 **다른** 읽기를 의미한다. 이 읽기란 어거스틴을 거슬러서 어거스틴을 읽은 것을 말한다. 보다 구체적으로 말해서 이는 어거스틴이 이해하는 **기독교**의 이름으로 어거스틴의 **신플라톤주의**를 해체하는 것을 말한다.

늘 그렇듯이, 궁극적으로 해체적 읽기는 인간의 유한성과 해석학에 대한 통합적이며 기독교적인 어거스틴적인 설명을 하려고 노력하는 생산적인 독서이다. 여기서 결정적인 부분이 바로 타락에 대한 해석이다. 어거스틴의 창조의 선함에 대한 이해에 의지한 해석은 유한성과 타락됨을 동일시하지 **않고** 신플라톤주의와 1부의 모델들에서처럼 유한성을 폭력과도 동일시하지도 않는다. 이것은 하이데거와 데리다에 반대한다.

루터와 하이데거와는 대조적으로, 이 전통은 타락이 절대적이지도 않으며 피조성을 구성하는 것도 아니라고 주장한다. contra OHF 27, 111 비록 타락이 곳곳에 침투해 있고 편재해 있지만 말이다. 그러나 창조는 파괴

---

247) Paul Ricoeur, "Original Sin: A Study in Meaning," in *The Conflict of Interpretation*, ed. Don Ihde (Evanston, Ill.: Northwestern University Press, 1974), 269–86. 여기서 그는 주장하기를 "그것의 의미를 반성하는 것은 어떤 점에서 그 개념을 해체하는 것이다."(270)

되지 않았다. 다만 훼손되었고, 부서졌고 그리고 병들었다. 어거스틴 자신이 강조하는 것처럼, "인간 영혼 안에 있는 하나님의 형상은 세상에 대한 애착으로 때가 묻은 것으로 인해 완전히 지워지지 않았고, 원래 있던 상태의 흐릿한 모습으로도 거기에 남아 있지 않다."[248] 따라서 타락이라는 것은 피조성을 구성하는 "자연적"이라기보다는, 은혜가 치유하는 것이다… 은혜는 자연의 고침이다."[249] 그렇다면 구속이란, '결여 상태에 있는 피조물의 완성' 판넨베르크의 의견이나, 절대적으로 타락한 "자연"의 재창조루터의 의견가 아니다. 구속은 깨어진 피조물의 회복이나 치유[250]이다.

따라서 타락은

□ 존재론적이 아니라 **역사적**,

□ 본질적이거나 구성적이 아니라 **우연적**,

□ 절대적이거나 전적이라기보다는 **편재적**이다.

세계는 원초적 재난의 결과나 순전한 악의 장소가 아니다. 간단히 세상은 "본성상" 악이고 타락한 것이 아니다. 다시 말해 '악한 자'에게 넘겨진 것이 아니다. 세상은 비록 깨어졌지만 아직 피조물로 남아 있다. 창조적 해석학에 있어서 타락을 해석하는 것은 중대한 문제인데, 왜냐하면, 타락에 대한 이해는 **피조물**에 대한 이해에 대한 어떤 것을 가리켜 주기 때문이다. 어거스틴과 아르미니우스와 웨슬레와 함께 타락이 자연을 완전히 변화시키지 않았다는 사실을 강조하면서, 우리는 창조의 선함이

---

248) Augustine, *The Spirit and the letter* 28. 48 (in *Augustine: Later Works*, trans. John Burnaby [Philadelphia: Westminster Press, 1965]).

249) Ibid., 27. 47.

250) 신약성경의 단어 hygiaino(고치다)는 "원래의 상태로 회복시키다"를 의미하고, 원래의 지위를 복권시키는 것을 말한다. 이에 대한 논의로, 다음을 보라. D. Muller, "Heal," in *The New International Dictionary of New Testament Theology*, ed. Colin Brown (Grand Rapids, Mich.: Zondervan, 1986), 2: 169-71.

타락됨의 한 가운데에 그리고 타락에도 불구하고 지속되고 있다는 것을 주장한다.

두 번째로, 나의 모델은 지배적인 전통에서 출발한다. 다만 그것이 유한성이나 해석학을 타락됨과 동일시하지 않는 한에서 그렇다. 나는 지배적인 전통이 가진 타락에 대한 이해에는 동감하지 않는다. 그러나 또한 나는 유한성이나 해석학을 타락과 결부된 것이나 그 결과로 보는 것에도 동의하지 않는다. 여기서 우리는 기독교 전통이 신플라톤주의를 거부했던 것에 관심 갖는다. 신플라톤주의는 피조됨과 타락됨 사이를 근본적으로 구분하고자 애쓴다. 기독교 전통 내에는 피조됨과 타락됨을, 즉 유한한, 물질적인 그리고 시간적인 존재를 죄에 대한 형벌로 간주하는 전통이 존재한다. 심지어 어거스틴 전통 내에서도 이런 경향이 존재한다. 이것을 우리를 살펴보게 될 것이다. 나는 어거스틴을 따라 창조의 선함을 긍정하면서 물리적, 시간적, 신체적 존재의 선함을 긍정한다. 이것은 언어와 해석을 가능하고 필요하게 하는 것이다.

"창조의 선함"이라고 간단히 기술될 수 있는 이 틀 안에서, 나는 몇 가지 관련된 전통을 끌어오고 있다. 첫 번째 그리고 가장 근본적인 것은 내가 위에서 논의한 어거스틴의 측면이다. 두 번째는 존 칼빈을 재해석하면서 아브라함 카이퍼Abraham Kuyper를 따르는 신칼빈주의의 전통이다. 여기서 내가 제시하겠지만 재해석은 실제로 칼빈에 거슬러서 칼빈을 해체하고 읽는 것으로 해체적 칼빈주의의 한 양식이다. 카이퍼가 피조물의 선함을 회복하고 피조물로서의 세계를 긍정하는 것은 기독교 사상의 지배적인 이원론과 대조를 이룬다.[251] 카이퍼는 전적타락의 교리가 선함

---

251) 가령, John Calvin은 "몸의 감옥으로부터" 죽음이 가져다 주는 자유에 대해서 말하고 있다. 또, 인간 본성과 관련된 문제에 이를 때, 그는 플라톤이 기독교 이해에 가장 근접해 있다고 결론 짓는다.(*Institutes* 1.15.2.6) 내가 이것을 인용하는 것은 어떻게 아브라함 카이퍼가 존 칼빈을 비신화하면서 다시 복권하고 있는 가를 보여주기 위해서다.(그리고 Hermann Dooyeweerd와 후대 칼빈주의 전통에 의해서 더더욱 그렇게 복구된다)

의 경험에 의해 방해받는 것에 주목한다. 이것은 카이퍼가 기술한 "일반 은총"의 한 결과이다.[252] 이 장의 남은 부분의 과제는 어거스틴의 언어와 해석에 대한 해체적 읽기를 수단으로 어거스틴적인 창조적 해석학을 벗겨내는 것이다. 이것은 현대의 철학적 해석학을 위한 가장 성서적이고 기독교적인 통찰의 궤도를 그려내려고 애쓴다.

언어의 시간: 초기 어거스틴에 있어서의 타락

타락의 시간

초기[253] 어거스틴에서 우리는 부분적으로 위에서 스케치한 것들과 유사한 내러티브를 발견한다. 해석의 필요성은 언어말[254]과 글 모두에서 그리고 의미의 수준에 의해서 생겨난다. 나아가 언어 그 자체는 시간의 "매개

---

252) 카이퍼의 창조, 타락 구속 그리고 은혜에 대한 가장 접근하기 쉬운것은 그의 *Calvinism: Six Stone Foundation Lectures* (Grand Rapids, Mich.: Eerdmans, 1943), 특히, 네 번째 강좌 "Calvinism and Science," 110–41. 그 전통에 선 두 유용한 책으로는 Albert Wolters, *Creation Regained* (Grand Rapids, Mich.: Eerdmans, 1985) 그리고 Brian J. Walsh와 J.Richard Middleton, *The Transforming Vision: Shaping a Christian Worldview* (Downers Grove, Ill.: Interversity Press, 1984), 특히, 41–90.

253) 이 장의 초점을 유지하기 위해서 나는 일반적으로 나의 고찰을 고백록(비록 *De Doctrina christiana*는 초기 저작이면서도 후기저작이기도 하지만)을 포함해서 초기 어거스틴의 저작에 국한할 것이다. 나는 미래에 그의 후기 저술, 특히 *De Trinitate* 그리고 *De Civitate Dei*에서 이 주제를 고찰할 것이다. 이 노선에서 참고 연구를 계속할 것이다. 어거스틴의 사고가 후대에 약간 변경됨에도 불구하고, 시간, 언어 그리고 타락의 문제에 대한 그의 입장에는 강한 연속성이 존재하는 것 같다. 더 나아간 논의를 위해서는 다음을 보라. Robert J. O'Connel, S.J., *The Origin of the Soul in St.Augustine's Later Works* (Bronx, N.Y.: Fordham University Press, 1987). 중대한 핵심 문제들에 대한 개관으로는 다음을 보라. Richard Penaskovic, "The Fall of the Soul in Saint Augustine: A Questio Disputata," *Augustinian Studies* 17 (1986): 135–45.

254) 어거스틴에게 있어서 해석의 패러다임은 우선 구두/청각 모델이고 글쓰기 모델은 단지 파생적이라는 것을 오늘날 독자들이 생각하는 것이 중요할 것이다. Brian Stock 은 *Augustine the Reader: Meditation, Self-Knowledge and the Ethics of Interpretation* (Cambridge: Belknap Press of Havard University Press, 1996), 26–27에서 어거스틴에게 있어서 해석의 구두성을 강조한다. 고대 후기에서 그리고 중세 초기에서 "구두 문화"에 대해서는 그의 *The Implications of Literacy: Written Language and Models of Interpretation in the Eleventh and Twelfth Centuries* (Princeton: Princeton University Press, 1983), 12–87.

물"이거나 "지평" 아니면 더 구체적으로 시간적 연속 안에서 기능한다. 따라서 해석은 기호들을 수단으로 해서 소통해야 하는 시간 속에 존재하는, 유한한 피조물들을 위한 과업이다.[255] 언어가 해석을 위한 조건이고 시간이 언어를 위한 조건인 것처럼, 타락은 시간성을 위한 조건임이 분명해질 것이다. 달리 말해, 로날드 테스케Ronald Teske가 관찰하는 대로, 인간 존재의 시간적 조건을 구성하는 영혼의 "확장"은 단지 피조물의 존재가 아니라, 일자에서 분리되거나 떨어져나갔던 또 다른 우리의 조건이다. 시간 속에서 우리의 존재는 죄에 대한 벌이다."[256] 그리고 이 "시간으로의 타락은" 언어에 대한 조건으로, 이것은 해석을 필요로 한다. 해석학 자체는 타락 이후의 과제로 죄의 결과로서 인간에게 닥친 것이다.

시간, 언어 그리고 타락 사이의 이러한 연결에도 불구하고, 창조의 선함을 긍정하고 따라서 시간 속에 존재하는, 유한한 존재의 선함을 긍정하는 어거스틴의 또 다른 "측면"이 존재한다. 그리고 만일 유한성다시 말해서 공간 안에 위치해 있고 시간의 제약을 받음이 피조됨과 또는 피조적 존재를 구성한다면, 그리고 그러한 유한성이 시간을 시간적 연속으로 "경험"을 요구한다면, 시간과 언어는 인간에게 닥친 어떤 것이 아니라 창조적 선이 되지 않겠는가? 그리고 이것은 해석이 타락 전에도 피조적 삶의 일부였지, 극복해야 하는 "형벌"은 아니었다는 뜻 아니겠는가?

언어로의 타락: 내면성과 의미

어거스틴에게 있어서 언어는 해석을 위한 필요의 조건이다. 그는 언어의 기원을 인간 내면의 세계 사이에서 존재하는 균열과 틈으로 이해된

---

255) 아래서 논의되겠지만, 신과 천사들은 "읽거나" "해석하거나" 하지 않는다. 그것은 바로 그들이 시간에 구속받지 않기 때문이다.

256) Ronald J. Teske, S. J., *Paradoxes of Time in Saint Augustine*, The Aquinas Lecture 1996 (Milwaukee: Marquette University Press, 1996), 30.

"공간"에서 찾는다.[257] 기호들은 영혼의 욕구와 의도들을 표현하기 위해서 필요하다. 왜냐하면, 다른 것들은 "나의 영혼에 들어가는 수단을 가지고 있지 않기" 때문이다.CSA 1.6.8 영혼은 근본적으로 내부적이기 때문에 접근이 불가능하다. 가령, 어린이는 **내면의** 욕구들을 **외부적** 기호들로 표현하는 소리들을 발함으로서 자신의 소원을 "드러낸다." 따라서 영혼의 내면성은 기호들을 수단으로 그리고 특히 언어를 수단으로 표현된다. "심지어 그 때에도, 나는 존재와 생명을 가지고 있었다. 그리고 이미 유아 시절의 마지막 때에 나는 내 생각들을 타인들에게 알리는 기호들을 찾고 있었다."CSA 1.6.10 유아기에서 아동기로의 움직임은 비언어적 기호들의 사용에서 언어적 기호, 즉 단어들의 사용으로 전환이다.[258] 이것은 어거스틴이 "나의 마음의 의도들을 표현하게 했고," 그래서 "나의 소원들을 주위의 타인들에게 더 잘 전달하게 했다."CSA 1.8.13

『고백록』을 여는 이 이야기에서, 어거스틴은 『교사론』*De Magistro*에서 전개한 기호들의 근본적인 측면들을 다시 밟고 있다. 즉, 외부에 존재하는 다른 사람에게 내면성을 표현하는 것으로서의 기호들과 언어의 매개적 기능을 말한다. 기호로서의 단어들은 **내부적** 사고나 욕구들의 **외부적** 표시들이다. 『교사론』*De Magistro*에서 이것은 기도를 고찰하면서 나타난다. 어거스틴이 제안하듯이, 만일 모든 말함의 목적이 가르치거나 상기시키는 것이라면, 우리가 기도할 때 하나님을 가르치는 것은 도대체 무엇인가? 아데오다투스가 결론짓는 대로, "분명 우리는 기도할 때 말을

---

257) "내면적" 자아들 사이의 매개된 관계에 대한 이해에서, 우리는 에드문트 후설의 『데카르트적 성찰』*Cartesian Meditation*(trans. Dorian Cairns[Dordrecht:Kluwer, 1993], 89−151) 제 5장에서 논의된 상호주관성이 예기됨을 본다. 거기에서 타자는 "감각에 나타나는데(appresented)" 그것은 그의 존재나 의식(Erlebnisse)이 근원적으로(originaliter) 접근 가능한 것이 아니기 때문이다. 타자는 다른 의식에 현존할 수 없다. 따라서 그것은 매개되어야 한다. 이와 관련에 대한 더 진전된 고찰은 다른 곳에서 등장할 것이다.

258) "나는 말을 할 수 없는 아기가 더 이상 아니었고 이미 말할 힘을 가진 소년이었다."(CSA 1.8.13) 어거스틴에게, 단어들은 단지 한 종류의 기호나 의심의 양식이다. 몸짓, 쓰여진 글자 그리고 다른 사물들(res)은 기호들로 기능할 수 있다. 이와 관련된 논의에 대해서는 다음을 보라. *De Magistro* (CSEL 77) 그리고 *De Doctrina christiana* (CCSL 32), 2.1.1−2.5.6.

하고 있다. 그러나 우리가 어떤 것에 대해서 하나님을 가르치고, 상기시킨다고 믿는 것은 옳지 않다."[259] 그러나 우리는 기도하도록 명령을 받는다. 어거스틴은 답변한다. "골방에서."마 6:6

> "골방에서"는 정신의 내부적 후미진 곳을 의미하는 한 문장이다. 기도는 우리에게 우리가 원하는 것을 제공하기 위해서 우리가 말함으로써 하나님에게 무엇을 가르치거나 상기시키기 위함이 아니다. 말하는 사람은 누구나 분절되어 있는 음성을 수단으로 그의 의지를 외부적 기호로 표현한다… 따라서 우리가 기도할 때는 말할 필요가 없는 것이다. 다시 말해 음성적 단어는 필요 없다. 마음속에 있는 것을 의미할 목적으로 사제들이 하는 대로 말하는 것을 제외하고는 하나님이 듣도록 하기 위해서가 아니라, 인간이 듣고 기억함으로 한 마음으로 하나님에게로 들어 올려 지기 위해서다.[260]

말하는 것은 그리고 언어 일반은 영혼의 **외부**에 있는 사람, 즉 타인들에게 내부적 욕구와 의도를 표현하기 위한 **외부적** 기호다. 그러나 하나님의 경우, 그는 우리의 가장 깊은 내면을 알고 계시기 때문에, 언어와 말은 불필요하다.[261] 따라서 언어는 자아의 내면에 접근 불가능하기 때문에 필요하다. 그리고 그것은 인격들 사이에서 그리고 여러 "내면세계들" 사이에서 기능해야 한다.[262] "그래서 내가 고백을 하는 동안, 그들은

259) Augustine, *De magistro* 1.2 (in *Against the Academicians and the Teacher.* trans. Peter King [Indianapolis: Hackett, 1955])
260) Augustine, *De Magistro* 1.2. "기도"에 대한 같은 주제들은 어거스틴이 "고백록"에서 사색한 것에서 만나게 된다. 이것은 하나님께 무엇을 알려주기 위함이 아니고, 자기 자신과 타인들의 유익을 위한 것이다.(CSA 10.2.2-10.3.4)
261) "당신에게 고백을 하고 있는 사람은 자기 안에서 일어나고 있는 것을 당신에게 알려드리는 것이 아닙니다. 당신의 눈은 닫힌 마음을 열어 보이십니다.(CSA 5.1.1)" "실로, 주여, 당신의 눈에는 인간이 가진 의식의 바닥까지 벌거벗은 듯 드러납니다.(CSA 10.2.2)"
262) 어거스틴에게는 말의 매개적 기능(verbi)과 육화된 말씀(Verbum)의 매개적 기능 사이에

눈과 마음으로 꿰뚫을 수 없는 나의 내면적 자아에 대해서 듣기를 원한다."CSA 10.3.4 단어들은 비언어적 내면세계를 지시하지만, 그것을 "현시顯示"하지 않는다. 내면세계는 말을 통해서 완전히 벗겨지지 않지만, "드러나고", "표현될 수" 있다.

영혼의 은밀한 삶은 언어에 결코 완전히 나타나지 않는다.

따라서 『신앙 교육론』De Doctrina Christiana에서 어거스틴은 말해진 단어들verbum은 가장 특징적인 형태의 "규약적"자연적"인 것과 반대되는 기호들이다.

> 기호는 살아 있는 피조물들이 그들이 할 수 있는 한도 내에서, 그들의 기분과 느낌을 표현하거나, 무엇이 되었든지 그들이 깨닫고 이해한 것을 가리키기 위해서 서로에게 주는 것이다. 우리는 의미하면서, 즉 기호를 주면서 다른 사람의 정신에 우리, 즉 기호를 주는 사람들 자신의 마음속에 있는 것을 전달하는 것 외에 다른 목적은 없다.[263]

언어는 외부적인 어떤 것verbum을 수단으로 해서 영혼에 맞닿은 것을 표현하기 위해서 필요하다. 따라서 언어는 "개인적"인 의도들과 자아의 욕구들을 "공개"하는 것이다. 따라서 단어들은 "공동의 자산"으로서 공동체에 속해 있다.[264] 언어는 반드시 내면성들 사이에서 다리를 놓아야

근본적인 유사성이 있다. 이와 관련한 논의로는 다음을 보라. Mark D. Jordan, "Words and Word: Incarnation and Signification in Augustine's De doctrina christiana," Augustinian Studies 11 (1980): 177−96.

263) Augustine, De doctrina christiana 2.2.3 (in Teaching Christianity, The Works of Saint Augustine 1/11, trans. Edmund Hill, O.P. [New York: New City Press, 1996]), 강조는 추가.

264) Brian Stock은 이것의 중요한 측면을 적고 있다.(여기서는 다룰 수 없다) "만일 읽기와 쓰기의 근본이 되는 언어가 화자들의 공동체를 통해서 정의될 수 있다면, 언어를 통해서 자신을 표현하는 화자들의 자아들, 영혼들 역시 그들의 공동체들을 가져야만 한다… 어거스틴의 『고백록』이 영혼에 대한 고대의 문학에서 독보적인 것은 내면의 자아가, 베일에 감춰져 있고, 신비롭고, 접근할 수 없다는 이론 때문이 아니라 바로 이 상호 주관적인 성질이다. 그의 이야기는 타인에 의해서 해석될 목적을 지닌 단어들을 통해서 세계에 들어가기 전에 사고와 세계 사이에서 떠돈다.(Stock, Augustine the Reader, 16) 아래 주석 265을 보라.

한다." 영혼들 사이의 "공간"은 기호들의 매개를 필요로 한다. 이어서 이 것은 해석을 필요로 한다.

그러나 어거스틴에게 이 일의 상황, 즉 외부적 의미와 매개의 질서는 이미 전에 인류와 하나님 사이에서, 그리고 인간들 사이에서 직접적 소통im-mediacy을 향유했던 것에 대한 타락이거나 왜곡을 알려준다.[265] 기호들과 언어는 전에 향유했던 단절된 직접성을 가리킨다. 그리고 그것은 기호와 사물 사이의 균열을 알려준다. 가령, 어거스틴은 창세기 2장 4절-5절을 주석하면서, 땅에 내리는 비를 "울렸다가 공기를 치고 사라지는 말들"[266]이라고 해석한다. 그러나 "지면"은 영혼의 타락 이후에만 비에 의해서 양분을 필요로 한다.

> 영혼이 죄를 짓기 전, 다시 말해 밭의 식물이 땅에 올라오기 전에는 아 직 이런 식이 아니었다. "여호와 하나님이 땅에 비를 내리지 아니하셨 고 경작할 사람도 없었다." 이미 언급했듯이 구름에서 내리는 비는 땅 에서 일할 사람을 위해서 필요하기 때문이다. 죄가 들어온 후 인간은 땅에서 일하기 시작했고 그런 구름들이 필요했다. 그러나 죄 이전에 는 하나님이 땅의 식물과 음식을 마련해 주셨다. 그리고 우리는 이 표

---

265) 자끄 데리다와 비교하라. Jacques Derrida, "Edmond Jabès and the Question of the Book," in *Writing and Difference*, trans. Alan Bass (Chicago: University of Chicago Press, 1978), 64-78. 여 기서 데리다는 (Jabès)에게서 "언어 속에서 그 자신을 드러내면서 주체는 흩어지고 개방 된다."(67) 글의 도래와 함께 "우리는 정원으로부터 직접적으로 흘러 나오는 목소리를 듣 지 못하게 되었다."(68) Jabès에게는, 말(구두성)은 직접성을 대표한다. 반면 글은 직접적 소통에서의 타락과 분리를 말한다. 하지만, 어거스틴에게 구어는 이미 직접성의 상실을 말한다. 그에게, 글이 아니라 언어 자체가(사실, 의미의 질서 자체가) 직접적 소통의 타락을 뜻한다. 그렇다면, 어거스틴은 데리다의 말을 빌리면 "음성 중심주의자(phonocen-trist)"가 아니다. 오히려 그의 언어 이론은 데리다가 *Of Grammatology*에서 발전시킨 이론 과 매우 흡사하다.(전체 인용문을 보려면 약어 부분을 보라) 그의 책에서 데리다는 말/구 두성은 이미 매개됨을 구성하고 따라서 해석을 필요로 한다.(이 책의 4장을 보라) 데리다 와 어거스틴의 가장 중대한 차이는 우리가 다음에서 보겠지만 **직접적** 소통을 아는 육체 이전의 영혼을 상정하고 있다는 점이다.

266) Augustine, *De Genesi contra Manichaeos libri* II 2.4.5 (in *Saint Augustine on Genesis*, FOTC 84, trans. Roland J. Teske, S.J. [Washington: Catholic University of America Press, 1991]).

현이 보이지 않는 피조물을 의미하는 것임을 말했다. 하나님은 내면의 샘으로부터, 인간의 지성에게 말하면서 물을 주셨다. 그래서 인간은 외부에서 말을 받아들였다. 이것은 마치 앞서 말한 구름으로부터 내리는 비와 같은 것이었다. 오히려 인간은 자기 자신의 샘, 즉 자신의 내부에서 흘러나오는 진리로 만족했다.[267]

외부적 기호들로서 단어들은 하나님과의 내적인 대화가 중단된 후에만 요구된다. 하나님과의 내적인 대화에서 영혼은 "내부로부터 흘러나오는" 직접적 직관을 수단으로 하나님과 교통했다. 따라서 이미 언어는 직접적 소통의 단절, 혼란 그리고 개인적 내면성의 단절을 나타낸다.[268] 외부적 의미의 바로 그 질서는 타락의 결과이고 구속을 통해서 극복될 것이다. "지상에서 인간이 수고하는 대로, 즉 인간이 그의 죄로 인해 메말라지게 되는 대로, 인간은 구름에서 내리는 비처럼 인간의 단어들로

---

267) Ibid. 역시 같은 책 2.5.6을 보라. 어거스틴은 죄를 지었던 것은 바로 **영혼**이라는 것을 강조한다. "인간"(homo 육화된, 시간적 존재)은 타락 이후의 존재이다. 이것은 『고백론』 12장(아래)에 대한 우리의 읽기에서 고찰될 것이다. 더 많은 논의에 대해서는 다음 책을 보라. Roland J. Teske, S.J., "The World-Soul and Time in St. Augustine," *Augustinian Studies* 14 (1983): 75-92.

268) 이것은 역시 어거스틴에게 상호주관성의 "진정성"에 대한 문제를 야기한다. 말하자면, 상호 주관인 소통을 가능하게 하는 언어가 영혼이 외부 세계로 타락한 것의 결과라면, 타락 전에는 영혼들 사이에서 어떤 "대화"가 존재했겠는가? 다시 말해서, "죄를 짓기 전에" 영혼은 단지 하나님과 관계를 갖고, "양심의 은밀한 자리에서"만 자리를 잡고 있었는가?(De Genesi 2.5.6) 영혼은 언어를 통해서 "공적(公的)이 된다"(그것은 늘 공적이다)는 것은 이미 하나님과의 "사적인" 관계에 대한 타협인가? 어거스틴에게 있어서 "주체가 흩어지고 개방된다"는 것은 언어에 의해서 인가?(참조. Derrida, "Edmond Jabès", 65) 비슷한 긴장과 문제에 대해서는 다음을 참조하라. Søren Kierkegaard, *Fear and Trembling*, trans. Howard V. Hong and Edna H. Hong (Princeton, N.J.: Princeton University Press, 1983), 82-120. 아브라함의 도전은 언어로(공적이고 보편적인) 하나님의 부름(개인적이고 독자적인)과 소통하는 것이다. 키에르케고르에게 있어서 이것은 하나님에 대한 각 개인의 관계에서 적용될 수 있다. 다시 말해 절대자와 유일하고 개인적인 관계로서 단순하게simpliciter 언어로 소통될 수 없는 것이다. 이 도전에 대한 "해결책"은 그의 "간접적 소통"의 개념이다. (이 개념은 그의 *Philosophical Fragments*와 *Concluding Unscientific Postcript*에서 발전된다) 이는 전략적으로 어거스틴의 "고백"에 대한 이해와 유사하다.(CSA10.2.2-10.3.4를 보라) 키에르케고르의 "간적접 소통"의 전략에 대한 논의로는 다음을 보라. James K.A. Smith, "Alterity, Transcendence and the Violence of the Concept: Kierkegaard and Heidegger," *International Philosophical Quarterly* 38(1998).

하나님의 가르침 받는 것이 필요하다. 그러나 그러한 지식은 결국 사라질 것이다. 왜냐하면, 우리의 음식을 찾으면서, 우리는 이제 구름 속에 있는 것처럼 수수께끼 속에서 보게 되기 때문이다. 그러나 그때 우리는 얼굴과 얼굴을 대하여 보게 될 것이다. 지상의 모든 얼굴이 내적 수원水原에서 솟아오르는 물을 받게 될 것이다."[269] 그렇다면, 회복되는 것은 언어 그리고 해석이 필요 없었던 타락 전의 직접성이다. 기호들의 해석으로서의 해석학은 "지상에서의 수고"하는 타락한 인류의 과제로서, 우리가 거기에서 구속을 기다려야 하는 짐으로 해석된다.

시간 속으로의 타락: 언어 그리고 시간적 연속

언어는 해석을 필요로 한다. 하지만, 우리는 어거스틴에게서 언어가 필요한 것은 주관적 내면세계가 매개를 필요로 하기 때문이라는 것을 보았다. 나아가 여기에서 매개가 필요한 이유는 인간이 시간적 존재라는 사실 때문임을 지적해야만 한다. 다시 말하자면, 언어는 **시간**을 매개로 또는 **시간**이라는 지평에서만 기능한다.[270] 시간성은 피조됨을 구성한다.[271] 따라서 언어는 시간과 공간에 위치하여 제한적인 주관성들을 위한 매개자로서 요구된다. 간단히, 언어는 시간과 공간에서 **유한성**을 구

---

269) Augustine, *De Genesi* 2.5.6. 이것은 오스티아에서 겪은 황홀적 경험에서 "맛본" 것이다. 거기서 어거스틴과 모니카의 영혼은 "영원한 존재 그 자체를 향한 강한 끌림에 의해서 높여졌다… 우리는 온 심령을 집중시켜 순간이나마 그것에 살짝 접촉했나이다… 그리고 우리의 입에서 나오는, 시작이 있고 끝이 있는 인간이 가진 언어의 소음 속으로 돌아왔나이다."(CSA 9.10.24) 언어 없는 소통의 가능성을 생각하면서, 어거스틴은 침묵 속에서 "우리는 그의 말씀을 사람의 혀나 천사의 음성이나, 천둥소리나, 모호한 비유를 통해서 듣는 것이 아니라 직접 그의 말씀을 들을 것이다. 우리가 사랑하는 그 분의 말씀을 **매개되는 것 없이** 들을 것이다. 이 순간 만물 위에 존재하는 영원한 지혜에 생각이 섬광같이 빠르게 닿을 것이다."(CSA 9.10.25, 강조는 추가)

270) 언어와 기호의 시간적 측면은 어거스틴의 『교사론』*De magistro*에서 고찰되지 않고, 『신앙교육론』*De doctrina christiana*에서 단 한 측면으로만 나타난다. "말이라는 것은 공기의 파장을 일으키면서 바로 사라지고, 소리의 지속만큼만 지속되기 때문에, 문자는 대한 기호로서 발명되었다."(2.4.5) 여기서는 단지 기호의 지속의 문제만 언급되고 있다.

271) "하나님은 모든 시간적 피조물들과 함께 모든 시간을 만드셨다." (*Augustine, De Genesi* 2.3.4)

성하는 한 요소다. 유한하고 시간적 질서 안에 있는 피조 된 존재들은 변하고 영구적이지 못하다. "만물은 생겨나 존재하나 그들이 존재를 위하여 더 빨리 성장하면 할수록 그들은 그만큼 더 빨리 비존재를 향해 갑니다. 이것이 그들의 모습입니다."CSA 4.10.15 이 유한성의 법칙에 의해서 제한되어 그들은 "그들의 모든 존재를 동시에 가질 수 없다." 다시 말해서, 그들의 특징은 "사라져 버림과 연속성"이다.

어거스틴은 계속해서 "우리의 말은 의미를 표시하는 소리로 이루어집니다. 그러나 한 낱말이 자기 소리를 내고 사라지고 다음 낱말이 이어지지 않으면 우리가 말하는 것은 완성되지 않을 겁니다"라고 말했다. 시간적 연속은 어거스틴에게 있어서 언어의 필수적 측면이다. 그리고 시간적 연속 그 자체는 유한한 존재에만 활동한다. 또한 이것은 동시에 말해지는 인간의 외부적 언어와 내부적 말Word 사이의 차이를 알려준다. 따라서 나중에 어거스틴은 다시 이 시간성이 창조의 결여 상태를 나타낸다고 강조한다. 이 결여란 변치 않는 하나님의 존재와 대조적으로, 피조물은 "변화와 변천을 겪는" 것을 통해 나타난다. 그래서 음절들이 소리를 낸 후 "시간의 연속 속으로" 사라지는 인간의 언어는 "영원의 동시성 안에서" 말해지는 하나님의 말씀과 대조된다.

어거스틴이 외부적 기호들의 필요성으로부터 영혼의 구원을 제시한 것처럼, 그는 또한 영혼은 시간적 조건들로부터, 시간적 연속성에 의해 구성되는 인간의 언어들로부터 해방될 것을 약속받았다고 주장한다. 하나님에게로 돌아가는 영혼의 상승은 시간적 질서에서 영원한 것으로 올라가는 상승이다. 거기에서는 "과거도 미래도 없고, 단지 존재만 있다. 왜냐하면, 그것은 영원하기 때문이다."CSA 9.10.24 이 구원은 오스티아Ostia에서 황홀적 경험에서 "맛보아진다." 거기서 어거스틴과 모니카의 영혼은 "영원한 존재 그 자체를 향한 강한 끌림에 의해서 높여졌다… 우리는 온 심령을 집중시켜 순간이나마 그것에 살짝 접촉하고, 시작이 있고 끝이 있는 인간이 가진 언어의 소음 속으로 돌아온다."CSA 9.10.24 따라서 언어의 매개적 기능뿐 아니라 언어의 시간성 또한 극복되어야한다. 이것은 영혼이 시간 그 자체를 초월할 때만 가능하다. 이것은 유한성의 초월을 필요로 한다.272) 유한성공간과 시간 안에 위치하는 것은 영혼이 거기로부터 해방되기를 바라는 바로 그것이다.

그러나 만일 시간이 창조의 나머지와 함께 창조되었다면, 왜 피조물은 자신의 시간성즉, 시간과 장소의 제한을 극복하려고 애쓰는가? 이것은 피조성을 극복하고자 하는 욕구이자 죄의 근본인 교만의 본질은 아닌가?273) 아니면 시간으로부터의 구속을 갈망하는 것은 시간 그 자체가 타락했고 영혼이 시간 속으로 타락했다는 뜻인가?

시간성의 타락됨은 고백록 11권, 12권에서 펼쳐진다. 어거스틴은 "죄이전에" 피조된 영혼의 처음 상태를 설정하는 것이 분명하다. 그 상태에서 영혼은 시간적 조건에 종속되지 않았고, 따라서 언어의 시간적 계기에 종속되지 않는다. 따라서 시간으로부터의 **구속**의 요구는 단지 "하늘의 하늘"274)에서 영혼이 전에 누리던 상태로 **회복**되는 것을 말한다. 거기에서 지성은 "하나님의 영원성에 참여한다." 따라서 "시간적인 경과에

---

272) 역시 어거스틴의 『참된 종교』De Vera Religione (CCSL 32, 29.72)와 비교하라. "바깥으로 나가지 말아라. 너 안으로 돌아가라. 네 안에 진리가 있다. 만일 네가 본성적으로 변할 수 있다는 것을 발견하면, 너 **자신을 넘어서라.**"(*Augustine: Early Writings*, trans. J.H.S. Burleigh [Philadelphia: Westminster Press, 1953], 강조는 추가) 한나 아렌트Hannah Arendt는 다음과 같이 적고 있다. "세계 뿐 아니라, 인간 본성 자체도 초월되어야 한다."(*Love and Saint Augustine* trans. Joanna Vecchiarelli Scott and Judith Chelius Stark [Chicago: University of Chicago Press, 1996], 30)

273) 어거스틴에게 가장 "근본적인" 죄는 교만의 죄다. 그것은 바로 "영혼이 내면의 샘에서 물을 마시는 것을 그만 두는 것은 바로 교만을 통해서 영혼이 외부 사물을 향해 부풀려져서" 그 결과 외부적 언어를 필요로 하게되기 때문이다.(*De Genesi* 2.5.6)

274) 창세기 1–2장에 대한 매우 알레고리적 읽기에서, 어거스틴은 창조 이야기를 지적 세계("'하늘의 하늘'과 비교하면, 이 땅에서 보는 하늘조차 땅에 불과하다." CSA 12.1.2.)를 기술하는 것으로 이해한다. 따라서 *De Genesi*에서 "하늘과 땅"은 지적인 세계를 나타내고, "초장"은 지성을 나타낸다.(2.3.4) "하늘의 하늘"에서 지성이 "세계 영혼"이라는 주장에 대해서는 다음을 보라. "World-Soul and Time," 75–92.

반복되는 부침을 피한다."[275] 하나님과 같이 영원하지는 않지만, 지성은 "어떤 변화도 겪지 않고 시간의 경과에서 어떤 팽창도 경험하지 않는다." 왜냐하면, "그것이 시간 바깥에 있기" 때문이다."CSA 12.11.12; 12.12.15 결과적으로, "하늘의 하늘"에 있는 영혼은 해석의 필요나 기호들의 매개에 의해서 오염되지 않는다. 그래서 "하늘에서의 인식은 동시에 다 인식하는 것입니다. 부분적으로, 거울을 보는 것처럼 희미하게 하는 것이 아니고 '얼굴과 얼굴을 맞대고' 보는 것 같이 확실하게 아는 것입니다. 처음에 이것을 안 후에 나중에 저것을 아는 방식으로 인식하는 것이 아니라 **시간적 경과 없이** 공존하는 것이다."[276]

영혼은 "방황"와 "분리"를 통해서만 "시간의 변화와 연속에서 빠져 들어간다. 따라서 운동은 "허물과 죄"다.CSA 12.11.12, 12.15.19, 12.11.12 다시 말해서, 유한성 그 자체는 타락의 한 특징이라고 할 수 있는데, 그것은 타락을 영혼이 "우주의 단지 제약된 한 부분이"된다는 "형벌"을 받는다는 점에서다.[277] 우리가 "물리적 지각" 그리고 "우리가 같은 물리적 지각을 통해서 아는 것은 바로 시간과 공간 안에 갇혀 있기 때문이다. 그리고 "같은 물리적 지각을 통해서 영혼은 우리가 말하는 것을 듣는다." 다시 말하자면, 자아가 공간과 시간 안에 몸을 통해 존재하는 것, 시간의 경과를 경험하는 것, 그리고 언어의 사용이 시간의 제약을 받는 것, 이 모두는 "영혼이 죄를 짓기 전"에 근원적 동시적 경험simultaneity과 직접적 소통 immediacy으로부터의 타락한 탓으로 간주된다.

---

275) CSA 12.9.9 참조. 12.15.22 "그것은 과거와 미래 사이의 모든 확장을 초월한다."

276) CSA 12.13.16. 여기서 영혼의 지식은 천사들의 지식과 가깝다. 이 천사들은 "이 하늘을 쳐다 볼 필요가 없고 당신의 말을 알기 위해서 읽을 필요가 없다. 그들을 '늘 당신의 얼굴을 본다.' 그리고 거기서 발음할 시간을 필요로 하는 음절 없이 그들은 당신의 영원한 의지가 의도하는 바를 '읽는다.'"

277) CSA 4.11.17. 영혼의 구속이라는 이 개념 뒤에서 작동하는 것으로 보이는 "세계-영혼"의 개념을 다시 주목하라. 『참된 종교』De vera religione 22.43. "우리의 저주의 결과로 우리는 시대[saeculorum]의 일부가 되었다. Saeculorum은 여기서 "역사", 시대의식을 담고 있다. (J.H.S Burleigh의 "세속 질서"보다는)

따라서 우리는 11권에서 시간에 대한 "논고"를 이해한다. 거기에서 시간은 결국 "단순히 마음 자체의… 확장"으로서 "정의된다." 그리고 거기서는 나는 "나는 흩어진다."CSA 11.26.33; 11.29.39 테스케가 주목하는대로, "확장"Distentio은, 결정적으로 부정적인 함의를 가지고 있다. "영혼이 몸으로 '부풀리는 것종양'으로 기술되는 것과 유사한 발작이나 찌그러짐을 가리킨다."[278] 수많은 분산分散을 통해서 "늘어나게" 되어 영혼은 시간 안에서 흩어지고 해체된다. 이것은 역시 자아를 삼키려고 위협한다.CSA 11.29.39, 8.10.24; 9.4.10 그렇게 되면, 영혼은 영원과 직접성에서 **멀리 떨어지는** 것이 되어 시간 속으로 타락한다.[279] 위에서 보여준 대로, "시간 속에서 우리의 현존은 우리의 타락에 대한 형벌이다. 어거스틴은 그리스도의 오심의 목적을 우리가 시간에서 벗어나게 하는 것으로 보고 있다… 따라서, 확장으로서의 시간은 단지 피조물의 존재일 뿐 아니라, 최소한 우리에게 죄로 인한 형벌이다. 그리스도는 거기에서 우리를 자유롭게 하는 것이다."[280] 시간성은 그 자체로 피조됨을 구성하는 요소가 아니라, 타락한 피조물의 특징이다.

---

278) Augustine, *De Genesi* 2.5.6 "영혼이 그러한 샘에서 물을 얻고 있을 때, 교만을 통해서 영혼의 가장 깊은 부분을 밀어내지 않았다." 역시 *De vera religione* 46.89와 비교하라. "우리의 진정한 자아들은 몸들이 아니다."(Teske, *Paradoxes of Time*, 29~30을 보라)

279) 역시 다음을 보라. Robert J.O'Connel, S.J., *Saint Augustine's Platonism* (Villanova, Penn.: Augustinian Institute/Villanova University Press, 1984), 3, 15. 여기서 그는 어거스틴에게 "우리가 시간적 신체적 세계 속에 있다는 것은 '타락'의 결과"라고 적고 있다.

280) Teske, *Paradox of Time*, 31~32. Paul J. Archambault도 역시 다음과 같이 적고 있다. "시간과 언어는 우주적 전체의 **타락된** 부분들이라는 듯이 취급되고 있다." 따라서 영혼은 "논리적 언어를 사용하도록 저주받았다."(Augustine, "Time and Autobiography as Language," *Augustinian Studies* 15 [1984]:8). 그러나 Archambault는 계속해서 다음과 같이 적고 있다. "어거스틴은 플라톤적 또는 플로티누스적 시간과 언어의 개념 덕에 그에게 부과된 이원론의 딜레마에서 벗어난 것처럼 보인다."(11) 그는 주장하기를 "벗어날 수 있었던 수단은, 통합적이고 동시적인 영혼의 '내적' 언어이다."(11~12) 그러나 이에 대한 반응으로 우리는 이것은 시간적 의미에서 말이나 언어를 구속하기 위해서 아무 것도 하지 않는다고 적어야 한다. 우리는 어거스틴에게서 두 가지 "종류"의 언어를 구분해야 한다. 하나는 직접적 소통의 "내부적" 언어이고, 다른 하나는 시간의 지평 안에서 기호와 기능들을 사용하는 "외부적" 언어이다. 전자는 "순수"하지만, 후자를 구속하는 것은 바로 후자**로부터** 구속이다. 나는 어거스틴이 긍정하는 것은 바로 시간적 의미의 "선함"이라고 주장할 것이다.

해석으로의 타락: 요약

지금 우리는 어거스틴의 해석학에 대한 이해를 단지 타락 후의 과제로 스케치하는 입장이다. 첫째, 앞으로 더 살펴보겠지만, 해석이라는 것은 바로 인간의 경험이 바로 언어를 매개로 해서 일어나기 때문에 필요하다. 외부적 기호들을 사용하기 전에, 해석은 필요하지 않았다. 영혼은 직접적 직관으로 가르침을 받는다. 둘째, 언어는 관련된 두 가지 상황에 의해서 발생한다. 1) 외부적 기호를 요구하는 주관적 내면성 2) 물리적 직관과 시간적 지평 사이의 통약불가능성. 우리가 발견한대로, 이 두 가지 상황은 모두 시간으로 영혼이 타락한 것과 연결된다. 공간과 시간에 위치한[281] 유한한 피조물은 그 존재가 죄에 대한 형벌로서 제한된다. 결과적으로, 해석학과 해석의 필요성은 타락한 피조물만의 측면들, 분열된 직접성, 그리고 해석이 없고 직접성이 회복되는 천국에서 구속을 기다리는 바로 그러한 측면에 있다.

---

281) 미국 가톨릭 철학회에서 발표된 이 장의 초고에 대한 날카로운 논평에서, Ann Pang-Whites는 "공간과 시간에 위치함"이라는 나의 유한성에 대한 정의와 어거스틴의 유한성의 개념 사이의 차이를 주의 깊게 언급하고 있다. 그녀가 올바르게 강조하는 대로, 어거스틴에게는 창조자가 아닌 모든 존재는 (즉, 모든 피조물은) 유한하다. 그러나 이것은 피조물이 공간(가령, 천사들처럼)에 위치한다는 것도, 심지어 시간성 속에 위치한다는 것도 아니다. 따라서 인간의 영혼은 비록 공간(어거스틴은 "영적인 몸"을 지적하고 있다)에도, 시간에도 위치해 있지 않지만 타락 이전에도 유한하다. 피조물과 창조자를 구별시키는 것은 변화가능성이다. 하지만 나는 시간과 공간에 위치함이라는 유한성에 대한 나의 정의를 다음의 두 가지 이유로 유지하고자 한다. 첫째, 나는 **영원하지도**(영원하다면 하나님이 된다), **시간적이지도**(위에서 언급한대로, 어거스틴은 만일 영혼이 죄를 짓지 않았다면 시간 안에 위치되지 않았을 것이라 생각하다) 않은 존재의 상태를 상상할 수 없다. 어거스틴은 세 번째 대안을 생각하고 있는 것 같다. 그러나 이 대안은 내게 의미 없어(non-sensical) 보인다. 덧붙여서, 나는 이것이 일관된 기독교적 입장일 수 없다고 말하고 싶다. 왜냐하면, 이 입장은 인간의 몸됨은 죄의 결과로 본 것이기 때문이다. 둘째, 해석학적 논의의 맥락에서 나의 궁극적인 관심은 어거스틴의 언어와 해석에 대한 설명에 있다. 그의 설명은 오직 몸을 가진 시간적 존재자들을 위해서 필요할 뿐이다. Pang-White 박사의 통찰력 있고 건설적인 비판들에 특별히 감사드린다.

어거스틴 해체하기: 창조적 해석학을 향하여

시간, 공간 그리고 창조의 선함

어거스틴의 철학적 해석학에 대한 설명에 이르러서, 우리가 어거스틴에게 물어야 할 남은 질문들이 있다. 첫째, 만일 영혼이, "세계 창조 시에 확장된 것이라면, 영혼이 시간으로 타락한 것도 역시 창조 때인가? 또는 기독교 용어로 창조와 원죄는 동시적 사건은 아닌가?"[282] 둘째, 이것은 유한성 자체를 타락한 것으로 만드는 것은 아닌가? 그리고 이것은 창조자와 피조물 사이의 핵심적 구분을 위험하게 한다. 어떻게 우리가 유한하지 않고 오히려 신성을 주장할 수 있겠는가? 유한성과 시간성을 타락한 것으로 그리는 것은 "피조됨"과 죄 사이의 구분을 지워버리는 것은 아닐까? 우리는 인간[homo]이 된다는 것에 대해 죄를 지고 있는가? 그리고 마지막으로, 우리는 여기서 근본적으로 창조의 선함을 긍정한 어거스틴과의 긴장을 보게 되지 않는가?

시간과 언어에 대한 어거스틴의 설명에서 가장 부족한 것은 육화된 인간 존재가 근본적으로 선하다는 것에 대한 긍정이다. 그러나 어거스틴이 그의 용어로 기본적으로 선하다고 주장해야 하는 것은 바로 육화된, 유한한, 시간적 존재이다. 에띠엔느 질송[Étienne Gilson]이 평하는 대로, **창조**에 대한 이해에 바탕을 두고 있는 중세 기독교 철학은 틀림없이 다음의 사실과 씨름했다. "제한됨과 가변성 때문에 플라톤적 의미에서 자연은 죄를 덮어 쓰는데, 이 제한됨과 가변성은 창조된 그 자체로서의 바로 그

---

282) Test, "World-Soul and Time," 92. Teske는 나중에 이 문제에 대한 "해결책"이 『고백록』제 12장에서 발견된다고 생각한다. "비록 시간이 세계의 창조와 함께 출현했지만, 우리 합리적 영혼들은 그의 영원에 참여자로서 하나님을 묵상하는 것 안에 머물러 있도록 되어 있다."(*Paradoxes of Time*, 58) 그러나 Archambault가 지적한 "해결책"처럼 이것은 여전히 우리가 시간과 **몸된** 존재 속으로 떨어진다는 것을 의미한다. 요약하면, 유한성—시간적, 육체적, 물리적 존재—은 여전히 타락한 상태에 있다. 이 마지막 절에서 나는 어거스틴이 그 자신의 관점에서 유한성의 선함을 긍정한다고 주장할 것이다.

지위 때문에 형이상학적으로 볼 때 고유한 것이다… 따라서 만일 우리가 악이라는 것이 자연에 있어서 불가피한 변화의 법칙이라고 부르는 것을 고집한다면, 반드시 가변성은 하나님 편에서 피조물을 용서할 수 없었다는 하나의 필연이었다는 사실을 인정해야 한다."[283]

그러나 그것이 영적인 창조일 뿐 아니라, "매우 선한"창1:31 물리적, 육체적 창조라면 기독교 철학은 유한성과 시간성에 대한 그러한 평가를 철회해야 한다. 어거스틴은 주목하기를 "당신의 피조물은 진실로 유일한 당신의 풍성한 선하심으로부터 존재를 부여받았으며 모두 선한 것이 되었나이다.CSA 13.2.2 플라톤적 틀에서 근본적으로 이탈했기 때문에 어거스틴의 기독교적 확신들은 존재의 일반적인 선함을 긍정하게 하고 따라서 창조의 선함을 긍정하게 한다. "존재자는 선합니다. 왜냐하면, 당신이 그것을 만드셨기 때문입니다"[284]라고 어거스틴은 초기 저술에서 주장한다. 물리적 창조에 대해서, 어거스틴은 다음과 같이 증언하고 있다.

몸체를 가진 대상은 그 부분들 사이에서 어느 정도의 조화를 가지고 있다. 그렇지 않으면 그것은 결코 존재할 수 없다. 따라서 그것은 모든 조화의 머리이신 분에 의해서 만들어졌다. 몸체를 갖고 있는 대상은 어느 정도의 평화를 갖고 있다. 왜냐하면, 그것이 형상을 가지고 있기 때문이다. 그것이 없으면 그것은 아무 것도 아닐 것이다. 따라서 그는 물질의 창조자다. 거기에서 모든 평화는 나온다. 그리고 창조자는 창조되지 않은 가장 완전한 형상이다. 물질은 이데아의 세계에 속한 어떤 것에 참여한다. 그렇지 않다면 그것은 물질이 아닐 것이다… 왜냐하면, 모든 존재하는 것은 있는 그대로 선하기 때문이다.[285]

---

283) Étienne Gilson, *The Spirit of Medieval Philosophy*, trans. A.H.C Downes (New York: Scribner's, 1936), 113.

284) Augustine, *Solioquies* 1.1.2.

285) Augustine, *De vera religione* 11.21

타락됨의 원인은 물질 그 자체 때문이 아니다. 또한 육화되거나 유한한, 있는 그대로의 육화된 인격 때문도 아니다. 죄와 악에 대한 이러한 "실체적인" 이해보다는, 어거스틴은 끊이지 않고 "지향적인" 죄에 대한 이해를 강조한다. 다시 말해서, 신체들은 물질로서의 그들의 존재론적 위상 때문에 죄가 있는 것이 아니라, 그 신체가 "사용되기"보다는 "향유" 되기 때문에 죄가 있다. 어거스틴은 결코 우리에게 죄의 존재론을 제공하는 것이 아니다. 그가 제공하는 것은 죄의 현상학이다.[286]

어거스틴 사상에서 "긴장"심지어 "모순"은 해결책이나 평준화leveling를 요구하지 않는다. 그것은 화합의 문제이다. 그것은 오히려 어거스틴 그 자신의 입장에서 어거스틴을 생산적으로 읽으며 그의 사고를 취하도록 우리를 초대하는 것이다. 다시 말해, 어거스틴은 비신화화나 해체의 대상으로, 파괴de-struction의 대상으로 이해되어서는 결코 안 된다. 우리에게 어거스틴은 또 다른 어거스틴을 제공하는 생성pro-duction으로 이해되어야 한다.[287] 어거스틴의 해석학에 관해서 우리는 창조의 선함을 근본적으로 긍정하는 토대에서 어거스틴이 시간성, 유한성 그리고 언어를 평가절하한 점을 비판적으로 읽으려고 노력할 것이다. 이것은 몸됨을 긍정하

---

286) "자발적인 결합으로 자신을 만드신 분에게서 멀어져 버리고 하나님 자체를 즐거워하도록 창조되었지만 하나님의 법을 거슬린 인생은 인간보다 하나님이 열등하게 만드신 육체적 대상을 즐기는 것을 추구하고 허무로 기울어진다."(Augustine, *De vera religione* 11.21) 이것이 필자가 어거스틴을 해체하는 중심적인 문제지만, 지면 관계상 이 문제를 더 발전시킬 수 없다. 유한성의 선함에 대한 어거스틴의 긍정을 발전시키는데 있어서 중대한 점은 바로 어거스틴의 저술에서 중심적인 향유/사용(uti/frui)의 구분을 현상학적으로 분석하는 것이다. 어거스틴에게 "죄"는 의도(intentio)의 문제. 의도된 목표가 사물들의 세계 안에 "흡수"될 때,(창조자를 가리키도록 되어 있지만 다른 목적을 위해) 그것은 사용되기 보다는(그 자체로서 목적을 가지는) 향유의 대상이 된다. 그렇게 되면 세계는 영혼을 자신의 기원인 하나님을 향해 방향을 바꾸게 하는 "아이콘"이 아니라 영혼의 시선을 흡수하는 하나의 "우상"이 된다. 이 점에 대한 가장 중요한 텍스트는 *De doctrina christiana*, 1권이다. 하지만, 역시 *Soliloquies*와 *De vera religione*을 보라. 더 발전된 논의는 필자의 다음 글을 보라. "Between Prediction and Silence: Augustine on How (Not) to Speak of God," *Heythrop Journal* 41 (2000): 66-86.

287) 데리다에게 해체적 읽기는 본질적으로 생산적이다. 이는 다른 텍스트를 "생산할" 수 있는 텍스트 또는 문집(文集, corpus)안에서 "놀라운 자원"을 포착해 내기 때문이다. 이 다른 텍스트는 원래 텍스트와 관련되지만 역시 다르고, 새로운 것, 즉 하나의 발명물이다.(OG 157-58)

고 해석을 "창조적" 과제로 이해하는 어거스틴적인 해석학을 낳을 것이다.[288] 이어지는 마지막 장에서는 나는 간단히 그러한 어거스틴적 해석학을 스케치하고 그것을 "창조" 해석학이라 기술할 것이다.

어거스틴적 철학적 해석학

해석학에 대한 유한성의 긍정의 중요성은 다음과 같다.
만일 해석학이 창조된 인간 존재를 구성하는 측면이라면,

□ 그것은 우연적이 아니라 인간 존재의 피할 수 없는 측면이다.
□ 그것은 타락에 의해서 영향을 받은 사태이지 타락됨에 의해서 완전하게 부패한, 또 타락의 산물이 아니다.
□ 그것은 원래 선하고 그렇게 타락 후 세계에 남아 있는 인간 존재의 한 측면으로, 따라서 그것은 반드시 폭력적인 것으로, 또 "극복해야 할" 사태로서 이해되어서는 안 된다.

이 모델에서 창조는 온전한 "완전"또는 직접성과 또는 원초적인 재난이나 폭력과 동일시되지 않는다.

비신화화 된 어거스틴적인 해석학은 인간 존재와 언어의 시간성에 대한 어거스틴의 통찰을 창조의 근본적인 선함에 대한 그의 긍정과 연결할 것이다. 그 결과는 해석의 **지위**를 "창조적" 과제로 이해하는 것이다. 따라서 이 과제는 유한성을 구성하고 있기 때문에 피하거나 극복되어야 할

---

288) 해석학의 지위에 대한 다시 읽기는 "타락 전"의 인류에 대한 신학적 사색의 단편에 불과한 것이 아니다. 오히려, 해석학이 "창조와 관련된" 성격을 올바르게 평가하려는 목표는 하나의 **윤리적** 목표이다. 즉, 우리가 해석을 인간 존재의 일부라고 평가한다면, 우리는 또한 해석의 **다원성**이라는 것을 극복해야 할 바벨 이후의 악이라기보다는 창조와 관련된 선으로서 평가하게 될 것이다.

"짐"이 아니다. 그러한 "해석에 대한 해석은" 육화에 다시 가치를 부여하여 궁극적으로는 차이를 사랑하시고 여러 방식으로 사랑하시는 창조하시는 하나님의 선물로서 차이를 이해하고, 이 차이에 대한 윤리적 존경으로 끝을 맺는다. "창조" 해석학의 심장은 역시 "오순절적"이다. 이것은 하나님의 피조물들의 다원성 안에서 다양한 언어들의 합창 속에서 말하고, 노래하고 춤추는 여지가 있는 공간을 창조한다. 내가 이제 관심을 돌릴 것은 창조의 해석학적 구조에 대한 설명이다.

6장 에덴에서의 해석

태초에 해석학이 있다.

JACQUES DERRIDA, "Edmond Jabs and the Question of the Book"

나는 어거스틴의 사상의 여정 속에서 **창조적 해석학을 정립할 수 있는 원동력을 발견했다.** 그리고 이 마지막 장에서 필자가 하고자 하는 일은 해석학의 조건들이 인간의 창조됨을 구성하는 요소라는 사실을 체계적으로 분석하는 것이다. "인간 존재와 해석학의 조건들"을 보아라 그리고 나는 그러한 구조들이 근본적으로 선하며 늘 폭력적이지는 않다고 생각한다. "창조의 선함"을 보라 마지막으로 나는 이 틀 안에서 해석의 다원성의 문제를 고찰할 것이다. "해석 전에" 그리고 "해석의 윤리"를 보라 여기서 나는 성령의 인도하심이라는 교리와 상관관계에 있는 신뢰의 해석학을 스케치할 것이다. "영에 대해서: 예 그리고 아멘"을 보라

인간 존재와 해석학의 조건들

상황에 얽매임과 상호주관성

인간이 된다는 것을 해석한다는 것이다. 해석한다는 것은 둘이나 그 이상의 실재들 사이에서 이해를 중재한다는 것을 말한다. 그렇다면 해석이란 우리가 유한하고[289] 관계 속에 처해 있다는 "상황" 때문에 요구되는 것이다. 유한성과 상호주관성은 해석학을 위한 조건들이다. 그러나 앞으로 다루게 되겠지만, 그것들은 세계 속에 살고 있는 인간 존재의 일부분이자 인간을 싸고 있는 포장지와 같은 것이다. 따라서 유한한 실재들 사이에서 이해를 중개하기 위해 필요한 해석학은 인간 존재를 구성하는 불가피한 측면이지 존재의 우연적이고 타락된 요소가 아니다.

유한한 인간 존재로서 우리는 결코 단테의 아담이 선언하듯이 눈앞에서 보듯 직접적으로 타인의 사고에 접근할 수 없다. 대신에, 우리는 항상 "우리가 있는 곳"으로부터 타인을 듣고 텍스트를 읽는다. 그러면서 타인들의 말을 내가 이해하는 것으로 번역한다. 모든 독서나 듣기는 하나의 번역행위다. 즉, 두 가지 아니면 그 이상 말의 세계 사이에서, 두 그 이상의 전통들 사이에서, 두 그 이상의 세계에 대한 이해 사이에서 교섭이다. 대중적인 은유를 사용하면, 나는 항상 해석적 전통이라는 렌즈를 통해서 텍스트를 읽거나 세계를 본다. 거기에서 나는 나 자신을 분리해 낼 수 없다. 왜냐하면, 그것은 인간됨의 일부이기 때문이다.[290]

---

289) 다시 말해서, 시간과 공간에 위치해 있는 존재들. 관련된 논의로는, 제 5장, 주석 281번을 보라.

290) 이 시각적 은유는 내가 되도록이면 사용하지 않으려고 했던 것이다. 그러나 내가 "해석적 전통"이라고 기술한 것은, 동일하지는 않지만, 보통 "세계관"이라고 말하는 것과 매우 근접해 있다. "삶을 위한 인생의 시각"(James Olthuis)로서의 세계관은 우리가 그것을 통해서 세계를 "보는" 우선적인 헌신들을 구성한다. 세계관의 수준에서 해석의 "-로서의 구조" (Martin Heidegger)는 펼쳐진다. 관련된 논의에 대해서는 다음을 보라. James H. Olthuis, "On Worldview," *Christian Scholar's Review* 14 (1985), 153–64. Brian J. Walsh, "Worldviews, Modernity and Task of Christian College Education," *Faculty Dialogue* 18 (fall 1992), 13–35. 그리고 James. K.A Smith과 Shane R. Cudney의 "Postmodern Freedom and the Growth of Funda-

그렇다면 해석학이 보편적이라는 사실은 우선, 인간 존재의 **상호주관성**에서 찾을 수 있다. 우리는 타인들배우자, 자식들, 동료들 과 함께 살고 있다. 그리고 소통은 생존을 위해서 뿐 아니라, 또한 인간으로서 우리가 풍성해지고 성장하기 위해서도 필요하다. 만일 실재들 사이에서 아무런 소통이 없다면,[291] 해석이 필요 없을 것이다. 그러나 만일 의사 소통자 둘아니면 모두이 같은 언어, 같은 어휘들, 같은 사고 과정, 타인의 사고에 대한 자기 자신의 사고와 동일한 직접적인 접근을 공유한다면, 그들이 상호주관적 관계에 있다고 해도 **그것만으로는** 반드시 소통을 위한 해석이 요구되지 않을 것이다. 그러나 이것이 사실이라면, 우리는 의사소통과 같은 것이 필요하지도, 그리고 가능하지도 않을 거라는 의구심을 가질 것이다.

그러나 인간 존재가 같은 언어, 같은 어휘들 또는 같은 사고를 공유하지 않는다는 바로 그 사실 때문에, 해석은 불가피하다. 해석이 필요한 이 **차이**는 인간 존재의 **유한성**에 뿌리내리고 있는 것으로, 해석학의 두 번째 조건이다. 유한성, 또는 내가 앞에서 **상황에 얽매임**이라고 기술했던 것은 인간 존재의 장소성, 즉 우리가 특정한 지역, 특정한 상황에 속해 읽거나 듣는다는 사실을 말해준다. 이것은 마틴 하이데거가 기술하는 "해석학적 상황"[292]이다. 이 유한성을 일종의 부정적인 제약으로 이해해서는 안 된다. 오히려 그것은 경계peras내에서 자리를 잡고, 그 한계 속에

---

mentalism: Was the Grand Inquistor Right?" *Studies in Religion/Sciences Religieuse* 25 (1996), 41–44.

291) 나는 여기서 더 포괄적인 용어를 사용하겠다, 그것은 해석을 인간에게 국한시키지 않기 위해서다. 동물들이 의사소통을 하는 한, 역시 해석의 과정이 있을 것이다. 가령, 곰은 나무의 발톱 자국이 다른 곰이 있다는 것과 그것이 다른 이의 영토의 경계를 나타낸다는 것을 "이해한다." 또는 아마도 더 정교하게(그저 내 생각에는) 고래들 사이의 청각 소통은 만일 소리 파장이 다르게 "들린다면" 오해될 수 있을 것이다.

292) 이 "상황에 얽매임"이나 유한성이 시간적 그리고/또는 공간적 지역성으로 축소될 수 없음을 강조해야 한다. 나라는 존재는 내가 속한 시간과 공간으로 축소될 수 없다. 이 조건을 넘어서는 지속되는 자아의 독특성에 대한 신비가 존재한다.

있다는 아리스토텔레스적 의미로서 이해되어야 한다.[293] 이 지역성 또는 공간성은 모두 시간적이고 물리-공간적인 것으로 우리가 읽고 듣는 것을 가능하게 하는 조건이다.[294] 이러한 특징은 또한 인간 존재의 역사성으로 기술될 수도 있다. 인간 존재의 역사성이란 내가 **나의** 역사를 타인과 공유하지 않으며, 이 개인적 역사는 개인의 언어, 개인의 어휘, 개인의 "읽는 방식" 등을 다른 사람과 공유하지 않는다는 의미다.

"해석의 편재성"은 해석이 인간 존재를 구성하는 조건임을 말하지만, 그것은 또한 해석의 폭을 말한다. 해석은 우리가 텍스트를 읽을 때만 일어나는 어떤 것이 아니다. 해석은 의사소통의 모든 수준에서 일어난다. 텍스트적인 것이나 구두적인 것에 국한되지 않는다. 심지어 "몸짓 언어"도 해석을 필요로 한다.[295] 해석은 상황에 얽매인 존재들 사이에서, 모든 수준에서 발생한다. 해석은 주어져 있다.es gibt 신문의 독서, 저녁 식탁에서의 모든 대화, 고속도로에서 무례한 제스처, 그것은 모두 이해되기 전에 해석되어야 한다. 모든 의사소통은 일련의 질문들을 통해서 여과되는데, 여기서 질문들은 이해를 목표로 보통 암묵적으로 제기된다.

그러나 질문들은 해석하는 사람의 상황과 전통성에 의해서 규정된다. 해석은 글쓰기에 국한되지 않는다. 데리다가 로고스 중심주의라고 기술한 개념 그러나 오히려 언어의 기원과도 관련된다. 그래서 말하기와 제스처 모두에 해석이 깔려 있다.

가령, 세 명의 사냥꾼이 어둠 속에서 늪지 한 가운데를 걷다가, 사냥꾼

---

293) 아리스토텔레스에게, "존재한다"는 것은 경계를 갖는 것(perai), 상황에 얽매이는 것, 그리고 장소에 놓이는 것을 말한다. 그러나 덧붙여서, 경계들은 역시 접촉점으로, 존재의 근본적인 관계성을 나타낸다. 다음을 보라. Aristotle, *Physics* 4.1−5, 208a 27−213a11.

294) 이는 제3장에서 더 충분히 발전되었다. 또한 TM 302와 비교하라.

295) Brian Stock (in *The Implication of Literacy: Written Language and Models of Interpretation in the Eleventh and Twelfth Centuries* [Princeton, N.J.: Princeton University Press, 1983])은 몸을 가진 인간의 존재 양식이(가령 성만찬의 실행에서 볼 수 있는 것과 같이) 해석적 구조에서 자유롭고, 해석의 필요성은 글쓰기와 "학문적 신학"의 도래와 함께 등장한 것이라고 제안하고 있는 것 같다.

중 한 사람이 "오리다!"라고 외친다면, 한 사냥꾼은 새로 찾은 짐승을 찾으며 총을 들 수 있지만, 다른 사람은 날아올지 모를 총알을 피해서 필사적으로 땅에 엎드릴 수도 있다. 소리 지르는 것이 다르게 "들렸다." 즉, 다르게 해석된다. 텍스트 읽기를 넘어서는 해석학의 "보편화"는 하이데거와 가다머의 중대한 통찰들 중 하나다. 이것은 법, 신학, 미학에서 일반 해석학의 문제_{가다머의 대표적『진리와 방법』에서의 기획}까지 해석학적 논의에 넓게 걸쳐 있다.

전통성과 상호주관성

상호주관성과 상황에 얽매임이 해석을 인간 존재에서 불가피하게 만드는 요소들이라는 점에서, 해석을 위한 가능성은 상호 주관적인 관계들과 존재의 유한성으로부터 기인하는 **전통성**[296]에 의해 제약된다. 유한한 피조물로서, 나는 공동체의 일부이고, 세상을 "보는" 하나 또는 여러 방식의 상속자, 즉 한 해석적 전통의 일부이다. 우리는 항상 전통에 구속을 받는다. 우리는 항상 전통의 일부이고, 항상 전통을 통해서 본다. 즉, 우리는 인간이다.

사실, 우리는 여러 전통들의 상속자들이다. 즉, 언어적 전통, 사회 문화적 전통, 지리적 전통, 종교적 전통 등. 예를 들면, 나는 영어를 말하도록 배웠다. 그리고 어떤 의미에서, 캐나다 시골 온타리오에서 태어났기 때문에_{이것은 내가 선택한 것이 아니다} 영어를 말하게 된 것은 선택의 여지가 없었다. 영어는 나의 의사소통과 해석을 가능하게 하는 것이지만, 의사소통과 해석은 내가 할 수 있는 말 안에서만 가능하다. 나의 언어는 유한한 집합체이다. 그리고 내가 가진 어휘는 단지 그 언어의 수많은 가능한 표현 가운데서 작은 단편일 뿐이다. 그렇다면 나의 언어는 나의 이해와 나

---

296) 나는 전통성의 개념을 처음으로 다음 글에서 접했다. Carroll Guen의 글인 "Gadamer, Objectivity and the Ontology of Belonging," *Dialogue* 28 (1989): 589–608 (esp. 597).

의 의사소통을 제한한다. 그러나 "제한하기"라는 개념조차도 무한성에 대한 향수를 드러낸다. 따라서 나는 **조건들**[297]이라는 단어를 더 쓰고 싶다. 내가 속해 있는 언어적 전통은 해석학을 구성하는 여러 숙어들과 접촉할 때, 내가 묻게 될 질문을 "미리" 해석하고 결정한다. 내가 속한 중산층 시골 남자라는 사회 문화적 전통 캐나다 서구인으로서의 나의 지리적 전통, 기독교인이라는 나의 종교적 전통, 이 모두가, 어떻게 내가 텍스트를 읽을 것인지, 어떻게 내가 진술을 듣게 될 것인지, 어떻게 내가 메시지를 이해할 것인지를 조건 짓는다.

마크 테일러Mark C. Taylor와 같은 더 니체적인 해체주의자들은 세계를 해석하는 방식에는 제한이 없다고 말하는 것 같지만,[298] 이 전통성이 가진 조건들은 여러 가능성들을 미리 규정한다. 즉, 확실한 다수의 가능성들이 존재한다. 그러나 이 다원성이 무한함을 뜻하지 않는다. 우리는 형이상학에 대한 초기 비판자인 데이비스 흄David Hume에게서도 비슷한 사상을 볼 수 있다.

언뜻 보기에 인간의 사고는 그 어떤 것보다 제한을 받지 않는 것처럼

---

297) 필자는 유한성이라는 개념 그 자체가 폭력적이라는 생각을 거부한다. 이와 같은 이유로 유한성을 "제한됨"으로 이해하는 것에 반대한다. 유한성을 "제한됨"으로 말한다면 그 유한성은 어떤 방식으로 접근을 차단하게 하거나, 아니면 이 유한성은 "더 기대한다면" 충족될 수 있다는 의미의 "결여"가 된다. 제한으로서 아니면 폭력적인 것으로서 유한성을 이해하기 보다는, 나는 그 패러다임 바깥에 서서 그것을 가능케 하는 것으로 보고 싶다. 그러나 유한성에 대해서 말하는 어떤 시도도 항상 "더 형이상학적으로 규정된 패러다임 속으로 "퇴행하는" 위험을 안고 있다. 나는 다음의 두 논문에서 더 올바르고 현상학적 맥락에서 폭력의 문제를 다루고 있다. "Respect and Donation: A Critique of Marion's Critique of Husserl," *American Catholic Philosophical Quarterly* 71 (1997): 523-38. 그리고 "Alterity, Transcendence and the Violence of the Concept: Kierkegaard and Heidegger," *International Philosophical Quarterly* 38 (1998): 369-81.

298) 다음을 보아라. Mark C. Taylor, *Erring: A Postmodern A/Theology* (Chicago: University of Chicago Press, 1984),170-74. 여기서 그는 니체를 따르고 있다. Nietzsche, *The Will to Power,* trans. R.J.Hollingdale and Walter Kaufmann (New York: Random House, 1967), sec. 600. "세계가 해석되는 방식에는 제한이 없다. 왜냐하면, 모든 해석은 성장과 쇠퇴라는 징후를 가지고 있기 때문이다. 무력함이라는 것은 통일성(일원론)을 필요로 하지만, 해석의 다원성이라는 것은 건강함의 표시다. 불안정하고 수수께끼 같은 세계의 성격을 빼앗지 말기를!"

보인다. 인간의 사고는 모든 인간의 힘과 권위를 피할 뿐 아니라, 자연과 현실적 상황의 제한 안에 구속되지 않는다… 그러나 우리의 사고가 제한 없는 자유를 소유하고 있는 것처럼 보이지만, 좀 더 가까이 살펴보면 사고라는 것은 매우 좁은 한계 내에 갇혀 있다. 그리고 이 모든 정신의 창조적 힘은 감각과 경험이 부여한 재료들을 합성하고, 순서를 바꾸고, 증가시키거나 줄이는 것에 지나지 않는다.[299]

해석의 가능성이라는 것은 전수된 해석의 여러 가능성들의 제약을 받는다. 여기서 여러 가능성이란 어떤 이가 속해 있는 전통paradosis을 말한다. 이것은 단순한 반복과 혼동되어서는 안 된다. 왜냐하면, 새로운 해석들의 가능성들이 분명 존재하기 때문이다. 그러나 단지 많은 가능성들만이 존재한다. 전수되어 온 가능성들에 대한 제한된 수의 선택들이다. 폴 리쾨르의 말에 따르면, "혁신들"은 한 전통 내부에서만 가능하다.[300] 전통성이란 어떤 이가 받고, 동시에 형성하는 하나의 유산이다. 끌로드 게프레Claude Geffre가 시사하듯이, "문화"와 "종교"가 공유하는 것은 바로 이 유산이라는 개념이다. "한 문화에 속해 있다는 것은 특정한 전통에 뿌리를 내리고 있다는 것을 뜻한다. 그것은 하나의 특정한 언어의 세계에 살도록 초대받는 것을 말한다."[301]

예를 들면, 서지書誌라는 것은 그러한 전통성에 대한 한 가지 지표이다. 서지 목록은 자신의 전통이나 아니면 수많은 다양한 전통에 대해 자신이 노출되어 있다는 것을 드러내 준다. 그러나 하나의 서지가 독서 영역

---

299) David Hume, *An Enquiry Concerning Human Understanding*, ed. L.A. Silby-Bigge and P.H. Nidditch, 3rd ed. (Oxford: Oxford University Press, 1975), 18-19. 『인간의 이해력에 관한 탐구』(지식을 만드는 지식, 2012)

300) 가령, 다음을 보라. Paul Ricoeur, *Oneself as Another*, trans. Kathleen Blamey (Chicago: University of Chicago Press, 1992), 299. 『타자로서 자기자신』(동문선, 2006).

301) Claude Geffre, *The Rise of Interpretation: On Being Faithful to the Christian Tradition in a Non-Christian Age*, trans. David Smith (New York: Paulist Press, 1987), 169. Ricoeur는 *Oneself as Another*, 272에서, 역시 "문화적 유산으로서의 전통성"에 대해서 말한다.

의 다양함을 나타내줄 수 있지만, 한편으로 그것은 어떤 사람이 가진 사상의 윤곽을 그어주는 유한한 모음집이다. 그 서지의 바깥에 있는 다른 책들이 내가 생각하지 못한 질문들과 해석적 가능성들을 제기할 수도 있다. 그래서 나의 독서는 나의 상황에 제약된다. 아마도 내가 읽게 될 책들은 내가 지금까지 익힌 언어들에 제약되어 있다. 또 나는 종종 다른 이들, 가령 나의 선생님이 추천해 준 책들을 읽게 될 것이다. 또는 최소한 나는 내가 읽을 시간이 주어졌을 때 읽게 되는 책을 읽게 될 것이다. 이것은 또 다른 조건이 된다. 그렇다면, 전통성이란 상황에 구속되는 것과 마찬가지로 물리-공간적 그리고 시간적 조건에 제약되지만, 전통 역시 타인들로부터 물려받는 하나의 유산으로 남아 있다. 이것은 상호주관성에 근거되어 있다.

그렇다면 모든 해석이란 하나의 해석적 전통 안에서 일어난다. 그리고 그 해석적 전통 안에서는 규범적이거나 전통적인 해석학의 역할을 하는 공인된 해석학이 존재한다. 그것이 해석학적 전통의 표준이다. 우리는 토마스 쿤Thomas Kuhn의 획기적인 저술 『과학혁명의 구조』*The Structure of Scientific Revolution*에서 비슷한 경우가 기술된 것을 볼 수 있다. 여기서 그는 세계에 대한 과학적 연구는 하나의 패러다임 내에서 이루어진다는 것을 주장한다. 여기서 패러다임이란 "정상과학을 지배하는 인격적 관여들"[302]의 집합체를 말한다. 객관적 과학적 연구를 지향하는 것이 "세계가 어떠하다고 과학자 공동체가 알고 있는 전제 위에서" 수행된다. 따라서 과학은 선례 위에서 작동하고, 하나의 패러다임은 "공인된 법적 결정"[303]과 매우 유사하게 기능한다. "정상과학"은 하나의 패러다임 내부에서 연구를 지도하는 규범으로 받아들여진 공인된 표준으로, 그것은

---

302) Thomas S. Kuhn, *The Structure of Scientific Revolutions*, 2nd. (Chicago: University of Chicago Press, 1970), 7.
303) Ibid., 5, 23.

"과거의 하나 이상의 과학적 성취에 확고한 기반을 둔 연구 활동을 뜻하는데, 이 성취는 어떤 특정한 과학자 공동체가 얼마동안 그들의 과학적 실천을 계속하기 위한 기초를 제공하는 것으로 인정된 것을 말한다."[304]

고전적인 사례가 지동설이나 우주에 대한 프톨레마이우스적 이해가 될 것이다. 이것은 중세에 와서 위기를 맞기까지 그 이상의 연구를 위한 패러다임으로서 받아들여진 세계에 대한 해석이다.[305] 정상과학은 하나의 주어진 패러다임 안에서 공인된 연구의 정통성을 말한다. 그러나 쿤은 패러다임 자체가 하나의 해석이라고 주장한다. 그리고 정상과학은 세계에 대한 패러다임적 "읽기"에 의존하고 있는 일련의 해석들이다

마찬가지로, 모든 해석은 하나의 해석적 전통 안에서 일어나는데 이것을 나의 패러다임이라고 해도 좋을 것이다. 그리고 해석적 전통은 해석이 일어나는 방식을 미리 형성한다. 과학적 연구에서의 패러다임처럼, 해석적 전통들은 필요하고 불가피하다. 그러나 그 자체로 수정, 변화 그리고 거부되기 쉬운 세계에 대한 해석들이다.

직접적 소통 모델, 특히 복음주의 신학은 바로 이 전통에 얽매임을 부정한다. 복음주의 신학에서는 우리가 성경을 전제들과 편견들의 "왜곡" 없이 읽을 수 있다고 생각한다. 그리고 이 신학적 흐름은 "성경 자체가" 우리의 전제들 보다 높이 있고, 그 전제들을 교정할 수 있다고 주장한다.[306] 그러나 "경험적으로" 볼 때 푸코적인 계보학적 분석에서처럼, 객관적인 읽기라는 것은 공인된 해석적 전통 안에서 이루어지는 것이며, 이러한 소

---

304) Ibid., 10.

305) 쿤의 책의 핵심은 이러한 패러다임들의 지위를 찾고 어떻게 패러다임 변동이 일어나는지를 이해하는 것이다. 간단히, 그는 과학은 "패러다임 변동"을 경험하는데, 그것은 기존의 패러다임이 연구를 대면하는 "실재"의 한 측면을 설명하는데 실패하고, 위기로 치달으면 새로운 패러다임을 낳는다는 것이다.

306) 우리는 몇몇 과학자들과 과학철학자들도 과학에 있어서 "직접적 소통 모델"을 가지고 작업하고 있고, 과학/종교 대화에서 기독교 학자들이 때때로 이 재현적(再現的) 순수성의 신화를 받아들이고 있다는 점을 주목할 수 있다. 과학에 대한 그러한 설명에 대한 비판에 대해서는 다음을 보라. Joseph Rouse, *How Scientific Practice Matter* (Chicago: University of Chicago Press, 2002). 이 책은 과학 해석학을 간추려 소개하고 있다.

위 객관적 읽기 속에서는 "가장 신비에 속한 세부적인 내용을 제외한 모든 것은 미리 알려져 있고, 일반적 기대의 여지가 단지 더 넓다는 사실을" 보게 될 것이다.[307] 이것은 렉스 코이비스토와 리처드 린트가 "생생하고도 꾸임 없는 하나님의 음성"을 전달하도록 제안하며 자신들이 이해하는 복음을 정의할 때 보았던 것이다. 그러나 한 가지 언급할 사실은, 복음주의 신학이 하나의 전통 안에서 작동하고 있다는 것을 나무라고 싶은 생각이 없다는 것이다. 왜냐하면, 그러한 조건 밖에 있는 것은 불가능하기 때문이다. 그 조건은 인간됨의 구성적인 측면이다. 많은 복음주의 신학의 문제는 그 자신이 그러한 해석적 전통 안에 있다는 것을 인식하지 못하고 있다는 사실에 있다. 이는 화학적 연구가 세계를 "실제로" 있는 그대로 전달해 주고 있다고 주장하는 것이나 마찬가지다. 과학자 자신들은 쿤의 결론들을 좋아하지 않는다. 순수하고, 과학적인 읽기는 복음주의자들이 그들의 읽기, 특히 성경에 대한 읽기에 대해 그들의 전통이 영향을 미치고 있다는 것을 제대로 평가하지 못한 주장이다.

적절한 사례를 최근에 있었던 복음주의 신학과 가톨릭 신학간의 대화에서 볼 수 있다. 이것은 "복음주의자들과 가톨릭 모두: 새 천년을 위한 기독교 사명"1994, 리처드 존 네우하우스Richard John Neuhaus와 찰스 콜슨Charles Colson이 초안을 마련했다에서 급속하게 진행된 것이다. 거기에서 보수적인 복음주의자들의 반응은 융통성이 없었다.[308] 복음주의자들의 모든 반응은 종교개혁의 "이신칭의以信稱義" 교리에 대한 인격적 헌신에 근거를 두고 있

---

307) Ibid., 35.

308) Richard Lints는 1994년에 유명한 잡지 *Tabletalk* 의 1994년 12월호에 출간된 "A Chasm of Difference: Understanding the Protestant and Roman Views of Salvation,"과 싸움에 들어간다. 다른 반응들에 대해서는 그 호의 다른 글들과 다음을 보라. "Resolutions for Roman Catholic and Evangelical Dialogue"(이 글은 *Christians United for Reformation* [CURE]에 실렸고 *Christian Renewal* [November 7, 1994,. 12]에 재수록 된다) 이 글은 이 책이 학문적 담론 내에서 다루어지지만. 이 책의 핵심적 문제는 **대중적인** 영역에서 출발하고 구체화되었다는 진술을 정당화하고 있다. 철학적, 신학적 저술들에서 그러한 명백한 사례들을 찾기란 더욱 어렵지만, 복음주의 공동체 내에서 살아오고 숨 쉬고 있는 사람이라면 누구라도 내가 여기서 시도해 오고 있는 "해석의 해석"의 문제를 확인하게 될 것이다.

다. 그들에게 이 교리는 복음의 본질을 드러내 주는 것이다. 그들이 자신들의 해석학적 본질주의에서 인식하지 못하고 있는 점은, 칭의는 단지 복음의 한 측면이고 그들의 전통은 마틴 루터가 해석한 바울에 의해서 중개되고 있다는 사실이다.

그들은 **우편을 거치지 않고** 복음의 본질을 전달하고 있다고 주장한다. 그러나 우리가 받는 것은 실제로 하나의 해석에 대한 해석으로서, 이 해석은 한 특정한 전통에 의해서 형성되고, 특정한 단편적 논리에 개입된 것이다. 루터가 복음을 이신칭의로 정의할 때, 그는 사도 요한이 그러한 법정적 개념을 언급한 적이 없이 복음서를 기록했다는 것을 잊어버렸던 것 같다. 본질에 대한 이 여과는 어떤 한 특정한 전통^{바울의 전통}을 특권화 하면서 요한과 베드로적 전통을 배제하거나, 적어도 소홀히 하고, 악명 높게도 야고보의 증언을 배제하는 것으로 드러난다. 객관성을 목적으로 하는 단편적 논리는 신약성서 자체 내에서 전통들의 다양성을 평준화하는 결과를 초래한다.[309]

전통성이나 전통에 얽매인다는 것은 순전히 인간됨의 한 측면, 타인들과 관계를 맺으며 사는 유한한 존재로서 세상에 사는 삶의 한 측면이다. 전통은 우리의 유산으로, 이해를 왜곡하거나 장애가 되기보다는 오히려 해석의 가능성을 열어주는 것이다. 동시에 그것은 해석의 결정적 조건으로서 남아 있다.[310] 따라서 하이데거는 모든 독서는 어떤 의미에서 "읽

---

309) 고전적인 글로는 다음을 보라. Ernst Käsemann, "The Canon of the New Testament and the Unity of the Church," in *Essays on New Testament Themes* (London: SCM Press, 1964), 95–107. 또 다음을 보라. F.F. Bruce, "Scripture and Tradition in the New Testament,"in *Holy Book and Holy Tradition*, ed. F.F.Bruce and E.G.Rupp (Manchester: Manchester University Press, 1968). Bruce는 신약 성경 자체가 하나의 해석학적 전통을 이루고 있다고 주장한다.

310) 해석이 전통에 구속된다는 것을 인식하면서, 찰스 브리지 존스Cheryl Bridges Johns 월터 부르그만Walter Brueggemann을 따라서)는 "정당한 분파적 해석학"을 요청하고 있다. 이 해석학은 해석에 대한 전통의 영향을 인정할 뿐 아니라, 우리의 전통을 우리가 인간성을 갖는 방식이고 하나의 선물로서 기리고 있다. 다음을 보라. Johns, "The Adolescence of Pentecostalism: In Search of a Legitimate Sectarian Identity," *Pneuma: Journal of the Society for Pentecostal Studies* 17 (1995): 3–17.

어 들어가는 것reading-into"PIRA 359이라고 적고 있다. 이는 어떤 이의 상황, 어떤 이의 개인사와 유산, 어떤 이의 언어와 신앙에 의해서 형성된 독서를 말한다. 모든 관계 속에는 이미 해석이 존재한다. 이는 역시 다원성을 위한 공간이 존재함을 의미한다. 아니면 차라리 다원성이란 환원할 수 없는 차이에서 나오는 필연적인 결과다. 우리는 "객관성"의 신화[311]와 더불어, 하나의 진정한 해석을 전달한다고 주장하는 직접성의 해석학의 단편적 논리를 포기한다. 그러나 만일 해석학이 인간됨의 일부라면, 창조적 다양성도 인간됨의 일부로 유추할 수 있다. 즉, 세계를 "읽는" 다양한 방식이 인간됨을 구성한다는 것이다. 이 말은 진리의 개념을 포기하는 것이 아니라, 진리에 대한 특정한 이해를 포기하는 것을 말한다. 나아가, 모든 것이 해석의 문제라고 말하는 것은 기준들을 버리는 것이 아니라, 그러한 기준들이 무엇이 될 것인지 다시 생각하고, 다시 구체화하는 작업이 필요하다는 것을 말한다.아래의 "해석 이전"과 "해석의 윤리"를 보라 312)

비규정성

내가 간단히 고찰하고 싶은 것은 인간 존재의 해석학적 본성의 마지막 구조적 계기는 방금 언급한 해석의 다원성과 개정 가능성이다. 모든 해석은 "하나의 읽는 행위다." 따라서 해석은 조건에 제약된 지식에 근거한 하나의 이해에 대한 특정한 "헌신"을 포함하고 있다. 여기서 헌신이란, 간단히 말해, 유한한 피조물의 판단을 뜻한다. 해석의 상황성과 인간의 삶 사이의 상관관계 중 하나는 해석에 대한 비규정성이다. 이것은 이해의 가능성을 열어주는 해석의 공간이며, 또한 오해의 가능성을 열어주

311) 이러한 노선을 따르는 도발적인 논의에 대해서는 다음을 보라. Philip Kenneson, "There's No Such Thing as Objective Truth (And It's a Good Thing, Too)?" in *Christian Apologetics in a Postmodern World*, ed.Timothy R. Phillips and Dennis L. Okholm (Downers Grove, Ill.: InterVarsity Press, 1995).
312) 7장에서 나는 "좋은" 해석의 유기적인 기준으로서 기능하는 공동의 "가드레일"을 구체적으로 제시할 것이다.

는 공간이기도 하다. 이는 유한한 존재, 인간됨 그리고 피조물의 필연적인 측면이다. 말하자면, 인간의 삶 속에 구조화 된 오해의 가능성이 존재한다. **에덴 안에서** 오해의 가능성이 있다. 하지만, 오해는 죄도 악도 아니다. 비록 타락 이후에 에덴이 악과 폭력이 거하는 장소가 되지만 말이다. 다시 말하자면, 아담이 하와를 오해하는 것은 죄가 아니다. 하와가 "나무tree"라고 말했을 때 그녀가 "셋three"을 말하고 있다고 생각하는 것은 죄가 아니다. 그는 단지 그녀의 말을 잘못 들었고, 오해했고 잘못 해석했다. 창조의 구조의 일부로서, 그리고 피조됨이라는 유한성으로서 이러한 잘못된 해석은 죄로 이해되어서는 안 된다. 다시 말해, 피조물의 선함은 완전함은 아니다.

따라서, 해석의 공간은 인간 존재 자체에 열려 있는 것으로, 그 공간은 유한한 피조물의 해석학적 판단의 장이다. 그리고 있는 그대로, 그것은 "틀릴" 수 있다. 사실, 나는 결국 모든 해석학적 판단은 일종의 믿음의 비약, 어떤 모종의 신뢰와 헌신 즉, 단순한 현존을 넘어서 손을 더듬는 믿음이라고 생각한다. 그렇다면 모든 해석학적 판단은 이에 상응하는 해석학적 겸손이나 불확실성과 함께 가야 한다.[313] 여기서 우리는 성경 안에서 진리들의 다원성을 발견하면서, 해석자 편에 겸손을 권고하는 어거스틴에게 다시 돌아간다. "말씀의 진리는 이렇게도 해석되고 저렇게도 해석되니, 우리 중 누가 이 여러 가지 올바른 해석 가운데서 가장 정확한 해석을 발견하여, '이것이 모세가 말한 바로 그것'이라고 자신 있게 말

---

313) Tremper Longman III와 비교하라. "What I Mean by Historical-Grammatical Exegesis - Why I Am Not a Literalist," *Grace Theological Journal* 11 (1990): 150. 여기에서 그는 다음과 같이 말한다. "나는 몇몇 저자들을 읽을 때 그들이 종종 문자주의[세대주의]학파를 가장 비판하는 사람들임에도, 그들이 본문을 통제할 수 있다는 생각하고 있다는 인상을 받는다… 나는 해석에 대한 통제가 있다고 생각한다. (장르 분석이 좋은 예다) 그러나 누구도 우리가 의심의 그림자를 넘어서 모두에게 증명할 수 있는 최종적이고 철저한 본문의 이해에 도달할 수 있다고 자신할 수 없다. 그러한 해석학적 확실성이 결여되었다는 것은 우리의 주석적 결론에 있어서 다른 생각들에 대해서 열린 마음을 갖게 한다."(강조는 추가)

할 수 있겠습니까?"CSA 12.24.33 314) 따라서 우리의 주장들은 "교만한 자" 들의 주장이 되어서는 안 된다.CSA 12.25.34 이들은 하나의, 참되고, 객관적인 해석을 가지고 있다고 주장한다. 그러나 마찬가지로 우리는 오히려 "다른 참된 해석이 타당하다고 존중"해야 한다.

해석학적 결단이 시험적이라는 사실은 데리다의 미결정성의 개념을 통해서 이해할 수 있다.315) 해석학적 결단의 뿌리에는 믿음의 헌신이 있다. 현존의 형이상학적 확실성이 아니라 하나의 믿음이다. 요하네스 클리마쿠스Johannes Climacus라는 인물을 통해서, 쇠렌 키에르케고르가 말하는대로, "믿음은 항상 갈등상태에 있다. 그러나 그것이 갈등인 한에서, 패배의 가능성이 존재한다. 따라서 믿음에 관해서는, 우리는 결코 시간을 앞질러서, 다시 말해 시간 속에서 승리감에 빠져서는 안 된다. 왜냐하면, 승전가를 지을 시간이나 그것을 부를 시간이 없기 때문이다!"316) 해석학적 결단에는 불확실이 감돈다. 왜냐하면, 불확정성은 망설임이 아니라 해석학적 결단의 근간으로, 의심이 믿음의 필연적인 상관물인 것과 같다. 키에르케고르가 그의 일기에서 쓰고 있는 대로, "이 의심을 세상에 가져다 준 것이 진정 기독교다. 왜냐하면, 기독교가 이 자아에 의미를 주기 때문이다. 의심은 체계가 아니라 믿음에 의해서 정복된다. 이는 마치 의심을 이 세상에 가져다 준 것이 바로 믿음인 것과 마찬가지다."317)

믿음과 해석학은 피조물에게 고유한 것으로서 그 자체로 선한 것이며, 인간 삶을 이루는 측면들이다. 그러나 해석학이 해석의 필요성을, 즉 지식의 매개됨을 말하지만, 해석학은 동시에 잘못된 해석의 가능성을 말해

---

314) 이번 장의 "해석의 윤리"에서 우리는 "많은 진리들"에 대한 제한들은 윤리적이고 사랑에 뿌리를 내리고 있다는 것을 보게 될 것이다.

315) 필자는 이 문제를 더 자세히 필자의 글에서 다루고 있다. "Between Athens and Jerusalem, Freiburg and Rome: John Caputo as Christian Philosopher," *Paradigms* 10 (1995): 19–23.

316) Sören Kierkegaard, *Philosophical Fragments/Johannes Climacus*, ed. and trans. Howard V. Hong and Edna H. Hong (Princeton, N. J.: Princeton University Press, 1985), 108.

317) Ibid., 256.

주기도 한다. 마찬가지로 믿음은 그것의 상관물인 의심을 함축한다. 해석과 해석학적 기획은 매개를 통해서 이루어지기 때문에 믿음이 개입된다. 이는 해석이라는 것이 불확실성을 제거하지 않지만, "그럼에도"[318] 결정적으로 믿음을 요구한다는 것을 말한다. 그 자체로 해석학적 판단해석들에 있어서 불확실성, 미결정성은 창조의 해석학적 구조 속에 스며들어 있다. 따라서 이러한 해석학적 판단들은 하나의, 참된 그리고 최종적인 읽기에 도달한 것이 아니다. 그렇기 때문에 이 판단들을 하나님으로부터 받은 최종적 지식이라고 섣불리 선포해서는 안 된다. 오히려 해석이라는 것은 더 임시적인 것이라는 사실을 인정해야 한다.[319]

창조의 선함

이전 단락의 목표는 1) 해석학을 근거지우고 해석을 요청하는 사태를 구성하는 상호주관성, 상황과 전통의 구속, 그리고 2) 인간 존재를 구성하는 인간 삶의 구조들을 벗겨내는 데 있다. 그 기획은 해석학의 본성과 범위를 기술하고, 해석학을 우연적이고 타락한 것으로 이해하는 직접적 소통 모델과 대조적으로 해석의 불가피성을 기술하는 것이다. 지금까지 논의는 하이데거와 그것을 더 급진화한 데리다에서 발전된 해석학과 별반 다를 게 없고, 오히려 그것에 상당히 의존해 있다.

하지만, 내가 이 장의 서두에서 언급했듯이, 나의 모델은 이 두 모델과

---

318) 역시 필자는 *Oneself as Another*, 21–23에서 자기 확증(attestation)에 대한 리꾀르의 논의를 지적하고 싶다.

319) 이 책의 핵심부에는 교회의 일치와 에큐메니컬 기획에 대한 관심이 놓여 있다. 다른 목적들teloi 가운데서, 이 책은 책의 교회에 기원(서문을 보라)을 두고 교회를 지향하고 있다. 이 책 전체의 동기가 된 것은 교회 공동체가 해석학적 차이 그리고 그 "경계들" 내에서 해석의 다원성을 어떻게 다룰 것인가에 관심을 가지고 있다. 해석의 구조적 미결정성을 강조하며, 나는 해석학적 차이를 위한 공간을 마련하고자 애쓰고 있다. 나는 이 문제를 다음 글에서 더 자세히 다루고 있다. "Fire From Heaven: The Hermeneutics of Heresy," *Journal of Theta Alpha Kappa* 20 (1996): 13–31.

가깝기는 하지만 해석학적 현상학이나 해체주의의 단순한 답사가 아니다. 나의 모델이 하이데거와 데리다의 모델과 구별되는 점은 이 구조들의 해석에 있다. 우리는 이것들이 인간 존재에 "본질적"이라는 것과 그 결과로 해석학도 그렇다는데 동의했다. 그렇지만 우리는 하이데거와 데리다가 이 구조들이 본질적으로 폭력적이라고 기술한다면, 그들에게 동의하지 않는다. 다른 한편으로, 나는 창조의 선함을 긍정하기 때문에, 이 구조들을 선한 것으로 보고, 본질적으로 폭력적으로 생각하지 않는다. 비록 그것이 타락하고 부서진 세상에서 그렇다고 할지라도 말이다. 그러나 나는 창조의 구조들이 "반드시" 폭력적이라고 생각하지 않는데, 그 것은 **타락**이 역사적 우연적 순간이지, 존재론적으로 인간 존재의 본질적 기원이라고 생각하지 않기 때문이다. 달리 말해서, 나는 근본적으로 물질적, 시간적, 신체적 존재에 대한 비非플로티누스적인 설명을 제안한다. 즉, 그것은 시간 안에서 몸을 가지는 것을 근원적 악으로 보지 않는 것이다. 오히려, 악은 기생적이고, "자연"의 부패이기에 근본적으로 비非자연적이다. 유한성은 악이 아니기 때문에 본질적으로 폭력적이지 않다.[320] 결과적으로, 해석학적 **구조들**은 창조적 유한성에 근거를 두고 있고 역시 근본적으로 선하다.[321]

이것이 바로 내가 "실제로" 믿는 것이다.참조 OG 127 그런데 아마도 어떤 이들은 내가 "신학"에 빠졌거나 아니면, 순진한 신학을 하고 있다고 나의 생각을 거부할 것이다. 그러나 우리가 하이데거와 데리다를 보면서 발견한 사실은3장과 4장, 그들이 필연적인 인간 존재의 폭력과 해석의 폭

---

320) 현대 사상의 특정 흐름에 비추어 볼 때, 나는 폭력은 악이라고 가정하고 있다. "선한 폭력"의 개념은 이 흐름의 설명에 따르면 모순되는 용어다.

321) 여기서 우리는 **구조**와 **방향**을 구분해야 한다. 즉, 창조의 구조들(해석학적 구조를 포함해서)은 근본적으로 선하다. 그러나 타락되고 깨진 세상에서는 그 구조들이 악의 형태를 취하거나 악한 방향이나 의도를 갖게 될 수 있다. 이 사실 때문에 우리는 해석학이 본질적으로(즉, 구조적으로) 선하지만 역시 잠재적으로 폭력적일 수 있다는 점을 고려할 수 있게 된다.

력을 주장할 때, "신화神話"에 기반을 두고 있다는 것이다. 여기서 신화는 근본적인 위탁이나 신앙, 즉 세계를 읽는 근본적 방식을 말한다. 비록 그것이 하이데거와 데리다에 의해서 부정될지라도 이 지점에서 우리는 근본적인 해석의 수준에, 즉 비교가 매우 불가능한 종교적인 영역에 이른다. 비슷한 면을 존 카퓨토John Caputo의 『급진적 해석학』Radical Hermeneutics에서 보게 된다. 거기에서 그는 고통의 경험에 대한 두 가지 기본적인 반응을 살피고 있다. 그것들은 니체적인 "비극적" 반응과 키에르케고르적인 "종교적" 반응이다.[322] 그는 언급하기를, 비결정성은 둘 중 하나를 특권화 하는 것을 막는다. 그러나 아니러니하게도, 카퓨토는 종교적 반응을 "해석"이라고 기술하여 니체적인 것을 더 우위에 둔다. 여기서 **해석**hermeneusis은 고통의 골짜기를 내려다보고 거기에서 고통의 편을 드는 사랑의 힘을 발견하는 것이다."[323] 최근에 그는 이에 대해 더 말하고 있다.

믿음은 급진적인 해석의 문제다. 즉, 현재 일어나고 있는 것 한 가운데서, 그림자들을 만드는 기술이다. 해석학은 마술도 아니고, 시간의 흐름 위에 또는 사멸성을 넘어서 우리를 들어 올려주는 주입된 지식도 아니다. 내 견해로는 믿음이란 무엇보다도 어떤 이가 심연으로부터 우리를 뒤돌아보고, 고통을 받는 사람들과 함께 있다는 것이다. 이어떤 이가 우리의 익명성을 깨뜨린다. 바로 이것이 출애굽과 십자가를 종교의 중심적 상징이 되게 하는 **해석**인 것이다. 그러나 믿음이란 그심연을 지워버리는 것이 아니라, 그 심연에 대한 일정한 읽기, 즉 심연에 대한 해석학인 것이다.[324]

322) John D. Caputo, *Radical Hermeneutics: Deconstruction, Repetition and the Hermeneutic Project* (Bloomington:Indiana University Press, 1987), 272-79.
323) Ibid., 279.
324) John D.Caputo, *Against Ethics: Contributions to a Poetics of Obligation with Constant Reference*

믿음은 불확정성에 포장되고 포위된 하나의 해석에 불과하다. 아브라함 귓전에 짜라투스트라의 웃음이 들렸다. 종교적 반응으로서의 해석은 존재의 흐림 속에 있는 차가운 실재를 따뜻한 어떤 것으로 해석하는 방식이다.

그러나 이렇게 믿음의 성격을 규정하는 것 자체가 이미 불확정성을 부인하는 것이 아닌가? 카퓨토가 그 흐름을 "차가운" 것으로 규정하는 것은 이미 니체에게 높은 지위를 부여하고 있는 것은 아닌가? 그 비극은 역시 하나의 해석이다. 즉, 불확정성에 역시 노출된 **해석**인가? 앞서 시사했듯이, 아브라함이 분명히 짜라투스트라의 웃음의 반향을 듣는다 하더라도, 나는 짜라투스트라가 언젠가는 아브라함이 옳았는지 아니면 틀렸는지를 생각하면서 잠이 깨지는 않을까 궁금하다. 그것은 더 불확정성에 대한 고집스러운 이해는 아닌가? 카퓨토는 종교적 반응에 입증 책임을 둔다. 그 답변은 니체에게로 향하고 있다. 그러나 니체도 역시 설명을 해야 하지 않는가? 종교적인 그리고 비극적인 반응은 모두 해석들이다. 사실적 삶에 대한 해석들이다.[325]

카퓨토는 계속해서 세계에 대한 불감증을 주장한다. 그러면서도 종교적 반응의 필요성을 본다. 그러나 이 비극적 해석에 대한 특권화는 니체가 세계가 **정말** 어떠한지 매우 실재론적 개념으로 알고 있다고 말하고 있는 것 같다. 오직 믿음의 창조적 성격을 인지하는 해석학만이 진정으로 불확정성이 편재해 있음을 인지할 수 있다. 따라서 불확정성이 둘 사이에서 선택하는 것을 불가능하게 하는 것이라기보다는, 오히려 바로 불확실성 자체가 우리의 선택을 가능하게 하는 것이다. 불확정성은 망설임이 아니다. 오히려 그것은 결정의 가능성의 조건이다. 그것은 결정을 위한 손짓이다. 불확정성은 우리가 모든 데이터와 선택을 컴퓨터에 입력시

to Deconstruction (Bloomington: Indiana University Press, 1993), 245.
325) 이 점은 다음의 내 글에서 더 개진될 것이다. "The Logic of Incarnation."

킬 수 없고 그것이 결정을 하도록 할 수 없다는 것을 말한다. 우리는 기계가 데이터를 체계화하고 기계가 "모든" 데이터를 공급받을 때까지 기다릴 시간이 없다. 하지만, 우리는 결단을 해야만 한다.

내가 세계를 창조로서 해석하는 것은 바로 그러한 하나의 해석이다. 즉, 인간 삶이 불가피하게 또는 본질적으로 폭력을 지향하고 있는 것처럼 느끼게 하는 많은 경험들에도 불구하고, 삶이 결코 그렇지 않다고 설명해 주는 하나의 해석학적 결단이다. 그러나 구조적으로, 폭력적인 것으로서 세계를 해석하는 것은, 우리의 경험들이 그렇지 않다는 것을 말해 준다 해도, 역시 불확정성으로 가득한 하나의 결정이다. 창조로서의 세계에 대한 해석에서도, "하나님이 없는 듯이 보이는 아우슈비츠, 히로시마, 남아프리카나 남미 어딘가에 킬링필드가 존재한다."³²⁶⁾ 반대로 구조적으로 폭력적인 것으로 세계를 해석하는 모든 해석에서도, 한 어린이의 웃음, 탄생, 사랑이 있다. 사실, 나는 악을 **악으로서**, 다시 말해서 결코 있어서는 안 되는 것으로서, 그리고 약속된 구원을 받아야하는 끔찍하고 두려운 폭력으로서 악을 악으로서 정당하게 평가할 수 있는 것은 바로 창조로서의 세계에 대한 해석뿐이라고 제시할 것이다. 만일 폭력을 원초적인 헤라클레스적인 **전쟁**과 같은 "자연적인"것으로 이해한다면 어떤 근거에서 그것에 반대해야 하는가? 만일 인간 존재가 본질적으로 폭력적이라면, 어떤 기준을 통해서 폭력을 거부할 수 있겠는가? 창조의 선함을 긍정함으로써 우리는 폭력과 억압이 있어서는 "안 되는" 사태이며 "더 큰 선한 방어"가 아니라 저항하고 슬퍼해야 하는 사태라고 설명할 수 있다.³²⁷⁾

---

326) John D. Caputo, "Hermeneutics and Faith: A Response to Professeur Olthuis," *Christian Scholar's Review* 20 (1991): 170.

327) 악에 대한 성경적인 반응으로서 "탄식"에 대해서는 특별히 다음을 보라. J. Richard Middleton, "Why the 'Greater Good' Isn't a Defense: Classical Theodicy in Light of the Biblical Genre of Lament," *Koinonia* (1997). Paul Ricoeur, "Evil: A Challenge for Philosophy and Theology," in *Figuring the Sacred*, ed. Mark Wallace (Minneapolis: Fortress, 1995).

분명 창조는 하이데거와 데리다가 말하고 있는 이야기와는 다른 것이다. 그것은 단지 다른 신화, 즉 달리 이야기하는 것이다. 해석학과 관련해서 이 창조의 근본적이고 지속적인 선함을 믿는 것은, 우리가 어떤 것을 어떤 것으로 해석하면서 폭력을 저지르지 않는다는 것을 의미한다. 그러나 창조적 해석학 역시 해석학이 타락한 세상에서 폭력적이 될 수 있고, 어떤 읽기들은 가장 끔찍한 폭력에 대한 책임을 지고 있다는 사실을 알고 있다.[328] 그러나 다시, 창조적 해석학은 이것이 "반드시 그러한 것", 구조적인 문제라는 것을PC 29과 대조해서 거부한다. 데리다가 "심연의 구조적 이론"을 제시한다면, 나의 창조적 해석학은 그 심연이 구조적이 아니라 방향적이며, 세계에 대한 본질적 실재가 아니라 역사적 실재라고 주장한다. 창조–성령 해석학은 창조의 선함에 대한 구조 이론이라 하겠다.

해석 이전에

포스트모던적 조건

　앞서 살펴 본 인간 존재의 구조와 해석학에 비추어 볼 때상황과 전통에 얽매임, 불확정성 창조적 해석학은 모든 것을 무너뜨리는, 만연된 상대주의를 위한 종교적 외투는 아닌가라는 의심이 떠나지 않을 수 있다. 위에서 주장한대로, 만일 "해석학이 도박장의 게임에 지나지 않는다"[329]면 그리고 모든 인간의 삶이 근본적으로 해석학적이라면, 인간 존재는 자의적인 운명에 지배되고, 해석학의 보편성 때문에 모든 규범적 개념이 무너지는

---

328) 이에 대해서는 이 장의 마지막 부분에서 신뢰의 해석학과 의심의 해석학과 관련해서 재론될 것이다.

329) Stanley Fish, *Is There a Text in This Class?* (Cambridge, Mass.: Havard University Press, 1980), 350.

것처럼 보일 수 있다. 만일 모든 규범, 규준, 표준이 단지 해석들에 불과하다면, 우리는 다만 벗어날 수 없는 해석적 전통 내에서 움직일 뿐이라면, 다양한 해석들 사이에서 어떤 판단을 내리는 희망이 사라진다. "좋은" 해석, "나쁜" 해석이라는 개념 자체들도 해석들이다. 다시 말해, 특정한 지역에서 그리고 상황에 구속된 전통으로부터 온 해석들이다. 나아가, 깊숙한 밑바탕에서 모든 해석이나 진리 주장은 다른 전통에 대한 한 해석적 전통을 부과한 것으로 이해될 수 있다. 그래서 모든 주장은 의심스럽게 들려져야 한다. 즉, 해석과 진리 주장을 발생시킨 권력 구조를 벗겨내야 한다. 만일 우리가 해석의 편재성을 진지하게 고려한다면, 우리는 우리 스스로에게 정직해야 한다. 그리고 말해질 수 있는 진리는 진리가 아니다.

그것은 사실일 수 있다. 그러나 그것은 결코 반드시 그런 것은 아니다. 이 절의 목적은 단지 해석학의 함의들에 대한 그러한 해석에 도전하는 것이다. 해석의 편재성은 진리에 대해 재고해 볼 것을 요구하지만, 이는 결코 진리를 버린다는 것을 뜻하지 않는다. 다시 말해, 모든 것은 해석이라는 말이 모든 것이 **임의적**이라는 것을 뜻하지 않는다. 마찬가지로, 이해가 우리의 상황에 따라서 상대적이라는 것이 **상대주의**를 옹호한다는 뜻은 더더욱 아니다. 이것은 임의성으로 보통 이해된다. [330] 나아가 인간 존재가 상황에 구속된다는 생각이나, 모든 것이 한 가지 관점이라는 생각은 근본적으로 의심의 해석학을 낳지 않는다. 여기와 다음 절에서, 나는 이 두 가지 제안들에 맞설 것이다. 먼저는 현상학적이나 윤리적으로 해석의 기준을 탐구할 것이고, 다음으로는 원초적 신뢰의 해석학이 인간의 담론에서 불가피한 요소임 주장할 것이다. 비록 이 원초적 신뢰는 분열된 세

---

330) 이러한 관심사는 다음의 내 책에서 더 적절하게 다루어질 것이다. James K.A.Smith, *Who's Afraid of Relativism? Taking Wittgenstein, Rorty, and Brandon to Church* (Grand Rapids: Baker Academic). 2014년 4월 출간됨.

상에서 의심을 가능케 하고, 또 필수적이 되게 하지만 파생적인 것이다.

이 책의 대부분은 특별히 3부는 해석이 인간 존재의 구성적 측면이고 인간의 삶은 필연적인 하나의 해석이란 사실을 증명하는데 할애되었다. 우리는 불가피하게 세상을 어떤 것 "처럼" 전달해 주는 해석적 전통의 렌즈를 통해서 그것을 "보게 된다." 텍스트를 읽는 것과 타인을 듣는 것은 우리가 처한 상황과 우리의 장소적 그리고 시간적 입지 전통 우리에게 전해 내려져온 읽기의 가능성들과 방식들에 제한된다. 어떤 담론이나 해석도 이 세계를 "진정" 있는 그대로 전달하기 위해, 이러한 조건들을 극복할 수는 없다. 즉, 이러한 조건들 아래서는 "순수한" 규범적 해석을 제공할 수 없다. 하나의 독서를 규범적인 것으로 특권화 하는 것은 오직 하나의 올바른 해석 한 우연적인 상황이나 전통을 다른 것보다 특권화 하는 것이다. 다시 말해, 어떤 규범적 해석도 한 가지 해석일 뿐이지 "사물이 존재하는 방식"에 대한 오염되지 않은 객관적인 전달이 아니다.

그렇다면 우리는 어떤 해석이든 다 수용할 수 있고, 모든 해석이 동등한 권위를 갖는 상황에 빠지게 되는가? 그러면 우리는 카니발적이거나 디오니시스적인 다양성을 드높이는 것인가? 거기에서는 이사야와 히틀러에 대한 해석이 동등한 지위를 갖는가? 즉, 이들에 대한 평가는 단지 해석들이고, 따라서 판단을 내릴 수 없는 각각의 전통 내부의 문제인가?[331] 이 시점에서 해석학의 편재성이 심각한 문제를 일으키는 것은 바로 윤리의 영역에서다. 만일 모든 "독서" 또는 주장이 하나의 해석이라면, 모든 해석은 정당한 것인가? 어떤 해석도 "잘못된" 해석이라고 배제시킬 수 없는가? 그렇다면, 도대체 어떤 근거에서 그런가? 왜냐하면, 모든 정당화의 틀은 우연적인 해석적 전통에 의존되어 있기 때문이다. 여

---

331) Jean-François Lyotard, *The Differend: Phrases in Dispute*, trans. George Van Den Abbeele(Minneapolis: University of Minnesota Press, 1988). 여러 면에서 그의 기획은 여기 나의 기획과 유사하다. 이는 그가 다원성과 더불어 한계를 설정하고, 특히 홀로코스트를 부정하려는 수정주의 역사가들의 담론을 제한한다는 점에서 그렇다.

기서 우리는 다원주의 사회의 딜레마에 봉착한다. 그것들은 다음과 같다. 1) 한 사회 내부에서 경쟁하는 진리 주장들이 존재할 때, 2) 이 주장들이 그러한 주장들을 뒷받침하는 다양한 해석적 전통들이나 세계관들에 뿌리를 내리고 있다는 것을 인정하면서, 3) 평가의 기준들이 항상 한 패러다임 **안에서만** 기능한다는 것을 이해한다면 어떻게 우리는 경쟁하는 주장들 사이에서 갈등을 중재할 것인가?

이 딜레마는 장 프랑소와 리오따르Jean-François Lyotard가 "포스트모던적 조건"이라는 개념으로 기술하고자 한 것이다. **포스트모던**post-modern이라는 용어는 최근에 와서 제대로 문제시되고 심지어 너무 남용된다고 거부되기도 하지만, 이 개념은 서구 문화와 사회에서 중대한 변화를 기술하는데 교육적 개념으로 나름 유용성을 갖고 있다.

나는 리오따르를 따라서 이 용어를 사용할 것인데, 포스트모던은 지식과 도덕적 주장들을 형성하는 세계관, "패러다임"쿤 또는 "언어 게임"[332] 비트겐쉬타인 사이에서 서로 환원이 불가능하고, 공통점을 찾을 수 없는 상태를 가리킨다.[333] 역사적 시대를 가리키기 보다는, "포스트모던"은 하

---

332) 교육적인 목적에서 나는 "언어 게임"이라는 용어를 유지할 것이다. 리오타르는 나중에 이 표현을 거부했다.(*The Differend*, sec 188) *The Differend* 에서 정당화 문제의 구조는 기본적으로 동일한 것으로 남아 있다. 그러나 "장르들"(sec. 218) 사이에는 공통분모가 없다. 내 용법으로는 나중에 "장르"라고 기술되는 것은 기능적으로 후에 "언어 게임"이라고 기술되는 것과 동일하다.

333) 여기서 우리 목적을 위해서 상호교환 가능한 것으로 이해될 수 있는 용어의 연쇄가 있다. 내가 "세계관"이라고 기술하는 것은 기본적으로 또는 실제적으로 토마스 쿤의 "패러다임"이나 리오타르의 "언어 게임"과 동등한 것이다. 모든 것은 공간적으로 역사적으로 규정되는 **헌신들의 "틀들"**이다.(이는 문화와 긴밀하게 연결되어 있다) 이 헌신은 우리가 세계를 인식하고 해석하는 것을 결정한다. 이 책에서 나는 이 문제를 논하기보다는 전제하고 있다. 이에 대한 광범위한 논의로는 다음을 보라. James K.A. Smith, "The Art of Christian Atheism: Faith and Philosophy in Early Heidegger," *Faith and Philosophy* 14 (1997): 71-81. 여기서 필자는 이러한 패러다임들이 구조적으로 종교적인 성격을 가지고 있다고 주장하고 있다. H. Tristam Engelhardt 역시 유사한 주장을 한다. "많은 매개가 불가능한(즉, 공통점이 없는) 도덕의식, 합리성, 그리고 정의 각각은 **종교적 세계관과 유사한 지위**를 가질 것이다. 다시 말해, 각각은 일반적인 합리적 정당화에 개방되어 있지 않은 특정한 전제들에 의존되어 있다."(Engelhardt, *Bioethics and Secular Humanism: The Search for a Common Morality* [Philadelphia: Trinity Press, 1991,. xiii, 강조는 추가)

나의 형태gestalt를 가리킨다.[334] 사상이 역사와 맥락 의해서 결정된다는 인식에 기초해서, 포스트모더너티는 진리의 보편적 보증으로서 **이성**이나 종교에 대한 어떤 신화의 붕괴를 알려준다. 다시 말해, 포스트모던 사회나 문화에서는 최종적 판정을 내리기 위해 계몽주의적 합리성이나 종교적 계시 그 어떤 것에도 호소함이 없이 경쟁하는 세계관들의 다원성에 부딪히고 있다. 합법성을 요구하지 않고 이야기를 받아들이는 **민족**이라는 공동체가 제공하는 전 근대적인 동질성이나,PMC 18-23 [335] 또는 합의를 통해서 보편적인 정당성을 제공한다고 주장하는 근대적 "메타 네러티브"PMC 23-27, 이 둘 모두에게 호소하지 않고, 포스트모더너티는 "탈정당화delegitimation"을 경험하고 있다.PMC 37-41

그렇다면, 리오따르와 하버마스를 따르면 [336] 포스트모더니즘의 가장 특징적이고, 도전적인 문제는 우리가 "정당성 위기"나 "정당성의 문제"라고 기술할 수 있는 것이다. 포스트모던 사회는 **도덕적** 다양성과 선에 대한 논쟁 속에 있는 선의 이상들이라는 실재에 갇혀서 경합하는 진리주장들 사이에서 어떻게 판결을 내려야 할지 당혹스러워하고 있다. 역사적 맥락이나 언어 게임을 넘어서는 상위 법정에 호소할 수 없다. 하나의 패러다임이나 도덕적 언어 게임 위에서 **합법화** 또는 **정당화** 할 수 있는 중립적 관찰자라든가 "신적인 시각"은 존재하지 않는다. 만일 모든 도덕

---

334) 리오타르는 정확하지 못한 용어 사용 때문에 결코 비난받지 않았다. 사실 "포스트모더니즘"이라고 언급된 것은 때때로 다른 곳에서 "고전적인" 것과 대비해서 "근대적"으로 기술되고 있다.(*Just Gaming*에서처럼) 그는 다음과 같이 적고 있다. "내가 의미하는 바는 우리가 기준이 결여되어 있을 때마다, 우리가 모더너티 안에 있다는 것이다. 장소는 문제가 아니고, 어거스틴의 시대든, 아리스토텔레스, 또는 파스칼 시대든, 시기는 중요하지 않다."(Jean-François Lyotard and Jean-Loup Thebaud, *Just Gaming*, trans. Wlad Godzich , Minneapolis: University of Minnesota Press, 1985, 15.)(지금부터는 JG로 축약)

335) Jean François Lyotard, *The Postmodern Condition: A Report on Knowledge*, trans. Geoff Bennington and Brian Massumi(Minneapolis: University of Minnesota Press, 1984), 18-23.(지금부터 PMC로 축약)

336) 나는 이 도전에 대한 리오타르의 설명에 의존하지만, Alasdair MacIntyre의 저술에서도 비슷한 분석을 발견할 수 있다. 특히 다음의 책들을 보아라. *After Virtue*, 2nd ed. (Notre Dame: University of Notre Dame Press, 1984). 그리고 *Whose Justice? Which Rationality?* (Notre Dame: University of Notre Dame Press, 1989).

적 주장들이 역사적 헌신에 기초한 패러다임에 구속되어 있다면, 그런 주장들은 이 조건을 뛰어 넘을 수 없다. 따라서 모든 도덕적 주장은 그 패러다임에 의해서 제한된 "논리" 안에서 작동한다. 다른 말로, 모든 언어 게임은 자기 나름의 규칙 체계를 가지고 있다. 결과적으로, "증거"나 "증명"을 구성하는 것을 결정하는 **기준**들은 상대적인 게임일 수밖에 없다. 그것들은 같은 패러다임을 공유하거나 같은 언어게임에 참여하는 사람들에게만 "규칙"으로서 기능한다.그림 2를 보라

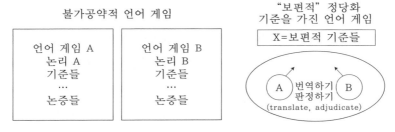

그림 2. 언어 게임들

도덕적 주장들에 대한 논증들이나 방어들은 패러다임 **내부**나 게임 **내부**의 기준에 기초해서 움직인다. 있는 그대로, 그 주장들은 "수신인"이 같은 패러다임을 공유하고 있는 한에서만 힘을 갖게 된다. 이러한 경우에 "진술의 발신자와 수신자 사이의 합의"가 존재하게 될 것이다.PMC xxiii 하지만, 만일 그 주장의 "발신자"와 "수신자"가 다른 언어 게임에서 살고 있다면, 그 주장은 배달되는 도중에 분실되게 되어 있다.참조, PC 언어 게임들이 서로의 공통분모를 갖지 못한다는 사실은 "공통의 이성"에 결코 논리적으로 호소할 수 없는 논리의 다양성이 있다는 것을 의미한다. 다시 말해서, 언어 게임의 모델에서 특수한 게임들을 위한 규칙의 성격은 명제적이 아니다.JG 22 발신자와 수신자 사이에 가역성可逆性, reversibility 다시 말해서, 합의 JG 23을 요구하는 정당한 화용론話用論, pragmatics이 바로 언어 게임들에서 부정되는 것이다.

리오따르는 다음과 같이 적고 있다. "사실 문제는 번역과 번역가능성의 문제이다. 바로 다음과 같은 상황이다. 언어들 사이에서 번역이 불가능하다면, 그것은 언어가 아니다. 하지만, 만일 언어들이 번역될 수 있다면, 그것들은 언어 게임이라고 할 수 없기 때문에, 번역은 불가능하다."- JG 53 337) 언어 게임들 사이에서 공통분모가 없다는 사실은 어떤 합의도, **공통감각**共通感覺도 없다는 것을 의미한다.

그렇다면 포스트모던적 조건은 세계관들, 패러다임들 또는 전통들 사이에 대결과 충돌이라고 금방 생각할 수 있다. 패러다임들이 고립된 채로 남아 있다면, 다원주의의 도전은 없다. 다시 말해, 공동체들과 전통들은 단지 그 패러다임이 부여한 논리를 가지고 단순히 움직인다. 리오따르가 "서사적 문화들"이라고 기술한 것에서, 서사들은 "직접적 합법화"를 향유하고, 따라서 "민족" 내에서 고유한 권위를 갖게 된다. 서사들의 자기 합법화를 위한 조건이 "민족"의 동질성이라는 사실을 주목하는 것이 중요하다. "우리가 살펴본 대로, 서사들은 한 민족이 가진 역량의 기준을 결정하고, 또 그 기준들이 어떻게 적용되어야 하는지를 예시해준다. 따라서 서사들은 특정한 문화에서 발생하는 담론과 행동을 정의해준다. 그리고 그 서사들은 문화의 일부분이기 때문에 서사 그 자체는 스스로를 정당화 한다."PMC 23

---

337) 이 점은 Richard Rorty에 의해 반박된다. 그는 언어 게임에는 공통점이 없지만, 그것들이 "배울 수 없는" 것은 아니라고 주장한다. 달리 말해, 로티의 입장(그리고 희망)은 어떤 차이(differend)도 선험적으로(a priori) 번역 불가능한 것은 아니라고 한다. 모든 차이는 소송으로 전환될 수 있다.(다음을 보라. Rorty, *Essays on Heidegger and Others, Philosophical Papers*, vol. 2 [Cambridge: Cambridge University Press, 1991, 215-17) 비트겐쉬타인에 관해 필자가 로티에게 해석학적 측면에서 동의하지 않는 것 외에도, 나는 로티가 리오따르가 "언어들"과 "언어 게임" 사이를 신중하게 구분하고 있다는 사실을 간과하고 있다고 생각한다. 이 논의 전체에 걸쳐서, 로티는 그 둘을 상호 교환적으로 사용하고 있다. 리오따르는 강조하기를(내 생각으로는 비트겐스타인을 더 잘 읽으면서) 게임을 바꾸는 것은 규칙을 바꾸는 것이고, 따라서 증명을 위한 기준을 바꾸는 것 등이 된다.

리오따르가 나중에 시사하듯이, 이런 관점은 일종의 "부족주의"部族主義, trivalism를 대표한다. 언어 게임, 또는 "양식genre"은 집처럼 매우 안락하고 고향처럼 편안한Heimlich 공간이다. 거기서는 이야기가 동질적인 정체성과 평화를 부여해 준다. "민족Volk은 고향Heim에서 그 자신을 닫아버린다."338) 그러나 "'내부적인' 평화는 변두리들에 대한 영구적인 차이들을 대가로 이루어 진 것이다." 차이는 항상 접경지역의 기습당하기 쉬운 촌락pagus에서 사는 것이다. 이는 장르와 게임 사이에 경계를 말한다." 따라서 차이는 한 게임 내부에서는 결코 "머물 수" 없다. 차이는 정확하게 "부당함"을 겪는 "희생"을 말한다. 부당함을 호소할 규칙이 없는데 왜냐하면, 바로 그것은 고향에서 부정된 공간이기 때문이다. 339)

그런데 이러한 공동체들은 공동의 정부를 형성하려고 시도하지 않는 이상 고립되어 활동한다. 따라서 리오따르는 시민법의 형성 또는 공공정책을 우리가 정당성의 위기라고 보는 장소들 중 하나라고 지적한다. "시민법을 하나의 예로 들어보자. 그것에 따르면 일정한 시민의 범주는 반드시 특정한 종류의 행동을 하도록 형성한다. 정당화는 입법자가 그러한 법이나 규칙을 공포하도록 하는 과정이다."JG 8 한 사회의 형성, 또는 더 특정하게, 법의 재정과 집행을 책임지고 있는 국가의 형성은 한 정치의 내부에서 이러한 다원적인 논리들의 대결을 필요로 한다. 리오따르는 다음과 같이 제안한다. "두 공동체들 간의 접촉은 즉각적인 갈등이 되는데, 왜냐하면, 한 공동체의 이름들과 서사들이 타자의 이름들과 서사들을 배제해 버리기 때문이다."340)

양식들genres 사이에서는 다원주의의 조건을 특징짓는 "깊은 구렁이 존재한다." 다원주의는 지구촌이라고 말할 수 있을지도 모르겠다. 왜냐하

---

338) Lyotard, *The Differend*, 151.
339) Ibid., 8, xi.
340) Ibid., 157.

면, 기술의 발달로 인한 최근의 이동과 이민 때문에 초문화적 국제적 관계 속에서 과거 지방적 문제들이 이제는 국제적인 딜레마가 되었기 때문이다. 사실, 전형적인 민족국가 내에서 그 지구촌의 재생산은 그 국가가 그 영역 안에서 법과 표준들을 책임지고 있는 한 더 심각한 딜레마를 낳는다. 패러다임들과 문화들의 다원성은 이 법에 종속되어 있다. 게임들과 양식들 사이의 "틈"은 공공정책과 시민법의 장소이다. 그리고 이 틈은 여러 양식들을 가로지르는 "메타-언어meta-language"가 없기 때문에 생겨난다. "내가 의미하는 바로, 메타언어란 정치적 윤리적 결정들의 근거가 되는 잘 알려진 이론적인 담론이다. 다시 말해, 이 이론적인 담론은 정치적 윤리적 진술의 기초가 된다."JG 28

이 상황이 제기하는 유일한 도전은 법이 반드시 힘에 의해서 뒷받침되어야 한다는 사실이다. 다시 말해, 법이라는 것은 국가에 의해 사회에 부여된 것으로 위반 시에 집행되는 것이다. 즉, 정책이 있는 곳에, 경찰/공권력이 있다. 민주 사회들에서 법이나 정책은 공권력에 의해서 **정당화**되거나 **합법화**된다.341) 간단히, 국가는 그 법의 합법성을 방어하는 여러 종류의 논증을 제시해야만 한다. 그러나 내가 제시했듯이, 합법화라는 것은 단지 같은 패러다임이나 언어 게임 **내부에서만** 일어날 수 있다. 따라서 논증이라는 것은 여러 논리 가운데서 **한** 논리에 호소하는 것이다. 그러나 법이라는 것은 패러다임들을 **가로질러서** 기능하는, 따라서 모두를 위해서 작동하는 일종의 정당화를 요구한다. 그러나 어디에다 우리는 그러한 "초超패러다임"이나 "횡橫패러다임"을 놓을 것인가? 한 언어 게임 내부에서 특정한, 상황적인, 역사적 논리와 결부되지 않는 기준들이 있었는가? 그리고, 만일 그렇지 않다면, 어떻게 법이나 정책은 다원주의 국가에서 합법화될 수 있겠는가? 차이 없는 정책이 있었던 적이 있는가?

---

341) 리오타르에게 정당화 없이 한 가지 법칙을 쉽게 **부여하는** 것은 "공포"이다.

여기서 위험한 것은 우리가 제기한 바로 그 질문이다. 인간 존재의 해석학적 구조를 인정하는 창조적 해석학은 기준의 상실을 낳는가? 창조적 해석학은 판단을 배제하는가?

한계로서의 세계: 현상학적 기준

이 점에서 나는 중요한 한 가지 구분을 도입하고 싶다. **규범적인 해석**들이 있다는 것을 부인하는 것이 해석학적 규범들이 있다는 것을 부인하는 것은 아니다. 모든 진리에 대한 주장과 표현은 인간의 유한성의 매우 구체적인 조건들 내에서 기능한다. 다시 말해서, 모든 진리는 하나의 해석이다. 그리고 그 진리 주장은 해석이 일어난 상황과 전통에 의해 제약 된다. 이것이 의미하는 바는 해석자는 공간과 시간을 넘어설 수 없다는 사실이다. 따라서 해석들은 "객관적"이거나 보편적 또는 포괄적인 의미로 [단 하나의 참된 해석] 합법화 될 수 없다. 그러나 **해석된 것**은 모든 해석을 위한 규범으로 남아 있다. 우리의 모든 해석 **앞에는** 어떤 것이나, 어떤 이가 있다. 그리고 그것은 모든 해석을 제한한다. 해석 앞에나 또는 심지어 "–의 외부에"있는 해석적 규범은 모든 해석의 **현상학적 기준**이 된다. 해석을 제한하는 보편자들이 있다. 그러나 이 보편자들은 선험적 기준보다 **경험적 선험들**로 가장 잘 이해된다.[342]

"경험적 선험들_{주어지고 경험된 세계 343)}"이란 단지 흔히 경험하는 사물의

---

342) 『이론적 사유의 신비평』*New Critique of Theoretical Thought* 제 2권에서 Herman Dooye-weerd는 "아 프리오리"와 "경험적" 사이 그리고 그에 따르는 세계를 현상계(現象界)와 본체계(本體界로)로 나누는 구분을 철폐한다. 따라서 Dooyeweerd는 선험적이지만(a priori) "칸트적 의미의 비–경험적"인 인간 경험의 구조적 지평에 대해 말하고 있다. 그 결과는 내가 여기서 말하고 있는 경험적 선험들이다. 다음을 보라. Dooyeweerd, *A New Critique of Theoretical Thought*, trans. David H. Freeman and H. De Jongste (Amsterdam: H. J. Paris, 1955), 2: 546–50. Dooyeweerd의 틀은 아래서 더 논의될 것이다. 유사한 개념이 Emmanuel Levinas 에게서 발견된다. 이것도 역시 아래서 논의될 것이다.

343) 이어지는 설명은 그럭저럭 괜찮다. 그러나 그것이 앎에 대한 "재현적(再現的)" 설명을 받아드리는 범위에 대해서는 유보적인 입장이다. 이 인식론적 그림에 대한 비판으로는 다음을 보라. Charles Taylor, "Overcoming Epistemology," in *Philosophical Argument*(Cambridge, MA ; Havard University Press, 1995), 1–19. 나는 이 더 근본적인 사안에 대해서 *Who's Afraid*

사태를 의미한다. 나의 창 밖에 있는 나무는 현상학적 관점에서 의식에 초월적이다. 그리고 그 자체를 나에게 부여한다. 나의 "외부"로서 또는 나를 초월하는 것으로서, 나무는 조작되어야 하는 "나의 것"이 아니다. 있는 그대로, 그것은 나에게 그것의 해석의 한계들을 부여한다. 그러한 한계들을 넘어서는 해석들은 나쁜 해석들이 될 것이다. 가령, 만일 내가 그 나무를 환영幻影이라고 해석하고 나무를 통과하려고 달려간다면 나의 해석은 곧장 그 자체가 잘못된 것이라고 입증될 것이다. 텍스트에 관해서는, 그 텍스트 자체는 나에게 나타나고 이러한 의미에서 "초월적"이다. 이것은 그 텍스트가 주제에 대해서 말하고 있는 바로서다.[344] 있는 그대로 그것이 가리키는 그 텍스트와 그 토픽은 한 초월을 구성한다. 이 것은 자신을 나의 경험에 부과하고 따라서 그 해석에 한계를 부과한다. 그러나 그 해석에 부여된 한계들은 단일한 한 가지 "올바른" 해석을 규정할 뿐 아니라, 무한한 수의 해석들을 배제한다.

"경험적 초월"은 에드워드 팔레이Edward Farley가 **실존적** 또는 **규정적 보편성**으로 기술하는 것과 같은 지위를 가지고 있다. 이 용어는 "선험적으로 또는 유형적 용어로 나타나거나, 아니면 보편적으로 접근 가능한 인지의 도구를 통해서 파악되지는 않지만 보편적으로 현존하는 것"을 의미한다.[345] 주어진 것/선물given/gift이 있다. 이것은 [창조물] 모든 해석자가 마주치는 것이다. 에드문트 후설과 하이데거의 현상학에서, 그것은 "사상事象 그 자체들"이다. 이것은 모든 해석 앞에 서 있고 해석을 제한하

---

of Relativism?에서 언급할 것이다.

344) 내 생각으로는 현상학적 틀 내에서 "저자의 의도"에 대해 생각해보는 것이 유익할 것이다.(비록 내가 여기서는 할 수 없지만) 단지 나는 다음을 제안해보고 싶다. 에드문트 후설에게 저자의 "의도"는 텍스트처럼 나에게 결코 현존할 수 없다. 오히려 또 다른 주체의 cogitationes(사고과정)으로서 의도들은 현존하는 것이 아니라 "충만하게 드러나지 않는다"(appresented) 의미로 초월적이다.

345) Edward Farley, *Ecclesial Reflection: An Anatomy of Theological Method*(Philadelphia: Fortress, 1982), 188. Edith Wyschogrod의 "몸을 가진 일반화들"(carnal generalities)은 이것과 유사한 개념이라고 할 수 있다.(*Saints and Postmodernism*[Chicago: University of Chicago Press], 1990, 50)

244 · 해석의 타락

고 자의성을 막는 기능을 한다.[346] 따라서 진리는 벗겨지는 것이 아니다. 대신 진리는 **탈은폐**uncovering 하는 과정이다. 진리는 **발생한다**. 진리는 그 자체로 우리에게 어떤 것을 드러내 주는 것이다. 즉, 주어진 세상에 대한 어떤 것이다.BT 262-63 그러나 진리를 탈은폐 하는 것은 해석자Dasein 라는 것을 인정해야 한다. 따라서 근본적인 의미에서, 진리는 "주관적" 이다. 다시 말해서, 진리는 다자인의 탈은폐적 역할에 **의존되어** 있다.BT 270

그러나 진리에 대한 이 개념은 다시 한 번 우리를 임의적 해석으로 빠지게 하는 것인가? 이것이 바로 하이데거가 관심을 돌리는 질문이다.

> **진리에게 본질적인 존재라는 것**, 다시 말해 탈은폐하는 것은 다자인의 성격에 귀속된다. 모든 진리는 다자인의 존재에 따라 상대적이다. 이 상대성은 모든 진리가 "주관적"이라는 것을 의미하는가? 만일 어떤 이가 "주관적이라"는 것을 "주관의 재량에 넘겨주는 것"으로 해석한다면, 그것은 분명 잘못된 생각이다. 왜냐하면, 그러한 해석은 탈은폐라는 것이 말 그대로 "주관적인" 방식으로 자기주장을 하고, 세계를 탈은폐하는 다자인이 실재 그 자체와 직접적으로 대면할 수 있다는 것을 의미하기 때문이다. 그리고 탈은폐로서의 "진리"가 **다자인에게 귀속된 존재라는 이유만으로**, 다자인의 재량의 영역에서 벗어날 수 있다. 심지어 진리의 "보편적 타당성"이라는 것은 다자인이 그 자체로 실재를 탈은폐하고 그들을 해방할 수 있다는 사실에 뿌리를 내리고 있다. 오직 그렇게만 이 실재 그 자체들은 모든 가능한 주장 즉, 그 실재 자체들을 지시하는 모든 방식에 대한 구속력이 있다.BT 263

---

346) 레비나스에게 해석 "이전"에 그리고 해석 안에서 잡힐 수 없는 것은 타자(the Other)의 "얼굴"이다. 왜냐하면, 그것은 명료하게 표현할 수 없는 것이기 때문이다. 해석에 대한 이 윤리적 제한은 다음 절 "해석의 윤리"에서 다루어 질 것이다.

한편으로 이와 같이 진리는 인간 존재에 따라서, 사물 자체를 탈은폐하는 존재로서의 해석자의 역할에 따라서 상대적이다. 그래서 "우선적으로 '진리' 탈은폐는 **다자인이다**.BT 263 다자인은 탈은폐시키는 존재이다. 그리고 진리진리는 명사가 아니라 동사로 이해해야 한다는 다자인에 따라서 상대적이다. "**다자인이 존재하는 한에서만 진리는 존재한다**… 다자인이 있기 이전에서는, 어떤 진리도 없다. 또한 다자인이 더 이상 존재하지 않으면 어떤 진리도 없을 것이다."BT 269

그러나 다른 편으로 진리가 다자인에 상대적이라고 주장하는 것은 진리가 해석자의 주관적 재량에 맡겨진다는 의미에서 "주관적"이라는 것을 말하는 것은 아니다. 대신에, 해석된 것사실 그 자체은 "모든 가능한 주장을 묶는"것으로서의 모든 해석 앞에 서 있는 것이다. 따라서 인간 존재의 해석됨은 자의적인 한 체계를 세우는 것으로 이해되어서는 안 되고, 세계에 대한 모든 해석은 단지 세계에 대한 한 가지 **해석**에 불과하지만, 그것 또한 동시에 **그** 세계에 대한 한 가지 해석이라는 사실을 강조하고 있다.

이 현상학적 틀에서 세계의 주어짐givenness에 대한 새로운 이해가 있다. 가령, "하이데거에 반대하며"라는 미간행 원고에서 후설은 다음과 같이 강조한다.

이론적 관심은 존재하는 것의 본질에 관심을 갖는다. 그리고 그것은 다양한 주체들이나 그들의 실천적 관심에도 동일한 것이다. 즉, 같은 사물들, 같은 관계들, 같은 변화들, 다시 말하자면, 그것들 자체에 있는 것이다. 말하자면, "모든 이"를 위해 있는 것이다… 인지되는 것은 무엇이든, 한 존재는 동일한 것이다. 거듭해서 확인할 수 있는 것이다.

그리고 궁극적으로 모든 사람들이 동일하게 확인할 수 있는 것이다.[347]

　근본적으로 세계는, 비록 그 세계가 그것을 공유하는 사람들에 의해서 생활세계life world로서 다르게 해석된다고 하더라도, 모든 사람들에 의해 공유되는 주어져 있는, 객관적 세계다. 이것은 후설의 "모든 원칙들 가운데 원칙"에서 가장 분명하게 실행되고 있다. 이것은 바로 **직관**intuition 의 이론이다.[348] 직관은 현상을 준다. 그리고 그 현상은 자신을 직관을 통해서 준다. 후설이 사물 그 자체로 돌아가라고 촉구한 것이 바로 이 기반에서다. 왜냐하면, "사물들을 합리적이고 과학적으로 판단한다는 것은 사물들 그 자체에 일치하는 것을 의미하거나, 아니면 말과 의견들로부터 뒤로 물러나 사물들 **자체**로 가는 것, 그것들을 그들의 주어진 상태 그대로 바라보고, 그것과 상관없는 모든 편견을 제쳐버리는 것을 의미한다."[349] 모든 원칙들 중 심장은 **"모든 것은 '직관' 안에서 우리에게 제공된다. 그리고 그것은 존재로서 나타나는 것으로 받아들여져야 한다."**[350]

　후설의 직관 이론이 세계를 "정말" 있는 그대로 제시함으로써 직접적 소통이라는 근대적 기획을 수행하고 있다는 것은 사실이 아니다. 오히려, 이 단락이 강조하는 대로, 주어져 있는 세계는 항상 어떤 것으로서 주어져 있다.[351] 주어져 있는 것은 하나의 지평이나 구조로서 구성되고

---

347) Edmund Husserl, "Das ist gegen Heidegger," bk. 1. 30ff., in Leuven Archives, cited in Hubert Dreyfus and John Haugeland, "Husserl and Heidegger: Philosophy's Last Stand," in *Heidegger and Modern Philosophy, ed. Michael Murray* (New Haven, Conn.. Yale University Press, 1978), 233.

348) Edmund Husserl, *Ideas Pertaining to a Pure Phenomenology and to a Phenomenolgical Philosophy*, bk. 1 of General Introduction to a Pure Phenomenology, trans. F. Kersten (The Hague: Martinus Nijhoff, 1983), sec. 24, 44−45.

349) Ibid., 35.

350) Ibid., 44.

351) Ibid.

제시된다. 이를 카퓨토는 다음과 같이 말하고 있다.

> 우리는 후설에게서 어떤 주어짐도 없다거나, 그에게 직관에 대한 이론
> 이 없다는 것을 주장하는 것이 아니다. 단지 그가 통찰이 부족해서 이
> 개념들을 정식으로 정립하지 않았지만, 직관주의의 한계에 대해서 비
> 판적 의식을 갖고 있었다는 것을 주장하고 있는 것이다. 그에게 주어
> 진 것을 직관한다는 것은 의식에 나타나는 것을 해석하는 방법을 안
> 다는 것을 의미한다. 그는 이러한 해석의 과정이 없으면 남아 있는 것
> 은 오직 흐름뿐이라고 생각한다. 그에게는 의식에 주어져 있는 것에
> 머물러 있어야 한다는 말은 주어진 것이 오직 어떤 것으로 주어져 있
> 다는 사실을 포함한다.[352]

따라서 후설의 직관에 대한 전개에서 우리는 **중개성**inter-mediacy의 씨
를 발견할 수 있다. 이것은 해석되고 있는 것의 "객관성"해석적 규범과 또한
주어진 것을 어떤 것"으로" 해석하는 존재로서의 그 해석자의 "주관성"
즉, 상황과 전통에 구속된 해석 둘 모두를 강조하는 것이다.

하이데거와 같은 시대에 살았으며 동료 현상학자인 헤르만 도예베르
트 역시 비슷한 틀을 제공한다. 다소 다른 언어를 사용하지만 그 세부적
인 사항을 통해서 아마도 하이데거보다 한 걸음 더 나가는 듯하다. 내가
해석들과 **해석학적** 규범들을 구분한 것과 도예베르트가 **주관적** 아 프리
오리 그리고 구조적 아 프리오리라고 구분한 것이 비슷하다. 따라서 해
석된 것으로서의 세계의 한 쪽에는 "법"과 "주관" 모두가 있다. 그리고
해석된 것으로서 그 "법"은 해석자의 "주관"을 얽매고 있다.

---

352) Caputo, *Radical Hermeneutics*, 43.

인간 경험의 구조적 지평이 부여하는 우주적 의미에서 아 프리오리한 복합체가 존재한다. 이 아 프리오리는 있는 그대로 법적 성격을 갖는다. 그리고 그러한 지평에 대한 아 프리오리한 주관적인 통찰의 인식론적 의미에 있어서 오직 아 프리오리한 주관적인 복합체가 또한 존재한다. 우리는 그 두 복합체를 단순히 구조적 그리고 주관적 아 프리오리라고 구분할 수 있다. 오직 주관적 아 프리오리만이 인식론적 의미에서 참이거나 거짓일 수 있다. 주관적 아 프리오리는 판단들을 통해서 자신을 표현하는 주관적 통찰이기 때문에, 반드시 인간 경험의 우주론적 아 프리오리 안에 갇혀 있다. 달리 말해서, 주관적 아 프리오리는 항상 모든 인간 경험의 아 프리오리한 구조에 의해서 결정되고 제한되는 것으로 남아 있다.[353]

구조적 지평^{해석된} 것은 "모든 인간 경험이 이 경험을 가능하게 하는 어떤 지평에 묶여 있는 한"[354], 모든 주관적 통찰을 그 구조 속으로 결속시키고, 그 구조에 대한 진술^{Aussage, assertion}을 제한하고 있다. 이론에서 "사태"로서 간주되는 것은 이론적 추상에서 아 프리오리한 것으로 기능한다. 그러나 그것은 바로 이 사실 때문에 사태는 "그것의 이론적 추상화 속에서는 **실재적**이 될 수 없다."[355] 위에서 사용된 언어로 번역되어, 모든 해석은 해석된 것과 결정적인 관계에 있기 때문에 [한 "사태"] 그 해석은 그 자체로 사태가 아니다. 왜냐하면, 그것은 세계를 "실재로" 있는 그대로가 아니라 그 구조에 대한 주관적인 **통찰**이기 때문이다. 그러나 해석된 것에 접근하게 하는 것은 바로 해석 안에서 뿐이다. "우리는 단지 이 구조적인 지평에 주관적, 이론적으로 **접근**한다. 그리고 이 지평으로

---

353) Dooyeweerd, *New Critique*, 2: 548.(나는 본문의 지나친 이택릭 강조 부분을 삭제했다)
354) Ibid.
355) Ibid., 551.

의 통찰은 모든 인식론의 **주관적이고 오류 가능한 선험**ᵃ priori**이다.**"356)

구속됨 또는 구조적 지평의 "법"적 성격은 자의성을 막는다. 비록 이것이 하이데거에서처럼 "진리"가 단지 자아의 "관점"으로부터만 가능할지라도 말이다.357) 따라서 도예베르트는 반드시 위에서 하이데거가 했던 동일한 질문을 던져야 한다. 즉, 진리가 주관성의 산물이라면 해석의 자의성의 문제를 어떻게 해결할 수 있는가라는 문제이다. 도예베르트는 반박하기를 "나의 대답은, 진리는 주관성에 의해서 **결정되거나** 그것에 **의존되어** 있다는 의미에서 이 통찰에 의존되어 있는 것이 아니라는 것이다. 그러나 이론적 진리에 대한 나의 주관적 통찰이 없이, 그 구조는 나의 인지적 자아로부터 감춰진 채로 남아 있다."358)

진리는 자아에 의존되어 있다. 왜냐하면, 자아가 인간 경험의 구조적 지평을 드러내기 때문이다. 그리고 "이 질서에 속한 사건의 구조적 사태는 그 구조와 진지하게 대면하는 모든 사람을 자극한다." 하이데거에 있어서 진술이 사물 자체를 드러내는 것 같이, 도이베르트도 해석들은 "신적 세계 질서의 무대에서, **초월적 경험**의 과정 가운데에서 자신의 상대적 진리 주장을 또한 변호해야 한다. 왜냐하면, **초월적 경험** 위에 사물의 구조적 사태가 세워지기 때문이다. 이 사태는 이론적 통찰을 통해서 부인할 수 없도록 명백해 진다."359)

나는 이러한 현상학적 논의들을 해석진술, 통찰들과 해석적 규범"사물 자체" 구조적 지평 사이의 나의 구분을 뒷받침하는 것으로 생각한다. 우리는 해석이라는 렌즈를 통해서만 세계에 또는 텍스트에 접근할 수 있다. 이

---

356) Ibid., 554. 이 구조에 대한 강조에도 불구하고 도예베르트는 역시 지평은 "유연하고" "계속되는 하나의 역동—구조적 정합성"이라고 적고 있다.(558)

357) 이처럼 위의 책 2부, 4장, 3절은 "진리에 대한 관점적 구조"라는 타이틀을 갖고 있고 진리 정합설(整合設)을 비판하는 것을 주된 내용으로 하고 있다.(이는 하이데거의 『존재와 시간』 44절과 거의 유사한 방식이다)

358) Ibid., 577–78.

359) Ibid., 577.

해석이라는 것은 여러 조건에 제약되어 있고 "틀릴 수 있다." 그러나 해석이 온통 자의성으로만 끝나는 것은 아니다. 왜냐하면, 해석되는 대상이 법적 구속력을 갖기 때문이다. 다시 말해서 해석의 "전"과 심지어 해석의 "밖"에 있는그것에 대한 우리의 접근이 해석을 매개로 해서만 가능할지라도 이러한 경험적 선험들은 그들 자체로 해석자들에게 다원성을 촉구하고, 변덕스러운 해석을 차단한다.[360] 다원성을 인정하지만, 해석의 무한한 가능성을 허용하는 것은 아니다. 이처럼, 사물 자체의 법적 구속력은 하나의 정확한 해석이 세계나 텍스트에 의해서 규정된다는 것을 말하지 않는다. 그것은 해석이 단순히 주관적인 수용이 아니라, 객관적 실재에 대한 주관적 해석이라는 것이다.[361]

아마도 도예베르트가 가장 좋은 해석의 **화용론적**話用論的 성격을 강조한 사람일 것이다. 좋은 해석은 효과가 있어야 한다. 세계에 대한 통찰들과 해석들은 반드시 **세계에서**, 즉 "하나님의 세계 질서라는 무대에서"[362] 자신을 변호해야 한다. 말했듯이, 좋은 해석이 잘못된 해석을 제거할 수는 없다. 다만 그것은 해석의 편재성과 인식된 자의성 사이를 구분하는 표시가 된다. 실제로 해석은 세상에서 일어나는 유일한 게임이다. 그러나 게임에는 규칙이 있다. 그러나 여기서 규칙은 위원회에 의해서 정해진 그

---

360) "실재는 **저항**이다. 또는 더 정확하게 저항하는 성격이다."(BT 252) 도예베르트는 *In the Twilight of Western Thought: Studies in the Pretended Autonomy of Philosophical Thought*, series B. vol.4 of Collected Works, ed. James K. A. Smith (Lewiston, N. Y.: Edwin Mellen, 1999), 『서양 사상의 황혼에서』(크리스찬 다이제스트 1994), "철학과 신학"(5장~7장)에서 이 구조적 질서의 "저항"을 역시 지적한다.다음 절에서 내가 보여주겠지만, 레비나스를 따라서 이 저항은 해석의 윤리적 한계를 표시해 주고 있다.

361) 도예베르트는 다음과 같이 옳게 적고 있다. "[주관적 통찰]이 경험의 아 프리오리한 지평을 잘못 해석하는 것이 가능하다. 달리 말해, 법칙에 따를 수 있는 구조는 우리의 주관적인 아 프리오리한 통찰의 정확성을 보장하지 않는다."(*New Critique*, 2: 574) 그러나 다른 해석들이 잘못된 해석이 된다고 강조하고 싶지 않다. 주관적 통찰은 잘못된 해석을 위한 여지를 남겨 두지만 역시 직접적 소통의 개념과 진리 정합설의 개념 모두의 단편적 논리를 해체함으로서 "참된" 해석의 다양성을 위한 공간을 마련해 준다.

362) 주어진 이 세계의 구조를 침해하는 모든 해석은"모든 침해에서 내적인 안티노미들과" 엮여 있다. 따라서 도예베르트의 진리에 대한 규준은 비모순의 원리가 아니라 안티노미들을 배재하는 원칙이다.(ibid., 579)

리고 규칙집으로 인쇄된 규칙이 아니고, 다음과 같은 단순한 규칙이다. 즉, 당신은 경기장에서 경기를 해야 한다. 그리고 경계 안에서 머물러야 한다. 그리고 그 경기장은 다른 우리 모두를 위한 경기장이기도 하다.

해석의 윤리

전 절에서 나는 해석을 "제한"하는 현상학적 기준으로서의 세계구조적 선험를 가리키려고 시도했다. "해석 이전의" 이 한계로 돌아가는 것은, 말하자면, 해석학적 순환의 "바깥에" 한계를 놓으려는 시도다. 위에서 논의된 대로, 우리는 "경험적 초월들"도예베르트의 구조적 아 프리오리이라고 기술될 수 있는 것을 한계로 설정할 수 있다. 이것은 해석 **이전에** 그리고 잘못된 해석에 **저항한다.** 여기서 나는 엠마누엘 레비나스Emmanuel Levinas의 저술과 그의 모든 지평과 대치하고 간섭하는 이 선험성경험적 초월은 바로 타인의 얼굴, 즉 나를 윤리적으로 책임 있는 존재로 만들고 정의를 요구하는 그 얼굴이라고 하는 그의 주장에 관심을 돌릴 것이다.[363] 있는 그대로 타자는 바로 해석에 **한계**를 정해주는 초월성이다. 왜냐하면, 해석의 문제는 바로 정의의 문제이기 때문이다.참조 4장. "무한한 것과 형이상학적 과거의 유령" 그리고 해석의 한계가 가진 문제는 단지 인식론적 문제라기보다는 윤리적인 문제다. 해석은 책임으로서의 "옳음"의 문제일 뿐 아니라, 해석자는 해석된 것의 초월성을 "정당화"해야 하는 의무를 지고 있다.

레비나스의 저작이 가진 힘은 윤리가 추상적인 규범이나 이론이 아니

---

363) 레비나스의 해석의 "윤리"에 대한 설명을 받아들이면서, 나는 동시에 해석의 폭력에 대한 그의 설명을 문제시 하고 있다.(후설과 하이데거에 대해서) 그러나 이 점에 대한 나의 레비나스 비판은 다른 곳에서 나타날 것이다. 간단한 도입으로는, 나의 다음 글을 보라. "Alterity, Transcendence and the Violence of the Concept" 특히 1절과 4절을 보라.("The Ethics of the Concept")

라 얼굴들과 마른 손들^{마 12:9-14}에 대한 것이라는 점이다. 윤리는 신적 명령 이론에서 발견되지 않는다. 윤리는 나를 명령하고, 나를 부르고, 어떤 윤리나 법 앞에서도 나를 책임 있는 존재로 만들며, **나는 어디에서 그것이 오는지 모르겠다고** je ne sais d'où하는 얼굴에서 발견된다. 레비나스는 "얼굴은 포함되기를 거부하는 것에서 나타난다. 이런 의미에서 그것은 이해될 수 없다. 다시 말해 우리는 얼굴을 포용할 수 없다"^{TI 194}고 했다. 다른 말로, 그 얼굴은 이론에 포함될 수 없고, 하나의 해석에서 주제화될 수 없거나 하나의 개념으로 축소될 수 없다^{OBBE 101}는 것이다. 얼굴의 부르짖음과 그 얼굴에 대한 나의 책임^{그리고 그것의 몸}은 비원형적이다. 어떤 형태의 원형 이전에 나는 명령을 듣기 전에 복종하라는 명령을 받는다. 마치 **무無로부터의** 창조처럼^{creation ex nihilo OBBE 101, 113} 가치를 부여받기 전에 나는 내가 동의하지 않았던 책임과 의무를 갖게 된다.

나를 대면하고 정의를 요구하는 타자는 이론적인 대상이 아니다. 그것은 이론 이전에, 전이론적 경험에 위치해 있다. 이것은 또한 청년 하이데거가 "사실성"이라고 기술하는 것이다. 따라서 레비나스에게 타자는 절대적이고 보편적으로 명령한다. 그러나 어떤 의미에서 그것을 경험적이다. 따라서 우리는 근거를 가지고 타자는 선험적 기준으로서 기능하는 장소인 일종의 "경험적 선험"³⁶⁴⁾이라고 주장할 수 있다. 왜냐하면, 그것은 해석자의 지평들을 넘어서고 모든 해석을 구속하기 때문이다. 물론 이것은 다소 이상한 초월성이다. 하지만, 그것은 엄격하게 현상학적 초월성이다. 경험적이거나 전이론적인 초월성은 근본적으로 이론적 기준과 구별된다. 이것을 후설의 용어로 말하면 이론적인 기준은 **비실재적** irreal 또는 **이념적**ideal으로, 그것은 의식 안에서만 기능하고, 따라서 그

---

364) Jeffrey Dudiak은 이 점에 대해 레비나스를 비슷하게 읽고 있다. 다음을 보라. Jeffrey Dudiak, *The Intrigue of Ethics: A Reading of the Idea of Discourse in the Thought of Emmanuel Levinas*(New York: Fordham University Press, 2001), 368-94.

해석자의 지향성이나 지평들에 어떤 저항도 일으키지 않는다.[365]

그러나 레비나스의 타자는 진정한 형상이고초월적이지 선험적은 아니다 따라서 정의상 의식이나 지향성에 의해서 포용되거나 포함될 수 없다. 있는 그대로, 타자는 조작이나 왜곡에 저항하고 폭력적인 "해석들"을 막고, 따라서 해석을 위한 제한적 기준으로서 기능한다.[366] 하이데거도 같은 것을 제안하는데 그는 "사물 자체들"은 모든 가능한 해석을 "제한"하고, 따라서 그 가능성들을 제한하고 있다.BT 270 그러나 레비나스에게 그것은 하나의 윤리적 명령을 취한다. 다시 말해, 해석자는 조작에 저항하는 타자를 정당화해야 한다.[367]

해석에 대한 윤리적 제한의 개념은 또한 어느 정도 어거스틴적 개념이다. 어거스틴의 성경 해석학 매뉴얼인 『신앙 교육론』*In doctrina christiana*에서[368] 해석은 "사랑의 올바른 질서"에 근거해야 한다. "사용되는" 사물들과uit "향유되는"frui사물들을 구분하면서, 어거스틴은 향유될 수 있는 유일한 것은, 즉 세계가 하나님을 사랑하기 위해서 사용되어야 하는 것은 사랑의 질서임을 확립한다.[369] 따라서 사물들은 사용되어야 하고 하나님

---

365) 실재적인 것/비실재적인 것(the Real/Irreal) 사이의 구분에 대해서는 다음을 보라. Edmund Husserl, *Ideas Pertaining to a Pure Phenemenology*, xx. 후설의 비실재적 현상은 아리스토텔레스가 "말 속에서(en logo)"나 "사고 속에서" 또는 아퀴나스가 "두 번째 의도"라고 기술하고 있는 개념과 유사하다.

366) 나는 Lyotard의 "differend"가 모든 게임에 제한을 주는 고통 받는 타자와 유사한 방식으로 기능한다고 제안하고 싶다.

367) 이것이 바로 후설의 현상학에 대한 레비나스의 비판의 핵심이다. 모든 지향된 대상들은 비실재적인 현상으로 축소함으로써, 후설은 그것으로 인해서 모든 저항을 제거한다. 이것이 의미하는 것은 대상은 주체의 의도로 "넘겨진다"는 말이다. 그리고 전적으로 의식에 "내재"하는 것이 된다. 그리고 그것으로 인해 "외부의 존재로서 대상의 저항은 사라진다."(TI 123-25) 한편, 얼굴은 그것의 무한성 때문에 사고에 내재적일 수 없는 것이다.

368) 『신앙 교육론』*De doctrina christiana*은 "기독교 교리"에 관한 책이 아니다.(흔히 번역되는 대로) 이 책은 Edmund Hill, O.P.가 번역하는 대로 "기독교를 가르침"이다. 이 책은 목사들을 위한 책이다. 첫 세권은 본문의 해석을 다루고 있고, 나머지 책은 발견된 것의 전달, 또는 설교("기독교 수사학")과 관련된다.

369) Augustine, *De doctrina christiana* 1.5.5; 1.22.20. 어거스틴에게 죄의 본질은 일종의 우상숭배로, 그것에 의해서 우리는 우리가 사용해야 하는 것을 향유한다. 다시 말해, 우리는 하나님을 피조물로 대체한다.(1.12.12)

은 향유되어야 한다. 그러나 우리의 이웃에 대해서는 어떤가?[370] 타자는 사용되어야 하는 어떤 것인가? 이 시점에서 어려움이 있기는 하지만,[371] 어거스틴은 대답하기를 우리는 하나님을 이웃 안에서 사랑한다.[372] 따라서 우리는 하나님을 사랑하고 이웃을 우리 자신처럼 사랑하라는 이중적 명령에 대한 설명을 얻게 된다. 그리고 그것은 어거스틴이 주목하는 대로 모든 성경의 가르침의 요약이다.[373] 그는 다음과 같이 결론짓는다. "그래서 만일 당신이 성경을 어떤 부분이든지 이해한 것 같으면, 그리고 이 이해로써 당신이 하나님과 이웃에 대한 이중적 사랑을 세우지 않을 것 같으면, 그렇다면 당신은 아직 그것들을 이해하지 못했다."[374] 사실, 우리의 해석들이 하나님과 이웃을 사랑하는 것을 세우는 한, 저자의 의도는 어거스틴에게는 부차적인 문제가 된다.[375]

어거스틴은 해석을 위한 기준은 실천적이고 윤리적인 것이라고 제안한다. 그것은 우리의 해석이 하나님과 이웃을 사랑하는 것을 "세우는"가 하는 문제다. 우리가 애매한 부분들을 만나게 될 때, 해석자를 인도하는 것은 바로 이 윤리적 기준이다. "그래서 이 규칙은 은유적 표현들을 다루면서 지켜져야 할 것이다. 그것은 당신이 읽은 것을 당신 마음에서 곱씹고 곱씹어 그것에 대한 당신의 해석이 사랑의 왕국으로 올바로 옮겨질 수 있을 때까지 노력을 해야 한다는 것이다. 그러나 이것이 이미 문자적 의미에서 일어나고 있으면, 그 표현이 어떠하든 비유적인 것이라고 생각하지 말라."[376] 사실, 해석의 다원성은 이 사랑의 윤리적 기준이 지켜지

---

370) Ibid., 1.22, 20.
371) 이에 대한 한 논의로는 다음을 보라. Hannah Arendt, *Love and Saint Augustine*, ed. J. V. Scott and J.C.Stark(Chicago: University of Chicago Press, 1996), part 1.
372) *De doctrina christiana* 1. 33. 37.
373) Ibid., 1.35. 39.
374) Ibid., 1.36.40.
375) Ibid., 1.36.40-1.36.41.
376) Ibid., 3.15.23. 참조. 3. 10. 4.

는 한 용납된다. 이 점은 『고백록』 12장에서 어거스틴의 창세기 읽기에서 나타난다. 거기에서 그는 텍스트 안에 있는 "많은 진리들"과 대면한다.

> 마음을 다하고 목숨을 다하고 뜻을 다하여 주 우리 하나님을 사랑하고, 이웃을 우리 몸처럼 사랑하자! 모세가 그의 책에서 의도한 바가 무엇이든 간에, 그는 이 사랑의 이중계명을 염두에 두고 있었다… 모세의 말 속에서 지극히 올바른 해석을 상당히 많이 골라낼 수 있기 때문에, 모세의 여러 생각들 중에 오직 이 해석만이 가장 정확하다고 무모하게 주장하는 것이 얼마나 어리석은 줄 너는 정녕 알라. 모세가 이 모든 말을 기록한 목적이 사랑이었다면, 그의 말을 해석한다는 명목 하에 파괴적인 논쟁을 일삼다 바로 이 사랑을 모독하는 일은 얼마나 어리석은 것이냐?CSA 12.25.35

사랑의 한계 내에서, 다원성의 여지가 존재한다. 어거스틴이 권고하는 대로, 그것은 차이의 여지는 남겨주지만, 기준은 제거하지 않는CSA 12.24.33 해석학적 겸손을 낳는다.[377] 어거스틴에게 해석의 윤리는 곧 사랑의 해석학이다.

영에 대해서: "예" 그리고 아멘

나는 해석의 편재성을 강조하는 창조적 해석학이 자의적 해석의 위험이 있다는 비난에 반대해서 해석을 둘러싸고 있는 "사물 그 자체"경험적 선험들를 강조해 왔다. 그러나 이 생각은 역시 "의심의 해석학"의 타당성

---

377) 이 장을 시작한 절에서 "미결정성"을 논한 부분, "Human Be-ing and the Conditions of Hermeneutics"과 비교하라.

을 약화시키는 것으로, 해석이 해석자의 변덕스러움에 놀아나지 않는다고 주장하기 때문이다.[378] 왜냐하면, 해석은 구조적 혹은 "객관적" 실재와 마주하고 있기 때문이다. 객관적 실재는 해석의 바깥에, 그리고 해석 전에 있는 하나의 세계이다. 해석이 해석자가 처한 상황과 전통에 뿌리를 두고 있지만, 그것은 단지 그러한 조건들에 의해서만 생산되는 것은 아니다. 해석은 단지 권력의지의 영향이 아니다. 이 부분에서 나는 두 번째 기준, 즉 해석에 대한 "견제"가 창조의 선함에 대한 믿음과 짝이 되는 것으로 근본적인 신뢰의 해석학에 뿌리를 두고 있다는 것을 주장할 것이다. 이 시점에서 우리는 마지막으로 나의 창조–성령적 해석학적 모델의 성령론적 축을 살펴볼 것이다. 이 해석학적 신뢰는 성령의 지도와 연결되어 있다.[379]

이러한 성령론적 담론은 성령에 대한 작은 논문 안에 위치해 있다. [영은 ruah, pneuma, esprit 그리고 특별히 Geist로 표현된다] 데리다의 『정신에 대하여』*Of Spirit*는 신뢰와 의심, "영"과 "회피함"더 구체적으로 Geist und vermeiden 모두에 대한 글로서, 이것은 성공하지는 못했지만 하이데거가 그의 저작과 삶에서 이 정신을 어떻게 피하려고 했는가라는 문제에 관한 것이다. 그의 영이 드나들었던 삶과 저작은 하이데거의 삶인가 아니면 데리다의 삶인가? 물론 하이데거의 **전집**Gesamtausgabe 안에는 곧

---

378) Patrica A. Sayre는 이러한 흐름 중 특히, 포스트모던 담론에서 의심의 우세를 개관하고 있다. 그녀는 주장하기를 의심과 신뢰는 우연성 앞에서 인간이 선택할 수 있는 두 가지 다른 태도들이다. 결국, 그녀는 나처럼 주장한다. 기독교 철학은 의심을 완전히 배제하지 않지만 근본적 신뢰를 그 특징으로 한다. 다음을 보라. Sayre, "The Dialectics of Trust and Suspicion," *Faith and Philosophy* 10 (1993): 567–84.

379) 나의 목표는 오순절적 **성경** 해석학을 정립하려는 것이 아니다.(Gordon Fee, McLean, Menzies 등과 같이) 오히려 나의 목표는 오순절적 **일반** 또는 **철학적** 해석학을 개발하는데 있다.(역시 비난의 대상이 되는 기독교 철학의 노력의 일환으로서) 있는 그대로 말하자면, 나의 저작은 Howard M. Ervin의 제안에 더 가깝다. 이 사람은 오순절적 해석학이라는 이름으로 "오순절적 인식론"을 제공하고 있다.(다음을 보라. Ervin, "Hermeneutics: A Pentecostal Option," Pneuma: Journal of the Society for Pentecostal Studies 3.2 [fall 1981]: 11–25) 그러나 보게 되겠지만 이 성령적 일반 해석학은 오순절주의자들의 영역에 국한되지 않는다.

혹스러운 많은 영들이 잠복해 있다. 이 저작집을 방해하고 우리를 방해하려고 이 저자로부터 나온 영들이다. 데리다가 그의 작은 논문에서 목표하는 것은 하이데거가 모든 저항과 시도에도 불구하고 그가 이 고통을 주는 정신Geist 을 피하는데 실패했다는 것을 밝혀내는 것이다.

> 정신Geist은 그것의 정신Geist에 의해서 출몰된다. 즉, 정령spirit, 아니면 독일어와 마찬가지로 불어그리고 영어로 유령phantom이 항상 타자의 복화술사가 되어 돌아와 놀라게 한다. 형이상학은 항상 돌아온다. 나는 유령이 돌아온다는 의미로 말하는 것이다. 그리고 정신Geist은 이 돌아옴revenance, 돌아옴, 출현의 가장 치명적인 인물이다… 이것은 하이데거가 결코 종국적으로 피할 수 없다는 것을vermeiden 인정해야만 했던 것이다. 영의 복제판인 정신의 정신으로서의 정신 ,이 정신은 늘 그것의 복제판과 함께 오는가?OS 40–41

그러나 우리는 다시 물을 수 있다. 또한 한 영이 존재하지 않는가? 혼esprit을 말하도록 하자. 데리다가 회피할 수 없었던 그것은 피할 수 없는 것인가? 데리다 저작, 즉 그의 글이라는 몸, 글을 쓰고 있는 그의 몸 뒤와 아래서 잠복해 있는 영은 없는가?

데리다가 언어의 기원을 약속, 주석과 자서전 사이에서 떠다니는 한 통로라고 간주할 때, 우리는 이 정신에 마술을 걸기 위해서 엔돌의 마녀에게 의뢰할 필요는 없다. 왜냐하면, 그것은 그 텍스트에서 나중에 놀랄 만하게 발견되기 때문이다.[380]

---

380) 따라서 하이데거의 Trakl과의 관계에 대해서 데리다가 관찰하고 있는 것은 또한 데리다의 하이데거에 대한 관계에 대해서 말해 질 수 있다. "내가 방금 인용하고 번역한 것들과 같은 진술들은 명백하게 하이데거의 진술들이다. 그 자신의 말이 아니고 하이데거의 말로, 그는 전혀 꺼리지 않고 그 진술에 동의한다. 한편으로, 그가 반대로 진행하고 있는 그리고 충분히 결정적인 맥락을 형성하는 모든 것에 자신의 진술들을 대립시킨다. 다른 한편, 최소한 하이데거의 진술들은 의심의 흔적 없이 Trakl의 진술들을 지지하고 있다. 따라서 이

이 약속Versprechen이, 모든 말함을 열어주면서 바로 그 질문을 가능하게 하고, 따라서 그것에 속하지 않으며, 그것에 선행하는 약속인지 아닌지를 알아내는 일이 남아 있다. 다시 말해, 예와 아니오의 모든 대립 이전에 긍정, 즉 예의 비대칭… 언어는 항상, **어떤** 질문에 **앞서서** 그리고 바로 그 질문 속에서 그 약속으로 내려간다. 이것은 역시 **영의** 약속이 될 것이다.OS 94

이 단락의 뒷부분은 확대된 주석이다. 이것은 전혀 의미 없는 것이 아닌 하나의 서약으로 그가 제시하고 있는 것이다. 이것은 그 성령의 초대되지 않는 방문을 이해하려는 시도이다. 여기서 약속의 영은"보증"의 영 어떤 질문에도 선행하는 것으로서 돌아온다. 따라서뿌리에서 부터 근본적인 질문을 던지는 어떤 의심의 해석학 이전에 우리는 언어의 약속에 우리의 신뢰를 두어야한다.

언어는 언어에 대한 어떤 질문이 제기되더라도 그 질문이 나오는 바로 그 순간 전에 **이미** 거기에 있다. 여기서 언어는 그 질문을 넘어설 것이다. 이 앞섬은 따라오는 담론의 부정성否定性이나 문제성이 무엇이든 어떤 계약에 앞서 우리가 어떤 의미에서 이미 인정해온, 이미 예라고 말한, 보증을 준 일종의 본래적 충성의 약속이다.OS 129

그는 계속해서 말하기를, 이 보증은 그 약속 자체에 주어져 있는 하나의 "헌신"이다. 의심의 핵심이고 바닥인 질문하는 것은 마지막 말을 가지고 있지 않다. 이것은 바로 질문이 첫 단어를 가지고 있지 않기 때문이고, 질문이 그 자체로 어떤 약속을 믿는 것에 근거를 두고 있기 때문이

러한 존재론적 형식의 진술들은 '주석들'로 축소한다는 것은 완전히 사실에 어긋난다. 일상적인 의미로의 논평만큼 하이데거에게 매우 낯선 것이다."(OS 85)

다.OS 130

그렇다면 데리다가 주목하는 것과 같이, 의심보다 더 원초적인 신뢰가 있다. 이것이 바로 내가 주장하려고 노력했던 것으로, 악보다 선이 더욱 더 원초적이라는 사실 때문에 가능한 것이다. 데리다를 넘어서거나 적어도 다르게 나는 기만과 허위의식으로 구성된 사태들은 본질적인 존재 방식이 아니고 우연적인 존재 방식이라고 주장한다. **파르마콘**pharmakon 독/약은 원초적이 아니고 근본적인 것도 아니다. 오히려 그것은 타락한 세상의 깨어짐에서 나온 우연성이다.

그러나 타락 이전에 그리고 이제는 타락에도 불구하고, 원초적인 "예"가 존재한다. 그것은 하나의 "말 없는 말", 육체로 우리와 함께 거하시고, 영으로 우리 안에 내주하시는 "태초에 계셨던" 살아 계신 **로고스**를 말한다.요1:1-18 그것은 말 없는 말이다. 즉, 우리가 "예"라고 이름 붙이는 그 **누구**이다. "하나님의 아들 예수 그리스도는 예 하고 아니라 함이 되지 아니하였으니 저에게는 예만 되었느니라. 하나님의 약속은 얼마든지 그리스도 안에서 예가 되니 그런즉 그로 말미암아 우리가 아멘 하여 하나님께 영광을 돌리게 되느니라"고후 1:19-20, 개역한글 그것은 바로 "말parole은 반드시 우선 기도한 후에 그 자신을 우리에게 말해야 한다. 우리에게 신뢰를 주어야 하고, 우리에게 의존해야 한다. 그런데 심지어 이미 그것을 했다."OS 134 그리고 데리다는 계속 말하기를, 이 보증, 이 "이미"는 본질적인데, 그것은 그것이 이미 신뢰를 두었던 순간으로, 더 오래된 사건으로, 다시는 돌아오지 않고 결코 "존재하지" 않았던 과거의 일부로 돌아가기 때문이다.[381]

---

381) 내 생각으로는 이 단락(그리고 FL 5에서 유사한 논의)은 데리다의 저술에서 일종의 전회(Kehre)라고 할 수 있다. 사실, 데리다가 여기서 신뢰의 근본됨에 대해 제공하고 있는 것 때문에 그는 가다머와 만나게 되는데, 그때 데리다는 일관되게 의심을 가지고 그 "질문"에 동의한다. 그러나 가다머가 적고 있듯이 "그의 입을 여는 사람은 누구나 이해되기를 원한다. 그렇지 않으면 누구도 말을 하거나 쓰려고 하지 않을 것이다. 그리고 마지막으로, 나는 이것에 대한 특별히 좋은 증거를 갖고 있다. 데리다는 나를 향해 질문을 던지고 있

이러한 점에서 해체의 근본적인 움직임은 종교적 헌신을 찬송하고 있다. 그것은 담론을 근거 짓는 담론과의 약속들을 가리키고 있다. 그리고 대학도 마찬가지다. 따라서 어떤 대학이든 믿음에 기초하고 있다. 학문적 작업 이전에 모든 학자는 작게 기도를 드리고, 자신의 서약을 속삭이고, 언어에 자신을 헌신하고 드린다. 대학은 매우 종교적 공동체라고 말할 수 있다. 비록 그것이 성직자에 의해서 세워지지 않았지만 말이다. 그리고 해체가 드높이 칭송하는 것이 바로 이 근본적인 헌신이다.

데리다가 『장님의 기억들』*Memoirs of the Blind*에서 말하는 것처럼, 우리는 이것을 다른 방식으로 말할 수 있다. 이 책은 그가 루브르에서 주재했던 전시회에 대한 생생한 현장 보고이다. 여기서 그의 가설은 그림은 특정한 눈 멈에서 나오고, 그것을 볼 수 없고 따라서 우리가 "알 수" 없는 곳에서 시작한다는 것이다. 따라서 데리다는 이해하기 위해서는 믿어야 한다는 것을 긍정하는 약간은 어거스틴적인 구조를 간략히 나타낸다. 대조적으로, 아퀴나스를 포함하는 지배적인 서구 전통은 안다는 것은 한 "개념"을 가지고 있는 것이며, 따라서 "보는 것"idein이라고 제안해왔다. 그렇다면 눈이 먼 사람은 볼 수 없다.

그러나 데리다는 신약성서를 따라서, 이것을 문제시한다. 데리다는 아는 것과 보는 것은 어떤 일정한 보지 못함을, 즉 우리가 보지 못하는 것을 근거로 해야 한다고 제안했다. 그런데 안다는 것은 있는 그 자체로 보는 것을 넘어서는 것이며, 우리가 절대적인 비가시성인 "보이지 않는 것"에 헌신하고 의탁하는데서 나온다.[382] 이 맹목적인 믿음의 경륜에서, 본

고, 따라서 그는 내가 그 질문들을 이해하기를 원하고 있다고 그는 가정해야만 한다."(Gadamer, "Reply to Jacques Derrida," in *Dialogue and Deconstruction: The Gadamer-Derrida Encounter*, ed. Diane P. Michelfelder and Richard Palmer [Albany, N.Y.: SUNY Press, 1989], 55.

382) 데리다는 이 보이지 않는 것을 "보이지 않는 것" 그리고 "절대적으로 비가시적인 것"이라고 기술한다. 이는 데리다가 그것이 시각에 근본적으로 이질적인 것이라는 사실을 강조하기 위함이다. "보이는 것에 대한 타자가 되기 위해서는, 절대적으로 볼 수 없는 것이 다른 곳에 나타나지도, 다른 볼 수 있는 것이 되어서도 안 된다."(MB 51) 구조적으로 그것은 보이지 않는 것, 보는 것에 대해 전적 타자(tout autre)이다.

다는 것은 이러한 의미에서 보지 않는 것이다. 그것은 마치 예수의 대적자들이 그들이 보고 있다고 주장한다는 그 사실 때문에 눈이 먼 것과 같다.요 9:40-41 그러나 다른 한편으로 눈이 먼 자들은 눈으로 보는 것으로가 아니라, 믿음으로 행하기에 본다. 본다는 것은 믿지 않는 것이다. 반면 눈이 머는 것은 일종의 믿음으로 우리는 지도받기 위해 다른 이들을 필요로 한다. 종종 기도하듯이 팔을 뻗고 길을 걸으면서 말이다. "저 쿠와 펠의 맹인을 보아라"라고 쓰면서 데리다는 그것을 예로서 제시한다. "그들은 자신의 손을 자기 앞에 쥐고 있다. 그들의 제스처는 허공에서 파악하고, 이해하고, 기도하고 그리고 탄원하고 있다."[383]

현대 사상과 기술의 움직임은 "우리가 더 이상 보지 않는 곳에서 우리의 앎을 가능하게 하는 볼 수 없는 도구들로"MB 32 시각의 한계를 넘어서는 탐색을 한다. 자신의 시야를 확대하는 것은 믿음을 제거하는 것이고 맹안盲眼이 필요로 하는 헌신을 뒤집는 것이다. 그러나 그 탐색들은 충분히 깊어 보이지 않고, 맹안의 깊이, 즉 믿음을 결코 측량할 수 없다. 왜냐하면, 절대적으로 보이지 않는 구조적 비가시성 때문이다.

데리다는 아들 토비야가 아버지 토빗의 맹안을 치료하는 장면을 그린 렘브란트의 그림에서 이 구조를 본다. 아들 뒤에는 역시 "하나님께 영광을 돌려라"MB 29라고 명령하는 천사가 서있다. 이 천사는 토빗의 치유 가능성을 위한 조건이다. 따라서 치유 그리고 더 구체적으로 치유의 이야기는 빛에 의해서 그리고 빛에서 시작한다. "펜촉, 깃펜, 연필, 또는 수술용 메스를 움직이는 힘은 계명을 존경하며 준수하는 것에 있다. 즉, 알기 전에 인정하는 것, 보기 전에 받음에 대해 감사하는 것, 알기 전에 축복하는 것이다."MB 29-30 그렇다면 천사는 믿음, 인정, 헌신 그리고 신뢰의 자리를 가리킨다. 그러나 이 장면을 해석한 렘브란트의 그림에서는, 천

---

383) Jacques Derrida, *Memoirs of the Blind: The Self and Other Ruins*, trans. Pascale-Anne Brault and Michel Naas(Chicago: University of Chicago Press, 1993), 5.(지금부터 MB로 축약)

사는 뒤로 물러나 있고, 인간 행위자들은 단순한 수술처럼 보이는 것을 하고 있다. 그래서 이 스케치는 화가의 원래 의도이겠지만 "상처 붕대를 감는 의사"Surgeon Bandaging a Wounded Man라는 잘못된 제목을 갖게 된다. 이 것은 지식에 의해서 그리고 더 많은 봄에 의해서 시각이 회복된다는 해석이다.

그러나 데리다의 설명에 따르면, 그러한 해석은 그러한 봄을 가능하게 하는 그 헌신들에 대한 믿음credo의 역할에 신뢰를 주는데 실패한다. 글쓰기, 그리고 말하기는 모두 빚을 지고 있고 헌신된 것이다. 그들 모두는 원래적으로 타자에서 빚을 지고 있다. 그래서 "그라파인graphein은 표상적 충실성보다 빚 또는 선물에 기원을 둔다. 더 정확하게 말해서, 믿음의 신실성이 재현보다 중요하다. 신실성은 재현의 움직임을 명령하고, 따라서 그것보다 앞선다. 그리고 믿음은 그것의 고유한 순간에 눈이 멀게 된다."MB 30

이것을 고전적인 숙어로 번역한다면, 데리다는 믿음과 이성 또는 신뢰와 의심 사이의 관계를 생각하는 것이다. 그러나 그는 그 둘을 옹호할 수 없게 분리되거나 대립되는 것으로 보지 않는다. 왜냐하면, 바로 이성은 헌신들, 신뢰, 약속에 구조적으로 근거를 두고 있기 때문이다. 지식 이전에 인정이 있다. 보는 것 이전에 보지 못하는 것이 있다. 질문하는 것 이전에 한 헌신이 있다. 아는 것 이전에 믿음이 있다.

맹안이 믿음의 가능성을 위한 조건이라면, 역시 믿음이라는 것도 지나친 현란함 때문에 눈이 부셔서 맹목적이 된다. "가령, 바로 그 눈부심이 바울이 다마스커스로 가는 길에 땅에 엎드려지게 했다."MB 112 그리고 만일 맹안과 연계된 믿음이 있다면, 또한 광기와 연관된 믿음도 있다. 또는 데리다가 말하는 대로, "너무도 명백한 예지력이 바울의 광기이다."MB 117 베스도는 바울은 미쳤다고 주장했다.행 26:24 또는 우리가 때때로 말하는 것처럼, 그는 아마도 아름다움에Bellevue "헌신"해야 했다. 그는 헌신되어야 하는 사람이다. 왜냐하면, 그의 광기어린 헌신들믿음들 때문이다.

따라서 해체는, 그것이 헌신들을 드높이는 것이라면, 또한 어떤 광기즉, 믿음의 광기를 축하하는 것이다. 또한, 해체는 이 광기를 그것의 가능성의 조건인 학술적 공동체 안과 그 앞에 서있는 광기를 지적한다. 사실, 이 광기가 이 학술적 공동체를 가능하게 하는 조건이다. 이 광기는 종종 너끈히 사람들을 조금 미치게 한다. 그러한 것이 바로 데리다의 약속이다. 즉, 우리를 앞서는 약속과 우리보다 더 오래된 헌신과 우리가 이미 동의해온 "예"를 알리는 것이다. 그것은 해체의 기도이다. 있는 그대로 그것은 기도에 가깝게 보일 것이다. 그러나 구체적인 데리다의 요청은 우리가 기도와 함께 시작한다는 것을 인정하라는 것이다.

창조의 선함의 상관자로서 이 원초적 신뢰를 볼 때, 공간은 해석의 다원성을 위해 마련되었다. 즉, 언어의 다양성으로 매우 성령-오순절적pneumatic-pentecostal 개념이다. 우리가 인간 존재의 상황성과 인간 존재의 근본적인 신뢰를 모두 인정할 때, 우리는 창조적, 오순절적 다양성을 더 선호해서 독백적인 해석학을 포기할 수 있다. 이 다원성은 바벨보다 앞서는 것이고 오순절 뒤에 오는 것이다.[384] 세계의 현상학적 제약해석된 것 그리고 원초적 신뢰에 뿌리를 내리고 있는 성령의 근본적인 지도 안에서 성령론적 기준을 통해서 해석학적 공간이 열려진다. 그 공간은 우리를 창조로 초대하고, 우리에게 그 부름을 알리고 그 피조성 안에서 인간이 된다는 것의 선물 됨과 위험을 받아들이게 하는 동시에 직접성에 대한 형이상학적 꿈과, 다름에 기초한 폭력의 내러티브를 거부하게 한다. 창조-성령적 해석학은 인간성을 찬양하는 해석학이다. 그러나 이 해석

---

384) 이 시점에서 하이데거는 영에 대해서 말하는 것을 피하지 못한다. 그러나 여기서 그것은 정신(Geist)이 아니라, 거룩한 영(pneuma hagion)이다. 그는 분명 "오순절의 기적"을 언급하고 있다.(Heidegger, "The Nature of Language", in *On the Way to Language*, trans.Peter D.Hertz [New York: Harper & Row, 1971], 96-97)

학은 인간성의 분열을 애통해하고, 그 애통함은 바로 피조물의 선함에 대한 믿음에 뿌리를 두고 있다. 창조−성령적 해석학의 중심은 공간이다. 사랑의 거친 공간에서 다양하게 만나는 장이다.^{James Olthuis} 거기에서는 다양한 언어들이 합창하고, 하나님의 피조물들이 노래하고 춤추는 다원성을 위한 공간이 남아 있다.

7장 제한된 성육신:창조에서 교회로

권위, 원저자 그리고 저자의 의도

해석의 편재성을 긍정한다는 것은 늘 상대주의라는 유령을 불러온다. 따라서 나는 6장에서 해석학은 선하고, 타락 후의 현상이 아닌 피조 된 존재의 과제라고 해석학을 긍정한 후에, 해석에 대한 제약들을 언급했다. 이것은 해석의 편재성을 긍정하는 것이 자의적 해석을 넘쳐나게 한다는 섣부른 결론을 내리지 않게 하기 위함이다. 특히, 나는 해석에 대한 현상학적인 제약"경험적 선험들"과 윤리적 기준사랑을 강조했다. 그러나 거기에는 텍스트의 **저자**가 그것의 해석자에게 제약을 부과한다는 의미는 없는가? 사실, 저자의 의도가 으뜸가는 기준이 아닌가? 그리고 이 저자의 의도가 우선적이라는 기준은 성경을 신적 저작권이 있는 계시로 받아들이는 기독교 공동체 안에서 성경을 해석할 때 특히 중요한 것이 아닌가? 우리가 해석의 편재성을 인정하면 **권위**를 위한 자리가 남아 있을까?

하나님의 말씀으로 성경을 받아들이는 전통에 있어서 저자의 의도라는 해석학적 문제는 간단히 회피될 수는 없는 문제다.[385] 만일 성경이 믿

---

385) 본 장의 주된 관심이 **성경** 해석학이라는 것이 뒤로 가면 명백해 질 것이다. 그리고 나는 성경을 위한 "특별 해석학"이 필요하다고 결론지을 것이다. 이것은 성경의 언어가 달라서가 아니라, 다른 이유들 때문이지만 나는 이 글의 기본 논점은 일반 해석학에서도 타당할 것이라고 본다. 다시 말해서, 화자/저자의 의도에 대한 해석을 단순히 포기할 수는 없다는

음과 실천을 위한 **권위**로서 기능한다면, 그 권위는 어떤 방식으로든 신적 저자에게서 나와야 한다. 벨직 신앙고백에 구체적으로 표현되었듯이 우리는 성경을 "우리의 신앙을 규정하고, 그 토대를 놓아 주고, 세워주는" 책으로 인정한다. "왜냐하면, 성령이 우리 마음속에서 성경이 하나님에게서 왔다고 증거하기 때문이다."386) 또는 웨스트민스터 신앙 고백서에 작성된 대로, "믿고 순종해야 하는 성경의 권위는 어떤 인간이나 교회의 증거에 의존되는 것이 아니라, 성경의 저자이며 그 자신이 진리이신 하나님에게 전적으로 의존되어 있다. 성경이 하나님의 말씀이기 때문에 성경의 권위가 인정되어야 한다."387) 따라서, 성경을 하나님의 말씀으로 인정하는 것과 성경을 신앙, 사고, 그리고 실천을 **묶어주는** 것으로 인정하는 것은 그의 백성에게 하나님의 뜻을 전달할 수 있는 성경의 능력과 직접적으로 결부되어 있다.388) 그렇다면 권위는 **저작권**과 연결되어 있고, 더 구체적으로는 공동체를 향한 저자의 뜻의도을 **전달하는 것**과 결부되어 있다. 그렇다면 고백적 공동체를 위한 성경 해석과 권위는 해석, 권위 그리고 저자의 의도와 관련해서 더 큰 문제들을 제기한다. 성경 권위의 문제가 촉매제 역할을 했지만 여기서 나의 일차적 관심사는 일단의 더 큰 문제들에 있다.

이러한 **필수** 요건을 감안할 때, 데리다의 급진적 기호학은 기독교적 비판의 타겟이 되어야 하는 것처럼 보일 것이다. 그리고 나의 "창조" 해석학이 해석의 보편성을 긍정한다는 면에서 "데리다적"이라면, 창조적 해석학에서 권위의 자리는 없는 것처럼 보인다. 이러한 결론을 피하기 위해서, 나는 기독교 철학자들과 신학자들이 데리다에게 제기한 많은 비

사실이다. 여러 텍스트, 발언, 맥락에서 저자의 의도를 분별해 내는 것이 정말로 중요하다.
386) *Belgic Confession*, art.5, *Ecumenical Creeds and Reformed Confessions* (Grand Rapids: CRC Publications, 1988).
387) *Westminster Confession*, I. iv.
388) *Belgic Confession*, art. 7, *Westminster Confession*, I. vi.

판들을 다루려고 한다. 이 비판들은 이전에 존 설John Searle이 구체화했던 비판을 되풀이하고 있다. 나는 저자의 의도에 대한 기독교 철학자들의 이러한 데리다 비판이 방향을 잘못 잡고 있다고 주장한다. 왜냐하면, 그들은 적어도 같은 방향에서 설의 잘못된 데리다 비판을 따르고 있기 때문이다.[389] 따라서 나는 설/데리다 논쟁을 특히 기독교적 맥락 안에서 다시 조명할 것이다. 특별히 나는 1) 데리다의 기호의 "반복 가능성iterability"에 대한 설명은 선한 피조물의 유한성과 합치할 수 있고, 2) 데리다의 설명은 저자의 의도가 가진 역할을 버리려는 것이 아니라, 다만 모든 해석을 "지배하는" 저자의 힘을 약화시키려 했다는 것을 증명할 것이다. 달리 말해서, 설의 주장과는 반대로 데리다는 언어가 **소통한다는** 것을 부정하지 않는다. 그래서 나는 후자의 측면과 유한하고 자유로운 해석자들에게 그리스도 안에서 자신을 나타내신 하나님의 계시가 서로 모순되지 않는다는 사실을 주장할 것이다. 성경에서나 아니면 성육신 자체에서 하나님의 계시는 기호의 움직임에 대한 데리다의 설명과 합치되는 "성육신의 논리"를 따르고 있다.[390] 말하자면, 데리다의 설명에 따르면 인간에 대한 하나님의 소통인 성육신 자체가 반복가능 하다는 것이다.

데리다의 종교적 경멸자들

많은 복음주의적 철학자, 신학자는 데리다를 어떤 짐승의 예언자로 간주해오고 있다. 내가 "공인된" 데리다라고 기술하는 데리다에 대한 일반

---

389) 여기서 나의 초점은 Searle의 데리다 읽기에 맞출 것이다. 그리고 이는 데리다에 대한 기독교 비판을 대변하는 한 예일 뿐이다. 기독교 철학자들이 Searl을 따르거나 같은 방향이라면 나는 그들이 함께 잘못을 저지르고 있다고 생각한다.

390) 나는 이 성육신의 논리를 상세히 다음의 책에서 다루고 펼치고 있다. James K.A.Smith, *Speech and Theology: Language and the Logic of Incarnation*, Radical Orthodoxy Series(London: Routledge, 2002), 153-82.

적인 이해는 데리다가 해석과 저자의 의도와 관련해서 반권위주의자[391]라는 것이다. 이러한 이해는 미국 대학의 영문학과를 통해서 알려진 것이다. 데리다가 언어를 기호signs로서 설명하는 기호학은 그들이 저자들의 의도와 소통하는 것이 불가능하다고 말한다는 것이다.[392] 결과적으로, "공인된" 데리다에 따르면, 해석은 독자가 기표들과 춤을 추며 유희를 하는 창조적 게임과 같은 전적으로 자의적인 노력이다. 심지어 우리 시대의 최고의 신학자들도 이러한 읽기를 제공하고 있다. 가령 니콜라스 월터스토프Nicholas Wolterstorff는 "해체주의자… 해석에 대한 해석들의 유희"에서는 "상상" 외에는 해석에 대한 어떤 제약도 없다. 이 소위 "해체주의적" 접근이라고 하는 것은 그가 "저자 중심적 담론 해석"이라 부른 것과 정 반대에 위치한다. 저자 중심적 담론 해석이란 저자가 의미하는 것을 단순히 이해하는 것이다. 그 대립은 다음과 같은 상황에서 전면에 드러난다. 월터스토프의 예를 따르면, 당신에게 약속이 있다고 하자. 만일 나의 아내가 나에게 "나는 토요일에 골프하기로 약속한다"라고 했다면 그녀의 발언에 대한 해석자로서의 나의 이해는 그녀가 그것을 말할 때 의미하는 바로 그것이다. 금주 토요일인가? 나인홀인가 아니면 18홀인가? 필그림 런Pilgrim Run 코스인가 인디언 트레일Indian Trail 코스인가? 비가 올 것인가? 아니면 화창할 것인가? 하지만 월터스토프에게는 데리다

---

391) Ronald Hall은 이를 마귀와 연결시킨다. 그는 다음과 같이 주장한다. "데리다에게 글쓰기의 정신은 성령의 마귀적 별질이다."(in *Word and Spirit: A Kierkegaardian Critique of the Modern Age*[Bloomington: Indiana University Press, 1993]) Kevin Vanhoozer는 데리다를(그를 롤랑 바르트Roland Barthes와 동일시하면서) "대항신학자"로 기술하고 있다. 밴후저에 따르면 데리다는 "글쓰기의 유희 바깥에는 아무 것도 없다. 즉, 우리의 언어가 세계를 지시하는지를 보장하는 어떤 것도 없다."(Vanhoozer, "The Spirit of Understanding: Special Revelation and General Hermeneutics," in *Disciplining Hermeneutics, ed. Roger Lundin* [Grand Rapids: Eermans, 1997], 136) 나는 아래에서 데리다를 언어적 관념론자라고 읽는것은(밴후저가 "텍스트적 영지주의자"라고 부르는 것처럼) 심각한 오독이라고 주장할 것이다. 이에 대해 Derrida자신은 다음의 글에서 적고 있다. "Afterword: Toward an Ethics of Discussion," in *Limited Inc*(Evanston, IL: Northwestern University Press, 1988), 146 (여기부터는 A로 축약)

392) 데리다에 대한 이 "공인된" 비난에 대한 더 상세한 비판으로는 다음을 보라. James K.A. Smith, *Jacques Derrida: Live Theory*.(London: Continuum, 2005)

의 "해석의 유희" 해석학이 그러한 질문들을 미리 배제해 버린다. 그러한 접근은 "어떤 이가 말했던 것과 그 사람을 관련시키지 않는다."[393] 그리고 월터스토프는 계속해서 약속과 성경을 "신적 담론"의 언약적 소통이나 매개체로서 유사한 관계를 세운다. 즉, "만일 당신이 성경이 신적 담론의 매개체라고 진정 믿는다면, 요구되는 것은 저자 중심적 담론 해석이다. 다른 어떤 것도 필요치 않다. 폴 리쾨르의 본문적 의미textual-sense 해석도, 그리고 데리다의 해석의 유희도 아니다."[394]

케빈 벤후저에 의해서도 유사한 반대가 제기된다. 데리다를 "해석학적 비실재론非實在論자" 그리고 "문학적 무신론자"라고 간주하면서,[395] 밴후저는 해체는 소통의 불가능성을 말해준다고 주장한다. "의미라는 것은 기호들을 통해서 특정한 메시지를 전달하려는 저자의 의도에 놓여 있기" 때문에 그리고 "데리다에 따르면… 정신의 의도의 개념은 하나의 형이상학적 유령"이기 때문에, 그의 논리에 따르면 데리다적인 기호학은 의미를 고려할 때 저자의 의도를 배제하는 결과를 가져온다.[396] 밴후저는 계속해서 "현존"과 "부재"의 관점에서 그의 데리다 읽기를 정식화하는데, 이는 우리가 아래에서 다시 살필 중요한 주제다. 밴후저에 따르면, 데리다의 언어 분석은 "순수한 현존이라는 이상을 파괴한다." 다시 말해 현존이라는 것은 "단지 신기루에 불과하다." 밴후저에 따르면, 데리다에게는 "현존이라는 것은 **결코** 없기 때문에" "처음과 마지막 말이 부재한

---

393) Nicholas Wolterstorff, "The Importance of Hermeneutics for a Christian Worldview," in *Disciplinning Hermeneutics*, 43. 월터스토프는 이 맥락에서 다른 일반적인 전략을 계속해서 사용한다. 그것은 데리다 편에서 실행적(performative) 모순에 대한 주장이다. 그는 다음과 같이 적고 있다. "해체의 대가인 데리다는 우리가 그의 텍스트를 해석할 때, 우리가 그가 말했던 것을 해석해야 한다고 덧붙이는 것은 가치 있다."(43) 글쎄, 아마도 그것이 그가 그의 발 밑에 놓여 있는 것이 무엇인지를 주장하고 있지 **않다는** 실마리가 될 수 있을까?

394) Ibid., 43.

395) Kevin Vanhoozer, *Is There a Meaning in This Text?* (Grand Rapids: Zondervan, 1998), 26, 30.

396) Ibid., 43-44.

다."[397] 이것이 의미하는 바는 정확히 무엇인가? 밴후저의 예를 들어보자. 만일 내가 밴후저의 데리다 읽기에 따라 마가복음을 이해하고자 한다면, 마가복음의 "의미"는 저자 "마가"에게 있지 않다. 왜냐하면, 우리는 "결코 마가의 저자로서의 현존에 의지하고 있지 않기 때문이다."[398] 데리다의 기호학은 **완전한 현존**full presence을 배제하기 때문에 밴후저는 결론짓기를, 그의 기호학은 의미가 저자의 의도와 연결되어 있고 저자의 의도가 자기 자신에게 그리고 우리에게 저자의 완전한 현존과 연결되어 있는 한 **의미**를 배제하고 있다고 한다. 그렇다면 해체주의는 성경을 권위 있는 하나님의 말씀으로 여기는 바로 그 점을 배제하고 있다. 왜냐하면, 그러한 설명들은 저자에 접근하는 것을 차단하고 있기 때문이다. 있는 그대로 브라이언 잉그라피아Brian Ingraffia가 구체적으로 말한 잘못된 분리 즉, 포스트모던 이론 또는 성경 신학, 그리고 데리다 또는 의미, 해체 또는 저자의 의도 [399]가 남는다.

데리다에 대한 이러한 읽기의 기원은 무엇인가? 나는 이러한 공인된 데리다에 대한 이해는 데리다의 주장을 잘못 해석한 존 설John Searle에 의해 만들어진 '설의 데리다'를 따라서 움직이는 것이라고 생각한다. 나는 설의 해석을 요약한 후에, 그의 해석이 왜 잘못되었는지 밝히고, 다음 본장의 결론에 가서 데리다의 주장에 대한 대안적 설명을 제공하려고 한

---

397) Ibid., 61, 63(강조는 추가), 62.

398) Ibid., 63. 그는 나중에 이것을 마가의 "유일한 현존"이라고 기술한다. 물론 이것 뒤에는 마가의 이중적 저작권에 대한 어떤 가정들이 있다. 마가에 따르면 하나님도 역시(아마도 가장 중요하게) 그 복음서의 저자라는 의미가 있다. 성경의 영감에 대한 간단한 논의로는 다음을 보라. Donald G. Bloesch, *Holy Scripture: Revelation, Inspiration, and Interpretation, Christian Foundations* (Downers Grove, IL: InterVarsity, 1994), 85–160. 그리고 John Webster, *Holy Scripture: A Dogmatic Sketch* (Cambridge: Cambridge University Press, 2003), 30–39. 성령론적 설명에 대해서는 다음을 보라. Amos Young, *Spirit-Word-Community: Theological Hermeneutics in Trinitarian Perspective* (Burlington, VT: Ashgate, 2002), 241–44.

399) Brian Ingraffia, *Postmodern Theory and*[내가 보기에는 and는 or가 되어야 한다] *Biblical Theology: Vanquishing God's Shadow* (Cambridge: Cambridge University Press, 1995), 241 (cf. 14). 나는 Ingraffia를 필자의 다음 글에서 비판했다. "A Little Story about Metanarrative: Lyotard, Religion, and Postmodernism Revisited," *Faith and Philosophy* 18(2002).

다.

이러한 "공인된" 데리다의 계보[400]에서 핵심적인 텍스트는 데리다의 "서명 사건 문맥"[401] 그리고 설의 "답변"[402]이다. 이 둘은 Glyph—John Hopkins Textual Studies의 첫 호에 모두 게재되었다. 데리다의 글은(나는 아래에서 언급할 것이다) 원래 "소통"이라는 주제로 1971년에 몬트리올에서 열렸던 컨퍼런스에서 발표된 것이다. 데리다가 나중에 증명했듯이 논의의 중심에는 **소통**이라는 개념과 그 가능성이 있었다.

이것은 데리다 편에서 실제적인 모순 아닌가? 해체라는 것은 사실 잘못된 소통을 **미화하는** 것은 아닌가? 따라서 오해되고 있다는 것에 대해 데리다가 저항하는 것은 자신의 이론적인 주장에 스스로 역행하는 것 아닌가? 아니면 대신에, 데리다가 이러한 오독에 저항한다는 사실이 "해체"라는 것이 우리가 생각했던 것을 주장하는 것은 아니지 않을까? 널리 읽히고 있는 데리다의 주장과 해석에 대한 데리다의 설명이 우리가 생각했던 것이 아닐 수 있지 않을까?[403] 다른 말로, 나는 "공인된" 데리다는 즉, "설의" 데리다는 "진정한" 데리다가 아니라고 주장하는 것이다.

---

400) 나는 여기서 거꾸로 길을 밟고 있다. 즉, "공인된" 데리다에서 시작해서 Searle의 답변에 그려진 데리다로, 그리고 나서 "진정한" 데리다의 모습을 구분해 내기 위해서 데리다의 초기 글과 이후의 반응으로 돌아간다.

401) Jacques Derrida, "Signature Event Context," in *Margin of Philosophy*, trans. Alan Bass (Chicago: University of Chicago Press, 1982), 309–30. 이 글은 원래 *Glyph* 1 (1977)에서 출판되었고, 또 *Limited Inc*에서 재판되었다.(여기서부터는 SEC로 약한다)

402) John R. Searle, "Reiterating the Difference: A Reply to Derrida," *Glyph* 1 (1977): 198–208.(여기서부터 R로 축약)

403) 분명 데리다는 독서들은 "올바른 노선" 위에 있을 수 있다고 생각한다. 따라서 다른 것들은 잘못된 노선에 있다고 생각한다. 나중에 그는 이 점을 구체적으로 말한다. "물론 '올바른 노선'(une 'bonne voie'), 더 나은 길, 그리고 다음의 주장을 사용하거나 남용함으로 얼마나 내가 얼마나 자주 놀랐고, 유머감각을 발휘해 즐기거나, 침체되었는지를 말해야 한다. 해체주의자들(이것이 회의—상대—허무주의가 아닌가)은 진리, 안정성 또는 의미의 통일성, 의도 또는 '말하고자 하는 것'을 믿지 않는다고 생각하기 때문에, 어떻게 그가 자기 자신의 텍스트가 올바로 해석될 수 있다고 요구할 수 있겠는가? 어떻게 그가 어떤 다른 이를 잘못 이해했고, 단순화했고, 왜곡했다 등으로 고발할 수 있겠는가?… 답은 매우 단순하다. 해체주의자에 대한 이 정의는 **잘못된** 것이다.(옳다. 사실이 아니라 잘못 되었다) 그리고 약하다. 그것은 나쁜(그것은 옳다. 좋지 않고 나쁘다) 그리고 약한 읽기다…."(A 146)

만일 설이 이 괴물 같은 "공인된" 데리다에게 프랑켄슈타인 박사라면, 이 피조물은 어떻게 탄생한 걸까? 그리고 그것의 해부학적 특질들에는 어떤 것들이 있는가? 첫째, 일반적으로, "공인된" 데리다는 그의 글 "서명 사건 문맥"SEC에서 데리다의 핵심적인 부분을 혼동한데서 기인한다. 이것이 설이 비판한 핵심이다. 따라서 설은 데리다의 입장을 재진술한다. 설은 "의도된 의미들을 전달한다는 소통의 이상에 대한 일반적 공격"R 199을 가정했다. 그것은 다음과 같다. "SEC의 주장은 글쓰기가 발송자, 수신자 그리고 발생의 맥락이 근본적으로 부재한 상황에서도 기능하고 또 기능할 수 있어야한다는 것이기 때문에, 그것에는 수신자의 발신자를 향한 의사소통은 있을 수 **없다.**"R 199, 강조는 추가 그는 계속해서 결론짓기를 데리다에 따르면 모든 진술들은 반드시 "반복 가능"404)해야 한다. 그렇게 되면 "소통의 지평은 의식이나 현존의 소통도 아니고, 저자가 의도한 의미의 전달도 **아니다.**"R 199, 강조는 추가 마지막으로 설은 주장하기를 데리다는 "글쓰기는 지향성을 가진 운송수단이 아니다." 또는 "문자적 소통에서 지향성은 **부재한다**"라고 주장한다. 요약하면 설은 데리다의 반복 가능성에 대한 설명을 저자의 의도를 식별하는 데 있어서 상호 배타적인 것으로 그리고 있다. 다른 말로, 만일 데리다가 옳다면, 소통은 불가능할 것이다. 설은 이를 '이것 아니면 저것' 또는 분리로 정립하고 있다. 우리는 언어가 반복 가능하다는 것을 인정하면서 바로 그 소통의 희망을 포기하거나, 아니면 소통의 가능성을 믿으면서 데리다의 기호학을 버리든지 해야만 한다. 우리는 설의 편에서 소통이 가능하다는 생각하거나, 아니면 데리다 편에서 소통이 불가능하다고 결론을 내려야 한다. 그리고 우리가 일종의 소통으로서의 **계시**에 관심을 갖는다면, 이

---

404) 반복 가능성(iterability)는 아래에서 더 자세히 정의된다. 대략적으로, 이것은 특정한 의식이나 의사소통 행위자로부터 근본적인 분리를 요구하는 일종의 구조적 읽기 가능성을 뜻한다.

논쟁에 대한 핵심이 제기된다. 만일 데리다의 설명대로 소통이 불가능하다면, 계시는 불가능하다.

　그러나 설이 어떻게 이 논쟁을 잘못된 틀에 놓았는지 주목해 보는 것이 중요하다. 설의 신학적 후예인 어떤 이들과 마찬가지로, 그는 현존와 부재 사이에 있는 변증법을 단절하는 선택을 한다. 즉, 현존 또는 부재, **완전한 현존 또는 완벽한** 부재_{다음에서 성육신의 논리는 이러한 분리를 거부한다고 주장할 것이다} 중 하나만 선택하는 것이다. **이것 아니면 /저것**의 관점에서 이 문제를 해석하기 때문에, 설은 이것을 의도들이 소통될 수 **있는지/아닌지**의 문제로 간주하고 있다. 그러나 이는 SEC에서 보여준 데리다의 입장이 아니다. 그는 소통이 가능한지 아닌지를 묻고 있는 것이 아니다. 오히려 데리다는 다음과 같이 묻고 있다. '**어느 정도로** 저자의 의도는 소통될 수 있는가? 완전하게? 투명하게? 직접적으로?' 근본적으로 핵심적인 것은 소통의 가능성의 조건들이지 의사소통의 **가능성**이 아니다. 그렇다면 데리다에게 소통의 가능성의 조건들, 특별히 반복 가능성은 역시 잘못된 소통을 일으킬 수 있다. 그렇지만 이 사실이 분명 소통이 불가능하다는 것을 말하지 않는다.

　아마도 우리는 이 문제를 원죄에 대한 어거스틴의 논의에서 그가 했던 오래된 구분으로 돌아가서 다룰 수 있다. 우리는 어거스틴이 죄에 대해 논하면서 낙원에서의 아담은 죄를 짓지 않을 수 있었고, 반면 타락 이후의 아담은 죄를 짓지 않을 수 없다라고 구분했던 것을 떠올릴 수 있다. 내 생각으로는 설의 데리다와 데리다의 주장을 유사한 방식으로 구분할 수 있을 것 같다. 설의 "공인된" 데리다에 따르면 '언어는 소통할 수 없다.'[405] 그러나 사실 데리다의 주장은 '언어는 소통하지 않을 수 있지만,

---

405) 앞서 나는 이것을 나의 "How to Avoid Not Speaking: Attestation," in *Knowing Other-Wise, Perspective in Continental Philosophy*, ed. James H. Olthuis(Bronx, NY: Fordham University Press, 1997)에서 데리다의 *The Post Card*를 논하면서 사용했다.(217–34) 거기서 나는 데리다가 non posse non 입장으로 흘러 들어가는 경향을 보았고, SEC에서 그 방향으로 약

역시 소통할 수 있다'[406)는 것이다.

데리다 읽기: 반복 가능성과 창조의 구조

나는 소통에 대한 데리다의 주장은 설이 해석한 것보다 더 약하고 동시에 더 긍정적이라는 나의 주장을 증명하려고 노력할 것이다. 나는 "데리다주의자"[407)가 아니기 때문에 데리다를 우선적으로 옹호하는 것은 내 관심사가 아니다. 오히려, 나는 초기 현상학자로서의 데리다가 언어의 구조적 특질을 어느 정도 분별해냈고 그 자체로 우리에게 "우주의 낱알grain of universe"과 창조의 구조에 대한 통찰을 준다고 생각한다. 이 절에서 나는 "서명 사건 문맥"에서 언어, 소통, 그리고 해석에 관한 데리다의 주장들을 설명할 것이고 Limited Inc에서 설에 대한 이후의 답변을 설명할 것이다. 물론 이 문제들과 관련한 전체적인 데리다에 대한 해석들이 있지만, 나는 세 가지 핵심적 주제들을 설명하는데 그치도록 하겠다. 첫째는, 문맥이라는 이슈. 둘째, "반복 가능성"라는 데리다의 개념. 그리고 셋째, 내가 의식 또는 경험의 기호학적 조건이라고 부르는 것이다.[408)

"소통"에 관한 콜로키움에서 발표된 SEC의 서두에서, 데리다는 소통이라는 말은 다의적이라고 제시한다. 다시 말해, 방대한 "영역"이라는 것이다. 이 방대한 영역은 "**문맥**이라는 한계에 의해서 상당히 축소"된다.

간 흘러가 있는 것을 인정할 것이다. 그러나 이것은 데리다의 기호학에서 필수적인 결론은 아니고 그의 입장에서 지나치게 밀고 나간 한 예이다.

406) 언어가 소통하지 않을 수 없음(non posse non communicare)이 아마도 설의 입장이 아닐까? 그러한 직접 소통 모델에 대한 나의 비판에 대해서는 다음을 보라. "How to Avoid Not Speaking"

407) 위 4장에서 데리다에 대한 나의 근본적인 비판을 떠올려 보라.

408) 이것은 특별히 『목소리와 현상』*Speech and Phenomenon*(인간사랑, 2006)의 초점으로 후설의 기회에 대한 설명에 초점이 맞추어져 있다. 나는 설과 그의 전임자들 J.L.Austin과 Husserl을 의식과 언어에 대한 그의 설명들에서 유사성을 가지고 있다는 것을 보는 것이 도움이 되리라 생각한다.(A 121을 보라)

SEC 310 409) 여기서 데리다는 그의 글의 이슈가 "문맥의 문제"라고 알리고 있다. **소통**이라는 말의 의미를 결정하는 것은 바로 문맥이다. 가령 프랑스로어로 진행된 철학 콜로키움이라는 맥락에서, 데리다는 지적하기를, "[우리는] 암묵적이고 그러나 구조적으로 애매한 합의"을 가지고 있다. 이 합의는 소통이라는 **주제를 어떤 방식으로** 말하는 것을 "규정한다."

이 글의 중심적 문제가 **맥락**이라는 점에서, 데리다는 콜로키움의 중심적 문제가 무엇인지를 알고 있다. "그러나 한 맥락의 필수 조건들이 절대적으로 결정가능한가? 근본적으로 이것은 내가 정리하고자 하는 가장 일반적인 문제이다. **맥락의 엄격하고 과학적인 개념이 존재하는가?**" 데리다의 목표는 "맥락이라는 것을 왜 절대적으로 규정할 수 없다는 것인지 증명하거나, 아니면 어떤 식으로 그 규정이 결코 확실하거나 충족적이지 않다는 것인지를 증명하는 것"이다.SEC 310 그는 이것은 "구조적 비충전非充全, non saturation"이라고 기술한다. 이것은 맥락과 글쓰기의 표준적 설명을 비판하는 결과를 낳는다.SEC 310 410)

그러나 만일 글쓰기라는 개념을 "보통 받아들여지는 의미로" 취한다면, 그것은 심지어 구두적, 몸짓의 소통까지도SEC 311 411) **의사소통의 수단으로서 간주해야** 한다.412) 그러나 이러한 확대의 성격은 무엇인가? 이것은 의사소통의 동질적인 공간을 확장하는 단순히 정도의 차이 "단순한 등급화"SEC 313인가? 이 확장의 개념 속에 전제되어 있는 것은 무엇인가? 데리다는 이 확장의 개념을 지배적인 "글쓰기에 대한 철학적 해석"

---

409) 이것은 그의 이후의 주장과 일관된다. 그는 *Limited Inc*에서 "텍스트 바깥에는 아무 것도 없다"(il n'y a pas de hors-texte)는 "맥락 바깥에는 아무 것도 없다"는 것과 다름 아니라고 주장한다.
410) 아래서 우리는 데리다가 어떤 의미에서 설의 오독에 책임이 있다는 근거들 중 하나로서 그러한 주장들로 돌아갈 것이다.
411) 나는 그의 "대답"에서 설이 거의 완전히 데리다의 글의 이 부분을 무시하고 있다는 점을 주목해 보는 것이 중요하다고 생각한다.
412) "의미"가 있는 곳에는 의미론적 메시지의 "내용"이 있다.(SEC 311)

이라고 간주한다.SEC 311

다른 곳에서 그는 그 모델을 루소나 플라톤이 제시한 대로 이해하지만,413) SEC에서는 그가 선택한 예는 18세기 프랑스 철학자 에띠엔느 보노 꽁디약tienne Bonnot de Condillac SEC 310-11이다. 꽁디약에게는, 행동에서 글쓰기로의 진행에 대한 설명이 있다. 1) 행동의 언어 → 2) 음성의 언어 → 3) 문자 기호로의 진행이다. 글은 부재한 사람들에게 알려진 "이상들"을 만들기 위해서 발명된다.SEC 312 따라서 언어는 재현적SEC 312이다. 글쓰기는 단지 현존의 축소, 보충적 현존이다.SEC 313

그러나 꽁디약의 설명에서 **부재**의 역할은 무엇인가?SEC 313 "그것이 어떻게 결정되는가?" 그것은 "수신자의 부재"이다. 분명 수신자에게 부재한 것은 발신자이다. 만일 내가 이 책을 호주에서 읽고 있다면, 나는 분명 거기에서 당신과 함께 있지 않다. 저자 그리고 발신자인 나는 부재한다. 나는 내 글쓰기와 함께 가지 않는다. 이 부재는 결코 꽁디약이 고찰하지 않았던 것이다. 반면 데리다는 이 부재는 모든 글쓰기의 구조에 실제로는 모든 언어 일반의 구조에 속해 있다고 주장한다. 따라서 데리다는 다음의 두 가설을 내세운다.

1. 모든 기호는 특정한 부재를 전제한다. 왜냐하면, "글쓰기의 영역에서 부재는 본래적이기 때문이다."SEC 314
2. 만일 "글쓰기에 고유한 부재"가 "모든 기호와 소통에 적용되는 것이라면,"글쓰기는 결코 단순히 의사소통의 한 종류가 아닐 것이다."SEC 314 오히려, 소통은 이미 일종의 글쓰기일 것이다. 따라서 소통은 글쓰기에 고유한 바로 그 부재를 통해서 구성된다.

---

413) 루소에 대해서는 다음을 보라. OG 141-94. 플라톤에 대해서는 다음을 보라. Derrida, "Plato's Pharmacy," in *Dissemination*, trans. Barbara Johnson (Chicago: University of Chicago Press, 1981), 61-171.

데리다는 이 부재를 계속해서 다음과 같이 성격지우고 있다. 플라톤, 꽁디약 그리고 루소의 전통적 견해에서 이 부재는 단지 소통의 확장 중 하나였다. 즉, 부재는 "멀고, 연기된 현존에 불과하다." SEC 315 그리고 바울은 로마에까지 소통을 확장할 수 없다. 그러나 데리다는 글쓰기의 구조가 구성되기 위해서는 "이 거리, 분리, 지연, 차연différance은 반드시 어떤 **절대적인 정도의 부재**로 인도될 수 있어야만 한다."강조는 추가 다른 말로, 그러한 부재는 우연적이지 않다. 즉, 그것은 본질적이다. 또는 데리다가 선호하는 표현대로 구조적이다. 이 말을 통해 데리다가 말하고자 하는 것은 무엇인가? "나의 '문자적 소통'은 만일 당신이 원한다면 문자적 소통이 글쓰기로 기능하기 위해서는 모든 정해진 수신자 일반이 절대적으로 사라짐에도 불구하고 읽을 수 있는 상태로 남아 있다."SEC 315 414) 다시 말해서, 글쓰기가 소통의 수단으로 작동하기 위해서는, 비밀 코드가 깨질 수 있다 하더라도 반드시 그것이 어떤 특정한 수신자에게 의존하지 않는 기록의 체계에 참여해야 한다. "읽을 수 있다" 하더라도, 그것은 어떤 특정한 수신자또는 발신자의 산물이 아닌, 그리고 수신자의 통제 하에 있지 않은 공적 표식의 시스템을 사용해야 한다. 데리다는 이 조건을 반복 가능성이라고 기술한다. "이 반복 가능성은 글쓰기 자체의 표식을 구조화한다."SEC 315 반복 가능성 또는 우리가 '구조적 읽기 가능성'이라고 부르는 것은 "경험적으로 결정된" 특정한 수신자들과 발신자들로부터 분리를 필요로 한다. 이를 표현하는 다른 방식은 글쓰기라는 것은 항상 그리고 이미 제 **삼자**의 개입을 내포하고 있다. 415) "반복하는 따

---

414) 내 생각으로는 여기서 데리다가 후설이 *General Introduction to a Pure Phenomenology*, 제 1 권 "Ideas Pertaining to a Pure Phenomeology and to Phenomeological Philosophy," trans. F. Kersten (The Hague: Martius Nijhoff, 1983)에서 "세계의 해체"에 대해 설명한 것과 유사한 일종의 사고 기획을 실천하고 있다고 보면 유익하다고 본다. "저자의 죽음"(그리고 수신자들)은 글쓰기의 **구조**를 드러내도록 의도된 사고 기획이다. 이것은 저자들의 생물학적 죽음과는 아무런 상관이 없다.(설이 생각하고 있는 것처럼 보이는 대로)

415) 데리다는 오직 두 주체들에게만 공유되는 비밀 코드의 가설을 고찰하면서 이를 제공하고 있다. 내 생각에는 이 맥락은 어떻게 그리고 왜 Wheeler가 데리다의 주장이 Wittgenstein

라서 동일시하는 기호의 가능성은 모든 코드에 내포되어 있고 그것을 소통 가능하게, 전달 가능하게, 해독 가능하게 하면서 제 삼자에게 반복 가능하도록, 그래서 일반적 사용자에게 가용하도록 해 준다.SEC 315

데리다는 "따라서 모든 글쓰기는 본질상 경험적으로 결정된 모든 수신자의 근본적 부재 안에서 기능할 수 있어야 한다"SEC 315-16라고 결론내리고 있다. 그러나 이것의 결말은 데리다의 주장에 중심적이다. 이 부재는 단순히 우연적이거나, 단순히 연기되는 "현존의 양식"이 아니다. 그것은 구조적, 심지어 "절대적"인 부재이다. 그리고 "현존에서의 단절, 또는 그 기호의 구조에 새겨진 수신자의 '죽음' 의 가능성"이다.SEC 316 이것은 "하나의 법적 의전으로서의 모든 맥락의… 파괴"SEC 316라는 결과가 발생한다.

그래서 데리다는 수신자에게 적용되는 글쓰기의 조건으로서 근본적인 부재 원리가 역시 **발신자**에게도 역시 적용되어야 하는 이유를 증명한다. "글이 쓰이기 위해서는, 저자가 부재하든, 사망하든, 또는 전반적으로 그가 자신이 의도한… 충만한 의미를 지지하지 않든지 간에, 글의 저자가 더 이상 쓴 것에 대해서, 그의 서명에 대해서 책임을 지지 않을지라도, 글은 반드시 '움직여야' 하고, 읽힐 수 있어야 한다."SEC 316 416) 글쓰기와 관련해서, 저자와 독자의 상황은 "근본적으로 동일하다."SEC 316 데리다는 이를 다음과 같이 기술한다. "글은 모든 절대적 책임에서 그리고 최종의 권위로서의 **의식**으로부터 절단되어, 날 때부터 자신의 아버지에게

의 "사적 언어"의 개념에 대한 비판과 유사한지를 보도록 도움을 줄 것이다. 다음을 보라. Samuel C. Wheeler III, *Deconstruction as Analytic Philosophy*(Stanford: Stanford University Press, 2000), 3, 211.

416) 물론 데리다는 이것이 저자들이 실제로 죽는 경우에만 아니면 나와 함께 방에서 있지 않다 하더라도("임시적으로 부재하다") 이것이 사실이라고 생각하지 않는다. 이것은 구조적인 문제이기 때문에, 저자의 현존조차도 그 구조를 완화시키지 않는다.(저자와의 "인터뷰"는 이 부재를 제거하지 않는다) 이것의 실행에 대해서는 다음을 보라. Derrida "Passions: 'An Oblique Offering,'" in *On the Name*, ed. Thomas Dutoit, trans. David Wood et al. (Stanford: Stanford University Press, 1995).

서 분리된 채 반복적 구조 남아 있기 때문에 본질적으로 유동적이다."SEC 316 그리고 플라톤이 『파에드러스』Phaedrus에서 비난한 바가 바로 이 글쓰기의 고아됨이다.

이제 데리다는 행동에 들어가는데 이것은 그와 플라톤을 정확하게 구분시키는 것이다. 그는 이렇게 글쓰기를 성격지우는 것은 사실 언어 자체의 특성이고, 정말 경험 자체의 특성이다. "나는 고전적인 그리고 좁게 정의된 글쓰기의 개념의 현저한 특색들을 일반화 할 수 있다는 것을 증명하고 싶다. 그것들은 '기호들'의 질서를 위해서 뿐 아니라 모든 언어 일반을 위해서 타당하다. 하지만, 기호언어학적 소통을 넘어서 심지어 철학이 경험이라고 부르는 전 영역에서 타당할 것이다."SEC 316-17 우선, 이 "특징들"은 무엇인가? 그것들은 다음과 같다.

1. **반복 가능성**. 따라서 문자 기호는 "특정 맥락에서 그것을 생산했던 경험적으로 규정된 주체"의 부재 안에서 "반복"을 일으킬 수 있는 "잔존하는 기호"이다.SEC 317 전통적으로 이것은 문자적 소통이 구두적 소통과 구분되는 방식이다. 그러나 데리다는 이것은 언어 그 **자체**의 특질이라고 주장한다.

2. **탈문맥화**. 특성 1의 결과로서, "문자 기호는 그것 자체에 그 맥락에서 분리될 수 힘을 가지고 있다."SEC 317는 결과가 나온다. 말하자면 문자 기호를 그것이 쓰였던 원래적 조건들에서 벗어나게 하는 것이다. 그러나 "분리 됨은 우연적인 술어에 있는 것이 아니라, 바로 글의 구조 자체에 있다."SEC 317 따라서 글이라는 것은 그것의 맥락에 의해서 통제되거나 '폐쇄되는' 것이 아니다. "우리는 늘 쓰인 씬태그마 syntagma, 단어들의 연속를 '소통의' 모든 가능성은 아닐지라도, 그것의 모든 가능한 기능의 상실 없이, 그 씬태그마를 잡고 있는 상호 연결

된 사슬에서 떼어낼 수 있다."SEC 317

3. 이 분열 또는 "파열"의 힘은 **거리두기** 때문이다.SEC 317 "내부적인 맥락적 연쇄"에 속한 다른 요소들에서, 동시에 "모든 형태의 현재적 지시체"로부터 씬태그마를 분리한다는 의미에서의 거리두기다.SEC 317

그럼, 이것들이 글쓰기에만 특징적인 "글쓰기 소통"에 속한 세 가지 특징인가? 그것들은 역시 모든 언어, 가령, 구어, 그리고 궁극적으로 '경험의' 총체에서 발견할 수 있는 것이 아닌가? 왜냐하면, 경험 그 자체는 기호들marks, 연기deferral, 그리고 거리두기spacing의 체계에 의해서 구성되기 때문이다.

구어의 어떤 요소든 고려해 보라. 그것이 "기능하기" 위해서는, 공인되고 반복되도록 "분명한 자기 동일성"을 가지고 있어야만 한다.SEC 318 다른 말로, 모든 음소phoneme는 **반복 가능성**, 즉 "그것의 지시 대상의 부재" 뿐 아니라, "의도된 의미 즉, 뜻하는 바에 대한 현재적 의도의 부재 가운데서 반복될 수 있는 가능성"SEC 318이 있어야 한다. 따라서 구어는 그것이 반복 가능할 때만 기능할 수 있다. 그리고 그것이 반복 가능하다면, "그것의 지시 대상 또는 의미되는 것과 의사소통과 그것의 맥락으로부터 분리될 수 있는 구조적 **가능성**"SEC 318을 그 특징으로 한다. "**순전한 현존**에 대한 어떤 경험도 없고 오직 차이를 가진 기호들만 있다는 것을 인정한다면, 나는 모든 '경험' 일반에서도 이 법칙을 적용할 것이다."SEC 318

맥락 다시 잡기: 공동의 조건에 관해서

문어적 형태든, 구어적 형태든 모든 기호들이 소통하기 위해서는거칠게,

관계의 망을 통해서 의미를 전달하는 것 그 기호들이 수신자 그리고 발신자 모두에게 형식적으로 구조적으로 반복 가능해야 한다. 그러나 기호들이 반복 가능하다는 한에서, 그것들은 역시 탈문맥화 할 수 있다. 그것들은 특정한 문맥으로부터 떨어져 나올 수 있고, 다르게 이해될 수 있다. 반복 가능성이 소통을 위한 필요한 조건이기 때문에, 언어는 반드시 탈문맥화의 가능성을 수반한다. 있는 그대로, 모든 발화와 텍스트는 다양한 해석의 가능성이 있다. 그러나 그러한 경우에 있어서 변화들은 무엇인가? 여기서 하나의 텍스트 또는 발화의 의미를 결정하는 **맥락**의 중요성을 다시 본다. 다른 말로, 텍스트가 **의미하는** 바는 맥락의 결정에 달려 있다.

　여기서 데리다는 후설의 『논리 연구』*Logical Investigation*로부터 "비문법성"의 예에 호소한다. 르 베르 에 우*le ver est ou*라는 음소*phoneme*는 비문법적인 "녹색은 금이다"라고 **들려질 수 있는** 것이고, 또는 "잔디의 녹색은 어디에 갔는가*le vert est où?*"나 "유리잔은 어디에 갔는가?"*le verre est où?*라는 질문 중 하나로 이해될 수도 있다. 핵심은 문장의 가정된 비문법성은 어떤 맥락에 의존되어 있다는 사실이다. 데리다는 다음과 같이 지적하고 있다. "의미라는 것은 알고자 하는 의지에 의해서, 인식론적 의도에 의해서, 지식의 대상으로서 대상과의 의식적 관계에 의해서 결정되는 문맥에만 있다. '녹색은 금이다' 라는 말은 **지향된 맥락적 영역**에서만 받아들일 수 있다. 그러나 '녹색은 금이다' 또는 '아브라카다브라'는 그 **자체로 자신의 맥락을 구성하지 않기** 때문에, 어떤 것을 의미하는 의미 있는 기호들로서의 또 다른 맥락에서 기능하지 못하게 한다."SEC 320, 강조는 추가 반복 가능성이라는 필수적 구조 때문에SEC 321, "추출의 가능성" 그리고 "모든 특정한 맥락에서 단절될" 가능성이 늘 존재한다."SEC 320

　따라서 데리다는 "오직 맥락들만 존재한다"SEC 320라고 결론짓는다. 이는 그의 더 유명한 주장인 "텍스트 바깥에는 아무 것도 없다."OG 158와 상관적인 명제로 읽혀져야 한다. 데리다는 주장하기를 "이것은 사람들이 주장하듯이 모든 지시 대상과의 관계를 중지거나, 그 대상을 부정하거나 또는 폐쇄한다거나, 그렇게 믿거나, 그렇게 믿었다고 비난받았다는 뜻"이 아니다.^A 148 오히려, 핵심은 "모든 지시 대상, 모든 실재는 차이의 흔적을 바탕으로 한 구조를 가지고 있고, 하나의 해석적 경험을 제외하고는 이 '실재' 를 가리킬 수 없다는 것을 의미한다."^A 148 "맥락만이 존재한다"가 의미하는 것은 "의미"라는 것은 맥락과 불가분 연결되어 있고 동시에 기호들은 탈맥락화할 수 있음을_{또는, 거칠게, "미결정성": A 115-18} 특징으로 한다. 그러나 설에 **반대해서** 이것들은 가능성의 구조들이지 불가능성의 구조들이 아님을 주목하는 것이 중요하다. 그렇다. 탈맥락화의 가능성은 나의 발화가 "맥락으로부터 벗어나" **오해**될 수 있다는 것을 의미한다. 그러나 소통이 불가능하다는 것을 의미하지는 않는다.[417] 나는 반복 가능한 기호들을 통해서 소통**할 수 있다.** 그러나 바로 그 기호들은 역시 오해의 가능성의 조건이다.[418] 그렇다면 문제는 "올바르게 이해된다는" 것의 기준은 무엇인가에 있다.

여기서 두 가지 핵심적인 측면이 데리다의 "맥락 밖에는 없다"라는 주장으로부터 따라 나온다. 첫째로, 맥락이 결정되는 방식의 문제 그리고 그러한 결정에서 **공동체**의 역할의 문제가 그것이다. 먼저 데리다가 "결정의 문제"라고 부르는 것부터 시작하자.^A 155n 4 SEC와 A 모두에서, 데리다는 한 텍스트의 의미는 맥락적 영역의 결정에 결부되어 있다고 주장

---

417) 또한 데리다는 여기서 그의 결론을 지나치게 읽는 위험에 대해서 경고한다. "무엇보다도 나는 이것으로부터 의식과 말의 영향들(전통적인 의미에서 글에 반대하는)이 상대적인 특수성이 없다고, 그리고 실행적인 것의 영향, 일상 언어의 영향, 현존 그리고 발화 행위의 영향이 없다고 결론 내리는 것은 아니다. 그것은 단순히 이러한 영향들은 일반적으로 이 영향들에 반대되는 것을 배제하지 않고, 반대로 그 영향의 가능성의 일반적 공간으로서 그것을 비대칭적 방식으로 전제한다."(SEC 327, 강조는 추가) 텍스트들과 발화들은 효과적일 수 있다. Cf. SEC 326 "역시 이어지는 실행적인 것을 당신은 부인할 수 없다."

418) 또는 그가 다른 곳에서 말하듯이, "위조"는 항상 가능하다. 번역의 가능성은 항상 발화 행위(구어 또는 글의) 가능성에 새겨져 있다."(A 133) 다시, **가능성**에 대한 강조를 주목하라.

한다.SEC 320, A 131-34 이제 맥락들이 어떻게 "고정되는지"를 논할 때 데리다는 맥락들이 고정되거나 안정화될 수 없는 정도를 강조한다. 맥락이라는 것은 여러 방향으로 움직인다. "맥락의 재구성은… 독서, 해석의 또는 토론의 윤리의 규제적 이상이지만, "본질적인 이유들 때문에 이 이상이라는 것에 도달할 수 없다."A 131 따라서 데리다는 오스틴J.L.Austin의 "전체적 맥락"의 개념SEC 322을 거부한다. 사실, 여기서 우리는 글 서두에서 데리다가 진술한 "왜 하나의 맥락이 결코 절대적으로 결정가능하지 않고, 아니면 어떤 방식으로 그것의 결정이 결코 확실하거나 충족적이지 않는지를"SEC 322 증명하는 프로젝트를 해내는 것이다. 하나의 맥락이라는 것은 결코 완전하게 충전充全되거나 아니면 결정되지 않는데, 그것은 항상 **부재**의 두 가지 요소가 있기 때문이다. 그 부재는 수신자들에서 발신자들의 부재, 그리고 발신자 자신들에서의 부재이다.419) "이러한 의도의 본질적인 부재는… 말하자면 이 구조적 무의식은 한 맥락의 모든 충전됨을 가로 막는다. 하나의 맥락이 오스틴이 요구하는 의미대로 철저하게 결정 가능하기 위해서는, 의식적인 의도가 완전히 현존하고 그 자체로 그리고 다른 것들을 위해서 실질적으로 투명해야 한다는 것이 최소한의 필요조건이다."SEC 327 그러나 그러한 것들에 선행하는 것은 바로 의식의 기호학적 조건이다. 이러한 "부재"는 단순히 "순수하고" 또는 "완전한" 현존A 128-29을 능가하는 의식의 충만함뿐만 아니라, 단순히 말해 유한한 존재들 사이에서 구조적 거리들과 동의어다.420) 이 둘은 탈맥락

---

419) 이 점은 『목소리와 현상』*Speech and Phenomena*(인간사랑 2006)에서 데리다의 분석의 과제이다. 말하자면, 의식 그 자체는 언어적으로 또는 기호학적으로 조건화되기 때문에, 우리가 우리 스스로에게 완전히 현존한다는 의미가 있다. 화자로서 우리들의 의도들의 주인들이 아니다. 나는 이것을 더 자세히 다음에서 논했다. "A Principle of Incarnation in Derrida's(Theologische?) Jugendschriften," *Modern Theology* 18 (2002): 217-30.

420) Cf. SEC 316. 이 주장은(의식은 완전한 현존으로 특징된다는 사실) 데리다의 *Speech and Phenomenon*에서 더 명확하게 발전된다. 나는 *Speech and Theology*의 제 4장에서 이 인간학에 병행하는 어거스틴적 이론을 증명하려고 했다. 이것 역시 설과 데리다 사이의 중심적인 불일치 점이다. 후설처럼 설은 자기 자신에 대한 의식의 완전한 현존을 가정하고 있는 듯하다.(*R* 199를 보라) 다른 말로, 설은 **저자들**이 그들이 의미하는 바를 안다고 훨씬 더

화의 가능성을 낳는다. 그래서 가령 "객관적"이라고 불리는 것도 사실 맥락에 의해서 결정된다. 단지 이 맥락이라는 것이 더 크고, 더 오래되었을 뿐이다.[A 136] 데리다는 다음과 같이 결론 내린다. "해체라고 불리는 것의 정의들 중 하나는 이 제약 없는 맥락을 고려하고, 맥락에 가장 날카롭고 가장 넓은 가능성에 주의를 기울이고, 따라서 재맥락화의 끝없는 운동에 귀를 기울인다는 것을 의미한다."[A 136]

그러나 이러한 재맥락화에는 한계가 있는가? 그렇다면 아마도 더 나을 것이다. 이 재맥락화의 유희를 **멈추는 것은** 정당화될 수 있는가? 이러한 재맥락화의 끊임없는 운동은 텍스트의 기능이 안정화될 수 없다는 것을 뜻하는가? 더 구체적으로 말해서, 우리가 맥락에 따라서 성경과 같은 텍스트의 의미를 "고정"하는 것이 정당화 될 수 있는가? 아니면 설은 자신의 텍스트들을 오해했다고 정당하게 항의할 수 있는가?

전체적 맥락의 불가능성을 강조함에도 데리다는 **있는 그대로** 맥락의 결정을 매도하지 않는다. 사실, 데리다는 있는 그대로 "해석학적 경찰"에 반대하지도 않는다. 오히려 그는 인내심을 가지고 주어진 공동체의 결정이 발화의 맥락을 결정할 수 있는 방식을 기술한다. 따라서 이 결정은 좋고 나쁜 해석들, 참되고 거짓된 해석들을 낳는다.[참조 A 146] 그는 다음과 같이 적고 있다. "그렇지 않다면 우리는 사실 어떤 것이라도 말할 수 있을 것이다. 그리고 나는 결코 다른 이들이 어떤 것이라도 좋다고 말하는 것을 결코 허용하거나 격려하지 않았고, 또 비결정성을 있는 그대로 주장하지 않았다."[A 144-45] 그렇다면 데리다가 반대하는 것은 있는 그대로의 공동체들의 결정이 아니라 그러한 어떤 결정도 일어나지 않는다는 순진한 가정에 반대하는 것이다. 다시 말해, 이러한 공동체들이나 규칙들이 "자연적"이거나 "자명하다"라는 생각을 말한다. 그래서 가령 학

확신하고 있다.(*R* 201)

문적 공동체는 어떤 **목적**, 특정한 절차, 특정한 합의에 의해서 정의된다. "나는 최소한의 사전 합의 없이 **공동체 안에서**가령, 학문적 공동체 어떤 연구도 가능하지 않다고 생각한다."A 146, 강조는 추가 따라서 공동체의 결정으로 우리는 해석을 "지배하는" 일정한 규칙을 정한다. 그리고 설이 어기고 있는 것은 바로 이 "규칙들"이다.A 146

일종의 해석적 경찰에 대해서 긍정적인 방식으로 데리다가 말하는 것은 바로 이 맥락에서다. 사무엘 웨버Samuel Weber가 데리다에게 그가 "정치적인 것"과 "억압적인 것"을 동일시하는 것처럼 보인다는 사실에 대해 문제를 제기했다. 규칙들에 대한 모든 규정은 반드시 본질적으로 억압적이어야 하고 일종의 경찰국가의 기능을 해야 한다.A 131 그러나 데리다는 이 동일시를 거절한다. "나는 당신이 하는 것과 같이 직접적으로 그리고 반드시 경찰과 권위적 정치, 그리고 특히 억압적 정치를 연관 시키는 것에 대해서는 주저하게 된다."A 132 경찰에 의해서 집행된 제약과 규칙들은 그 자체로 본질적으로 억압적이지 않다. 그가 늘 말하는 대로, "빨간불은 억압적이지 않다."A 132 참조 A 138, 139 분명 그러한 제약은 중립적이지 않다. 그것은 정치적인 제스처다.A 132, 135-6 그러나 그러한 비−중립성을 억압과 혼동해서는 안 된다. 사실, 데리다는 모든 텍스트의 규정이 억압적인 것은 아니라고 명백하게 적고 있다. "나는 경찰이 그 자체로 아프리오리하게 '발화의 맥락을 고정하려고 시도하는 바로 그 기획이' 정치적으로 의심스럽다고 결코 말하지 않았다. **경찰 없는 사회는 존재하지 않는다.**"A 135 그래서, "우리는 하나의 맥락을… 결정하지 않고는 어떤 것도 할 수 없고, 어떤 것도 결코 말할 수 없다."A 136 그래서 공동체들은 그들이 재맥락화의 유희를 저지하는 것을 선택할 수 있다는 의미에서
421) 맥락들을 "고정"하고 맥락들은 "의미들'을 규정한다.

---

421) 나는 데리다의 결론이 거칠게 스탠리 하우어워스등의 후기 자유주의에서 발견되는 성서 해석에 대한 설명과 동치라고 받아드린다. 따라서 나는 나의 "창조" 해석학은 반−제도주

맥락에 대한 이 설명을 가지고 우리는 저자의 의도의 문제로 돌아갈 수 있다. 그렇다면 공동적 맥락에 의한 의미의 규정과 저자의 의도의 분별 사이의 연결은 무엇인가? 데리다의 반복 가능성에 대한 설명은 저자의 의도를 배제하는 것인가? 단순히 말해, 아니다. 오히려 데리다는 다음의 두 가지를 강조한다. 우선 저자의 의도는 주어진 발화에 대해 가능한 의미들의 집합체 중 하나다. 이것은 반복 가능성과 언어의 가능성에 대한 필요조건인 탈맥락화의 구조적 가능성에서 나온다. 따라서 아가서의 저자가 "네 머리털은 염소떼 같다"아 6:5라고 썼을 때, 저자가 **의도한** 의미는 이 문자소grapheme가 가진 많은 가능한 의미들 중 하나이다. 그리고 청교도의 해석이 저자의 의도에 포함되어 있는지, 아닌지는 논의해야할 문제다. 그러나 두 번째로, **공동체적 결정의 합의 내에서** 저자의 의도된 의미로서 하나 또는 여러 의미들의 결정이 있을 수 있다. 저자의 의도는 텍스트의 행간에서 떨어져 나와 읽힐 수 있는 "명쾌한" 또는 **수중에 있는**Zuhanden 것이 아니다. 저자의 의도를 분간하는 것은 데리다의 표현으로 공동체가 맥락을 "충전"하는 한에서 **공동적 식별로서** 나타날 수 있다. 달리 말해서, 저자의 의도는 발화의 공간을 배타적으로 차지하거나, 주어진 텍스트 안에서 자명하게 포함되어 있는 어떤 것이 아니다.422) 그러나 그것은 텍스트 또는 발화를 통해서 소통되고 특정한 공동체의 규정 **안에서** 분별될 것이다. 그렇다면 "저자의 의도"는 맥락과 텍

의, 이머전트 교회주의적인 회의주의를 일으키기 보다는 대신 해석의 기준으로서 기능하는 한 맥락을 공동으로 구체화하는 가톨릭적 긍정으로 이어져야 한다고 본다. 간단히 데리다의 근본적인 탈맥락화 가능성에 대한 설명은 성경에 대한 신학적 해석과 일치할 뿐 아니라 거의 그것을 필요로 한다.

422) 만일 그렇다면 특정한 텍스트에서 저저의 의도에 대하여 어떤 불일치도 없을 것이다. 그러나 명백하게 성서적 해석 내부에서조차 저자(Author)가 정확하게 의도한 것에 대해서 깊은 불일치가 존재한다. 가령, 우리가 "원수를 사랑하라"라고 명령 받았을 때, 어떤 이들은 이 진술을 "공포와 떨림"을 의도한 폭력을 허용하지 않는 것이라고 보지만, 나는 이것을 폭력은 죄라는 것을 의미하는 것으로 이해한다. 이러한 해석들 모두는 한 공동체에 의해 결정된 **맥락**에 의존되어 있다. 물론, 질문될 수 있는 점은 어떻게 우리가 공동체들 사이에서 판단을 할 것인가란 사실이다.

스트성을 조건화하는 것을 피하는 해석학적 성배가 아니다. 그러나 그것이 순전한 신화도 또한 아니다. 데리다의 기호학은 저자의 의도의 필연적 매개를 강조하지만 그것의 분별 뿐 아니라, 그것은 저자의 바램들과 욕구들을 **전달하는** 것을 배제하지 않는다. 그는 다음과 같이 적고 있다. "유형론에서는 의도의 카테고리는 사라질 것이다. 그것은 자신의 자리를 **갖게 될 것이다.** 그러나 이 자리에서 더 이상 모든 장면 그리고 모든 발화의 체계를 **지배할** 수 없을 것이다."SEC 326, 강조는 추가

소통이라는 것은 위험을 포함하고 있는데, 그것은 내가 나의 발화들과 텍스트들이 해석되는 방식을 지배할 수 없다는 바로 그 사실 때문이다. 그러한 재맥락화를 멈출 저자의 의도에 대한 청구권이란 없다. 이 "위험"이 있고 지배의 결여가 있다. 왜냐하면, "발화를 살아 있게 하는 의도는 결코 그 자체 안에 그리고 그 내용에 **완전히** 존재하지 않을 것이기 때문이다."SEC 326, 강조는 추가 그러나 데리다가 의도가 완전히 부재한다고 말하는 것은 아님을 주목하라, 또는 설이 제시하는 대로 단순히 소통의 가능성을 부인하는 것도 아니다. 이는 위에서 적고 있는 대로 설과는 다르게 데리다는 완전한 부재 또는 완전한 현존의 변증법으로 움직이지 않고 현존의 **정도** 또는 **강도들**에 주의하기 때문이다. 발화시 저자는 부재하기도 하고 현존하기도 한다. 즉, 우리는 데리다가 말하고 있는 것은 완전한 현존이나 부재가 아니라 **진정한** 현존이라는 것을 알 수 있다. 저자는 진정으로 현존한다. 그러나 완전히 현존하는 것은 아니다. 역시 저자는 발화로부터 또는 발화를 넘어서서 물러나 있는 채로 남아 있다.[423] 그 자체로 저자의 의도에 대한 데리다의 설명은 내가 다른 곳에서 "성육신의 논리"라고 기술했던 것과 조응한다. 성육신의 논리는 설이 채택한 완

---

423) 앞서 나는 나의 "A Principle of Incarnation in Derrida's (Theologische?) Jugendschriften"에서 데리다에 대해서 생각하기 위해서 "실제적인 임재"의 모델을 제시했다.(칼빈에 의지해서)

전한 현존 또는 완전한 부재중 하나를 선택하는 양자택일의 접근을 거절한다. 그러나 오히려 **진정한** 현존 그리고 텍스트 안에서 저자의 필연적인 부재를 설명해 주고 있다. 이것은 마치 하나님의 초월성이 그 현시로 축소되지 않고 그리스도가 우리에게 하나님의 충만함을 나타내는 것과 마찬가지다.

데리다는 "맥락에 대한 이러한 사고방식은 그 자체로 상대주의에 이르지 않는다"A 137고 주장했다. 그래서 위의 아가서 텍스트는 많은 다양한 방식으로 읽혀질 수 있지만, 내가 속해 있는 청교도를 포함하는 개혁파 기독교는 저자의 의도는 교회의 모습을 그리스도의 신부로 보는 것이라 생각했다. 저자의 의도에 대한 그러한 분별은 데리다의 기호학에서 결코 배제되지 않는다. 사실, 데리다는 저자의 의도로 간주하는 것의 결정은 다소 문제는 되지만 공동체에 의해서 결정된다.

그러나 이것은 바로 성경의 신학적 해석학에서 발생하는 스캔들 일 수 있다. 토드 빌링스Todd Billings는 "좋은" 해석을 구성하는 맥락과 공동의 기준에 대한 데리다의 강조에 대해 내가 설명한 것과 조응하며 신학적 해석의 힘을 정리하고 있다. 빌링스가 매력적으로 말하듯이, 성경에 대한 교회론적 그리고 신학적 해석은 우리를 "성경과 씨름하고, 곱씹고 그리고 그것을 실천하는 폭넓지만 구체적인 장소"424)로 우리들을 초대한다. 교회적 해석이라는 느슨한 경계들은 잘 해석하기 위한 그리고 "좋은" 해석으로 간주되기 위한 한 맥락을 구성한다. 빌링스는 이 힘을 잘 포착하고 있다.

기독교 독자들은 성경 말씀을 통한 성령의 지치지 않는 능력을 알 때 넓은 영역을 점유하게 된다. 이 말씀은 우리에게 이상하게 가깝지만

---

424) J. Todd Billings, *The Word of God for the People of God: An Entryway to the Theological Inter-pretation of Scripture* (Grand Rapids: Eerdmans, 2010), xiii.

또한 항상 우리를 낯선 이로 새롭게 만난다. 우리의 상상력은 회춘이 필요한데, 이것은 하나님이 우리를 성경의 독자로서 거기에 통합시키는 구원의 넓고 광활한 드라마를 알게 하기 위함이다. 그러나 기독교인으로서 우리는 또한 성경을 특정한 장소에서 해석한다. 우리는 고대의 텍스트를 바라보는 단순한 근대적 개인들이나, 어떻게 교회가 더 효율적으로 운영되는 가를 알려주는 교육 매뉴얼을 들여다보는 사회 클럽의 일원들이 아니다. 우리는 "그리스도 안에서" 성경을 해석하는 백성들이다. 우리는 성령의 중개와 능력에 의해서 살아 있는 그리스도와 연합되는 사람들이다.[425]

"선한" 성경 해석의 맥락으로서 교회그리고 정경, canon의 그러한 규정은 데리다의 반복 가능성과 탈맥락화와 완전히 일치한다.[426]

나는 위에서 설의 데리다 읽기가 데리다의 설명을 잘못 읽은 것이라는 것을 증명하려고 했다. 하지만, 나는 설의 양자택일의 접근에는 데리다도 책임이 있다고 생각한다. 특히, 나는 경우에 따라서는 데리다가 잘못된 소통이 어떻게든 **본질적**이라는 것을 시사하면서 탈맥락화의 상황과 잘못된 소통의 가능성을 지나치게 제약하고 있다고 생각한다. "순수성"의 이상을 환기시키면서, 데리다는 때때로 설이 말한대로 '소통은 불가능하다'고 주장하고 있는 듯이 보인다. 가령, 데리다는 다음과 같이 결론 짓는다. "이러한 영향의 가능성의 조건은, 동시에 또 다시 그것의 엄격한 순수성의 불가능성의 조건이다."SEC 326 그리고 그는 그가 현존의 이것

---

425) Ibid., 35.
426) 따라서 Billings는 일종의 해석학적 순환으로서("성경-외적") "신앙의 규칙"이 성경을 성서로서 읽기 위한 "좋은 편견"을 어떤 식으로 제공하는지를 계속해서 설명한다.(ibid., 9-10) Cf. Mark Alan Bowald, *Rendering the Word in Theological Hermeneutics: Mapping Divine and Human Agency* (Burlington, VT: Ashgate, 2007), 178-80. Hans Boersma, *Heavenly Participation: The Weaving of a Sacramental Tapestry* (Grand Rapids: Eerdmans, 2011), 137-53.

과 부재의 **저것의** 변증법으로 보이는 것에 빠지는 바로 그때 그가 그러한 "순수성"의 개념에 호소한다. 그는 "의도의 본질적 부재"SEC 327를 제안하면서 우리가 이 어휘의 사용을 고집한다면 "소통이란 의미의 전달 수단이나, 의도와 의미의 교환이 아니다"라고 말한다.SEC 329

그러나 여기서 데리다는 그가 제시한 기호학에서 반드시 나오지 않는 결론을 내리며, 확실한 증거를 무시하고 있다.[427] 사실, 그의 천재성이 드러나는 것은 현존과 부재의 단순한 대립과의 단절을 설명하는 부분이다. 그는 "충만한" 현존 또는 "완전한" 부재 대신에 둘 사이에서 현존/부재의 다양한 정도를 인정하는 설명을 제공한다. 그는 다음과 같이 말한다. "모든 기호는 **일정한** 부재를 전제한다."SEC 314, 강조는 추가 있는 그대로 "발화를 살아나게 하는 의도는 그 자체로 그리고 그 내용 안에 **완전히** 현존할 수 없을 것이다."SEC 326 강조는 추가 그러나 같은 이유로, 그것은 **완전히 부재하지도** 않을 것이다. 부재가 본질적이지만, 이것은 역시 부분적이다. 그리고 맥락은 그것이 "완전히 현존"할 수 없기 때문에 "충전充全"할 수 없지만, 이것은 맥락이 "상대적으로" 결정 된다는 것을 의미하지 않는다.SEC 327 데리다의 설명에서 그는 데카르트적인[428] "순수성"의 기준을 거부해야 한다. 이것이 그에게 때때로 '소통은 불가능하다', '의사소통은 불가능하다' 는 의견을 제시하게 한다. 그렇지만 더 구체적으로 거의 성육신적인 그의 현존의 그리고 부재의 기호학은 소통의 불가능성posse non 에 대한 설명에 충실해야 한다.

---

427) 나는 내 글 "How to Avoid Not Speaking"에서 데리다는 『우편 엽서』에서 유사하게 다른 증거들을 무시했다고 주장했다.

428) 다른 곳에서 나는 이것은 역시 일종의 규제적인 이념을 도입한다는 면에서 칸트적 움직임이라고 주장한다. 다음을 보라 Smith, "A Principle of Incarnation" 칸트가 A에서 해석을 본질적 "폭력과" 결부시키게 하는 것은 바로 비슷한 "순수성"의 이념이다.

계시, 성육신 그리고 반복 가능성: 소통의 위험성

이 장의 서두에서 설/데리다 논쟁에 대한 나의 주된 관심사는 몇 가지 중대한 점들을 소개하는 예비적인 것이었다. 나는 데리다의 기호학이 제기한 저자의 의도에 대한 설명을 고찰하기 위해서 설/데리다 논쟁으로 돌아가려 했다. 서두에서 지적한대로, 해석에 대한 성서의 권위라는 특별한 문제가 이 더 형식적인 질문을 위한 촉매제 역할을 했다. 지면의 부족으로 이 특수한 경우를 충분히 설명할 수는 없지만 그러한 작업이 어디로 가야 하는지 간추려 보았으면 한다. 즉, 우리 그리스도인 해석자들이 이 교차로에서 어디로 나아가야 하는지에 대한 문제다.

나는 데리다의 언어와 해석에 대한 설명이 우리에게 소통의 **불가능성**에 대한 의식을 주는 것이 아니고, 소통의 **위험성**에 대한 의식을 준다고 생각한다. 다시 말해서 말한다는 것은 기호들의 놀이로 뛰어 들어가는 것이기 때문에 탈맥락화 그리고 오해의 위험을 일으킨다는 것이다. 그러나 그러한 위험은 소통을 위한 필요한 조건이다.

데리다가 그린창조 [429] 조건 아래서 움직이는 것으로서 하나님 자신의 말하심과 "소통"을 우리는 이러한 의미에서 이해할 수 있다. 계시라는 것이 유한한 몸을 가진 존재를 향한 소통이고, 말씀이 반복 가능하다면, 하나님의 말씀하심은 반드시 유한한 언어의 조건들 아래서 작동해야 한다. 태초에 말씀이 있었다. 그리고 그 말씀은 반복 가능했다. 왜냐하면, 그러한 것이 바로 소통의 가능성의 조건이기 때문이다. 있는 그대로, 말씀은 해석의 문제다. 그래서 탈맥락화와 의미의 놀이에 종속된다. 그가 자기 사람들에게 왔지만 그들이 그를 영접하지 않았다는 것은 바로 이런 의미에서다. 물론 이것은 그들이 그를 **성부 하나님에 의해 말해진 말씀으로서** 받아드리지 않았다는 것을 의미한다. 오히려 그들은 그를 다

---

429) 이것으로 내가 의미하는 바는 내가 Derrida의 언어에 대한 설명이 창조의 구조의 여러 측면들을 올바르게 통찰해 냈다는 것을 의미한다.

른 식으로 해석했다. 이처럼 말씀에 대한 다른 읽기는 가능하지만 모든 것들이 저자의 의도로 판단되지는 않는다. 예수를 하나님의 성육신 아닌 어떤 것으로 "읽는다는" 것은 그를 잘못 읽고 있는 것이다. 물론 그러한 잘못된 읽기들은 의사소통의 구조를 볼 때 가능하다. 다시 말해 그것은 필요한 위험이다. 게다가, 저자의 의도에 대한 결정은 지구적으로 그리고 시간을 초월해서 교회라는 공동체에 **의해서** 그리고 **안으로부터** 결정된다. 에큐메니컬 공의회는 말하자면 성육신에 대한 저자의 의도를 분간해 내기 위한 초대 교회의 공동의 노력이다. 성육신에 대한 가현설주의자 또는 아리우스주의자들의 "읽기는" 해석적 경찰에 의해 바깥으로 축출되었다. 그것은 그러한 읽기가 문제되는 기표記標에 의해서 발생할 수 있지만 전체 공동체의 결정은 그러한 의미들이 그 저자에 의해 의도되지 **않았다고** 결론지었다는 뜻이다. 그러나 내가 성육신과 성경이 반복 가능성의 조건 아래서 움직인다는 것을 주장할 때, 나 또한 성경 본문과 그것이 증거하는 성육신의 본문은 유일하고 "특별한" 해석을 요구하고 있다고 생각한다.[430]

위에서 성육신에 대한 나의 설명은 쇠렌 키에르케고르의 **철학적 단편** 뿐 아니라 요한복음 서론을 반영하고 있다.[431] 키에르케고르의 분석을 따르면, 우리는 위에서 간추린 "창조" 해석학의 보충으로서 "특수 해석학"의 필요성을 보게 될 것이다. 이것은 오직 성경에 대해서만, 우리가 텍스트를 조명하기 위해서 저자가 독자 안에 역시 내재하는 상황이나 더 근사하게 말해 독서의 공동체를 가지기 때문이다. 고전 2:10-16 또는 키에

---

430) 또는 Billings가 말하듯이, 일반적 해석학은 우리가 성서에 개입하는 것에 있어 여러 의의를 가지고 있지만(그것은 다른 책들처럼 하나의 책이다), "궁극적으로, 성경은 교회가 다른 여타의 책들처럼 정확하게 읽을 수 없고 읽어서는 안 되는 책이다."(*The Word of God*, xv) 이것이 말하는 바는 우리가 그것을 읽지 않거나 해석하지 않는다는 것이 아니라, 공동의 맥락의 결정과 기대의 지평이 교회 공동체가 그것을 정경으로 접근하도록 이끌었고, 따라서 어떤 의미에서 하나의 책이다. 그리고 그것을 하나의 책으로 받아들이고 그것을 삼위일체 하나님이 유일하게 말씀하시는 책이다.
431) 나는 *Speech and Theology* 제5장에서 더 주의 깊게 "성육신의 논리"를 고찰했다.

르케고르의 단편들의 관점에서, 교사는 역시 학생의 마음에 가르침에 대한 수용을 위한 **조건**을 제공한다. 보통 말하는 대로, 신자들의 공동체는 저자의 의도를 분간하기 때문에, 그들은 저자의 영의 집이 되고 그것에 이끌린다. 즉, 새로운 직접적 소통에 호소하는 "하나님을 세상과 분리시키는" 이신론적Deus ex machina 접근이나 저자의 의도에 마술적으로 접근하는 것을 모두 거부하게 된다. 오히려, 이 특별하고 성령론적인 해석학은 위에서 제공된 맥락에 대한 설명의 확장이다.432) 다른 말로 우리의 성경에 대한 해석학은 무엇보다도 교회론을 필요로 할 것이다.

---

432) 이러한 노선에 대한 명쾌한 논의로는 다음을 보라. Yong, *Spirit-Word-Community*, 275-310

색인